高等学校土木建筑专业应用型本科系列规划教材

建设法规

主　编　董良峰　张志友
副主编　李幽铮　余璠璟
参　编　（以拼音为序）
程　赟　盛　娟　张兴丽

东南大学出版社
·南京·

内 容 提 要

本书根据建设工程领域最新的法律法规，结合相关执业资格考试对本部分内容的要求，对工程建设各环节涉及的主要法律法规进行了系统的介绍，注重实用性，结合大量案例，有利于读者将理论学习和实践相结合。

本书可作为普通高等院校工程管理、土木工程专业本科学生教材和教学参考用书，也可供相关专业的师生、科技人员及政府、业主、监理、施工等工程管理人员参考，还可作为监理工程师、建造师等职业资格考试参考用书。

图书在版编目(CIP)数据

建设法规 / 董良峰，张志友主编. —南京：东南大学出版社，2013.1

高等学校土木建筑专业应用型本科系列规划教材

ISBN 978-7-5641-4070-0

Ⅰ.①建… Ⅱ.①董… ②张… Ⅲ.①建筑法—基本知识—中国 Ⅳ.①D922.297

中国版本图书馆 CIP 数据核字(2013)第 005765 号

建设法规

出版发行：东南大学出版社
社　　址：南京市四牌楼 2 号　邮编：210096
出 版 人：江建中
责任编辑：史建农　戴坚敏
网　　址：http://www.seupress.com
电子邮箱：press@seupress.com
经　　销：全国各地新华书店
印　　刷：南京玉河印刷厂
开　　本：787mm×1092mm　1/16
印　　张：18.5
字　　数：473 千字
版　　次：2013 年 1 月第 1 版
印　　次：2013 年 1 月第 1 次印刷
书　　号：ISBN 978-7-5641-4070-0
印　　数：1～3 000 册
定　　价：39.00 元

高等学校土木建筑专业应用型本科系列
规划教材编审委员会

总前言

国家颁布的《国家中长期教育改革和发展规划纲要(2010—2020年)》指出，要“适应国家和区域经济社会发展需要，不断优化高等教育结构，重点扩大应用型、复合型、技能型人才培养规模”;“学生适应社会和就业创业能力不强，创新型、实用型、复合型人才紧缺”。为了更好地适应我国高等教育的改革和发展，满足高等学校对应用型人才的培养模式、培养目标、教学内容和课程体系等的要求，东南大学出版社携手国内部分高等院校组建土木建筑专业应用型本科系列规划教材编审委员会。大家认为，目前适用于应用型人才培养的优秀教材还较少，大部分国家级教材对于培养应用型人才的院校来说起点偏高，难度偏大，内容偏多，且结合工程实践的内容往往偏少。因此，组织一批学术水平较高、实践能力较强、培养应用型人才的教学经验丰富的教师，编写出一套适用于应用型人才培养的教材是十分必要的，这将有力地促进应用型本科教学质量的提高。

经编审委员会商讨，对教材的编写达成如下共识:

一、体例要新颖活泼。学习和借鉴优秀教材特别是国外精品教材的写作思路、写作方法以及章节安排，摒弃传统工科教材知识点设置按部就班、理论讲解枯燥无味的弊端，以清新活泼的风格抓住学生的兴趣点，让教材为学生所用，使学生对教材不会产生畏难情绪。

二、人文知识与科技知识渗透。在教材编写中参考一些人文历史和科技知识，进行一些浅显易懂的类比，使教材更具可读性，改变工科教材艰深古板的面貌。

三、以学生为本。在教材编写过程中，“注重学思结合，注重知行统一，注重因材施教”，充分考虑大学生人才就业市场的发展变化，努力站在学生的角度思考问题，考虑学生对教材的感受，考虑学生的学习动力，力求做到教材贴合学生实际，受教师和学生欢迎。同时，考虑到学生考取相关资格证书的需要，教材中还结合各类职业资格考试编写了相关习题。

四、理论讲解要简明扼要，文例突出应用。在编写过程中，紧扣“应用”两字创特色，紧紧围绕着应用型人才培养的主题，避免一些高深的理论及公式的推导，大力提倡白话文教材，文字表述清晰明了、一目了然，便于学生理解、接受，能激起学生的学习兴趣，提高学习效率。

五、突出先进性、现实性、实用性、操作性。对于知识更新较快的学科，力求将最新最前沿的知识写进教材，并且对未来发展趋势用阅读材料的方式介绍给学生。同时，努力将教学改革最新成果体现在教材中，以学生就业所需的专业知识和操作技能为着眼点，在适度的基础知识与理论体系覆盖下，着重讲解应用型人才培养所需的知识点和关键点，突出实用性和可操作性。

六、强化案例式教学。在编写过程中，有机融入最新的实例资料以及操作性较强的案例素材，并对这些素材资料进行有效的案例分析，提高教材的可读性和实用性，为教师案例教学提供便利。

七、重视实践环节。编写中力求优化知识结构，丰富社会实践，强化能力培养，着力提高学生的学习能力、实践能力、创新能力，注重实践操作的训练，通过实际训练加深对理论知识的理解。在实用性和技巧性强的章节中，设计相关的实践操作案例和练习题。

在教材编写过程中，由于编写者的水平和知识局限，难免存在缺陷与不足，恳请各位读者给予批评斧正，以便教材编审委员会重新审定，再版时进一步提升教材的质量。本套教材以“应用型”定位为出发点，适用于高等院校土木建筑、工程管理等相关专业，高校独立学院、民办院校以及成人教育和网络教育均可使用，也可作为相关专业人士的参考资料。

高等学校土木建筑专业应用型
本科系列规划教材编审委员会
2010 年 8 月

前　言

工程建设和运营投资额巨大，持续时间长，影响涉及诸多方面的利益，承担很大的社会责任和历史责任，工程建设、管理和运营活动受到了社会的广泛关注。为此，国家颁布了大量的法律法规以规范建设工程活动。我国于1997年颁布了《建筑法》，1998年3月1日正式实施；1999年颁布了《招标投标法》，2000年1月1日正式实施。目前，我国已经初步建立了以《建筑法》、《招标投标法》为基本法，涵盖《合同法》、《安全生产法》、《城乡规划法》、《土地管理法》、《环境保护法》、《节约能源法》、《劳动法》、《消防法》、《档案法》等相关法律规范的较为完备的工程建设法规体系。

工程建设的成功与否不仅仅取决于技术层面，掌握法律对于工程建设各个领域的明确规定也是土木工程专业学生进行工程建设活动的必要条件。本书集合一批长期从事建设法规理论和实践研究的专业人员，尽量囊括涉及工程建设主要领域的最新相关法律法规，参考我国监理工程师、建造师等相关执业资格考试对建设法规知识内容的要求，注重实用性，结合大量工程案例，理论联系实际，便于学生尤其是应用型本科土木工程专业学生的理解和掌握。

在内容设置上尽量遵循工程建设活动的一般规律，依次介绍。具体分工如下：

江苏科技大学张志友编写第1章、第4章；金陵科技学院李幽铮编写第2章、第5章；南京工程学院董良峰编写第3章、第6章；南京工程学院张兴丽编写第7章；扬州大学余璠璟编写第8章；淮海工学院程赟编写第9章；东南大学盛娟编写第10章。

本书在编写过程中参考了大量建设法规方面的资料和论著，在此向原作者表示感谢。

受编者水平所限，书中难免有不足之处，敬请读者、同行批评指正。

编者

2012年12月

目　　录

1 工程建设法律基础

教学目标

1. 了解工程建设中涉及的主要法律问题。
2. 理解建设法律关系、建设法律事实等概念。
3. 熟悉建设法律关系的构成要素。
4. 掌握建设法律关系的产生、变更和消灭。
5. 理解建设法律规范的效力等级，熟悉重要的建设法律规范。
6. 掌握本课程的学科地位、主要内容和主要学习方法。

1.1 工程建设中的主要法律问题

工程建设和运营投资额巨大，持续时间长，十分复杂，会影响或涉及许多方面的利益，承担很大的社会责任和历史责任，工程建设、管理和运营活动受到了社会的广泛关注。

建筑法作为规范各类人工建筑与设施的建造、管理和运营活动的重要法律规范，其基本宗旨是规范工程活动，保证工程质量和安全，保障有关主体的合法权益。我国于 1997 年颁布了《建筑法》，1998 年 3 月 1 日正式实施；1999 年颁布了《招标投标法》，2000 年 1 月 1 日正式实施。目前，我国已经初步建立了以《建筑法》、《招标投标法》为基本法，涵盖《合同法》、《安全生产法》、《城乡规划法》、《土地管理法》、《环境保护法》、《节约能源法》、《劳动法》、《消防法》、《档案法》等相关法律规范的较为完备的工程建设法规体系。

但是，在工程建设和管理实践中各种违法违规现象仍然屡见不鲜，主要表现在：

(1) 在投资决策阶段，业主为抢工期、规避监管等目的，常常违反法律规定的工程建设基本程序，如不按照投资决策体制办理项目审批、核准和备案手续，不按土地管理法要求取得国有建设用地使用权、擅自改变土地用途，不按城乡规划法要求履行工程规划管理手续、私自变更建设用地和工程建设规划条件，不按规定办理设计图纸审查手续，不按环境保护法要求办理环境影响评价，不按节约能源法要求进行节能设计和节能评价。

(2) 在招标投标阶段，招标人(业主)经常出现违规发包，肢解发包，不合理地设置歧视性的资格审查条件或评标方法，泄露标底，与个别投标人串通排挤其他投标人，通过压价、压工期等方式签订“黑白合同”等违法招标行为；而投标人往往存在串通投标、借用挂靠资质、骗取中标、以低于成本价恶意竞争等问题。

(3) 在施工阶段，业主不按规定办理施工许可，人为干预工程的合理实施，明示或者暗示承包商降低工程质量要求；施工单位层层转包、违法分包、偷工减料，不按设计图纸和工程建设强制性标准进行施工，不重视安全生产，强令工人违规冒险作业，职业健康和劳动保护设施与投入严重欠缺;设计单位不按标准规范进行设计,违法指定工程材料设备,监理单位过分偏袒业主,不按监理规范和工程建设标准进行监理。

(4)在使用阶段,个别业主为提前发挥工程效益擅自将未经验收或者验收不合格的工程投入使用,不按规定办理竣工验收备案手续,为降低运行成本不按规定开启环境保护设施、消防设施、节能设施、职业健康和劳动保护设施。

另外,工程质量和安全问题、招标投标中的腐败和商业贿赂问题、工程建设中的环境违法问题、拖欠农民工工资问题、违法野蛮拆迁引发的恶性群体性事件等问题已经上升为严重的社会问题。目前,工程建设和管理领域的违规、违法和犯罪问题已经成为制约我国工程实践健康可持续发展的主要因素。

由此可见,工程建设和管理者的所有行为必须符合法律的规定,不能与法律规定相冲突,工程活动参与者一定要知法、懂法,既要保证自己不违法,也要保护自己的合法权益不被他人侵权,违法就需承担相应的法律后果。如工程规划不符合法律规定的程序和要求,必须修改;工程招标不符合招标投标法的规定,导致招标无效;工程施工违反环境保护法,受到周边居民投诉,将被罚款;工程质量不符合国家强制性标准要求,必须返工。

1.2 建设法律关系

建设法规是国家权力机关及其授权的行政机关制定的,旨在调整国家机关、社会组织和公民在工程建设和管理活动中产生的社会关系的法律规范的总称。

1.2.1 建设法规的调整对象

此处的社会关系,也就是建设法规的调整对象,按其性质可以分为3类:

1)建设行政管理关系

建设行政管理关系是指国家行政机关及其授权机构在履行建设行政管理职责过程中,与建设单位、施工单位、设计单位、工程监理单位等有关单位和个人形成的行政管理与被管理关系,如建设行政机关对建筑业企业实行的资质管理。

2)建设民事关系

建设民事关系是指法人、社会组织和个人等平等民事主体在工程建设活动中形成的民事权利和义务关系,如发包人与承包商签订的工程施工合同。

3)建设主体内部管理关系

建设主体内部管理关系是指建设主体在进行内部管理时产生的关系,如《建设工程质量管理条例》第30条规定:“施工单位必须建立、健全施工质量的检验制度,严格工序管理,做好隐蔽工程的质量检查和记录。”

1.2.2 建设法律关系的构成要素

建设法律关系是指由建设法律规范确认和调整的,在工程建设和管理活动中产生的权利和义务，包括三要素，即建设法律关系主体、建设法律关系客体和建设法律关系内容。

1）建设法律关系主体

建设法律关系主体是指参加工程建设和管理活动，受建设法规调整和规范，享有法律权利并承担法律义务的当事人，包括公民、法人和其他社会组织3类。

（1）公民

在我国，公民个人可以成为建设法律关系的主体，如建筑企业职工（建筑工人、专业技术人员、注册执业人员）与企业签订劳动合同时，就成为劳动合同法律关系的主体。但是，在我国，公民个人要参与工程建设活动，通常需要取得相应的执业资格，这体现了国家对建设活动从业人员的资格许可管理。

（2）法人

法人是指具有民事权利能力和民事行为能力，依法独立享有民事权利和承担民事责任的组织。《民法通则》根据法人的盈利性，将法人分为企业法人和非企业法人两类，其中，企业法人是最重要、最常见的建设法律关系主体，如房地产开发企业、建筑施工企业、勘察设计单位、工程监理企业等。在我国，企业法人要想从事工程建设活动，除了办理工商营业执照外，还需要取得相应的建筑业资质证书，并且只能在资质证书许可的范围内从事工程建设及相关活动。非企业法人是指为公共和公益目的，依法设立的国家机关（如住房与城乡建设部）、事业单位（如建设工程质量监督检查站）和社会团体（如房地产估价师学会）。

（3）其他社会组织

其他社会组织是指依法或者依据有关政策设立，有一定的组织机构和财产，但不具备法人资格的各类组织，也称为非法人组织，如不具备法人资格的劳务承包企业、合伙性质的工程监理单位、个体工商户等。

2）建设法律关系客体

建设法律关系客体是指建设法律关系主体享有的权利和承担的义务指向的对象，也成为建设法律关系的标的，包括物、金钱、行为和智力成果4类。

（1）物

物是指可为人所控制，并具有经济价值的生产、生活资料，如建筑材料、施工机械、建筑工程（在建的或已经完工的）等都可能成为建设法律关系的客体。

（2）金钱

一般指资金及各种有价证券，如房地产开发企业为筹集资金，与银行签订的建设贷款合同的标的就是一定数量的金钱。

（3）行为

法律意义上的行为是指人的有意识的活动。在建设法律关系中，行为通常表现为需要完成一定的工作，如勘察设计、施工安装、检查验收等。如勘察设计合同的标的，是按照合同的约定完成一定的勘察设计任务；工程施工合同的标的，是按照合同约定的期限完成一定质量的施工工作。

（4）智力成果

智力成果是指通过人的智力活动创造出的精神成果，包括知识产权、技术秘密等。如工程设计合同中，由设计单位向业主提交的工程设计图纸就属于智力成果，设计单位对其依法享有知识产权。

3) 建设法律关系的内容

建设法律关系的内容是指建设法律关系的主体享有的权利和承担的义务。在建设法律关系中,当事人之间的权利、义务往往是相互对等的。如施工合同中,建设单位有权利要求施工单位按照合同约定完成工程施工,并有义务按照合同约定向施工单位支付工程款;相应地,施工单位有义务按照合同约定完成工程施工,并有权利按照合同约定取得工程款。

1.2.3 建设法律事实

建设法律关系并不会凭空发生,也不会仅凭建设法规的直接规定而发生。只有存在一定的法律事实,当事人之间才能产生、变更或者消灭一定的建设法律关系。能够引起建设法律关系产生、变更或者消灭的客观现象和事实,就是建设法律事实,包括行为和事件。

1) 建设法律关系的产生、变更和消灭

法律关系的产生是指在法律关系主体之间设定了一定的权利和义务,如一旦签订了工程施工合同,建设单位和施工单位之间就产生了相应的权利、义务关系。

法律关系变更是指调整或者重新设定当事人之间的权利和义务关系,即建设法律关系三要素发生了变化:

(1) 主体变更

指建设法律关系中只有当事人发生了变化,建设法律关系的客体和内容均没有变化,也称为合同转让。如施工单位与建设单位签订施工合同后,由于某种原因不再继续履行合同,而将施工合同转让给其他施工单位。

(2) 客体变更

指建设法律关系指向的对象发生了变化,如在某施工合同履行过程中,建设单位要求增加一座三星级酒店。

(3) 内容变更

指建设法律关系主体享有的权利和承担的义务发生了变化。如在签订工程施工合同后,建设单位要求将合同工期从原来的480天缩短至400天。需要注意的是,建设法律关系主体和客体变更,必然导致当事人之间权利、义务的变化,即内容的变更。

建设法律关系的消灭是指当事人之间设定的权利义务关系不复存在,主要包括:①因履行而消灭,是指当事人在适当地履行权利义务后,当事人之间的法律关系归于消灭;②因解除而消灭,是指当事人之间解除权利、义务关系,从而提前终止法律关系;③因违约而消灭,是指建设法律关系的一方当事人违约,或者发生不可抗力事件,致使当事人之间原来设定的权利、义务不能继续履行,从而使该法律关系归于消灭。

2) 建设法律事实的分类

作为导致建设法律关系产生、变更与消灭的原因,建设法律事实分为两类:行为和事件。

(1) 行为

是指法律关系主体有意识的活动,是能够引起法律关系产生、变更和消灭的行为,包括作为和不作为。作为又可分为合法行为和违法行为。凡是符合法律规定或者国家法律认可的行为都是合法行为,如通过订立合法有效的施工合同,将在建设单位和施工单位之间产生合同法律关系;凡是违反法律规定的行为都是违法行为,如在施工合同履行过程中,承包商的违约行为有可能导致工程合同关系变更或者消灭。

(2) 事件

指能够导致建设法律关系产生、变更、消灭的，无法预见和控制的客观现象，分为自然事件和社会事件。自然事件如地震、台风等，社会事件如战争、罢工等。

1.3 建设法规体系

法律体系，也称为部门法体系，通常是指一国现行的法律规范，按照一定标准和原则构成的有机统一整体。在我国，建设法规属于经济法的重要组成部分；与此同时，建设法规也具有一定的独立性和完整性，从而构成了建设法规体系。建设法规体系，是指全部建设法律规范构成的一个相互联系、相互协调的完整统一体系。

按照法律规范的效力等级，我国的建设法规的渊源分为宪法、法律、行政法规、地方性法规和行政规章5个层次，从而构成完整的建设法规效力体系。

1) 宪法

宪法是由全国最高权力机关——全国人民代表大会制定和修改的，是具有最高的法律地位和效力等级的根本大法，在法律体系中居于核心地位，一切法律、行政法规和地方性法规均不得与宪法相抵触。宪法是建设法规的重要渊源，如《宪法》第10条规定："城市的土地属于国家所有"、"农村和城市郊区的土地，除由法律规定属于国家所有的以外，属于集体所有；宅基地和自留地、自留山，也属于集体所有"、"国家为了公共利益的需要，可以依照法律规定对土地实行征收或者征用并给予补偿"。

2) 法律

法律是由全国人民代表大会和全国人民代表大会常务委员会制定并颁布实施的规范性法律文件，是狭义的法律，其效力等级仅次于宪法。法律是建设法规的核心，既包括专门的工程建设法律，也包括与工程建设相关的法律。专门的建设法律，如《建筑法》、《城乡规划法》、《土地管理法》、《房地产管理法》和《招标投标法》等；工程建设相关法律，如《民法通则》、《合同法》、《安全生产法》、《仲裁法》和《环境保护法》等。

除此之外，还有一类特殊的法律，那就是国际条约。国际条约是指我国同外国缔结的双边、多边协议和其他具有条约、协定性质的规范性文件，如《建筑业安全卫生公约》等。

3) 行政法规

行政法规是由国务院根据宪法和法律的规定，以及全国人大的授权制定并颁布实施的规范性法律文件，在全国范围内有效，其效力等级低于宪法和法律，但高于地方性法规和规章。目前，重要的建设行政法规如《建设工程质量管理条例》、《建设工程勘察设计管理条例》、《建设工程安全生产管理条例》、《安全生产许可证条例》、《建设项目环境保护条例》等。

4) 地方性法规

地方性法规指由省、自治区、直辖市、省会和首府城市、经济特区和经国务院批准的较大的市的人民代表大会及其常委会制定的规范性法律文件；地方性法规仅在本辖区范围内有效，其效力等级低于宪法、法律和行政法规，如《北京市招标投标条例》等。

5）行政规章

行政规章是由国家行政机关制定的规范性法律文件，包括部门规章和地方政府规章。

部门规章是由国务院有关部委制定的规范性法律文件，部门规章的效力低于宪法、法律和行政法规，仅在本部门范围内有效，如《工程建设项目施工招标投标办法》、《建筑业企业资质管理规定》、《评标委员会和评标办法暂行规定》等。

地方政府规章是指由省、自治区、直辖市、省会和首府城市、经济特区和经国务院批准的较大的市的人民政府制定的规范性法律文件，如《北京市建筑工程施工许可办法》(北京市人民政府 2003 年 139 号令）等。地方政府规章的效力低于宪法、法律、行政法规、同级或上级地方性法规，仅在本行政区域内有效。

作为专业性和技术性很强的活动，工程建设和管理过程中还涉及一类非常特殊的法律规范，即建设标准。工程建设标准是对工程建设活动或者其结果规定共同的和重复使用的规则、导则或者特性的文件。在我国，工程建设标准一般由国家机关制定并颁布实施，是对工程建设和管理活动及其成果最低限度技术要求的规定，是建设法规体系的重要组成部分。

1.4　本课程的学科地位、主要内容和学习方法

建设法规是工程管理本科专业法律类平台课程的一门核心专业基础课程，也是土木工程等工程类本科专业一门重要的专业课程；更是注册建造师、注册造价师、注册监理工程师等工程管理和工程类执业资格考试的必考科目和核心内容。在实践上，工程管理专业（土木工程专业）毕业生在未来的工作实践中将会遇到并需要解决众多的建设法规问题。

设置本课程的目的在于使学生掌握建设法规基本知识，培养学生的法律意识，使学生具备运用所学建设法规基本知识解决工程建设法律有关实际问题的基本能力；学生基本达到一级建造师等工程管理和工程类注册执业技术人员的法律知识及能力要求。

因此，建设法规对于工程管理专业（土木工程专业）具有十分重要的基础性作用。作为调整工程建设和管理活动的规范性法律文件，建设法规涵盖了工程建设和管理的各阶段、诸方面和全部参与者，具有很强的综合性和宽广的覆盖面，课程的主要内容和基本要求见表 1-1。

表 1-1 《建设法规》课程的主要内容和基本要求

章　节	主要内容(知识描述)	基本要求
工程建设法律基础	工程建设中的法律问题；建设法规的概念；建设法律关系；建设法规体系	① 了解工程建设中的主要法律问题； ② 理解建设法规和建设法律关系等重要概念； ③ 熟悉建设法规体系
工程建设程序及相关法规	工程建设程序及各阶段主要工作；建设工程规划管理；建设用地使用权制度；勘察设计文件审查；工程建设环境影响评价	① 熟悉工程建设程序及各阶段主要工作； ② 掌握工程建设规划管理、建设用地使用权制度和施工图设计文件审查； ③ 了解工程建设环境影响评价

续表 1-1

章　节	主要内容(知识描述)	基本要求
建设执业资格许可法	建设从业人员执业资格许可;建设从业单位资质管理	① 掌握建设从业人员的权利、义务和职业道德; ② 理解建设从业单位资质管理的基本规定
工程建设招标投标	招标;投标;开标、评标和中标	① 熟悉并掌握工程建设招标投标的基本规定; ② 能够进行典型案例分析
工程建设勘察设计法规	工程建设勘察相关法律法规;工程建设设计相关法律法规	① 熟悉工程勘察领域相关规定; ② 熟悉工程设计领域相关规定
建筑法	现行《建筑法》的主要结构和内容;建筑施工许可;建设监理;有关各方的质量责任和义务;工程竣工验收备案和工程保修	① 熟悉现行《建筑法》的主要结构和内容; ② 掌握建筑施工许可; ③ 熟悉建设监理、竣工验收备案和工程保修的规定; ④ 掌握有关各方的质量责任和义务; ⑤ 能够进行典型案例分析
建设工程安全生产法	建设工程安全生产基本制度;有关各方的安全责任和义务	① 熟悉建设工程安全生产基本制度; ② 掌握有关各方的安全责任和义务; ③ 能够进行典型案例分析
合同法	合同的订立;合同的效力;合同的履行;合同的变更、转让和解除;违约责任	① 掌握合同的基本原则; ② 熟悉合同订立、履行、变更、转让、解除和违约责任的有关规定; ③ 能够进行典型案例分析
工程建设其他相关法规	劳动保护和职业健康;建筑节能;施工现场环境保护;工程建设消防;建设档案管理;工程建设文物保护	熟悉工程建设其他法规的有关规定
建设工程争端解决机制	协商;调解;仲裁;诉讼;非讼解决机制	熟悉建设工程争端解决机制

如上所述,建设法规涉及的内容非常庞杂,彼此之间也缺乏严密的逻辑联系,这为学习并掌握建设法规增加了难度。为此,可以尝试采用如下一些学习方法:

(1) 加强建设法规基本理论、原理和原则的学习。努力从法理上认识、分析和解决有关建设法规实际问题,这样就可以避免陷入纷繁复杂的法条和个别案例之中。比如,绝大多数工程合同纠纷问题,都可以借助平等、自愿、公平、诚实信用、禁止权力滥用等合同法基本原则对其问题性质、责任界定、纠纷处理等予以认定和解决。

(2) 从法律关系三要素出发,掌握有关当事人的主要权利、义务和责任。应当明白,在对价的双务法律关系中,当事人的权利和义务是相互对应的,一方当事人的权利就体现为对方当事人的义务,责任不是孤立存在的,责任是为保障当事人权利和督促当事人履行义务的预防性和惩戒性条款。比如,在工程施工合同中,建设单位的主要权利是按照合同的约定获得工程,主要义务是按照合同约定向施工单位支付工程款;相应地,施工单位的主要义务是按照合同约定完成施工以交付合格工程,主要权利是按照合同约定获得工程款。若当事人不能恰当地行使权利和履行合同义务时，将会产生相应的法律责任，进而导致索赔事件发生。

（3）认真学习法律条文，熟悉重要建设法律规范的主要规定。通过互联网、学校数据库、购买有关法律书籍等渠道广泛收集重要的建设法律规范，熟悉现行的建设法规体系。认真研读法律、行政法规和部门规章3个层次的重要建设法律规范，如《建筑法》、《招标投标法》、《合同法》、《建设工程质量管理条例》、《建设工程安全生产管理条例》、《工程建设项目施工招标投标办法》、《建筑业企业资质管理规定》等。在研读法律条文时，主要掌握基本法理，有关当事人的权利、义务和责任等核心问题。

（4）采用案例教学方法，指导学生编写规范的案例材料。案例教学法通过设置情景和必要的“困境”，能够让学习者身临其境地体会未来的工作角色，通过教师与学习者之间的互动交流和学习者之间的团队协作化解“困境”，最终得以完成学习任务。案例教学法适合建设法规课程的教学，在课程和每章开始的时候，教师应指导学生利用所学知识分析有关经典案例，在学生具备必要的知识和方法后则应指导学生自编或改编规范的案例材料，实现知识迁移和自主学习。

（5）反映工程管理和工程类执业资格考试要求。如前所述，建设法规是相关执业资格考试的必考科目和核心内容，因此建设法规的教与学必须适应相关执业资格考试的要求，具体体现在教材编写、教学重点、教学目标、教学考核等诸方面。教师和学生有必要认真把握有关执业资格考试对建设法规的知识能力要求和考试大纲，认真研读考试用教材，认真练习并研究历年考试试题。

本章小结

建设法规是工程管理本科专业法律类平台课程中的一门核心专业基础课程，是土木工程等工程类本科专业的一门重要专业课程，也是工程管理和工程类执业资格考试的必考科目和核心内容。因此，建设法规对于工程管理专业（土木工程专业）具有十分重要的基础性作用。

建设法规是指调整工程建设与管理活动中形成的社会关系的法律规范的总称，属于经济法和部门法的范畴。按照建设法规调整对象的性质，建设法律关系分为建设行政管理法律关系、建设民事法律关系和建设活动参与主体内部管理关系3类。

在我国，建设法规的渊源包括宪法、法律、行政法规、地方性法规和行政规章五大类，并形成了相互联系、相互协调、统一的建设法规效力体系。其中，法律、行政法规和部门规章是最为重要的3类建设法规渊源。除此之外，作为专业性和技术性很强的活动，工程建设和管理过程中还涉及一类非常特殊的法律规范，即建设标准。

考虑到《建设法规》的学科地位和主要特点，需要尝试改进教学方法，如：加强法理学习，重点掌握有关当事人的权利、义务和责任，认真研读法律条文，熟悉重要建设法律规范的主要规定，引入案例教学法，反映有关执业资格考试要求。

复习思考题

1. 通过互联网、学校图书馆等渠道收集一些典型的在全国、本省有影响的建设法规案例材料，将其改写成规范的建设法规案例，应包括案情概要、法理分析（案件焦点和主要法律问题分析）、案例启示等。在条件许可的情况下，可以小组为单位共同完成案例编写工作，并向老师和其他同学汇报工作成果。

2. 通过互联网、学校图书馆等渠道收集重要的建设法规文本，分析收集的我国建设法规的主要结构、基本内容、核心条款和可能的不足之处，研究该法规对某个或某些建设活动参与者（如建设单位、施工单位等）的可能影响，提出一些规避不利影响的建议。

2 工程建设程序及相关法规

教学目标

1. 了解我国工程项目建设程序的概念及相关的法律规范。
2. 掌握工程项目建设程序的阶段划分与具体内容。
3. 熟悉我国的土地基本制度中对建设用地的重要规定。
4. 掌握工程建设项目用地使用权的取得方法。
5. 掌握城乡规划中的“一书三证”制度。
6. 了解建设工程过程中违反规划管理的法律责任。

2.1 概述

2.1.1 工程建设程序及工程建设程序法规

工程建设程序是指工程建设全过程中各项工作都必须遵守的先后次序。

由于工程建设过程中工作量很大，牵涉面很广，内外协作关系复杂，而且存在着活动空间有限和后续工作无法提前进行的矛盾。因此，工程建设必然存在着一个分阶段、按步骤、各项工作按序进行的客观规律。如果人为地将工程建设的顺序颠倒，就会造成严重的资源浪费和经济损失。所以，国家颁布了法规，将工程建设程序以法律的形式固定下来，要求人们在从事工程建设活动时必须遵守。

工程建设程序法规是指调整工程建设程序活动中发生的各种社会关系的法律规范的总称。如边勘测、边设计、边施工，就是违反工程建设程序法规的。

2.1.2 我国工程建设程序的立法现状

目前，我国尚无一部专门的《工程建设程序法》，涉及工程建设程序的法律、规范主要有：《中华人民共和国建筑法》(1997)，《中华人民共和国土地管理法》(1998)，《中华人民共和国招标投标法》(1999)，《中华人民共和国城乡规划法》(2007)，《建设项目用地预审管理办法》(2001)，《协议出让国有土地使用权规定》(2003)，《关于投资体制改革的决定》(2004)，《关于基本建设程序的若干规定》(1978)，《关于简化基本建设项目审批手续的通知》(1982)，《关于颁发建设项目进行可行性研究的试行管理办法的通知》(1983)，《关于编制建设前期工作计划的通知》(1984)，《关于建设项目经济评价工作的暂行规定》(1987)，《关于大型和限额以上固定资产托资项目建议书审批问题的通知》(1988)，《建设项目实施阶段程序管理暂行规定》

(1994),《工程建设项目报建管理办法》(1994)。这些法律、规范对于工程建设程序的法制建设,起到了极大的推动作用。

2.2 工程建设程序

我国现行的工程项目建设程序,主要包括项目的决策分析阶段、建设准备阶段、建设实施阶段、验收与保修阶段及建设项目的后评价阶段。每个阶段都有具体的内容和规定(表 2-1)。

表 2-1 我国工程建设程序

阶段	主要任务
决策分析阶段	产生投资意向、分析投资机会、提出项目建议书、可行性研究、项目的立项审批
工程建设准备阶段	项目规划、取得土地使用权、依法拆迁、工程报建、工程发包与承包
工程建设实施阶段	工程勘察与设计、进行施工准备、工程正式施工、进行生产准备
工程建设的验收与保修阶段	工程竣工验收、工程交付使用及工程结算、工程质量保修
后评价阶段	立项决策评价、设计施工评价、生产运营评价、建设效益评价

凡是国家、地方人民政府、国有企事业单位投资兴建的工程项目,特别是大中型建设项目,必须遵循该工程建设程序。

2.2.1 工程建设的决策分析阶段

工程建设决策分析阶段,是对工程项目投资的合理性进行考察和对工程项目进行选择的阶段。工程项目前期做好决策分析,将从根本上决定建设单位的投资效益。

该阶段主要包括以下环节:

1) 产生投资意向

投资意向是投资主体发现社会存在合适的投资机会所产生的投资愿望,它是工程建设活动的起点。

2) 分析投资机会

投资机会分析是投资主体对投资机会所进行的初步考察和分析,在认为机会合适、有良好的预期效益时,则可以进行下一步的活动。

3) 编写项目建议书

项目建议书是拟建项目单位提出的要求建设某一项目的建议文件,是对工程项目建设的轮廓设想。

项目建议书的主要作用是推荐一个拟建项目,论述其建设的必要性、建设条件的可行性和获利的可能性,供主管部门选择并确定是否进行下一步工作。项目建议书经批准后,可以进行详细的可行性研究工作，但并不表明项目非上不可，批准的项目建议书不是项目的最终决策。

大中型和限额以上项目的项目建议书，由行业归口主管部门初审后，再由国家发改委审批。小型项目的项目建议书，按隶属关系由主管部门或地方发改委审批。

项目建议书的内容视项目的不同情况而有繁有简，但一般应包括以下几个方面：

(1) 建设项目提出的必要性和依据。

(2) 产品方案、拟建规格和建设地点的初步设想。

(3) 投资情况、建设条件、协调关系等的初步分析。

(4) 投资估算和资金筹措设想。

(5) 经济效益和社会效益的估计。

4) 编制可行性研究报告

可行性研究报告是对工程项目在技术上是否可行和经济上是否合理进行科学的分析和论证，对各种因素进行具体调查、研究和分析，确定有利和不利的因素，论证项目是否可行，估计成功率大小、经济效益和社会效果程度，供决策者和主管机关审批的上报文件。可行性研究报告是项目最终决策和进行初步设计的重要文件，要求必须具有一定的深度和准确性。承担可行性研究的单位应当是经过资格审定的规划、设计和工程咨询单位，可行性研究报告必须经过工程咨询机构评估确认后才能作为投资决策的依据。

各类建设项目的可行性研究内容不尽相同，大中型建设项目的可行性研究内容一般包括以下内容：

(1) 根据经济预测、市场预测确定的建设规模和产品方案。

(2) 资源、原材料、燃料、动力、供水、运输条件。

(3) 建厂条件和厂址方案。

(4) 技术工艺，主要设备选型和相应的技术经济指标。

(5) 主要单项工程、公用辅助设施、配套工程。

(6) 环境保护、城市规划、防震、防洪等要求和采取的相应措施方案。

(7) 企业组织、劳动定员和管理制度。

(8) 建设进度和工期。

(9) 投资估算和资金筹措。

(10) 经济效益和社会效益评价。

(11) 环境影响评价和地震安全性评价。

经济评价是可行性研究报告最重要的内容之一。在可行性研究报告中，要按照建设项目经济评价方法和经济评价参数的要求，对项目建设的必要性和可能性进行全面、详细的经济评价。

5) 审批项目投资并立项

审批立项是有关部门对可行性研究报告的审查批准程序，审查通过后即予以立项，正式进入工程项目建设准备阶段。

这里需要特别指出的是：根据国务院《关于投资体制改革的决定》，现在我国政府投资项目和非政府投资项目分别实行审批制、核准制或备案制。

对于政府采用直接投资和资本金注入方式的投资项目，政府需要从投资决策的角度审批项目建议书和可行性研究报告，同时还要严格审批其初步设计和概算。批准后的可行性研究报告不得随意修改和变更，如果在建设规模、产品方案、建设地区、主要协作关系等方面有变动以及突破投资控制额度时，应经过原批准机关同意。

对于非政府投资项目，政府一律不再实行审批制，区别不同情况实行核准制或登记备案制。

（1）核准制

企业投资建设《政府核准的投资项目目录》中的项目时，仅需向政府提交项目申请报告，不再经过批准项目建议书、可行性研究报告和开工报告的程序。

政府对企业提交的项目申请报告，主要是从维护经济安全、合理开发利用资源、保护生态环境、优化重大布局、保障公共利益、防止出现垄断等方面进行核准，不再对投资项目的市场前景、经济效益、资金来源和产品技术方案等进行审批。但投资项目还要依法办理环境保护、土地使用、资源利用、安全生产、城市规划等许可手续。

（2）备案制

对于《政府核准的投资项目目录》以外的企业投资项目，实行备案制。除国家另有规定外，由企业按照属地原则向地方政府投资主管部门备案。各级地方政府投资主管部门只对备案项目进行“合规性”审查。

对投资项目的“合规性”审查主要从以下几个方面进行：是否符合国家的法律法规；是否符合产业政策；是否符合行业准入标准；是否属于政府核准或审批而不应进行备案等。

政府投资主管部门同意备案后，投资者依法办理环境保护、土地使用、安全生产、城市规划等许可手续和减免税确认手续。其后，投资者即可自行组织投资建设。

2.2.2 工程建设准备阶段

工程建设正式实施前，准备阶段的工作政策性、业务性较强，是一项十分复杂细致的工作。做好该阶段的建设准备工作，可以为正式实施建设打下坚实的基础。

该阶段主要包括以下环节：

1）项目规划

在规划区内建设的工程，必须符合城市规划，依法先后领取城乡规划行政主管部门核发的“工程项目选址意见书”、“建设用地规划许可证”、“建设工程规划许可证”、“乡村建设规划许可证”后方可进行后续的建设工作。

2）取得土地使用权

工程建设用地都必须以出让或划拨的方式取得国有土地使用权，需要在农民集体所有的土地上进行工程建设的，也必须先由国家征用农民集体所有的土地，然后再将土地使用权出让或划拨给建设单位或者个人。

通过国家出让而取得土地使用权的，应向国家支付出让金，并与市、县人民政府土地管理部门签订书面出让合同，然后按照合同规定的年限与要求进行工程建设。

3）依法拆迁

在城市进行工程建设，一般都要对建设用地上的原有房屋和附属物进行拆迁。《城市房屋拆迁管理条例》规定，任何单位和个人需要拆迁房屋，必须持国家规定的批准文件、拆迁计划和拆迁方案，向县级以上人民政府房屋拆迁主管部门提出申请，经批准并取得房屋拆迁许可证后方可拆迁。实施拆迁不得超越经批准的拆迁范围和规定的拆迁期限。拆迁人与被拆迁人应签订书面协议,签订拆迁补偿安置协议后,被拆迁人必须服从城市建设的需要,在规定的拆迁期限内完成搬迁,拆迁人对被拆迁人依法予以补偿,并对被拆迁房屋的使用人进行安置。

4) 工程报建

建设项目被批准立项后,建设单位必须持工程项目立项批准文件、银行出具的资信证明、建设用地的批准文件等相关资料,向当地建设行政主管部门或其授权机构进行报建。凡未报建的工程项目,不得办理招标手续和发放施工许可证,设计和施工单位不得承接该项目的设计、施工任务。

5) 工程发包与承包

建设单位完成报建后,须对拟建工程进行发包,以择优选定工程勘察单位、设计单位、施工单位、总承包单位和监理单位。工程发包与承包分为招标发包和直接发包两种方式。为鼓励公平竞争,国家提倡招标发包,并规定某些工程必须实行招标发包。

2.2.3 工程建设实施阶段

工程项目建设实施阶段是整个建设活动中最重要的阶段,也是关系到该项目是否能取得预期经济效益和社会效益的关键阶段。

该阶段主要工作包括以下环节:

1) 工程勘察与设计

设计是工程项目建设的重要环节,设计文件是制订建设计划、组织施工和控制建设投资的依据。设计与勘察是密不可分的,设计必须在进行工程勘察取得足够的地质、水文等基础资料后才能进行。未经勘察、设计单位同意,任何单位和个人不得擅自修改勘察设计文件。

2) 进行施工准备

施工单位在接到施工图纸后,首先要熟悉、审查图纸,并编制施工组织设计,向下属单位进行技术、质量、安全、经济责任的交底,下达施工任务书,准备施工所需要的设备、材料等。同时,对建设场地、施工用水用电等工作也要作出必要安排。

3) 工程正式施工

工程施工是施工队伍具体配置各种施工要素,将工程设计物化为建筑产品的过程,也是投入劳动量最大、耗费时间较长的工作。施工单位管理水平的高低、工作质量的好坏对建设项目质量和所产生的效益起着十分重要的作用。

工程施工管理具体包括施工调度、施工安全、文明施工、环境保护等方面的内容。

施工调度是进行施工管理,掌握施工情况,及时处理施工中存在的问题,严格控制工程的施工质量、进度和成本的重要环节。

施工安全是指施工活动中,对职工身体健康与安全、机械设备使用的安全及物资的安全等应有的保障制度和所采取的措施。

根据《建设工程现场管理规定》,施工单位必须执行国家有关安全生产和劳动保护的法规,建立安全生产责任制,加强规范化管理,进行安全交底、安全教育和安全宣传,严格执行安全技术方案,定期检修、维护各种安全设施,做好施工现场的安全保卫工作,建立和执行防火管理制度,切实保障工程施工的安全。

文明施工是指施工单位应推行现代管理方法，科学组织施工，保证施工活动整洁、有序、合理地进行。具体内容有：按施工总平面图设置各项临时设施，施工现场设置明显标牌，主要管理人员要佩戴身份标志，机械操作人员要持证上岗，施工现场的用电线路、用电设施的安装使用和现场水源、道路的设置要符合规范要求等。

环境保护是指施工单位必须遵守国家有关环境保护的法律、法规，采取措施控制各种粉尘、废气、噪声等对环境的污染和危害。如不能控制在规定范围内，则应事先报请有关部门批准。

4）进行生产准备

生产准备是指工程施工临近结束时，为保证建设项目能及时投产使用所进行的准备活动，它是基本建设程序中的重要环节，是建设阶段转入生产经营的必要条件。

生产准备一般包括：招收和培训必要的生产人员；组织人员参加设备安装调试和工程验收；建立生产管理机构；制定生产规章制度；收集生产技术资料和样品；落实原材料、外协产品、水、电、燃料的来源及其他配合条件等。

2.2.4 工程建设的验收与保修阶段

1）工程竣工验收

竣工验收是工程项目建设程序的最后环节。当工程项目按设计文件的规定内容和施工图纸的要求全部建完后都必须组织验收。竣工验收是投资成果转入生产或使用的标志，也是全面考核工程建设成果、检验设计和工程质量的重要步骤。

竣工验收由建设单位组织。竣工验收过程中，如发现工程内容或工程质量不符合设计规定时，施工单位应负责限期补修、返工或重建，由此所产生的各种费用和材料消耗由施工单位承担。不经验收就用于生产使用的，施工单位不再承担工程质量的责任。

2）工程交付使用及工程结算

交付使用是工程建设项目实现建设目的的过程，又称为固定资产移交。工程项目竣工验收后即可交付使用；工程项目未经验收，不得提前使用。

建设单位与施工单位办理工程交接手续后，即可行使对工程的管理权及使用权。办理移交手续的同时，双方还要进行工程结算，将所有的工程款项结算清楚。

3）工程质量保修

建设工程实行质量保修制度。工程竣工验收合格并交付使用后，在保修期内发生的质量问题，施工单位应当履行保修义务，并对由施工单位原因导致的质量缺陷承担赔偿责任。

2000 年 6 月，原建设部发布了《房屋建筑工程质量保修办法》，其中对房屋建筑工程保修作了具体的规定。

2.2.5 工程建设项目的后评价阶段

工程建设项目后评价是工程竣工投产、生产运营一段时间后，对项目的立项决策、设计施工、竣工投产、生产运营等全过程进行系统评价的一种技术经济活动。它是工程项目实施阶段管理的延伸，是工程建设管理的一项重要内容。

工程项目竣工验收交付使用，只是工程建设完成的标志，而不是工程项目管理的终结。

对工程项目进行总结和评价，才能综合反映工程项目建设和工程项目管理各环节工作的成效和存在的问题，并为以后改进工程项目管理、提高工程项目管理水平、制订科学的工程项目建设计划提供依据。

项目后评价的内容包括立项决策评价、设计施工评价、生产运营评价和建设效益评价。

项目后评价的基本方法是对比法，就是将工程项目建成投产后所取得的实际效果、经济效益和社会效益、环境保护等情况与前期决策阶段的预测情况相对比，与项目建设前的情况对比，从中发现问题。

通过工程建设项目后评价，可以使投资主体达到总结经验、吸取教训、改进工作、不断提高项目决策水平和投资效益的目的。

目前，我国的工程建设项目后评价分为项目建设单位的自我评价、项目所属行业(地区)主管部门的评价及投资主体的评价 3 个层次。

2.3 建设用地使用权制度

2.3.1 建设用地管理概述

1) 建设用地的概念

建设用地是指建造建筑物、构筑物的土地，包括城乡住宅和公共设施用地、工矿用地、交通水利设施用地、旅游用地、军事设施用地等；未利用地是指农用地和建设用地以外的土地。

2) 土地管理法

土地管理法是指调整土地的开发、利用、保护、整治、土地归属的确定以及土地管理过程中所发生的各种社会关系的法律规范的总称。

狭义的土地管理法是指 1986 年 6 月 25 日第六届全国人民代表大会常务委员会第十六次会议通过，经过 1988 年 12 月 29 日、1998 年 8 月 29 日和 2004 年 8 月 28 日 3 次修正(订)的《中华人民共和国土地管理法》(以下简称《土地管理法》)。

广义的土地管理法除包括《土地管理法》之外，还包括《城市房地产管理法》、《农村土地承包法》、《城镇国有土地使用权出让和转让暂行条例》、《土地管理法实施条例》、《土地登记办法》等与之配套的行政法规、规章。

3) 土地管理法的基本原则

(1) 土地公有原则

土地公有制是我国社会主义公有制的重要内容。我国土地实行社会主义公有制，即全民所有制和劳动群众集体所有制。城市市区的土地属于国家所有。农村和城市郊区的土地除由法律规定属于国家所有的以外，属于农民集体所有；宅基地和自留地、自留山，属于农民集体所有。任何单位和个人不得侵占、买卖或者以其他形式非法转让土地。土地使用权可以依法转让。国家为了公共利益的需要，可以依法对集体所有的土地实行征收或者征用并给予补偿。

(2) 合理利用和切实保护耕地原则

十分珍惜、合理利用土地和切实保护耕地是我国一项长期的基本国策,这既是对新中国成立以来实践经验的总结,也是未来我国实施可持续发展战略的重要保证。

各级人民政府应当采取措施,全面规划,严格管理,保护、开发土地资源,制止非法占用土地的行为。不仅如此,每个使用土地的单位和个人都有保护、管理和合理利用土地的义务。

(3) 土地用途管制原则

国家实行土地用途管制制度。国家编制土地利用总体规划,规定土地用途,将土地分为农用地、建设用地和未利用地。严格限制农用地转为建设用地,控制建设用地总量,对耕地实行特殊保护。土地用途管制的目的是通过土地利用规划引导合理利用土地,促进区域经济、社会和环境的协调发展。

土地用途管制制度的内容包括:按用途对土地进行科学、合理的分类;通过土地登记明确土地使用权性质;编制土地利用总体规划;划分土地利用区和确定各区内土地利用的限制条件;对用途改变进行行政审批;对违反土地用途管制的行为进行处罚。

(4) 耕地特殊保护原则

我国严格限制农用地转为建设用地,控制建设用地总量,对耕地实行特殊保护,严格控制耕地转为非耕地。国家实行耕地占用补偿制度,非农业建设占用耕地的,按照占多少垦多少的原则,由占用耕地的单位开垦与占用耕地数量和质量相当的耕地;没有条件开垦耕地的或开垦耕地不符合要求的,应当按照省级人民政府的规定,缴纳耕地开垦费,专款用于开垦新的耕地。

国家实行基本农田保护制度,下列耕地应当根据土地利用总体规划,划入基本农田保护区严格管理:

① 经国务院有关主管部门或者县级以上地方人民政府批准确定的粮、棉、油生产基地内的耕地。

② 有良好的水利与水土保持设施的耕地,正在实施改造计划以及可以改造的中、低产田。

③ 蔬菜生产基地。

④ 农业科研、教学试验田。

⑤ 国务院规定应当划入基本农田保护区的其他耕地。

(5) 土地有偿使用原则

国家依法实行国有土地有偿使用制度,但是,国家在法律规定的范围内划拨国有土地使用权的除外。实行土地有偿使用制度,国家可以通过出让土地使用权获得资金,土地使用者也会珍惜每一寸土地,合理利用每一寸土地,最大限度地发挥出土地的经济价值。

(6) 国家对土地统一管理原则

国务院土地行政主管部门统一负责全国土地的管理和监督工作,代表国家行使国有土地的所有权。县级以上地方人民政府土地管理部门的设置及其职责,由省、自治区、直辖市人民政府根据国务院有关规定确定。

可见,国家对土地统一管理的权限依法属于各级人民政府,任何单位和个人都无权对土地的权属进行确认、审批。这一原则有利于国家对土地进行管理,对土地的利用进行总体规划，保护耕地，制裁非法滥用土地的行为。

2.3.2 建设项目取得国有土地使用权的途径

建设项目取得国有土地使用权的途径一般有3种：行政划拨、国家出让和合法转让。

1）土地使用权划拨

（1）划拨的概念及形式

土地使用权划拨，是指县级以上人民政府依法批准，在土地使用者缴纳补偿、安置等费用后将该土地交付其使用，或者将土地使用权无偿交付给土地使用者使用的行为。

划拨有两种形式：有偿划拨和无偿划拨。有偿划拨适用于征用集体所有的土地和已被其他单位使用的国有土地，在土地使用者缴纳土地补偿、安置费用后，将土地划拨给其使用；无偿划拨适用于使用国有荒山、荒地等进行国家建设，可以无偿划拨给使用者使用。

（2）划拨的特征

① 土地使用权划拨的标的只能是国有土地。

② 土地使用权划拨采用的是行政划拨手段。

③ 土地使用权划拨是土地所有权与使用权分离的一种方式。使用者取得国有土地使用权，所有权仍属于国家。

④ 经划拨取得的土地使用权无使用期限的限制。

⑤ 经划拨取得的土地使用权只需较少的费用或者无偿取得。

⑥ 土地使用权划拨具有社会公益性。

（3）划拨的适用范围

根据《城市房地产管理法》的规定，下列用地的土地使用权，确属必需的，可以采用划拨方式提供：

① 国家机关用地。是指国家权力机关、行政机关、审判机关、检察机关和国家军事机关用地的总称。

② 军事用地。是指军事设施用地的总称。

③ 城市基础设施用地。是指城市供水、排水、污水处理、供电、通信、燃气、热力、道路、桥梁、市内公共交通、园林绿化、环境卫生、消防及路灯、路标等管线和设施用地。

④ 城市公益事业用地。是指城市内的各种学校、医院、体育场馆、图书馆、文化馆、少年宫、幼儿园、保育院、敬老院、防疫站、影剧院等文化、卫生、体育、教育、福利事业用地。

⑤ 国家重点扶持的能源、交通、水利等项目用地。是指国家采取各种优惠政策重点扶持的煤炭、石油、天然气、电力等能源项目用地；铁路、公路、港口、码头、机场、交通枢纽等交通项目用地；水库、水坝、农田灌溉工程、水力发电工程、江河治理工程、防洪工程等水利项目用地。

⑥ 法律、法规规定的其他用地。

（4）划拨的程序

① 申请。由建设用地单位持经批准的设计任务书或初步设计、年度基本建设计划等有关文件向拟划拨土地所在的县级以上人民政府土地行政主管部门提出建设用地申请。

② 审核。由县级以上人民政府土地行政主管部门对建设用地申请进行审核，划定用地

范围，组织商定用地补偿、安置或者拆迁安置方案，报县级以上人民政府批准。

③ 批准。由县级以上人民政府根据《土地管理法》及其实施条例规定的批准权限批准，批准后由土地所在地的县级以上人民政府发给建设用地批准书。

④ 划拨。由土地所在地的县级以上人民政府土地行政主管部门根据批准用地文件所确定的用地面积和范围，到实地划拨建设用地。

⑤ 登记。建设项目竣工后，由县级以上人民政府土地行政主管部门核查实际用地，经认可后，办理土地登记手续，核发国有土地使用权证书。至此，土地使用者取得划拨土地使用权。

2）土地使用权出让

（1）出让的概念

根据《城市房地产管理法》的规定，土地使用权出让是指国家将国有土地使用权在一定年限内出让给土地使用者，由土地使用者向国家支付土地使用权出让金的行为。土地使用权出让，实质上是国家作为国有土地所有权人将其所有权权能中的使用权分离出来转让给土地使用者的一种权利转移方式，是国家行使的对国有土地的处分权。

（2）出让的特征

① 土地使用权出让的主体只能是国家。

② 土地使用权出让的标的只能是国有土地使用权。

③ 土地使用权出让是有期限的。

④ 土地使用权出让是有偿的。

⑤ 土地使用者享有权利的效力不及于地下之物。

（3）出让的方式

① 协议出让

协议出让是指由国有土地的所有者或其代表机关（出让方）根据用地性质、功能和土地开发利用的特点确定国有土地的使用者（受让方），或者由受让方直接向出让方提出有偿使用土地的意思表示，由双方进行一对一的谈判和磋商，协商出让土地使用权的有关事宜，并达成一致意见的一种土地使用权出让方式。

② 招标出让

招标出让是指出让方根据出让土地使用权地块的开发利用要求，发出招标公告，在指定的地点和指定的期限内，由他人以书面形式投标，然后根据一定的标准从投标者中择优确定土地使用权受让人的出让方式。

招标方式引入竞争机制，体现了商品交换的原则。但获得土地使用权的并不一定是出价最高者，因为对投标进行评标时，既要考虑到投标价，也要考虑投标规划设计方案和投标人的资信等各方面的情况。这种方式既有利于公平竞争，也有利于土地规划利用的优化。

③ 拍卖出让

拍卖出让是指出让人在指定的地点和时间，组织符合条件的有意受让人到场竞相报价，按“价高者得”的原则确定土地使用权受让人的出让方式。

拍卖出让方式更为充分地引进了市场竞争机制，由最高报价者取得土地使用权，排除了出让方的任何主观因素，政府也可获得最高收益。拍卖方式的采用，表明土地使用权的商品化程度已比较高，土地使用权出让已充分发展。

④ 挂牌出让

国有土地使用权挂牌出让，是近年来新出现的一种土地使用权出让方式。

根据国土资源部《招标拍卖挂牌出让国有土地使用权规定》的规定，挂牌出让土地使用权，是指市、县人民政府土地行政主管部门发布挂牌公告，按公告规定的期限将拟出让宗地的交易条件在指定的土地交易场所挂牌公布，接受竞买人的报价申请并更新挂牌价格，根据挂牌期限截止时的出价结果确定土地使用者的行为。

在挂牌出让中，出让人能否将土地使用权出让出去，主要取决于其定价的高低。如果定价过高，会出现有价无市的情况；如果定价过低，则可能得不到本应获得的收益。从竞买人的角度来看，能否获得土地，取决于其出价的高低。如果出价过高，虽然能获得土地，但由于土地成本过高，最终会使其利润过低甚至亏损；如果出价过低，则难以获得土地。因此，在挂牌出让中，无论是出让人还是竞买人，都需要确定一个合理的价格。

(4) 土地使用权出让合同

土地使用权出让合同，是指国有土地的所有者或其代表与土地使用权受让人之间就土地使用权出让以及如何使用等内容所达成的明确双方权利义务关系的协议。

根据《城市房地产管理法》的规定，土地使用权出让合同应当签订书面合同。合同一般采用标准样式，即合同的主要条款、格式均由国家制定，双方不能自行拟订合同文本，但双方可以在法律允许的范围内附加相关条款或协议。

土地使用权出让合同一般应包括下列内容：

① 合同当事人。

② 合同标的，即土地的位置、面积及四至范围等。

③ 出让金的数额、支付方式和支付期限。

④ 出让期限，注明出让期限的起止日期。

⑤ 土地使用条件，即对土地在类别、用途、覆盖率、地上物高度、配套设施等方面的具体要求。

⑥ 定金。依照法律规定，签订合同时必须由受让方向出让方缴纳相当于出让金总额5%～20%的定金。

⑦ 违约责任。

⑧ 土地使用权转让、出租、抵押的条件。

⑨ 合同争议的解决。

⑩ 合同有效文本、签约时间和地点、合同术语解释、合同附件等。

3) 土地使用权转让

(1) 转让的概念

土地使用权转让，是指通过买卖、交换、赠与、继承或者其他合法方式依法将土地使用权转移给他人的行为。

原土地使用权人，即通过划拨或出让取得土地使用权的人，称为转让人，新的土地使用权人则称为受让人。

(2) 转让的条件

对于以出让方式取得土地使用权的土地，其使用权转让应当满足以下条件：

① 按照出让合同约定已经支付全部土地使用权出让金，并取得土地使用权证书。

② 按照出让合同约定进行投资开发，属于房屋建设工程的，完成投资开发总额的 25%以上；属于成片开发土地的，依照规划对土地进行开发建设，完成供排水、供电、供热、道路交通、通信等市政基础设施、公用设施的建设，达到场地平整，形成工业用地或者其他建设用地条件。

对于以划拨方式取得土地使用权的土地，其使用权转让应当满足以下条件：

① 报有批准权的人民政府审批。

② 办理土地使用权出让手续，并缴纳土地使用权出让金；或者不办理土地使用权出让手续，但须将转让所获收益上缴国家或者作其他处理。

(3) 禁止转让的土地使用权

① 以出让方式取得土地使用权，不符合转让的法定条件的。

② 司法机关和行政机关依法裁定、决定查封或者以其他形式限制土地权利的。

③ 依法收回土地使用权的。

④ 共有土地使用权，未经其他共有人书面同意的。

⑤ 权属存在争议的。

⑥ 未经依法登记，领取权属证书的。

⑦ 法律、行政法规规定禁止转让的其他情形。

(4) 转让的程序

办理土地使用权转让一般按照下列程序进行：

① 洽谈、签约

洽谈、签约是指土地使用权人与有意受让人直接或者由经纪人居中，对转让的有关事宜进行协商、谈判，并签订土地使用权转让合同。

② 审查

合同签订后，不论该项土地使用权是否经申请与批准的程序，土地行政主管部门均有权审查转让合同是否符合相关规定，如不符合，可进行干预。

③ 缴纳税费

缴纳税费是指土地使用权转让人须依法缴纳土地增值税、营业税等，受让人应支付土地使用权转让费。

④ 过户登记

过户登记是指土地使用权受让人向土地行政主管部门办理过户登记手续，同时还应对该土地上的建筑物和附着物向房地产管理部门办理过户登记。只有办理完过户登记后，转让行为才生效。

2.3.3 土地征用制度

1) 土地征用的概念和特点

土地征用，是指国家或政府为了公共利益的需要而强制地将属于集体所有的土地收归国有，并给予公平补偿的行为。

土地征用属于国家或政府的行为，具有以下特点：

(1) 土地征用权由代表国家的政府享有。

(2) 土地征用权的行使不需要征得土地所有人的同意,具有一定的强制性。

(3) 土地征用权只能为公共利益的需要而行使。

(4) 土地征用权必须给予原所有人以公平补偿。

(5) 被征用后的土地所有权发生了转移,即集体所有的土地变成了国有土地。

2) 土地征用的原则

(1) 珍惜耕地、合理利用土地的原则

我国是一个人多地少的国家,特别是宜农可垦的耕地后备资源不足,再加上城市化进程和建立社会主义市场经济的需要,建设用地的需求量在一定时期内还将居高不下。

(2) 保证国家建设用地的原则

征用土地,特别是征用耕地,必然会给被征地单位和农民带来一定的困难,但为了国家的整体和长远利益,就要求被征地单位和农民从全局出发,克服暂时的局部困难,保证国家建设用地。

(3) 妥善安置被征用土地单位和农民的原则

征用土地会给被征用土地的单位和农民的生产、生活带来困难和不便,用地单位应根据国家和当地政府的规定,妥善安置被征地范围内的单位和农民的生产、生活。

(4) 有偿使用土地的原则

实行土地有偿使用制度,是确保用地单位与个人合理利用土地、提高土地效益的经济手段。

(5) 依法征地的原则

建设单位征用土地,必须根据国家的有关规定和要求,持有国家主管部门或者县级以上人民政府批准的证书或文件,并按照征用土地的程序和法定的审批权限,依法办理征用手续后才能合法用地。

凡无征地手续,或属无权批准使用土地的单位批准使用的土地,或超权限批准使用的土地,均属非法征地,不受法律保护。

3) 土地征用的补偿与劳动力安置

(1) 土地补偿费

土地补偿是因国家征用土地而对土地所有人和使用人的土地投入和收益损失给予的补偿,为该征地被征收前3年平均年产值的6～10倍。

(2) 安置补助费

征用耕地的安置补助费,按照需要安置的农业人口数计算,每一人口的安置补助费标准为该耕地被征用前3年平均年产值的4～6倍,但每公顷被征用耕地的最高补助费不超过该耕地被征用前3年平均年产值的15倍;征用其他土地的安置补助费标准,由省、自治区、直辖市参照征用耕地的安置补助费的标准规定。

(3) 地上附着物和青苗补偿费

被征用土地上的附着物和青苗的补偿标准,由省、自治区、直辖市规定;征用城市郊区的菜地,用地单位应当按照国家有关规定缴纳新菜地开发建设基金。

(4) 劳动力安置

对征用土地造成的多余劳动力,由政府组织征地、被征地和其他有关单位,通过发展农副业生产或开办乡镇企业来安置;土地被全部征用的,经省、自治区、直辖市人民政府审查批准,原有农业户口可转为非农业户口,征地补偿费应用于组织生产和就业人员的生活补助;

大、中型水利、水电工程建设征用土地而产生的移民的安置，由国务院另行规定。

4）土地征用的审批权限

按照《土地管理法》第45条的规定，征用下列土地由国务院审批：

(1) 基本农田，具体包括：经国务院有关主管部门或者县级以上地方人民政府批准确定的粮、棉、油生产基地内的耕地；有良好的水利与水土保持设施的耕地，正在实施改造计划及可以改造的中、低产田；蔬菜生产基地；农业科研、教学试验田；国务院规定应当划入基本农田保护区的其他耕地。

(2) 基本农田以外的耕地超过35 hm^2 的。

(3) 其他土地超过70 hm^2 的。

征用上述土地以外的土地和已经批准农用地转用范围内的具体项目，由省、自治区、直辖市的人民政府审批，并报国务院备案。

土地征用的审批和农用地转用审批是有交叉的。征用农用地，应当先办理农用地转用审批，否则不能征用。

2.4 建设工程规划管理

2.4.1 城乡规划概述

2008年1月1日，《中华人民共和国城乡规划法》(以下简称《城乡规划法》)正式实施，它是一部关于城乡规划建设和管理的基本法律。制定和实施城乡规划，在规划区内进行建设活动，必须遵守《城乡规划法》。

1）城乡规划的分类

按照《城乡规划法》的规定，城乡规划包括城镇体系规划、城市规划、镇规划、乡规划和村庄规划。城市规划、镇规划分为总体规划和详细规划。详细规划分为控制性详细规划和修建性详细规划。

《城乡规划法》中的规划区，是指城市、镇和村庄的建成区，以及因城乡建设和发展需要必须实行规划控制的区域。规划区的具体范围由有关人民政府在组织编制的城市总体规划、镇总体规划、乡规划和村庄规划中，根据城乡经济社会发展水平和统筹城乡发展的需要划定。

2）城乡规划的制定

(1) 城镇体系规划的制定

国务院城乡规划主管部门会同国务院有关部门组织编制全国城镇体系规划，用于指导省域城镇体系规划、城市总体规划的编制。全国城镇体系规划由国务院城乡规划主管部门报国务院审批。省、自治区人民政府组织编制省域城镇体系规划，报国务院审批。省域城镇体系规划的内容应当包括：城镇空间布局和规模控制，重大基础设施的布局，为保护生态环境、资源等需要严格控制的区域。

(2) 城市规划的制定

城市人民政府组织编制城市总体规划。直辖市的城市总体规划由直辖市人民政府报国务院审批。省、自治区人民政府所在地的城市以及国务院确定的城市的总体规划，由省、自治区人民政府审查同意后，报国务院审批。其他城市的总体规划，由城市人民政府报省、自治区人民政府审批。

城市人民政府城乡规划主管部门根据城市总体规划的要求，组织编制城市的控制性详细规划，经本级人民政府批准后，报本级人民代表大会常务委员会和上一级人民政府备案。

(3) 镇规划的制定

县人民政府组织编制县人民政府所在地镇的总体规划，报上一级人民政府审批。其他镇的总体规划由镇人民政府组织编制，报上一级人民政府审批。镇人民政府根据镇总体规划的要求，组织编制镇的控制性详细规划，报上一级人民政府审批。县人民政府所在地镇的控制性详细规划，由县人民政府城乡规划主管部门根据镇总体规划的要求组织编制，经县人民政府批准后，报本级人民代表大会常务委员会和上一级人民政府备案。

(4) 乡规划和村庄规划的制定

乡、镇人民政府组织编制乡规划、村庄规划，报上一级人民政府审批。村庄规划在报送审批前，应当经村民会议或者村民代表会议讨论同意。

乡规划、村庄规划的内容应当包括：规划区范围，住宅、道路、供水、排水、供电、垃圾收集、畜禽养殖场所等农村生产、生活服务设施、公益事业等各项建设的用地布局、建设要求，以及对耕地等自然资源和历史文化遗产保护、防灾减灾等的具体安排。

乡规划还应当包括本行政区域内的村庄发展布局。

3) 城乡规划的实施

城乡规划的实施，就是对建设用地和建设活动按照经过法律程序批准的城乡规划设计方案进行统一的安排和控制，引导和调节城乡的各项建设事业有计划、有秩序、有步骤地协调发展。城乡规划的实施必须遵循城乡规划公布制度和"一书三证"制度。

"一书三证"制度即建设项目选址意见书制度、建设用地规划许可证制度、建设工程规划许可证制度和乡村建设规划许可证制度的简称。

2.4.2 建设工程的规划管理："一书三证"制度

1) 选址意见书制度

(1) 选址意见书的含义

选址意见书是指建设项目(主要指新建大、中型工业与民用项目)在立项过程中，城市规划行政主管部门对提出的关于建设项目具体用地地址的批复意见等具有法律效力的文件。

(2) 选址意见书的内容

① 建设项目的基本情况

建设项目的基本情况主要指建设项目的名称、性质、建设规模、市场需求预测、水源及其他能源的需求量；原材料及产品的运输方式与运输量；生产配套设施以及废水、废气、废渣的排放及处理方案。

② 建设项目选址的依据

建设项目选址的主要依据有：经批准的项目建议书；建设项目所在城市总体规划、分区规划；建设项目所在城市的交通、通信、能源、市政、防灾规划；建设项目所在城市生活居住及公共设施规划；建设项目所在城市的环境保护规划和风景名胜、文物古迹管理规划等。

③ 建设项目选址意见书的核发权限

建设项目选址意见书的核发实行分级管理。县级人民政府规划行政主管部门审批的建设项目，由县人民政府城市规划行政主管部门核发选址意见书；地级、地级市人民政府规划行政主管部门审批的建设项目，由地级、地级市人民政府城市规划行政主管部门核发选址意见书；直辖市和计划单列市人民政府规划行政主管部门审批的建设项目，由直辖市、计划单列市人民政府城市规划行政主管部门核发选址意见书；省、自治区人民政府规划行政主管部门审批的建设项目，由项目所在地县、市人民政府城市规划行政主管部门提出审查意见，报省、自治区人民政府城市规划行政主管部门核发选址意见书；中央各部门、公司审批的小型和限额以下的建设项目，由项目所在地县、市人民政府规划行政主管部门核发选址意见书；国家审批的大中型和限额以上的建设项目，由项目所在地县、市人民政府规划行政主管部门提出审查意见，报省、自治区、直辖市、计划单列市人民政府城市规划行政主管部门核发选址意见书，并报国务院城市规划行政主管部门备案。

(3) 选址意见书的作用

《城乡规划法》第36条规定："按照国家规定需要有关部门批准或者核准的建设项目、以划拨方式提供国有土地使用权的，建设单位在报送有关部门批准或者核准前，应当向城乡规划主管部门申请核发选址意见书。其他建设项目则不需要申请选址意见书。"

在城乡规划区内的建设工程的选址和布局必须符合城乡规划，这是对城乡规划区内的建设工程的选址和布局的原则规定。国家对建设项目，特别是大、中型项目的宏观管理，在可行性研究阶段，主要是通过宏观管理和规划管理来实现的。采用合理的符合城乡规划的选址和布局，才能有利于生产、方便生活、节约土地、保护环境，以取得良好的经济、社会和环境效益。

实行选址意见书制度，是城乡规划行政主管部门对建设项目建议书的选址工作提出建议和意见；在建设项目设计任务书(可行性研究报告)阶段的选址工作中核发选址意见书，可以将宏观管理与规划管理统一起来，确保建设项目按照规划实施，确保经济效益、社会效益和环境效益相统一。

(4) 选址意见书的审批

建设项目选址意见书的审批实行分级规划管理：

① 属县、市政府计划主管部门审批的项目，其选址意见书由该县、市规划主管部门核发。

② 属省、自治区政府计划主管部门审批的项目，其选址意见书由项目所在地政府规划主管部门提出审查意见，报省、自治区级政府规划主管部门核发。

③ 中央各部门、公司审批的小型和限额以下的建设项目，由项目所在地、县、市政府城市规划行政主管部门核发。

④ 国家审批的大中型和限额以上的建设项目，由项目所在地、县、市政府城市规划行政主管部门提出审查意见，报省、自治区、直辖市、计划单列市政府城市规划行政主管部门核发，并报国务院城市规划行政主管部门备案。

(5) 选址意见书的核发权限

建设项目选址意见书的核发权限与它的审批一样，是采用分级审批制度，其核发权限的分级与审批的分级一致。

2）建设用地规划许可证制度

（1）建设用地核发规划许可证的概念

《城乡规划法》中第37条规定："在城市、镇规划区内以划拨方式提供国有土地使用权的建设项目，经有关部门批准、核准、备案后，建设单位应当向城市、县人民政府城乡规划主管部门提出建设用地规划许可申请，由城市、县人民政府城乡规划主管部门依据控制性详细规划核定建设用地的位置、面积、允许建设的范围，核发建设用地规划许可证。建设单位在取得建设用地规划许可证后，方可向县级以上地方人民政府土地主管部门申请用地，经县级以上人民政府审批后，由土地主管部门划拨土地。"第38条规定："在城市、镇规划区内以出让方式提供国有土地使用权的，在国有土地使用权出让前，城市、县人民政府城乡规划主管部门应当依据控制性详细规划，提出出让地块的位置、使用性质、开发强度等规划条件，作为国有土地使用权出让合同的组成部分。未确定规划条件的地块，不得出让国有土地使用权。以出让方式取得国有土地使用权的建设项目，在签订国有土地使用权出让合同后，建设单位应当持建设项目的批准、核准、备案文件和国有土地使用权出让合同，向城市、县人民政府城乡规划主管部门领取建设用地规划许可证。"

在城市规划区内进行建设需要用地的，必须得到批准，取得用地规划许可证。建设用地由规划部门确定其用地位置、界限。它是申请工程开工的必备证件。规划用地审批单位是规划行政主管部门(如规划局等)。

（2）建设用地规划许可证制度的内容

① 建设用地的审批

建设用地的审批程序按以下步骤进行：

A. 现场踏勘。城市规划主管部门受理了建设单位用地申请后，应与建设单位会同有关部门到选址地点进行现场调查和踏勘。这是一项直观的、感性的审查工作，可以及时发现问题，避免纸上谈兵可能带来的弊端。

B. 征求意见。在城市规划区安排建设项目，占用土地会涉及许多单位和部门。城市规划主管部门在审批建设用地前，应征求占用土地单位和部门以及环境保护、消防安全、文物保护、土地管理等部门的意见。

C. 提供设计条件。城市规划主管部门初审通过后，应向建设单位提供建设用地地址和范围的红线图，在红线图上应当标明现状和规划道路，并提出用地规划涉及条件和要求。建设单位可以依据城市规划主管部门下达的红线图委托项目规划方案设计。

D. 审查总平面图及用地面积。建设单位根据城市规划主管部门提供的设计条件完成项目规划设计后，应将总平面图及其相关文件报送城市规划主管部门进行审查批准，并根据城市规划设计用地定额指标和该地块具体情况核审用地面积。

E. 核发建设用地规划许可证。经审查合格后，城市规划行政主管部门即向建设单位或个人核发建设用地规划许可证。

建设用地规划许可证是建设单位在向土地管理主管部门申请征用、划拨前，经城市规划主管部门确认建设项目位置和范围的法律凭证。核发建设用地规划许可证的目的在于确保土地利用符合城市规划，维护建设单位按照规划使用土地的合法权益，同时也为土地管理部门在城市规划内行使权属管理职能提供必要的法律依据。土地管理部门在办理征用、划拨土地过程中，若确需改变建设用地规划许可证核定的位置和界限，必须与城市规划主管部门协商并取得一致意见，以保证修改后的位置和范围符合城市规划的要求。

② 建设用地审批后的管理

建设用地批准后，城市规划行政主管部门应当加强监督、检查工作。监督检查的内容包括建设项目征用土地范围复核和用地性质检查。

征用土地范围复核主要是指城市规划行政主管部门对征用划拨的土地地界进行验核，杜绝违章占地情况的发生。

用地性质检查主要是指城市规划行政主管部门根据城市规划的要求，对征用土地的用途进行监督检查，纠正随意改变征地用途等违法行为。

③ 建设用地调整

为了适应国民经济和社会发展的需要，城市人民政府可以根据城市规划对建设用地进行调整。建设用地的调整分为两种情况。

A. 政府对建设用地的调整。调整用地的情况主要有：一是在土地所有权和使用权不变的情况下，改变用地的性质；二是在土地所有权不变的情况下，改变土地使用权或者土地使用性质；三是对早征晚用、多征少用、征而不用的土地或者现状不合理，存在大量浪费的土地，进行局部调整。用地调整是城市人民政府从国民经济和城市发展的大局出发，保证城市规划实施所采取的措施。

B. 建设单位申请对原建设用地进行调整。建设单位在领取建设用地许可证后，如果因情况变化，确需改变用地规划许可证所核定的用地位置和界线的，必须事先经城市规划行政主管部门审查同意，换发建设用地规划许可证。

(3) 建设用地规划许可证的核发方式

建设用地规划许可证的核发方式有以下几种：

① 以划拨方式取得土地使用权。《城乡规划法》对在城（镇）规划区内以划拨方式取得土地使用权的建设项目，规定了先申请、后核定、再核发的程序。这类建设项目经有关部门批准（核准、备案）后，建设单位应向城市（县）人民政府城乡规划主管部门提出建设用地规划许可申请，由城市（县）人民政府城乡规划主管部门依据控制性详细规划核定建设用地的位置、面积、允许建设的范围后，再核发建设用地规划许可证。

建设单位在取得建设用地规划许可证后，方可向县级以上地方人民政府土地主管部门申请用地，经县级以上人民政府审批后，由土地主管部门划拨土地。

② 以出让方式取得土地使用权。《城乡规划法》对在城（镇）规划区内以出让方式获得土地使用权的建设项目，则采取了先核定、再出让、然后申领的程序。在国有土地使用权出让前，城市（县）人民政府城乡规划主管部门应当依据控制性详细规划，提出出让地块的位置、使用性质、开发强度等规划条件，作为国有土地使用权出让合同的组成部分。未确定规划条件的地块，国有土地使用权不得出让；已出让的，出让合同无效。建设单位在取得国有土地使用权，签订国有土地使用权出让合同后，须持建设项目的批准（核准、备案）文件和国有土地使用权出让合同，向城市（县）人民政府城乡规划主管部门申请领取建设用地规划许可证。城市（县）人民政府城乡规划主管部门在建设用地规划许可证中，不得擅自改变作为国有土地使用权出让合同组成部分的规划条件。建设单位在取得建设用地规划许可证后，再由县级以上人民政府批准建设单位的用地申请。对未取得建设用地规划许可证就批准建

设用地的，县级以上人民政府应撤销有关批准文件；已占用土地的，应及时退回；给当事人造成损失的，应依法赔偿。

(4) 建设用地规划许可证的作用

建设用地规划许可证是建设单位在向土地管理行政主管部门申请征用、划拨土地前，经城市、县人民政府规划行政主管部门确认建设项目位置、面积、范围等是否符合城乡规划的法定凭证。核发建设用地规划许可证的目的在于确保土地利用符合城乡规划，维护建设单位按照规划合法利用土地，为土地管理部门在城市、镇规划区内行使权属管理职能提供必要的法律依据。

3) 建设工程规划许可证制度

(1) 建设工程规划许可证的概念

建设工程规划许可证是指在城市、镇规划区内进行建筑物、构筑物、道路、管线和其他工程建设的建设单位或者个人依照规定，向城市、县人民政府城乡规划主管部门或者省、自治区、直辖市人民政府确定的镇人民政府申请领取的建设工程的法律凭证。

(2) 建设工程规划许可证制度的内容

建设工程规划许可证制度主要包括以下几个方面的内容：

① 建设工程审批

城市各项建设工程安排得当与否，关系着城市经济和社会的发展和城市风貌、城市环境的好坏，各项建设工程必须严格按照城市规划进行。凡在城市规划区内的各项建设活动，无论是永久性的，还是临时性的，都必须由城市规划行政主管部门审查批准方可进行。

建设单位或者个人在取得建设用地规划许可证后，需要建设用地的，应当按照有关法规向土地管理部门办理有关手续，领取土地使用权证等有关批准文件，然后向城市规划行政主管部门提出建设申请。城市规划行政主管部门受理建设申请后，便进入了建设工程审批阶段。

② 建设工程审批后的管理

建设工程审核批准后，城市规划行政主管部门要加强监督检查工作，主要包括验线、现场检查和竣工验收。

A. 验线。建设单位应当按照建设工程规划许可证的要求放线，并经城市规划行政主管部门验线后方可施工。

B. 现场检查。是指城市规划管理工作人员进入有关单位或施工现场，了解建设工程的位置、施工等情况是否符合规划设计条件。在检查中，任何单位和个人都不得阻拦城市规划管理人员进入现场或者拒绝提供与规划有关的情况。城市规划行政管理人员有为被检查者保守技术秘密或者业务秘密的义务。

C. 竣工验收。《城乡规划法》第45条规定："县级以上地方人民政府城乡规划主管部门按照国务院规定对建设工程是否符合规划条件予以核实。未经核实或者经核实不符合规划条件的，建设单位不得组织竣工验收。建设单位应当在竣工验收后6个月内向城乡规划主管部门报送有关竣工验收资料。"

竣工验收是工程项目建设程序中的最后一个阶段。规划部门参加竣工验收，是对建设工程是否符合规划设计条件的要求进行最后把关，以保证城市规划区内各项建设符合城市规划。本条的规定赋予了规划行政主管部门参加竣工验收的权力。

竣工验收资料包括该工程的各种批准文件和该工程竣工时的总平面图、各层平面图、立面图、剖面图、设备图、基础图和城市规划行政主管部门制定需报送的其他图纸。

③ 临时建设的管理

临时建设是指城市规划主管部门批准的在城市、镇规划区内建设的临时性使用并在限期内必须拆除的建筑物、构筑物及其他设施。

《城乡规划法》第44条规定："在城市、镇规划区内进行临时建设的，应当经城市、县人民政府城乡规划主管部门批准。临时建设影响近期建设规划或者控制性详细规划的实施以及交通、市容、安全等的，不得批准。临时建设应当在批准的使用期限内自行拆除。"临时建设应当办理《临时建设工程规划许可证》，在《北京市城市规划条例》、上海市《关于启用〈临时建设用地规划许可证〉和〈临时建设工程规划许可证〉的通知》中对此都有明确规定。

(3) 建设工程规划许可证的作用

① 确认有关建设活动的合法地位，保证建设单位和个人的合法权益。

② 作为建设活动进行过程中接受监督检查时的法定依据，城市规划管理人员要根据建设工程规划许可证规定的内容和要求进行监督检查，并以此作为处罚违法建设活动的法律依据。

③ 作为城市规划行政主管部门有关城市建设活动的重要历史资料和城市建设档案的重要内容。

4) 乡村建设规划许可证制度

(1) 乡村建设规划许可证的概念

乡村建设规划许可证，是由城市、县人民政府城乡规划主管部门核发的，用于确认该建设工程是否符合乡、村规划要求的法律凭证。

(2) 乡村建设规划许可证制度的内容

根据《城乡规划法》第41条的规定："在乡、村庄规划区内进行乡镇企业、乡村公共设施和公益事业建设的，建设单位或者个人应当向乡、镇人民政府提出申请，由乡、镇人民政府报城市、县人民政府城乡规划主管部门核发乡村建设规划许可证。"

在乡、村庄规划区内使用原有宅基地进行农村村民住宅建设的规划管理办法，由省、自治区、直辖市制定。

在乡、村庄规划区内进行乡镇企业、乡村公共设施和公益事业建设以及农村村民住宅建设，不得占用农用地；确需占用农用地的，应当依照《土地管理法》的有关规定办理农用地转用审批手续后，由城市、县人民政府城乡规划主管部门核发乡村建设规划许可证。

建设单位或者个人在取得乡村建设规划许可证后，方可办理用地审批手续。

2.4.3　建设工程违反规划管理的法律责任

1) 国家机关及其有关负责人的法律责任

(1) 对依法应当编制城乡规划而未组织编制，或者未按法定程序编制、审批、修改城乡规划的，由上级人民政府责令改正，通报批评；对有关人民政府负责人和其他直接责任人员依法给予处分。

(2) 城乡规划组织编制机关委托不具有相应资质等级的单位编制城乡规划的，由上级人民政府责令改正，通报批评；对有关人民政府负责人和其他直接责任人员依法给予处分。

(3) 镇人民政府或者县级以上人民政府城乡规划主管部门有下列行为之一的，由本级人民政府、上级人民政府城乡规划主管部门或者监察机关依据职权责令改正，通报批评；对直接负责的主管人员和其他直接责任人员依法给予处分：

① 未依法组织编制城市的控制性详细规划、县人民政府所在地镇的控制性详细规划的。

② 超越职权或者对不符合法定条件的申请人核发选址意见书、建设用地规划许可证、建设工程规划许可证、乡村建设规划许可证的。

③ 对符合法定条件的申请人未在法定期限内核发选址意见书、建设用地规划许可证、建设工程规划许可证、乡村建设规划许可证的。

④ 未依法对经审定的修建性详细规划、建设工程设计方案的总平面图予以公布的。

⑤ 同意修改修建性详细规划、建设工程设计方案的总平面图前未采取听证会等形式听取利害关系人的意见的。

⑥ 发现未依法取得规划许可或者违反规划许可的规定在规划区内进行建设的行为，而不予查处或者接到举报后不依法处理的。

(4) 县级以上人民政府有关部门有下列行为之一的，由本级人民政府或者上级人民政府有关部门责令改正，通报批评；对直接负责的主管人员和其他直接责任人员依法给予处分：

① 对未依法取得选址意见书的建设项目核发建设项目批准文件的。

② 未依法在国有土地使用权出让合同中确定规划条件或者改变国有土地使用权出让合同中依法确定的规划条件的。

③ 对未依法取得建设用地规划许可证的建设单位划拨国有土地使用权的。

2) 城乡规划编制单位的法律责任

(1) 城乡规划编制单位有下列行为之一的，由所在地城市、县人民政府城乡规划主管部门责令限期改正，处合同约定的规划编制费1倍以上2倍以下的罚款；情节严重的，责令停业整顿，由原发证机关降低资质等级或者吊销资质证书；造成损失的，依法承担赔偿责任：

① 超越资质等级许可的范围承揽城乡规划编制工作的。

② 违反国家有关标准编制城乡规划的。

(2) 城乡规划编制单位取得资质证书后，不再符合相应的资质条件的，由原发证机关责令限期改正；逾期不改正的，降低资质等级或者吊销资质证书。

(3) 建设单位的法律责任

① 未取得建设工程规划许可证或者未按照建设工程规划许可证的规定进行建设的，由县级以上地方人民政府城乡规划主管部门责令停止建设；尚可采取改正措施消除对规划实施的影响的，限期改正，处建设工程造价5%以上10%以下的罚款；无法采取改正措施消除影响的，限期拆除，不能拆除的，没收实物或者违法收入，可以并处建设工程造价10%以下的罚款。

② 在乡、村庄规划区内未依法取得乡村建设规划许可证或者未按照乡村建设规划许可证的规定进行建设的，由乡、镇人民政府责令停止建设、限期改正；逾期不改正的，可以拆除。

③ 建设单位或者个人有下列行为之一的，由所在地城市、县人民政府城乡规划主管部门责令限期拆除，可以并处临时建设工程造价1倍以下的罚款：

A. 未经批准进行临时建设的。

B. 未按照批准内容进行临时建设的。

C. 临时建筑物、构筑物超过批准期限不拆除的。

④ 建设单位未在建设工程竣工验收后6个月内向城乡规划主管部门报送有关竣工验收资料的，由所在地城市、县人民政府城乡规划主管部门责令限期补报；逾期不补报的，处1万元以上5万元以下的罚款。

⑤ 城乡规划主管部门作出责令停止建设或者限期拆除的决定后，当事人不停止建设或者逾期不拆除的，建设工程所在地县级以上地方人民政府可以责成有关部门采取查封施工现场、强制拆除等措施。

2.5 典型案例分析

1）案例1

【教学目的】 掌握政府职能部门在建设程序中的职责。

【案情概要】 原告：李某

被告：××市规划和国土资源局××分局

第三人：××房地产开发有限公司

被告于2010年4月签发建设工程规划许可证，准予××房地产开发有限公司建设规划面积22 777 m^2 的综合市场及住宅。

原告认为：被告的发证行为程序违法，故向法院起诉，要求法院依法撤销被告颁发给××房地产开发有限公司的该建设工程规划许可证。原告的理由是：该项目建成后，将遮挡原告居住房屋的阳光，侵犯原告及周围居民的合法权益。

(1) 该项目始建于2009年秋季，是在没有任何审批手续的情况下开始建造的，直到2010年4月，被告才批准该项目。

(2) 被告审批的建筑间距违法，因其未将屋顶和女儿墙的高度计算在内。该项目11层楼高度不应该是32.4 m，加上女儿墙的高度应为33 m；12层高度也不应该是35.3 m，应该是35.9 m。被告审批的11层楼距北侧住宅楼55 m间距，严重违反《××市生活居住建筑间距规定》中1.7倍间距的规定。

被告辩称是根据市政府26号令《××市生活居住建筑间距规定》，遮挡建筑计算高度在21 m时，建筑间距系数不得小于1.7测算的，该项目建筑高度11层总高为32.4 m，间距应为55.08 m(32.4×1.7)m。另根据原建设部和国家技术监督局联合发布的《城乡居住区规划设计规范》(2002年版)5.0.2条规定及建筑设计规范的要求，作为本案的建筑物和遮挡物与被遮挡物之间符合相应的法律规定及技术规范，能够达到住宅在大寒日2小时采光的要求，所以原告的诉讼请求于法无据。请法院驳回原告的诉讼请求。

××房地产开发有限公司述称：同意被告的意见。

法院经审查后认为，被告具有作出被诉具体行政行为的职权。被告主张，其是依据××市发展计划委员会发布的有关文件和建设工程规划项目选址意见书以及相关的施工图和资料，核发的建设用地规划许可证和批准的建设工程规划许可证，但被告提供的测光软件区域分析图及建筑平面图等证据不能证明被告的上述主张。同时，被告作出的建设规划许可证附图所确定的遮挡物与被遮挡物的间距不符合《××市生活居住建筑间距规定》的1.7倍间距的规定。故法院依据最高人民法院《关于执行〈中华人民共和国行政诉讼法〉若干问题的解释》第58条的规定，判决如下：

(1) 确认被告作出该建设工程规划许可证违法。

(2) 责令被告采取相应的补救措施。

【法理分析】 本案的焦点问题是，本案的被告在审批该项目时，未严格遵守国家有关的法律规定，因此被告上法庭。在北方，城市居民住宅采光问题是居民生活中的大事。城市建设发展和城市有限的空间，使城市的建筑物越建越高，建筑物之间的密度增加，于是，城市居民住宅采光问题也显得越来越突出。为此，国家有关部门及地方人民政府作出相应的规定，以保证城市居民住宅采光的基本需要。

【案例启示】 作为政府的职能部门，在审批项目时，应该严格遵守国家在该方面的法律规定，否则，不但侵犯了城市居民住宅采光的合法权益，也会因此造成不可估量的损失。

2) 案例2

【教学目的】 掌握建设用地使用权的设立和生效。

【案情概要】 某实业有限公司与某县土地管理局于2008年3月18日订立《工业开发及用地出让合同》，约定该实业有限公司在取得土地使用证后1个月内将进行工业项目开工建设等相关事项。之后，县土地管理局依合同约定将土地交付给该实业有限公司使用。该实业有限公司对土地进行平整等工作，支付相关费用78万元。2008年6月16日，县土地管理局以改变土地规划为由，要求该实业有限公司退回土地使用权。此时，尚未完成土地使用权登记。县土地管理局认为由于尚未进行土地使用权登记，因此合同还没有生效。该实业有限公司则向法院提起诉讼，要求继续履行合同，办理建设用地使用权登记手续。

(1) 双方订立的合同是否生效？

(2) 原告的建设用地使用权是否已经设立？

(3) 纠纷应当如何解决？

【法理分析】 (1) 双方订立的《工业开发及用地出让合同》应当已经生效。因为，办理建设用地使用权登记，并不是合同生效的前提。一般情况下，书面合同自当事人签字或者盖章时生效，除非当事人另行约定了生效条件。

(2) 该实业有限公司(以下简称原告)的建设用地使用权尚未设立。因为，按照《物权法》的规定，建设用地使用权自登记时设立。由于双方尚未完成土地使用权登记，因此原告的建设用地使用权尚未设立。

(3) 如果土地规划确实改变，县土地管理局(以下简称被告)可以要求原告按照新的规划要求使用土地。如果原告不能按照新规划要求使用土地，原告有权要求解除合同，被告应当赔偿原告的损失。如果原告可以按照新规划要求使用土地，原告有权要求继续履行合同，被告应当为其办理建设用地使用权登记手续。

【案例启示】 只要签订了土地出让合同，即使还没有进行建设用地使用权的登记，土地管理部门也不能将该土地使用权收回。

本章小结

本章主要介绍了我国工程项目建设程序的概念及相关的法律规范，我国的土地基本制度中对建设用地的重要规定，《城乡规划法》中关于城乡规划的制定与实施的相关内容——“一书三证”制度，最后还介绍了建设工程过程中违反规划管理的法律责任。通过本章内容的学习，能够对我国的建设程序及过程中的相关法律有一定程度的了解。

复习思考题

1. 通过互联网、学校图书馆等渠道收集一些典型的在全国、本省有影响的工程建设程序方面的案例材料，将其改写成规范的建设法规案例，应包括案情概要、法理分析（案件焦点和主要法律问题分析）、案例启示等。在条件许可的情况下，可以小组为单位共同完成案例编写工作，并向老师和其他同学汇报工作成果。

2. A 酒店与某市公园签订租赁合同，双方商定由 A 酒店承租公园内的醉仙饭店，并投资改建为 A 酒店的分店。原醉仙饭店的土地使用权属于园林局。改建期间，建设单位在原醉仙饭店的北侧加建一幢三层面积为 900 m^2 的附属用房，在西侧加建一幢四层面积为 1 500 m^2 的酒楼雅座。相关部门发现后，对建设单位作出了没收加建的建筑物的处罚决定。

(1) 酒店改建需要办理什么手续？应该由谁办理？

(2) 酒店改建过程中存在哪些不符合规定的行为？

(3) 相关部门的处罚是否正确？建设单位如不服处罚决定，可以采取什么措施？

3. 王某与韩某是邻居，韩某原有一平房，后决定加层。王某认为韩某加层后影响自己的通风、采光，多次要求韩某停工，未果。王某遂向当地规划部门反映，规划部门认定韩某加层未取得相关手续，属于违法建设，下发处罚决定书，要求韩某拆除。韩某未予理睬，继续施工直至完工。

请你为王某支招，如何才能维护自己的合法权益。

3 建设执业资格许可证

教学目标

1. 了解建设执业资格管理制度的概念和立法现状。
2. 熟悉勘察、设计、施工、监理企业的资质管理制度。
3. 掌握建设从业人员执业资格管理制度。

3.1 概述

3.1.1 建设执业资格制度概念

建设工程投资巨大,建设周期长,影响面广,工程质量直接关系到人身及财产的安全,因此对从事建设活动的主体必须加以筛选和限制。具体地说,就是单位或个人必须满足相应的条件,符合一定的标准方可进行建设活动。目前,国际上大多数发达国家已经实行了建设执业资格许可制度。

建设执业资格许可制度是国家通过法定条件和法定程序对建设活动主体资格进行认定和批准,赋予其在法律规定的范围内从事一定的建设活动的制度。建设执业资格许可制度具体包含从业单位资质制度和从业人员执业资格制度。只有事先依法取得相应的资质或资格的单位和个人,才允许其在法律所规定的范围内从事一定建筑活动的制度。

3.1.2 我国建设执业资格制度立法现状

1998 年 3 月 1 日正式施行的《中华人民共和国建筑法》明确规定,我国工程建设实行执业单位资质管理和执业人员资格管理。除此之外,还颁布了大量的行政法规、部门规章及规范性文件:

(1)《施工总承包企业资质等级标准》(2001 年)

(2)《专业承包企业资质等级标准》(2001 年)

(3)《建筑业劳务分包企业资质等级标准》(2001 年)

(4)《房地产开发企业资质管理规定》(2000 年)

(5)《工程建设项目招标代理机构资格认定办法》(2000 年)

(6)《外商投资建设工程设计企业管理规定》(2002 年)

(7)《外商投资建筑业企业管理规定》(2002 年)

(8)《工程造价咨询企业管理办法》(2006 年)

(9)《建筑业企业资质管理办法》(2007 年)
(10)《工程监理企业资质管理规定》(2007 年)
(11)《建设工程勘察设计企业资质管理规定》(2007 年)
(12)《注册结构工程师执业资格制度暂行规定》(1997 年)
(13)《注册城市规划师执业资格制度暂行规定》(1999 年)
(14)《注册土木工程师(岩土)执业资格制度暂行规定》(2002 年)
(15)《注册建造师管理规定》(2006 年)
(16)《造价工程师注册管理办法》(2006 年)
(17)《房地产估价师注册管理办法》(2006 年)
(18)《中华人民共和国注册建筑师条例实施细则》(2008 年)

3.2 建设从业人员执业资格许可

建设从业人员执业资格制度，是指对具备一定专业学历、资历的从事建筑活动的专业技术人员，通过考试和注册，获得执业资格的一种制度。《建筑法》第 14 条规定:“从事建筑活动的专业技术人员，应当依法取得相应的执业资格证书，并在执业资格证书许可的范围内从事建筑活动。”

我国目前有多种建筑业专业执业资格，其中主要有：

(1) 注册建筑师。
(2) 注册建造师。
(3) 注册结构工程师。
(4) 注册监理工程师。
(5) 注册造价工程师。
(6) 注册土木(岩土)工程师。
(7) 注册房地产估价师。

3.2.1 注册建筑师

注册建筑师，是指经考试、特许、考核认定取得中华人民共和国注册建筑师执业资格证书(以下简称执业资格证书)，或者经资格互认方式取得建筑师互认资格证书(以下简称互认资格证书)，并按照本细则注册，取得中华人民共和国注册建筑师注册证书(以下简称注册证书)和中华人民共和国注册建筑师执业印章(以下简称执业印章)，从事建筑设计及相关业务活动的专业技术人员。

未取得注册证书和执业印章的人员，不得以注册建筑师的名义从事建筑设计及相关业务活动。

1) 考试

国家实行注册建筑师全国统一考试制度，注册建筑师全国统一考试办法，由国务院建设行政主管部门会同国务院人事行政主管部门和国务院其他有关行政主管部门共同制定，由全国注册建筑师管理委员会组织实施。

(1) 一级注册建筑师报名条件

符合下列条件之一的，可以申请参加一级注册建筑师考试：①取得建筑学硕士以上学位或者相近专业工学博士学位，并从事建筑设计或者相关业务2年以上的；②取得建筑学学士学位或者相近专业工学硕士学位，并从事建筑设计或者相关业务3年以上的；③具有建筑学专业大学本科毕业学历并从事建筑设计或者相关业务5年以上的，或者具有建筑学相近专业大学本科毕业学历并从事建筑设计或者相关业务7年以上的；④取得高级工程师技术职称并从事建筑设计或者相关业务3年以上的，或者取得工程师技术职称并从事建筑设计或者相关业务5年以上的；⑤不具有前4项规定的条件，但设计成绩突出，经全国注册建筑师管理委员会认定达到前4项规定的专业水平的。

(2) 二级注册建筑师报名条件

符合下列条件之一的，可以申请参加二级注册建筑师考试：①具有建筑学或者相近专业大学本科毕业以上学历，从事建筑设计或者相关业务2年以上的；②具有建筑设计技术专业或者相近专业大学毕业以上学历，并从事建筑设计或者相关业务3年以上的；③具有建筑设计技术专业4年制中专毕业学历，并从事建筑设计或者相关业务5年以上的；④具有建筑设计技术相近专业中专毕业学历，并从事建筑设计或者相关业务7年以上的；⑤取得助理工程师以上技术职称，并从事建筑设计或者相关业务3年以上的。

经一级注册建筑师考试，在有效期内全部科目考试合格的，由全国注册建筑师管理委员会核发国务院建设主管部门和人事主管部门共同用印的一级注册建筑师执业资格证书。经二级注册建筑师考试，在有效期内全部科目考试合格的，由省、自治区、直辖市注册建筑师管理委员会核发国务院建设主管部门和人事主管部门共同用印的二级注册建筑师执业资格证书。

2) 注册

(1) 初始注册条件

申请注册建筑师初始注册，应当具备以下条件：①依法取得执业资格证书或者互认资格证书；②只受聘于中华人民共和国境内的一个建设工程勘察、设计、施工、监理、招标代理、造价咨询、施工图审查、城乡规划编制等单位；③近3年内在中华人民共和国境内从事建筑设计及相关业务1年以上；④达到继续教育要求；⑤没有法律、法规规定不予注册的其他情形。

注册建筑师每一注册有效期为2年。注册建筑师注册有效期满需继续执业的，应在注册有效期届满30日前，按照本细则第十五条规定的程序申请延续注册。延续注册有效期为2年。

(2) 不予注册情形

申请人有下列情形之一的，不予注册：①不具有完全民事行为能力的；②申请在两个或者两个以上单位注册的；③未达到注册建筑师继续教育要求的；④因受刑事处罚，自刑事处罚执行完毕之日起至申请注册之日止不满5年的；⑤因在建筑设计或者相关业务中犯有错误受行政处罚或者撤职以上行政处分，自处罚、处分决定之日起至申请之日止不满2年的；⑥受吊销注册建筑师证书的行政处罚，自处罚决定之日起至申请注册之日止不满5年的；⑦申请人的聘用单位不符合注册单位要求的；⑧法律、法规规定不予注册的其他情形。

(3) 注册证书和执业印章失效情形

注册建筑师有下列情形之一的,其注册证书和执业印章失效:①聘用单位破产的;②聘用单位被吊销营业执照的;③聘用单位相应资质证书被吊销或者撤回的;④已与聘用单位解除聘用劳动关系的;⑤注册有效期满且未延续注册的;⑥死亡或者丧失民事行为能力的;⑦其他导致注册失效的情形。

3) 执业

取得资格证书的人员,应当受聘于中华人民共和国境内的一个建设工程勘察、设计、施工、监理、招标代理、造价咨询、施工图审查、城乡规划编制等单位,经注册后方可从事相应的执业活动。

注册建筑师的执业范围具体为:①建筑设计;②建筑设计技术咨询;③建筑物调查与鉴定;④对本人主持设计的项目进行施工指导和监督;⑤国务院建设主管部门规定的其他业务。

一级注册建筑师的执业范围不受工程项目规模和工程复杂程度的限制。二级注册建筑师的执业范围只限于承担工程设计资质标准中建设项目设计规模划分表中规定的小型规模的项目。注册建筑师的执业范围不得超越其聘用单位的业务范围。注册建筑师的执业范围与其聘用单位的业务范围不符时,个人执业范围服从聘用单位的业务范围。

4) 权利和义务

(1) 注册建筑师的权利

注册建筑师有权以注册建筑师的名义执行注册建筑师业务。非注册建筑师不得以注册建筑师的名义执行注册建筑师业务。二级注册建筑师不得以一级注册建筑师的名义执行业务,也不得超越国家规定的二级注册建筑师的执业范围执行业务。

国家规定的一定跨度、距径和高度以上的房屋建筑,应当由注册建筑师进行设计。

任何单位和个人修改注册建筑师的设计图纸,应当征得该注册建筑师的同意;但是,因特殊情况不能征得该注册建筑师同意的除外。

(2) 注册建筑师的义务

① 遵守法律、法规和职业道德,维护社会公共利益。

② 保证建设设计的质量,并在其负责的设计图纸上签字。

③ 保守在执业中知悉的单位和个人的秘密。

④ 不得同时受聘于 2 个以上建筑设计单位执行业务。

⑤ 不得准许他人以本人名义执行业务。

3.2.2 注册建造师

注册建造师,是指通过考核认定或考试合格取得中华人民共和国建造师资格证书(以下简称资格证书),并按照本规定注册,取得中华人民共和国建造师注册证书和执业印章,担任施工单位项目负责人及从事相关活动的专业技术人员。

1) 考试

一级建造师执业资格实行统一大纲、统一命题、统一组织的考试制度,由人事部、建设部共同组织实施，原则上每年举行一次考试。一级建造师执业资格考试，分综合知识与能力和专业知识与能力两个部分。

(1) 一级建造师报名条件

凡遵守国家法律、法规，具备下列条件之一者，可以申请参加一级建造师执业资格考试：①取得工程类或工程经济类大学专科学历，工作满 6 年，其中从事建设工程项目施工管理工作满 4 年；②取得工程类或工程经济类大学本科学历，工作满 4 年，其中从事建设工程项目施工管理工作满 3 年；③取得工程类或工程经济类双学士学位或研究生班毕业，工作满 3 年，其中从事建设工程项目施工管理工作满 2 年；④取得工程类或工程经济类硕士学位，工作满 2 年，其中从事建设工程项目施工管理工作满 1 年；⑤取得工程类或工程经济类博士学位，从事建设工程项目施工管理工作满 1 年。

(2) 二级建造师报名条件

二级建造师执业资格实行全国统一大纲，建设部负责拟定二级建造师执业资格考试大纲，人事部负责审定考试大纲。各省、自治区、直辖市人事厅(局)及建设厅(委)按照国家确定的考试大纲和有关规定命题并组织考试。凡遵纪守法并具备工程类或工程经济类中等专科以上学历并从事建设工程项目施工管理工作满 2 年的，可报名参加二级建造师执业资格考试。

2) 注册

取得资格证书的人员，经过注册方能以注册建造师的名义执业。

(1) 初始注册

初始注册者，可自资格证书签发之日起 3 年内提出申请。逾期未申请者，须符合本专业继续教育的要求后方可申请初始注册。

申请初始注册时应当具备以下条件：①经考核认定或考试合格取得资格证书；②受聘于一个相关单位；③达到继续教育要求；④没有法律、法规规定的不予注册的情形。

注册证书和执业印章是注册建造师的执业凭证，由注册建造师本人保管、使用。注册证书与执业印章有效期为 3 年。

申请初始注册需要提交下列材料：①注册建造师初始注册申请表；②资格证书、学历证书和身份证明复印件；③申请人与聘用单位签订的聘用劳动合同复印件或其他有效证明文件；④逾期申请初始注册的，应当提供达到继续教育要求的证明材料。

(2) 不予注册情形

申请人有下列情形之一的，不予注册：①不具有完全民事行为能力的；②申请在 2 个或者 2 个以上单位注册的；③未达到注册建造师继续教育要求的；④受到刑事处罚，刑事处罚尚未执行完毕的；⑤因执业活动受到刑事处罚，自刑事处罚执行完毕之日起至申请注册之日止不满 5 年的；⑥因前项规定以外的原因受到刑事处罚，自处罚决定之日起至申请注册之日止不满 3 年的；⑦被吊销注册证书，自处罚决定之日起至申请注册之日止不满 2 年的；⑧在申请注册之日前 3 年内担任项目经理期间，所负责项目发生过重大质量和安全事故的；⑨申请人的聘用单位不符合注册单位要求的；⑩年龄超过 65 周岁的；⑪法律、法规规定不予注册的其他情形。

(3) 注册证书和执业印章失效情形

注册建造师有下列情形之一的，其注册证书和执业印章失效：①聘用单位破产的；②聘用单位被吊销营业执照的;③聘用单位被吊销或者撤回资质证书的;④已与聘用单位解除聘用合同关系的;⑤注册有效期满且未延续注册的;⑥年龄超过65周岁的;⑦死亡或不具有完全民事行为能力的;⑧其他导致注册失效的情形。

3) 执业

取得资格证书的人员应当受聘于一个具有建设工程勘察、设计、施工、监理、招标代理、造价咨询等一项或者多项资质的单位,经注册后方可从事相应的执业活动。担任施工单位项目负责人的,应当受聘并注册于一个具有施工资质的企业。注册建造师的具体执业范围按照《注册建造师执业工程规模标准》执行。注册建造师不得同时在2个及2个以上的建设工程项目担任施工单位项目负责人。

4) 权利和义务

(1) 注册建造师享有的权利

注册建造师享有下列权利:①使用注册建造师名称;②在规定范围内从事执业活动;③在本人执业活动中形成的文件上签字并加盖执业印章;④保管和使用本人注册证书、执业印章;⑤对本人执业活动进行解释和辩护;⑥接受继续教育;⑦获得相应的劳动报酬;⑧对侵犯本人权利的行为进行申述。

(2) 注册建造师应当履行的义务

注册建造师应当履行下列义务:①遵守法律、法规和有关管理规定,恪守职业道德;②执行技术标准、规范和规程;③保证执业成果的质量,并承担相应责任;④接受继续教育,努力提高执业水准;⑤保守在执业中知悉的国家秘密和他人的商业、技术等秘密;⑥与当事人有利害关系的,应当主动回避;⑦协助注册管理机关完成相关工作。

3.2.3 注册结构工程师

注册结构工程师,是指取得注册结构工程师执业资格证书和注册证书,从事房屋结构、桥梁结构及塔架等工程设计及相关业务的专业技术人员。1997年9月1日,建设部、人事部联合颁布了《注册结构工程师执业资格制度暂行规定》,对注册结构工程师的考试、注册管理、权利义务及法律责任等作了具体规定。我国注册结构工程师分为一级注册结构工程师和二级注册结构工程师。

1) 考试

注册结构工程师考试实行全国统一大纲、统一命题、统一组织的方法,原则上每年举行一次。一级注册结构工程师资格考试由基础考试和专业考试两部分组成。通过基础考试的人员,从事结构工程设计或相关业务满规定年限,方可申请参加专业考试。二级注册结构工程师资格考试是专业考试。

(1) 一级注册结构师报名条件

报考一级注册结构工程师基础考试的条件:①具有结构工程、建筑工程等本专业学历,工学学士以及以上学位或专科毕业职业实践满1年;②具有建筑工程的岩土工程、交通土建工程、矿井建设水利水电建筑工程、港口航道及治河工程、海岸与海洋工程、农业建筑与环境工程、建筑学、工程力学等相关专业学历,工学学士以及以上学位或专科毕业职业实践满1年;③其他工科专业,工学学士或本科毕业以及以上学位职业实践满1年。

通过一级注册结构工程师基础考试，报考一级注册结构工程师专业考试的条件是：①具有结构工程、建筑工程等本专业学历，工学硕士或研究生毕业及以上学位、评估通过并在合格有效期内的工学学士学位职业实践满 4 年，未通过评估的工学学士学位职业实践满 5 年或专科毕业职业实践满 6 年；②具有建筑工程的岩土工程、交通土建工程、矿井建设水利水电建筑工程、港口航道及治河工程、海岸与海洋工程、农业建筑与环境工程、建筑学、工程力学等相关专业学历，工学硕士或研究生毕业及以上学位职业实践满 5 年，工学学士或本科毕业职业实践满 6 年，专科毕业职业实践满 7 年；③其他工科专业，工学学士或本科毕业以及以上学位职业实践满 8 年。

(2) 二级注册结构师报名条件

报考二级注册结构工程师专业考试的条件：①具有工业与民用建筑的专业学历，本科以及以上学历、普通大专毕业、成人大专毕业、普通中专毕业、成人中专毕业的职业实践最少时间分别是 2 年、3 年、4 年、6 年、7 年；②具有建筑设计技术、村镇建设、公路与桥梁、城市地下铁道、铁道桥梁与隧道、小型土木工程、水利水电工程建筑、水利工程、港口与航道工程相关专业学历，本科以及以上学历、普通大专毕业、成人大专毕业、普通中专毕业、成人中专毕业的职业实践最少时间分别是 4 年、6 年、7 年、9 年、10 年。

2) 注册

注册结构工程师资格考试合格者，由省、自治区、直辖市人事(职改)部门颁发人事部统一印制、加盖建设部和人事部印章的中华人民共和国注册结构工程师执业资格证书。取得注册结构工程师执业资格证书者，要从事结构工程设计业务的，须申请注册。

有下列情形之一的，不予注册：①不具备完全民事行为能力的；②因受刑事处罚，自处罚完毕之日起至申请注册之日止不满 5 年的；③因在结构工程设计或相关业务中犯有错误受到行政处罚或者撤职以上行政处分，自处罚、处分决定之日起至申请注册之日止满 2 年的；④受吊销注册结构工程师注册证书处罚，自处罚决定之日起至申请注册之日止不满 5 年的；⑤建设部和国务院有关部门规定不予注册的其他情形的。

注册结构工程师注册有效期为 2 年，有效期届满需要继续注册的，应当在期满前 30 日内办理注册手续。

注册结构工程师注册后，有下列情形之一的，由全国或省、自治区、直辖市注册结构工程师管理委员会撤销注册，收回注册证书：①完全丧失民事行为能力的；②受刑事处罚的；③因在工程设计或者相关业务中造成工程事故，受到行政处罚或者撤职以上行政处分的；④自行停止注册结构工程师业务满 2 年的。

3) 执业

注册结构工程师的执业范围：

(1) 结构工程设计。

(2) 结构工程设计技术咨询。

(3) 建筑物、构筑物、工程设施等调查和鉴定。

(4) 对本人主持设计的项目进行施工指导和监督。

(5) 建设部和国务院有关部门规定的其他业务。

一级注册结构工程师的执业范围不受工程规模及工程复杂程度的限制。二级注册结构师的执业范围为三级及以下工程。

4）权利和义务

（1）权利

注册结构工程师有权以注册结构工程师的名义执行注册结构工程师业务。非注册结构工程师不得以注册结构工程师的名义执行注册结构工程师业务。国家规定的一定跨度、高度等以上的结构工程设计，应当由注册结构工程师主持设计。任何单位和个人修改注册结构工程师的设计图纸，应当征得该注册结构工程师同意；但是因特殊情况不能征得该注册结构工程师同意的除外。

（2）义务

注册结构工程师应当履行下列义务：①遵守法律、法规和职业道德，维护社会公众利益；②保证工程设计的质量，并在其负责的设计图纸上签字盖章；③保守在执业中知悉的单位和个人的秘密；④不得同时受聘于 2 个以上勘察设计单位执行业务；⑤不得准许他人以本人名义执行业务。

3.2.4 注册监理工程师

注册监理工程师，是指经考试取得中华人民共和国监理工程师资格证书（以下简称资格证书），并按照本规定注册，取得中华人民共和国注册监理工程师注册执业证书（以下简称注册证书）和执业印章，从事工程监理及相关业务活动的专业技术人员。

《注册监理工程师管理规定》已于 2005 年 12 月 31 日经建设部第 83 次常务会议讨论通过，现予发布，自 2006 年 4 月 1 日起施行。

1）考试

注册监理工程师资格考试每年举行一次，考试时间一般安排在 5 月中旬。原则上只在省会城市设立考点。凡中华人民共和国公民，遵纪守法，具有工程技术或工程经济专业大专以上（含大专）学历，并符合下列条件之一者，可申请参加注册监理工程师执业资格考试：①具有按照国家有关规定评聘的工程技术或工程经济专业中级专业技术职务，并任职满 3 年的；②具有按照国家有关规定评聘的工程技术或工程经济专业高级专业技术职务的。

2）注册

取得资格证书的人员，经过注册方能以注册监理工程师的名义执业。

（1）初始注册

初始注册者，可自资格证书签发之日起 3 年内提出申请。逾期未申请者，须符合继续教育的要求后方可申请初始注册。

申请初始注册，应当具备以下条件：①经全国注册监理工程师执业资格统一考试合格，取得资格证书；②受聘于一个相关单位；③达到继续教育要求；④没有法定不予注册的情形。

注册监理工程师每一注册有效期为 3 年，注册有效期满需继续执业的，应当在注册有效期满 30 日前，按照规定程序申请延续注册。延续注册有效期 3 年。

（2）不予注册情形

申请人有下列情形之一的，不予初始注册、延续注册或者变更注册：①不具有完全民事行为能力的；②刑事处罚尚未执行完毕或者因从事工程监理或者相关业务受到刑事处罚，自刑事处罚执行完毕之日起至申请注册之日止不满 2 年的；③未达到监理工程师继续教育要求的;④在 2 个或者 2 个以上单位申请注册的;⑤以虚假的职称证书参加考试并取得资格证书的;⑥年龄超过 65 周岁的;⑦法律、法规规定不予注册的其他情形。

(3) 注册证书和执业印章失效

注册监理工程师有下列情形之一的,其注册证书和执业印章失效:①聘用单位破产的;②聘用单位被吊销营业执照的;③聘用单位被吊销相应资质证书的;④已与聘用单位解除劳动关系的;⑤注册有效期满且未延续注册的;⑥年龄超过 65 周岁的;⑦死亡或者丧失行为能力的;⑧其他导致注册失效的情形。

3) 执业

取得资格证书的人员,应当受聘于一个具有建设工程勘察、设计、施工、监理、招标代理、造价咨询等一项或者多项资质的单位,经注册后方可从事相应的执业活动。从事工程监理执业活动的,应当受聘并注册于一个具有工程监理资质的单位。

注册监理工程师可以从事工程监理、工程经济与技术咨询、工程招标与采购咨询、工程项目管理服务以及国务院有关部门规定的其他业务。

工程监理活动中形成的监理文件由注册监理工程师按照规定签字盖章后方可生效。

修改经注册监理工程师签字盖章的工程监理文件,应当由该注册监理工程师进行;因特殊情况,该注册监理工程师不能进行修改的,应当由其他注册监理工程师修改,并签字、加盖执业印章,对修改部分承担责任。

因工程监理事故及相关业务造成的经济损失,聘用单位应当承担赔偿责任;聘用单位承担赔偿责任后,可依法向负有过错的注册监理工程师追偿。

(1) 权利和义务

① 权利

注册监理工程师享有下列权利:a. 使用注册监理工程师称谓;b. 在规定范围内从事执业活动;c. 依据本人能力从事相应的执业活动;d. 保管和使用本人的注册证书和执业印章;e. 对本人执业活动进行解释和辩护;f. 接受继续教育;g. 获得相应的劳动报酬;h. 对侵犯本人权利的行为进行申诉。

② 义务

注册监理工程师应当履行下列义务:a. 遵守法律、法规和有关管理规定;b. 履行管理职责,执行技术标准、规范和规程;c. 保证执业活动成果的质量,并承担相应责任;d. 接受继续教育,努力提高执业水准;e. 在本人执业活动所形成的工程监理文件上签字、加盖执业印章;f. 保守在执业中知悉的国家秘密和他人的商业、技术秘密;g. 不得涂改、倒卖、出租、出借或者以其他形式非法转让注册证书或者执业印章;h. 不得同时在 2 个或者 2 个以上单位受聘或者执业;i. 在规定的执业范围和聘用单位业务范围内从事执业活动;j. 协助注册管理机构完成相关工作。

3.2.5 注册造价工程师

注册造价工程师,是指通过全国造价工程师执业资格统一考试或者资格认定、资格互认,取得中华人民共和国造价工程师资格,并按照本办法注册,取得中华人民共和国造价工程师注册证书和执业印章,从事工程造价活动的专业人员。

未取得注册证书和执业印章的人员，不得以注册造价工程师的名义从事工程造价活动。

1）考试

造价工程师执业资格考试实行全国统一大纲、统一命题、统一组织的办法，原则上每年举行一次。凡中华人民共和国公民，遵纪守法并具备以下条件之一者，均可申请参加造价工程师执业资格考试：①工程造价专业大专毕业，从事工程造价业务工作满 5 年；工程或工程经济类大专毕业，从事工程造价业务工作满 6 年；②工程造价专业本科毕业，从事工程造价业务工作满 4 年；工程或工程经济类本科毕业，从事工程造价业务工作满 5 年；③获上述专业第二学士学位或研究生班毕业和获硕士学位，从事工程造价业务工作满 3 年；④获上述专业博士学位，从事工程造价业务工作满 2 年。

2）注册

取得执业资格的人员，经过注册方能以注册造价工程师的名义执业。取得执业资格的人员申请注册的，应当向聘用单位工商注册所在地的省、自治区、直辖市人民政府建设主管部门或者国务院有关部门提出注册申请。取得资格证书的人员，可自资格证书签发之日起 1 年内申请初始注册。逾期未申请者，须符合继续教育的要求后方可申请初始注册。初始注册的有效期为 4 年。

(1) 注册条件

注册造价工程师的注册条件为：①取得执业资格；②受聘于一个工程造价咨询企业或者工程建设领域的建设、勘察设计、施工、招标代理、工程监理、工程造价管理等单位；③无法律法规规定不予注册的情形。

(2) 不予注册

有下列情形之一的，不予注册：①不具有完全民事行为能力的；②申请在 2 个或者 2 个以上单位注册的；③未达到造价工程师继续教育合格标准的；④前一个注册期内工作业绩达不到规定标准或未办理暂停执业手续而脱离工程造价业务岗位的；⑤受刑事处罚，刑事处罚尚未执行完毕的；⑥因工程造价业务活动受刑事处罚，自刑事处罚执行完毕之日起至申请注册之日止不满 5 年的；⑦因前项规定以外原因受刑事处罚，自处罚决定之日起至申请注册之日止不满 3 年的；⑧被吊销注册证书，自被处罚决定之日起至申请注册之日止不满 3 年的；⑨以欺骗、贿赂等不正当手段获准注册被撤销，自被撤销注册之日起至申请注册之日止不满 3 年的；⑩法律、法规规定不予注册的其他情形。

3）执业

注册造价工程师执业范围包括：①建设项目建议书、可行性研究投资估算的编制和审核，项目经济评价，工程概算、预算、结算、竣工结（决）算的编制和审核；②工程量清单、标底（或者控制价）、投标报价的编制和审核，工程合同价款的签订及变更、调整、工程款支付与工程索赔费用的计算；③建设项目管理过程中设计方案的优化、限额设计等工程造价分析与控制，工程保险理赔的核查；④工程经济纠纷的鉴定。

4）权利和义务

(1) 权利

注册造价工程师享有下列权利：①使用注册造价工程师名称；②依法独立执行工程造价业务；③在本人执业活动中形成的工程造价成果文件上签字并加盖执业印章；④发起设立工

程造价咨询企业；⑤保管和使用本人的注册证书和执业印章；⑥参加继续教育。

(2) 义务

注册造价工程师应当履行下列义务：①遵守法律、法规、有关管理规定，恪守职业道德；②保证执业活动成果的质量；③接受继续教育，提高执业水平；④执行工程造价计价标准和计价方法；⑤与当事人有利害关系的，应当主动回避；⑥保守在执业中知悉的国家秘密和他人的商业、技术秘密。

3.2.6 注册土木(岩土)工程师

1) 考试

注册土木(岩土)工程师执业资格考试实行全国统一大纲、统一命题、统一组织的办法，原则上每年举行一次。注册土木(岩土)工程师执业资格考试由基础考试和专业考试组成。凡中华人民共和国公民，遵守国家法律、法规，恪守职业道德，并具备相应专业教育和职业实践条件者，均可申请参加注册土木(岩土)工程师执业资格考试。

(1) 基础考试报名条件

符合以上要求，并具备以下条件之一者，可申请参加基础考试：①取得本专业(指勘查技术与工程、土木工程、水利水电工程、港口航道与海岸工程专业)或相近专业(指地质勘探、环境工程、工程力学专业)大学本科及以上学历或学位；②取得本专业或相近专业大学专科学历，从事岩土工程专业工作满1年；③取得其他工科专业大学本科及以上学历或学位，从事岩土工程专业工作满1年。

(2) 专业考试报名条件

基础考试合格，并具备以下条件之一者，可申请参加专业考试：①取得本专业博士学位，累计从事岩土工程专业工作满2年；或取得相近专业博士学位，累计从事岩土工程专业工作满3年；②取得本专业硕士学位，累计从事岩土工程专业工作满3年；或取得相近专业硕士学位，累计从事岩土工程专业工作满4年；③取得本专业双学士学位或研究生班毕业，累计从事岩土工程专业工作满4年；或取得相近专业双学士学位或研究生班毕业，累计从事岩土工程专业工作满5年；④取得本专业大学本科学历，累计从事岩土工程专业工作满5年；或取得相近专业大学本科学历，累计从事岩土工程专业工作满6年；⑤取得本专业大学专科学历，累计从事岩土工程专业工作满6年；或取得相近专业大学专科学历，累计从事岩土工程专业工作满7年；⑥取得其他工科专业大学本科及以上学历或学位，累计从事岩土工程专业工作满8年。

2) 注册

取得《中华人民共和国注册土木(岩土)工程师执业资格证书》者，应向所在省、自治区、直辖市勘察设计注册工程师管理委员会提出申请，由该委员会向岩土工程专业委员会报送办理注册的有关材料。

由岩土工程专业委员会向准予注册的申请人核发由全国勘察设计注册工程师管理委员会统一制作的《中华人民共和国注册土木(岩土)工程师执业资格注册证书》和执业印章，经注册后，方可在规定的业务范围内执业。

注册土木(岩土)工程师执业资格注册有效期为2年。有效期满需继续执业的，应在期满前 30 日内办理再次注册手续。

有下列情形之一的，不予注册：

(1) 不具备完全民事行为能力的。

(2) 在从事岩土工程或相关业务中犯有错误，受到行政处罚或者撤职以上行政处分，自处罚、处分决定之日起至申请注册之日不满 2 年的。

(3) 因受刑事处罚，自处罚完毕之日起至申请注册之日不满 5 年的。

(4) 国务院各有关部门规定的不予注册的其他情形。

3) 执业

注册土木(岩土)工程师可在下列范围内开展执业工作：

(1) 岩土工程勘察

与各类建设工程项目相关的岩土工程勘察、工程地质勘察、工程水文地质勘察、环境岩土工程勘察、固体废弃物堆填勘察、地质灾害与防治勘察、地震工程勘察。

(2) 岩土工程设计

与各类建设工程项目相关的地基基础设计、岩土加固与改良设计、边坡与支护工程设计、开挖与填方工程设计、地质灾害防治设计、地下水控制设计(包括施工降水、隔水、回灌设计及工程抗浮措施设计等)、土工结构设计、环境岩土工程设计、地下空间开发岩土工程设计以及与岩土工程、环境岩土工程相关的其他技术设计。

(3) 岩土工程检验、监测的分析与评价

与各类建设工程项目相关的地基基础工程、岩土加固与改良工程、边坡与支护工程、开挖与填方工程、地质灾害防治工程、土工构筑物工程、环境岩土工程以及地下空间开发工程的施工、使用阶段相关岩土工程质量检验及工程性状监测；地下水水位、水压力、水质、水量等的监测；建设工程对建设场地周边相邻建筑物、构筑物、道路、基础设施、边坡等的环境影响监测；其他岩土工程治理质量检验与工程性状监测。

(4) 岩土工程咨询

上述各类岩土工程勘察、设计、检验、监测等方面的相关咨询；岩土工程、环境岩土工程专项研究、论证和优化；施工图文件审查；岩土工程、环境岩土工程项目管理咨询；岩土工程、环境岩土工程风险管理咨询；岩土工程质量安全事故分析；岩土工程、环境岩土工程项目招标文件编制与审查；岩土工程、环境岩土工程项目投标文件审查。

(5) 住房和城乡建设主管部门对岩土工程专业规定的其他业务

4) 权利和义务

(1) 权利

注册土木(岩土)工程师有权以注册土木(岩土)工程师的名义从事规定的专业活动。在岩土工程勘察、设计、咨询及相关专业工作中形成的主要技术文件，应当由注册土木(岩土)工程师签字盖章后生效。任何单位和个人修改注册土木(岩土)工程师签字盖章的技术文件，须征得该注册土木(岩土)工程师同意；因特殊情况不能征得签字盖章的注册土木(岩土)工程师同意的，可由其他注册土木(岩土)工程师签字盖章并承担责任。

(2) 义务

注册土木(岩土)工程师应履行下列义务：①遵守法律、法规和职业道德，维护社会公众利益；②保证执业工作的质量，并在其负责的技术文件上签字盖章；③保守在执业中知悉的商业技术秘密；④不得同时受聘于 2 个及以上单位执业；⑤不得准许他人以本人名义执业。

3.3 建设从业单位资质管理

根据《建筑法》第12条的规定，从事建筑活动的建筑施工企业、勘察单位、设计单位和工程监理单位，应当具备下列条件：

1）必须具有符合国家规定的注册资本

从事建筑活动的单位在进行建筑活动过程中必须拥有足够的资金，这是其进行正常业务活动所需要的物质保证。一定数量的资金也是建立建筑施工企业、勘察单位、设计单位和工程监理单位的前提。关于最低注册资本，在《建筑业企业资质等级标准》、《工程监理企业资质管理规定》中均有详细规定。

2）必须具有从事相关建筑活动所应有的技术装备

具有与其建筑活动相关的装备是建筑施工企业、勘察单位、设计单位和工程监理单位进行正常施工、勘察、设计和监理工作的重要物质保障，没有相应的技术装备的建筑活动是无法进行的。如从事建筑施工活动，必须有相应的施工机械设备与质量检验测试手段，如大型塔吊、龙门架、混凝土搅拌机等。从事勘察设计活动，必须有相应的勘察仪器设备和设计机具仪器。因此，从事建筑活动的建筑施工企业、勘察单位、设计单位和工程监理单位必须有从事相关建筑活动所应有的技术装备。没有相应技术装备的单位，不得从事建筑活动。

3）必须具有与其从事的建筑活动相适应的具有法定执业资格的专业技术人员

由于建筑活动是一种专业性、技术性很强的活动，所以从事建筑活动的建筑施工企业、勘察单位、设计单位和工程监理单位必须有足够的专业技术人员。如设计单位不仅要有建筑师，还需要有结构、水、暖、电等方面的工程师。

建筑活动是一种涉及公民生命和财产安全的一种特殊活动，因而从事建筑活动的专业技术人员，还必须具有法定执业资格。这种法定执业资格必须依法通过考试和注册才能取得。如工程设计文件必须由注册建筑师签字才能生效。建筑工程的规模和复杂程度各不相同，建筑活动所要求的专业技术人员的级别和数量也不同，建筑施工企业、勘察单位、设计单位和工程监理单位必须有与其从事的建筑活动相适应的专业技术人员。

4）必须符合法律、行政法规规定的其他条件

建筑施工企业、勘察单位、设计单位和工程监理单位，除了应具备以上3项条件外，还必须具备从事经营活动所应具备的其他条件。如按照《民法通则》中关于法人的条件，即法人应当依法成立，有必要的财产或者经费，有自己的名称、组织机构和场所，能够独立承担民事责任，若从事建筑活动的单位要成为企业法人就必须符合企业法人的条件；按照《公司法》规定设立从事建筑活动的有限责任公司和股份有限公司，股东或发起人必须符合法定人数；股东或发起人共同制定公司章程；有公司名称，建立符合要求的组织机构；有固定的生产经营场所和必要的生产条件等。

这里需要指出的是，“其他条件”仅指法律、行政法规规定的条件，不包括部门规章、地方性法规和规章以及其他规范性文件的规定，因为涉及市场准入规则的问题，应当由法律、行政法规作出统一的规定。

《建筑法》第13条对从事建筑活动的各类单位作出了必须进行资质审查的明确规定：

"从事建筑活动的建筑施工企业、勘察单位、设计单位和工程监理单位，按照其拥有的注册资本、专业技术人员、技术装备和已完成的建筑工程业绩等资质条件，划分不同的资质等级，经资质审查合格，取得相应等级资质证书后，方可在其资质等级许可证的范围内从事建筑活动。"

3.3.1　工程勘察设计企业资质管理

《建设工程勘察设计资质管理规定》已于 2006 年 12 月 30 日经建设部第 114 次常务会议讨论通过，自 2007 年 9 月 1 日起施行。

1）工程勘察设计企业资质等级

工程勘察资质分综合类、专业类和劳务类 3 类。综合类包括工程勘察所有专业，综合类资质只设甲级。专业类是指岩土工程、水文地质勘察、工程测量等专业中的某一项，其中岩土工程专业类可以是岩土工程勘察、设计、测试、监测、检测、咨询、监理中的一项或全部。工程勘察专业类资质原则上设甲、乙两个级别，确有必要设置丙级勘察资质的地区经建设部批准后方可设置。劳务类是指岩土工程治理、工程钻探、凿井等。工程勘察劳务类资质不分级别。

工程设计资质分工程设计综合资质、工程设计行业资质、工程设计专业资质和工程设计专项资质 4 类。工程设计综合资质只设甲级。工程设计行业资质设甲、乙、丙 3 个级别，除建筑工程、市政公用、水利和公路等行业设工程设计丙级资质外，其他行业工程设计丙级资质设置的对象仅为企业内部所属的非独立法人单位。工程设计专业资质和专项资质分为甲级、乙级。

2）工程勘察设计企业从业范围

工程勘察设计企业从业范围如表 3-1 所示。

表 3-1　工程勘察设计企业从业范围

企业类别	资质类别	资质级别	从业范围
工程勘察企业资质	工程勘察综合资质	甲级	可以承接各专业（海洋工程勘察除外）、各等级工程勘察业务
	工程勘察专业资质	甲级	可以承接相应等级相应专业的工程勘察业务
		乙级	
		部分专业设丙级	
	工程勘察劳务资质	不分等级	可以承接岩土工程治理、工程钻探、凿井等工程勘察劳务业务
工程设计企业资质	工程设计综合资质	甲级	可以承接各行业、各等级的建设工程设计业务
	工程设计行业资质	甲级	可以承接相应行业相应等级的工程设计业务及本行业范围内同级别的相应专业、专项（设计施工一体化资质除外）工程设计业务
		乙级	
		丙级	
	工程设计专业资质	甲级	可以承接本专业相应等级的专业工程设计业务及同级别的相应专项工程设计业务（设计施工一体化资质除外）
		乙级	
	工程设计专项资质	甲级	可以承接本专项相应等级的专项工程设计业务
		乙级	

3）工程勘察设计企业资质申请和审批

申请工程勘察甲级资质、工程设计甲级资质，以及涉及铁路、交通、水利、信息产业、民航等方面的工程设计乙级资质的，应当向企业工商注册所在地的省、自治区、直辖市人民政府建设主管部门提出申请。其中，国务院国资委管理的企业应当向国务院建设主管部门提出申请；国务院国资委管理的企业下属一层级的企业申请资质，应当由国务院国资委管理的企业向国务院建设主管部门提出申请。

省、自治区、直辖市人民政府建设主管部门应当自受理申请之日起20日内初审完毕，并将初审意见和申请材料报国务院建设主管部门。

国务院建设主管部门应当自省、自治区、直辖市人民政府建设主管部门受理申请材料之日起60日内完成审查，公示审查意见，公示时间为10日。其中，涉及铁路、交通、水利、信息产业、民航等方面的工程设计资质，由国务院建设主管部门送国务院有关部门审核，国务院有关部门在20日内审核完毕，并将审核意见送国务院建设主管部门。

工程勘察乙级及以下资质、劳务资质、工程设计乙级（涉及铁路、交通、水利、信息产业、民航等方面的工程设计乙级资质除外）及以下资质许可由省、自治区、直辖市人民政府建设主管部门实施。具体实施程序由省、自治区、直辖市人民政府建设主管部门依法确定，省、自治区、直辖市人民政府建设主管部门应当自作出决定之日起30日内，将准予资质许可的决定报国务院建设主管部门备案。

工程勘察、工程设计资质证书有效期为5年。资质有效期届满，企业需要延续资质证书有效期的，应当在资质证书有效期届满60日前，向原资质许可机关提出资质延续申请。

对在资质有效期内遵守有关法律、法规、规章、技术标准，信用档案中无不良行为记录，且专业技术人员满足资质标准要求的企业，经资质许可机关同意，有效期延续5年。

企业首次申请、增项申请工程勘察、工程设计资质，其申请资质等级最高不超过乙级，且不考核企业工程勘察、工程设计业绩。

从事建设工程勘察、设计活动的企业，申请资质升级、资质增项，在申请之日起前一年内有下列情形之一的，资质许可机关不予批准企业的资质升级申请和增项申请：

（1）企业相互串通投标或者与招标人串通投标承揽工程勘察、工程设计业务的。

（2）将承揽的工程勘察、工程设计业务转包或违法分包的。

（3）注册执业人员未按照规定在勘察设计文件上签字的。

（4）违反国家工程建设强制性标准的。

（5）因勘察设计原因造成过重大生产安全事故的。

（6）设计单位未根据勘察成果文件进行工程设计的。

（7）设计单位违反规定指定建筑材料、建筑构配件的生产厂、供应商的。

（8）无工程勘察、工程设计资质或者超越资质等级范围承揽工程勘察、工程设计业务的。

（9）涂改、倒卖、出租、出借或者以其他形式非法转让资质证书的。

（10）允许其他单位、个人以本单位名义承揽建设工程勘察、设计业务的。

（11）其他违反法律、法规行为的。

4）工程勘察设计企业资质监督与管理

国务院建设主管部门对全国的建设工程勘察、设计资质实施统一的监督管理。国务院铁路、交通、水利、信息产业、民航等有关部门配合国务院建设主管部门对相应的行业资质进行监督管理。

县级以上地方人民政府建设主管部门负责对本行政区域内的建设工程勘察、设计资质实施监督管理。县级以上人民政府交通、水利、信息产业等有关部门配合同级建设主管部门对相应的行业资质进行监督管理。

上级建设主管部门应当加强对下级建设主管部门资质管理工作的监督检查，及时纠正资质管理中的违法行为。

有下列情形之一的，资质许可机关或者其上级机关，根据利害关系人的请求或者依据职权，可以撤销工程勘察、工程设计资质：

(1) 资质许可机关工作人员滥用职权、玩忽职守作出准予工程勘察、工程设计资质许可的。

(2) 超越法定职权作出准予工程勘察、工程设计资质许可的。

(3) 违反资质审批程序作出准予工程勘察、工程设计资质许可的。

(4) 对不符合许可条件的申请人作出工程勘察、工程设计资质许可的。

(5) 依法可以撤销资质证书的其他情形。

以欺骗、贿赂等不正当手段取得工程勘察、工程设计资质证书的，应当予以撤销。

3.3.2 建筑业企业资质管理

2007 年 6 月 26 日建设部颁布的《建筑业企业资质管理规定》以及《建筑业企业资质等级标准》、《建筑业企业资质管理规定实施意见》，对建筑业企业的资质等级、资质标准、申请与审批、业务范围等作了明确规定。

1) 建筑业企业资质分类

建筑业企业资质分为施工总承包、专业承包和劳务分包 3 个序列。施工总承包资质、专业承包资质、劳务分包资质序列按照工程性质和技术特点分别划分为若干资质类别。各资质类别按照规定的条件划分为若干资质等级。

表 3-2 建筑企业不同资质从业范围

企业资质	从业范围
施工总承包企业	可以承接施工总承包工程。施工总承包企业可以对所承接的施工总承包工程内各专业工程全部自行施工，也可以将专业工程或劳务作业依法分包给具有相应资质的专业承包企业或劳务分包企业
专业承包企业	可以承接施工总承包企业分包的专业工程和建设单位依法发包的专业工程。专业承包企业可以对所承接的专业工程全部自行施工，也可以将劳务作业依法分包给具有相应资质的劳务分包企业
劳务分包企业	可以承接施工总承包企业或专业承包企业分包的劳务作业

2) 房屋建筑工程施工总承包企业资质等级标准

房屋建筑工程是指工业、民用与公共建筑(建筑物、构筑物)工程。工程内容包括地基与基础工程，土石方工程，结构工程，屋面工程，内、外部的装修装饰工程，上下水、供暖、电器、卫生洁具、通风、照明、消防、防雷等安装工程。

房屋建筑工程施工总承包企业资质分为特级、一级、二级、三级。

为规范对施工总承包特级企业的资质管理，引导企业成为技术含量高、融资能力强、管理水平高的龙头企业，促进建筑业企业向工程总承包发展，建设部于2007年3月13日颁布了《施工总承包企业特级资质标准》(建市〔2007〕72号)，《建筑业企业资质等级标准》(建建〔2001〕82号)中施工总承包特级资质标准同时废止。

(1) 特级资质标准

① 企业资信能力

A. 企业注册资本金3亿元以上。

B. 企业净资产3.6亿元以上。

C. 企业近3年上缴建筑业营业税均在5 000万元以上。

D. 企业银行授信额度近3年均在5亿元以上。

② 企业主要管理人员和专业技术人员要求

A. 企业经理具有10年以上从事工程管理工作经历。

B. 技术负责人具有15年以上从事工程技术管理工作经历，且具有工程序列高级职称及一级注册建造师或注册工程师执业资格；主持完成过两项及以上施工总承包一级资质要求的代表工程的技术工作或甲级设计资质要求的代表工程或合同额2亿元以上的工程总承包项目。

C. 财务负责人具有高级会计师职称及注册会计师资格。

D. 企业具有注册一级建造师(一级项目经理)50人以上。

E. 企业具有本类别相关的行业工程设计甲级资质标准要求的专业技术人员。

③ 科技进步水平

A. 企业具有省部级(或相当于省部级水平)及以上的企业技术中心。

B. 企业近3年科技活动经费支出平均达到营业额的0.5%以上。

C. 企业具有国家级工法3项以上；近5年具有与工程建设相关的，能够推动企业技术进步的专利3项以上，累计有效专利8项以上，其中至少有1项发明专利。

D. 企业近10年获得过国家级科技进步奖项或主编过工程建设国家或行业标准。

E. 企业已建立内部局域网或管理信息平台，实现了内部办公、信息发布、数据交换的网络化；已建立并开通了企业外部网站；使用了综合项目管理信息系统和人事管理系统、工程设计相关软件，实现了档案管理和设计文档管理。

④ 代表工程业绩

近5年承担过下列5项工程总承包或施工总承包项目中的3项，工程质量合格。

A. 高度100 m以上的建筑物。

B. 28层以上的房屋建筑工程。

C. 单体建筑面积5万m^2以上房屋建筑工程。

D. 钢筋混凝土结构单跨30 m以上的建筑工程或钢结构单跨36 m以上房屋建筑工程。

E. 单项建安合同额2亿元以上的房屋建筑工程。

(2) 一级资质标准

① 企业近5年承担过下列6项中的4项以上工程的施工总承包或主体工程承包，工程质量合格。

A. 25 层以上的房屋建筑工程。

B. 高度 100 m 以上的构筑物或建筑物。

C. 单体建筑面积 3 万 m^2 以上的房屋建筑工程。

D. 单跨跨度 30 m 以上的房屋建筑工程。

E. 建筑面积 10 万 m^2 以上的住宅小区或建筑群体。

F. 单项建安合同额 1 亿元以上的房屋建筑工程。

② 企业主要管理人员和专业技术人员要求

A. 企业经理具有 10 年以上从事工程管理工作经历或具有高级职称。

B. 总工程师具有 10 年以上从事建筑施工技术管理工作经历并具有本专业高级职称。

C. 总会计师具有高级会计师职称。

D. 总经济师具有高级职称。

E. 企业有职称的工程技术和经济管理人员不少于 300 人，其中工程技术人员不少于 200 人。

F. 工程技术人员中，具有高级职称的人员不少于 10 人，具有中级职称的人员不少于 60 人。

G. 企业具有的一级资质项目经理不少于 12 人。

③ 企业注册资本金 5 000 万元以上，企业净资产 6 000 万元以上。

④ 企业近 3 年最高年工程结算收入 2 亿元以上。

⑤ 企业具有与承包工程范围相适应的施工机械和质量检测设备。

(3) 二级资质标准

① 企业近 5 年承担过下列 6 项中的 4 项以上工程的施工总承包或主体工程承包，工程质量合格。

A. 12 层以上的房屋建筑工程。

B. 高度 50 m 以上的构筑物或建筑物。

C. 单体建筑面积 1 万 m^2 以上的房屋建筑工程。

D. 单跨跨度 21 m 以上的房屋建筑工程。

E. 建筑面积 5 万 m^2 以上的住宅小区或建筑群体。

F. 单项建安合同额 3 000 万元以上的房屋建筑工程。

② 企业主要管理人员和专业技术人员要求

A. 企业经理具有 8 年以上从事工程管理工作经历或具有中级以上职称。

B. 技术负责人具有 8 年以上从事建筑施工技术管理工作经历并具有本专业高级职称。

C. 财务负责人具有中级以上会计职称。

D. 企业有职称的工程技术和经济管理人员不少于 150 人，其中工程技术人员不少于 100 人。

E. 工程技术人员中，具有高级职称的人员不少于 2 人，具有中级职称的人员不少于 20 人。

F. 企业具有的二级资质以上项目经理不少于 12 人。

③ 企业注册资本金 2 000 万元以上，企业净资产 2 500 万元以上。

④ 企业近 3 年最高年工程结算收入 8 000 万元以上。

⑤ 企业具有与承包工程范围相适应的施工机械和质量检测设备。

(4) 三级资质标准

① 企业近5年承担过下列5项中的3项以上工程的施工总承包或主体工程承包,工程质量合格。

A. 6层以上的房屋建筑工程。

B. 高度25 m以上的构筑物或建筑物。

C. 单体建筑面积5 000 m^2 以上的房屋建筑工程。

D. 单跨跨度15 m以上的房屋建筑工程。

E. 单项建安合同额500万元以上的房屋建筑工程。

② 企业主要管理人员和专业技术人员要求

A. 企业经理具有5年以上从事工程管理工作经历。

B. 技术负责人具有5年以上从事建筑施工技术管理工作经历并具有本专业中级以上职称。

C. 财务负责人具有初级以上会计职称。

D. 企业有职称的工程技术和经济管理人员不少于50人,其中工程技术人员不少于30人。

E. 工程技术人员中,具有中级以上职称的人员不少于10人。

F. 企业具有的3级资质以上项目经理不少于10人。

③ 企业注册资本金600万元以上,企业净资产700万元以上。

④ 企业近3年最高年工程结算收入2 400万元以上。

⑤ 企业具有与承包工程范围相适应的施工机械和质量检测设备。

3) 房屋建筑工程施工总承包企业各资质承包工程范围

(1) 特级企业

可承担各类房屋建筑工程的施工。

(2) 一级企业

可承担单项建安合同额不超过企业注册资本金5倍的下列房屋建筑工程的施工:

① 40层及以下、各类跨度的房屋建筑工程。

② 高度240 m及以下的构筑物。

③ 建筑面积20万 m^2 及以下的住宅小区或建筑群体。

(3) 二级企业

可承担单项建安合同额不超过企业注册资本金5倍的下列房屋建筑工程的施工:

① 28层及以下、单跨跨度36 m及以下的房屋建筑工程。

② 高度120 m及以下的构筑物。

③ 建筑面积12万 m^2 及以下的住宅小区或建筑群体。

(4) 三级企业

可承担单项建安合同额不超过企业注册资本金5倍的下列房屋建筑工程的施工:

① 14层及以下、单跨跨度24 m及以下的房屋建筑工程。

② 高度70 m及以下的构筑物。

③ 建筑面积6万 m^2 及以下的住宅小区或建筑群体。

4）建筑业企业资质许可

（1）资质许可分类管理

国务院建设主管部门实施下列建筑业企业资质的许可：

① 施工总承包序列特级资质、一级资质。

② 国务院国有资产管理部门直接监管的企业及其下属一层级的企业的施工总承包二级、三级资质。

③ 水利、交通、信息产业方面的专业承包序列一级资质。

④ 铁路、民航方面的专业承包序列一级、二级资质。

⑤ 公路交通工程专业承包不分等级资质，城市轨道交通专业承包不分等级资质。

申请前款所列资质的，应当向企业工商注册所在地省、自治区、直辖市人民政府建设主管部门提出申请。其中，国务院国有资产管理部门直接监管的企业及其下属一层级的企业，应当由国务院国有资产管理部门直接监管的企业向国务院建设主管部门提出申请。

省、自治区、直辖市人民政府建设主管部门应当自受理申请之日起20日内初审完毕并将初审意见和申请材料报国务院建设主管部门。

国务院建设主管部门应当自省、自治区、直辖市人民政府建设主管部门受理申请材料之日起60日内完成审查，公示审查意见，公示时间为10日。其中，涉及铁路、交通、水利、信息产业、民航等方面的建筑业企业资质，由国务院建设主管部门送国务院有关部门审核，国务院有关部门在20日内审核完毕，并将审核意见送国务院建设主管部门。

企业工商注册所在地省、自治区、直辖市人民政府建设主管部门实施下列建筑业企业资质许可：

① 施工总承包序列二级资质（不含国务院国有资产管理部门直接监管的企业及其下属一层级的企业的施工总承包序列二级资质）。

② 专业承包序列一级资质（不含铁路、交通、水利、信息产业、民航方面的专业承包序列一级资质）。

③ 专业承包序列二级资质（不含民航、铁路方面的专业承包序列二级资质）。

④ 专业承包序列不分等级资质（不含公路交通工程专业承包序列和城市轨道交通专业承包序列的不分等级资质）。

省、自治区、直辖市人民政府建设主管部门应当自作出决定之日起30日内，将准予资质许可的决定报国务院建设主管部门备案。

企业工商注册所在地设区的市人民政府建设主管部门实施下列建筑业企业资质许可：

① 施工总承包序列三级资质（不含国务院国有资产管理部门直接监管的企业及其下属一层级的企业的施工总承包三级资质）。

② 专业承包序列三级资质。

③ 劳务分包序列资质。

④ 燃气燃烧器具安装、维修企业资质。

企业工商注册所在地设区的市人民政府建设主管部门应当自作出决定之日起30日内，将准予资质许可的决定通过省、自治区、直辖市人民政府建设主管部门，报国务院建设主管部门备案。

(2) 资质管理

资质证书有效期为5年。资质有效期届满,企业需要延续资质证书有效期的,应当在资质证书有效期届满60日前,申请办理资质延续手续。

对在资质有效期内遵守有关法律、法规、规章、技术标准,信用档案中无不良行为记录,且注册资本、专业技术人员满足资质标准要求的企业,经资质许可机关同意,有效期延续5年。

建筑业企业可以申请一项或多项建筑业企业资质;申请多项建筑业企业资质的,应当选择等级最高的一项资质为企业主项资质。

企业首次申请、增项申请建筑业企业资质,不考核企业工程业绩,其资质等级按照最低资质等级核定。

已取得工程设计资质的企业首次申请同类别或相近类别的建筑业企业资质的,可以将相应规模的工程总承包业绩作为工程业绩予以申报,但申请资质等级最高不超过其现有工程设计资质等级。

取得建筑业企业资质的企业,申请资质升级、资质增项,在申请之日起前一年内有下列情形之一的,资质许可机关不予批准企业的资质升级申请和增项申请:

① 超越本企业资质等级或以其他企业的名义承揽工程,或允许其他企业或个人以本企业的名义承揽工程的。

② 与建设单位或企业之间相互串通投标,或以行贿等不正当手段谋取中标的。

③ 未取得施工许可证擅自施工的。

④ 将承包的工程转包或违法分包的。

⑤ 违反国家工程建设强制性标准的。

⑥ 发生过较大生产安全事故或者发生过2起以上一般生产安全事故的。

⑦ 恶意拖欠分包企业工程款或者农民工工资的。

⑧ 隐瞒或谎报、拖延报告工程质量安全事故或破坏事故现场、阻碍对事故调查的。

⑨ 按照国家法律、法规和标准规定需要持证上岗的技术工种的作业人员未取得证书上岗,情节严重的。

⑩ 未依法履行工程质量保修义务或拖延履行保修义务,造成严重后果的。

⑪ 涂改、倒卖、出租、出借或者以其他形式非法转让建筑业企业资质证书的。

⑫ 其他违反法律、法规的行为。

(3) 监督管理

国务院建设主管部门负责全国建筑业企业资质的统一监督管理。

县级以上人民政府建设主管部门和其他有关部门应当依照有关法律、法规和本规定,加强对建筑业企业资质的监督管理。

建筑业企业违法从事建筑活动的,违法行为发生地的县级以上地方人民政府建设主管部门或者其他有关部门应当依法查处,并将违法事实、处理结果或处理建议及时告知该建筑业企业的资质许可机关。

企业取得建筑业企业资质后不再符合相应资质条件的,建设主管部门、其他有关部门根据利害关系人的请求或者依据职权,可以责令其限期改正;逾期不改的,资质许可机关可以撤回其资质。被撤回建筑业企业资质的企业,可以申请资质许可机关按照其实际达到的资质标准,重新核定资质。

3.3.3 监理企业资质管理

1）监理企业资质分级

建设部于2007年6月26日颁布的《工程监理企业资质管理规定》，对工程监理单位的资质等级与标准、申请与审批、业务范围等作了明确规定。

工程监理企业资质分为综合资质、专业资质和事务所资质。其中，专业资质按照工程性质和技术特点划分为若干工程类别。

综合资质、事务所资质不分级别。专业资质分为甲级、乙级；其中，房屋建筑、水利水电、公路和市政公用专业资质可设立丙级。

表3-3 监理企业资质划分标准及从业范围

资质		资质划分标准				从业范围
		注册资金	企业技术负责人资历	企业资质	专业技术人员数量及等级	
综合资质		具有独立法人资格且注册资本不少于600万元	企业技术负责人应为注册监理工程师，并具有15年以上从事工程建设工作经历或者具有工程类高级职称	具有5个以上工程类别的专业甲级工程监理资质	注册监理工程师不少于60人，注册造价工程师不少于5人，一级注册建造师、一级注册建筑师、一级注册结构工程师或者其他勘察设计注册工程师合计不少于15人次	可以承担所有专业工程类别建设工程项目的工程监理业务
专业资质	甲级	具有独立法人资格且注册资本不少于300万元	企业技术负责人应为注册监理工程师，并具有15年以上从事工程建设工作经历或者具有工程类高级职称	企业近2年内独立监理过3个以上相应专业的二级工程项目，但是，具有甲级设计资质或一级及以上施工总承包资质的企业申请本专业工程类别甲级资质的除外	注册监理工程师、注册造价工程师、一级注册建造师、一级注册建筑师、一级注册结构工程师或者其他勘察设计注册工程师合计不少于25人次。其中，相应专业注册监理工程师不少于《专业资质注册监理工程师人数配备表》中要求配备的人数，注册造价工程师不少于2人	可承担相应专业工程类别建设工程项目的工程监理业务
	乙级	具有独立法人资格且注册资本不少于100万元	企业技术负责人应为注册监理工程师，并具有10年以上从事工程建设工作的经历		注册监理工程师、注册造价工程师、一级注册建造师、一级注册建筑师、一级注册结构工程师或者其他勘察设计注册工程师合计不少于15人次。其中，相应专业注册监理工程师不少于《专业资质注册监理工程师人数配备表》中要求配备的人数，注册造价工程师不少于1人	可承担相应专业工程类别二级以下（含二级）建设工程项目的工程监理业务

续表 3-3

资质		资质划分标准				从业范围
		注册资金	企业技术负责人资历	企业资质	专业技术人员数量及等级	
	丙级	具有独立法人资格且注册资本不少于 50 万元	企业技术负责人应为注册监理工程师，并具有 8 年以上从事工程建设工作经历		相应专业的注册监理工程师不少于《专业资质注册监理工程师人数配备表》中要求配备的人数	可承担相应专业工程类别三级建设工程项目的工程监理业务
事务所资质			合伙人中有 3 名以上注册监理工程师，合伙人均有 5 年以上从事建设工程监理的工作经历			可承担三级建设工程项目的工程监理业务，但是，国家规定必须实行强制监理的工程除外

工程监理企业的资质等级标准如下：

(1) 综合资质标准

① 具有独立法人资格且注册资本不少于 600 万元。

② 企业技术负责人应为注册监理工程师，并具有 15 年以上从事工程建设工作的经历或者具有工程类高级职称。

③ 具有 5 个以上工程类别的专业甲级工程监理资质。

④ 注册监理工程师不少于 60 人，注册造价工程师不少于 5 人，一级注册建造师、一级注册建筑师、一级注册结构工程师或者其他勘察设计注册工程师合计不少于 15 人次。

⑤ 企业具有完善的组织结构和质量管理体系，有健全的技术、档案等管理制度。

⑥ 企业具有必要的工程试验检测设备。

⑦ 申请工程监理资质之日前一年内没有本规定第十六条禁止的行为。

⑧ 申请工程监理资质之日前一年内没有因本企业监理责任造成重大质量事故。

⑨ 申请工程监理资质之日前一年内没有因本企业监理责任发生三级以上工程建设重大安全事故或者发生 2 起以上四级工程建设安全事故。

(2) 专业资质标准

甲级资质标准如下：

① 具有独立法人资格且注册资本不少于 300 万元。

② 企业技术负责人应为注册监理工程师，并具有 15 年以上从事工程建设工作的经历或者具有工程类高级职称。

③ 注册监理工程师、注册造价工程师、一级注册建造师、一级注册建筑师、一级注册结构工程师或者其他勘察设计注册工程师合计不少于 25 人次。其中，相应专业注册监理工程师不少于《专业资质注册监理工程师人数配备表》(附表 1) 中要求配备的人数，注册造价工程师不少于 2 人。

④ 企业近 2 年内独立监理过 3 个以上相应专业的二级工程项目，但是，具有甲级设计

资质或一级及以上施工总承包资质的企业申请本专业工程类别甲级资质的除外。

⑤ 企业具有完善的组织结构和质量管理体系，有健全的技术、档案等管理制度。

⑥ 企业具有必要的工程试验检测设备。

⑦ 申请工程监理资质之日前一年内没有本规定第十六条禁止的行为。

⑧ 申请工程监理资质之日前一年内没有因本企业监理责任造成重大质量事故。

⑨ 申请工程监理资质之日前一年内没有因本企业监理责任发生三级以上工程建设重大安全事故或者发生 2 起以上四级工程建设安全事故。

乙级资质标准如下：

① 具有独立法人资格且注册资本不少于 100 万元。

② 企业技术负责人应为注册监理工程师，并具有 10 年以上从事工程建设工作的经历。

③ 注册监理工程师、注册造价工程师、一级注册建造师、一级注册建筑师、一级注册结构工程师或者其他勘察设计注册工程师合计不少于 15 人次。其中，相应专业注册监理工程师不少于《专业资质注册监理工程师人数配备表》(附表 1)中要求配备的人数，注册造价工程师不少于 1 人。

④ 有较完善的组织结构和质量管理体系，有技术、档案等管理制度。

⑤ 有必要的工程试验检测设备。

⑥ 申请工程监理资质之日前一年内没有本规定第十六条禁止的行为。

⑦ 申请工程监理资质之日前一年内没有因本企业监理责任造成重大质量事故。

⑧ 申请工程监理资质之日前一年内没有因本企业监理责任发生三级以上工程建设重大安全事故或者发生 2 起以上四级工程建设安全事故。

丙级资质标准如下：

① 具有独立法人资格且注册资本不少于 50 万元。

② 企业技术负责人应为注册监理工程师，并具有 8 年以上从事工程建设工作的经历。

③ 相应专业的注册监理工程师不少于《专业资质注册监理工程师人数配备表》(附表 1)中要求配备的人数。

④ 有必要的质量管理体系和规章制度。

⑤ 有必要的工程试验检测设备。

(3) 事务所资质标准

① 取得合伙企业营业执照，具有书面合作协议书。

② 合伙人中有 3 名以上注册监理工程师，合伙人均有 5 年以上从事建设工程监理的工作经历。

③ 有固定的工作场所。

④ 有必要的质量管理体系和规章制度。

⑤ 有必要的工程试验检测设备。

2) 资质申请与审批

申请综合资质、专业甲级资质的，应当向企业工商注册所在地的省、自治区、直辖市人民政府建设主管部门提出申请。

省、自治区、直辖市人民政府建设主管部门应当自受理申请之日起 20 日内初审完毕，并将初审意见和申请材料报国务院建设主管部门。

国务院建设主管部门应当自省、自治区、直辖市人民政府建设主管部门受理申请材料之日起 60 日内完成审查，公示审查意见，公示时间为 10 日。其中，涉及铁路、交通、水利、通信、民航等专业工程监理资质的，由国务院建设主管部门送国务院有关部门审核。国务院有关部门应当在 20 日内审核完毕，并将审核意见报国务院建设主管部门。国务院建设主管部门根据初审意见审批。

专业乙级、丙级资质和事务所资质由企业所在地省、自治区、直辖市人民政府建设主管部门审批。

专业乙级、丙级资质和事务所资质许可。延续的实施程序由省、自治区、直辖市人民政府建设主管部门依法确定。

省、自治区、直辖市人民政府建设主管部门应当自作出决定之日起 10 日内，将准予资质许可的决定报国务院建设主管部门备案。

工程监理企业资质证书的有效期为 5 年。资质有效期届满，工程监理企业需要继续从事工程监理活动的，应当在资质证书有效期届满 60 日前，向原资质许可机关申请办理延续手续。

对在资质有效期内遵守有关法律、法规、规章、技术标准，信用档案中无不良记录，且专业技术人员满足资质标准要求的企业，经资质许可机关同意，有效期延续 5 年。

3）资质监督和管理

有下列情形之一的，资质许可机关或者其上级机关，根据利害关系人的请求或者依据职权，可以撤销工程监理企业资质：

(1) 资质许可机关工作人员滥用职权、玩忽职守作出准予工程监理企业资质许可的。

(2) 超越法定职权作出准予工程监理企业资质许可的。

(3) 违反资质审批程序作出准予工程监理企业资质许可的。

(4) 对不符合许可条件的申请人作出准予工程监理企业资质许可的。

(5) 依法可以撤销资质证书的其他情形。

以欺骗、贿赂等不正当手段取得工程监理企业资质证书的，应当予以撤销。

有下列情形之一的，工程监理企业应当及时向资质许可机关提出注销资质的申请，交回资质证书，国务院建设主管部门应当办理注销手续，公告其资质证书作废：

(1) 资质证书有效期届满，未依法申请延续的。

(2) 工程监理企业依法终止的。

(3) 工程监理企业资质依法被撤销、撤回或吊销的。

(4) 法律、法规规定的应当注销资质的其他情形。

3.3.4 房地产开发企业资质管理

2000 年 3 月 29 日，建设部修订了《房地产开发企业资质管理规定》，对房地产开发企业资质等级和审批作了具体规定。

1）房地产开发企业资质等级

房地产开发企业按照企业条件分为一、二、三、四 4 个资质等级。各资质等级企业的条件如下：

(1) 一级资质

① 注册资本不低于 5 000 万元。

② 从事房地产开发经营 5 年以上。

③ 近 3 年房屋建筑面积累计竣工 30 万 m^2 以上,或者累计完成与此相当的房地产开发投资额。

④ 连续 5 年建筑工程质量合格率达 100%。

⑤ 上一年房屋建筑施工面积 15 万 m^2 以上,或者完成与此相当的房地产开发投资额。

⑥ 有职称的建筑、结构、财务、房地产及有关经济类的专业管理人员不少于 40 人,其中具有中级以上职称的管理人员不少于 20 人,持有资格证书的专职会计人员不少于 4 人。

⑦ 工程技术、财务、统计等业务负责人具有相应专业中级以上职称。

⑧ 具有完善的质量保证体系,商品住宅销售中实行了《住宅质量保证书》和《住宅使用说明书》制度。

⑨ 未发生过重大工程质量事故。

(2) 二级资质

① 注册资本不低于 2 000 万元。

② 从事房地产开发经营 3 年以上。

③ 近 3 年房屋建筑面积累计竣工 15 万 m^2 以上,或者累计完成与此相当的房地产开发投资额。

④ 连续 3 年建筑工程质量合格率达 100%。

⑤ 上一年房屋建筑施工面积 10 万 m^2 以上,或者完成与此相当的房地产开发投资额。

⑥ 有职称的建筑、结构、财务、房地产及有关经济类的专业管理人员不少于 20 人,其中具有中级以上职称的管理人员不少于 10 人,持有资格证书的专职会计人员不少于 3 人。

⑦ 工程技术、财务、统计等业务负责人具有相应专业中级以上职称。

⑧ 具有完善的质量保证体系,商品住宅销售中实行了《住宅质量保证书》和《住宅使用说明书》制度。

⑨ 未发生过重大工程质量事故。

(3) 三级资质

① 注册资本不低于 800 万元。

② 从事房地产开发经营 2 年以上。

③ 房屋建筑面积累计竣工 5 万 m^2 以上,或者累计完成与此相当的房地产开发投资额。

④ 连续 2 年建筑工程质量合格率达 100%。

⑤ 有职称的建筑、结构、财务、房地产及有关经济类的专业管理人员不少于 10 人,其中具有中级以上职称的管理人员不少于 5 人,持有资格证书的专职会计人员不少于 2 人。

⑥ 工程技术、财务等业务负责人具有相应专业中级以上职称,统计等其他业务负责人具有相应专业初级以上职称。

⑦ 具有完善的质量保证体系,商品住宅销售中实行了《住宅质量保证书》和《住宅使用说明书》制度。

⑧ 未发生过重大工程质量事故。

(4) 四级资质

① 注册资本不低于100万元。

② 从事房地产开发经营1年以上。

③ 已竣工的建筑工程质量合格率达100%。

④ 有职称的建筑、结构、财务、房地产及有关经济类的专业管理人员不少于5人,持有资格证书的专职会计人员不少于2人。

⑤ 工程技术负责人具有相应专业中级以上职称,财务负责人具有相应专业初级以上职称,配有专业统计人员。

⑥ 商品住宅销售中实行了《住宅质量保证书》和《住宅使用说明书》制度。

⑦ 未发生过重大工程质量事故。

一级资质的房地产开发企业承担房地产项目的建设规模不受限制,可以在全国范围承揽房地产开发项目。

二级资质及二级资质以下的房地产开发企业可以承担建筑面积25万m^2以下的开发建设项目,承担业务的具体范围由省、自治区、直辖市人民政府建设行政主管部门确定。各资质等级企业应当在规定的业务范围内从事房地产开发经营业务,不得越级承担任务。

2) *房地产开发企业资质申请与审批*

新设立的房地产开发企业应当自领取营业执照之日起30日内,持下列文件到房地产开发主管部门备案:

(1) 营业执照复印件。

(2) 企业章程。

(3) 验资证明。

(4) 企业法定代表人的身份证明。

(5) 专业技术人员的资格证书和劳动合同。

(6) 房地产开发主管部门认为需要出示的其他文件。

房地产开发主管部门应当在收到备案申请后30日内向符合条件的企业核发《暂定资质证书》。

《暂定资质证书》有效期1年。房地产开发主管部门可以视企业经营情况延长《暂定资质证书》有效期,但延长期限不得超过2年。

自领取《暂定资质证书》之日起1年内无开发项目的,《暂定资质证书》有效期不得延长。

房地产开发企业应当在《暂定资质证书》有效期满前1个月内向房地产开发主管部门申请核定资质等级。房地产开发主管部门应当根据其开发经营业绩核定相应的资质等级。房地产开发企业资质等级实行分级审批。

一级资质由省、自治区、直辖市人民政府建设行政主管部门初审,报国务院建设行政主管部门审批。

二级资质及二级资质以下企业的审批办法由省、自治区、直辖市人民政府建设行政主管部门制定。

经资质审查合格的企业,由资质审批部门发给相应等级的资质证书。

房地产开发企业的资质实行年检制度。对于不符合原定资质条件或者有不良经营行为的企业,由原资质审批部门予以降级或者注销资质证书。

一级资质房地产开发企业的资质年检由国务院建设行政主管部门或者其委托的机构负责。

二级资质及二级资质以下房地产开发企业的资质年检由省、自治区、直辖市人民政府建设行政主管部门制定办法。

房地产开发企业无正当理由不参加资质年检的，视为年检不合格，由原资质审批部门注销资质证书。

房地产开发主管部门应当将房地产开发企业资质年检结果向社会公布。

3.4 典型案例分析

【教学目的】 掌握从业单位必须具备相应资质方可进入建筑市场，转包属于违法行为。

【案情概要】 2006 年 8 月 1 日，被告居委会将一住宅楼工程发包给建设公司。2006 年 8 月 23 日，建设公司又将该工程转包给不具备资质的某建筑公司，由建筑公司项目经理常某具体负责。2006 年 12 月 20 日，常某以建筑公司的名义与原告签订协议书一份，双方约定由原告施工该楼主体砌筑、现浇混凝土分项工程。2008 年 4 月 23 日，常某向原告出具欠据一份，欠据载明："今欠瓦工人工费 62 800 元，建设公司项目经理常某 2008 年 4 月 23 日。"2009 年 1 月，常某向原告支付 1 000 元，余款 61 800 元至今未付。建筑公司主张常某是挂靠经营，应由其本人承担责任。被告居委会主张已向建设公司付清工程款，但未提交相应证据证实；建设公司主张居委会与建筑公司之间直接支付、结算工程款亦未提交证据证实。

法院审理后认为，被告居委会将住宅楼工程发包给建设公司后，建设公司转包给建筑公司施工，该行为属非法转包，违反了建筑法律规定。建筑公司将主体砌筑、现浇混凝土分项工程分包给原告进行施工，事实清楚。原告将工程竣工后，建筑公司的项目经理常某为原告出具欠条，明确欠工程款数额，建筑公司应当向原告支付工程款。建设公司将工程转包给建筑公司，未结算工程款，不能举证证明其对建筑公司应当付款数和欠款数，应当承担举证不能的法律后果，对建筑公司的债务承担连带清偿责任。居委会未与建设公司结算工程款，不能举证证明其对建设公司应当付款数和欠款数，应当承担举证不能的法律后果，对建设公司的债务承担连带清偿责任。法院判决：一、由被告建筑公司支付原告工程款 61 800 元，限判决生效后 10 日内付清。二、由被告建筑公司自 2009 年 2 月 18 日起至判决生效之日止，以 61 800 元为基数，按照中国人民银行同期借款利率向原告支付利息，限判决生效后 10 日内付清。三、由被告建设公司对以上一、二项判决内容承担连带清偿责任。四、由被告居委会对以上一、二项判决内容承担连带清偿责任。

一审判决后，建设公司、居委会提出上诉，二审维持原判。

【法理分析】 (1)《民法通则》第 43 条规定："企业法人对它的法定代表人和其他工作人员的经营活动，承担民事责任。"本案中常某是以建筑公司的名义从事的经营活动，建筑公司应当对常某的行为承担民事责任。

(2)《中华人民共和国建筑法》第 28 条规定："禁止承包单位将其承包的全部建筑工程转包给他人，禁止承包单位将其承包的全部建筑工程肢解以后以分包的名义分别转包给他人。”《中华人民共和国合同法》第52条规定:“有下列情形之一的,合同无效:(一)一方以欺诈、胁迫的手段订立合同,损害国家利益;(二)恶意串通,损害国家、集体或者第三人利益;(三)以合法形式掩盖非法目的;(四)损害社会公共利益;(五)违反法律、行政法规的强制性规定。”

被告居委会将住宅楼工程发包给建设公司后,建设公司转包给建筑公司施工,违反了建筑法律规定,该行为属非法转包,转包合同无效。

(3)《最高人民法院关于审理建设工程施工合同纠纷案件适用法律问题的解释》第26条第二款:“实际施工人以发包人为被告主张权利的,人民法院可以追加转包人或者违法分包人为本案当事人。发包人只在欠付工程价款范围内对实际施工人承担责任。”

原告张某是实际施工人,建设公司是转包人,发包人居委会主张已付清工程款,但未提交证据证实,应对上述欠款承担清偿责任。

【案件启示】 本案判决对于整顿建筑市场秩序,保证建筑质量,维护农民工权益具有重要意义。判决建设公司承担责任,以法律手段遏制建筑市场上投机取巧、争揽工程后不实际施工转包渔利的非法行为,警戒承包人要严格实际履行承包合同。判决居委会承担责任,防止发包人出现恶意拖欠工程款现象,维护市场经济秩序。判决建筑公司承担责任,杜绝挂靠经营,防止无从业资格的单位或个人进入建筑市场。本案提醒建设工程承包人签订合同后要亲自实际履行合同,不违法转包,建设工程施工企业不得许可他人挂靠经营,防范此类经营风险的发生。

本章小结

建筑工程施工活动是一项专业性和技术性都极强的活动,因此,对从事施工活动的单位和个人进行严格的管理和事前控制,对规范建筑市场秩序、保证建设工程质量和施工安全生产、提高投资效益均具有重要的现实意义。我国相应法律法规对于从业单位的资质和从业个人的执业资格均作出了严格规定,只有具备了相应的资格才能从事与其资质相对应的建筑活动。

复习思考题

1. 通过互联网、学校图书馆等渠道收集一些典型的在全国、本省有影响的建筑企业资质管理及建筑从业人员职业资格制度方面的案例材料,将其改写成规范的建设法规案例,应包括案情概要、法理分析(案件焦点和主要法律问题分析)、案例启示等。在条件许可的情况下,可以小组为单位共同完成案例编写工作,并向老师和其他同学汇报工作成果。

2. 某29层写字楼工程建设项目,其初步设计已经完成,建设用地和筹资已落实,某300人的建筑工程公司,凭借150名工程技术人员、10名国家一级资质项目经理的雄厚实力,以及近5年的优秀业绩,与另一个一级企业联合,通过竞标取得该项目的总承包任务,并签订了工程承包合同。

该项目由该企业承包是否可行?为什么?

3. 2009年10月2日,某市帆布厂(以下简称甲方)与某市区修建工程队(以下简称乙方)订立了建筑工程承包工程。合同规定:乙方为甲方建一框架厂房,跨度为12 m,总造价为98.9万元;承包方式为包工包料;开、竣工日期为2009年11月2日至2011年3月10

日。自开工至2011年底,甲方付给乙方工程款、材料垫付款共101.6万元。到合同规定的竣工期限,未能完工,而且已完工程质量部分不合格。为此,双方发生纠纷。

经查明:乙方在工商行政管理机关登记的经营范围为维修和承建小型非生产性建筑工程,无资格承包此项工程。经有关部门鉴定:该项工程造价应为98.9万元,未完工程折价为11.7万元,已完工程的厂房屋面质量不合格,返工费为5.6万元。

(1) 原被告所签订的建筑工程承包合同是否有效?

(2) 法院应该如何判决?

4. A市某建筑行政主管部门收到甲建筑公司举报,称其正在进行施工的建筑施工图纸存在严重质量问题,希望对该图纸的设计单位进行查处。经调查后发现,该工程施工图纸是由宋某组织无证设计人员以乙建筑设计院的名义设计出图。据此,建设行政主管部门立即责令停止建筑活动,并对宋某作出了处以5万元罚款的行政处罚。

(1) 宋某以乙建筑设计院的名义设计出图纸属于违法行为,为什么?

(2) 该工程的开发单位有无过错?建设行政主管部门会对其作出什么样的行政处罚?

(3) 在本案中,还有哪些单位具有违法违规行为?

4　工程建设招标投标

教学目标

1. 了解招标投标制度的产生与发展，以及《招标投标法》的立法过程。

2. 熟悉现行《招标投标法》的基本结构、主要内容、立法目的和适用范围；掌握现行《招标投标法》的基本原则。

3. 掌握工程建设招标投标的基本程序；掌握工程建设招标、投标、开标、评标、中标、签约等各阶段的主要工作及重要法律规定。

4. 能够分析解决工程建设招标投标过程中的有关法律问题和典型案例。

4.1　概述

4.1.1　招标投标的产生与发展

招标投标，是在市场经济条件下进行大宗货物采购、建设工程承包，以及咨询服务提供时，广泛采用的一种竞争性公开交易方式。它的特点是，招标人首先提出招标标的在质量、期限、价格等方面的具体要求，投标人通过提交投标文件参与竞争，招标人择优选择中标人并与之签订合同。招标、投标是招标采购活动的两个方面，招标是招标人的工作，投标是投标人的工作，招标人和投标人共同完成招标采购交易过程。

工程建设招标投标，是招标人通过发布招标公告或其他形式向承包商发出投标邀请，提出拟建工程的性质、数量、质量、技术要求、时间要求或者提供服务的时间以及对承包商的资格要求，然后由承包商根据招标文件的要求，提交投标文件，招标人通过评审投标文件择优选择承包商，双方签订合同，完成中标工程建设任务。

招标投标起源于西方工业化国家政府和公共部门的政府采购，通过招标采购最大限度地增加政府采购的透明度，节约公共投资，促进公平竞争，提高公共资金使用效率。1782 年，英国政府设立文具公用局，规定各个机关公文的印刷、用具的购买等，均归其管理。1861 年，美国国会通过一项联邦法案，规定超过一定限额的联邦政府采购必须采用公开招标方式。之后，西方和世界银行等国际组织在货物采购、工程承包、咨询服务提供等交易活动中积极推行招标投标，招标投标已经成为各国和国际组织广泛认可和采用的国际惯例。

据史料记载，我国最早将招商比价（招标投标）方式运用于工程承包的是 1902 年张之洞创办的湖北制革厂，5 家营造商参加开价比价，结果张同升以 1 270.1 两白银的开价中标，并签订了以质量保证、施工工期、付款方法为主要内容的工程承包合同。1918 年，汉阳铁厂的两项扩建工程曾在汉口《新闻报》刊登广告，公开招标。

新中国的招标投标是改革开放的产物。1980年,《国务院关于开展和保护社会主义竞争的暂行规定》中提出,对一些适宜承包的生产建设项目和经营项目,可以试行招标投标。

1983年,在世界银行提供贷款的云南鲁布革水电站引水系统工程中,首次采用了国际竞争性招标方式,日本大成建设公司以8 643万元(低于标底43%)投标报价中标,并成为总承包商。该工程于1984年11月开工,1988年12月竣工。日本大成建设公司通过精细组织、科学管理和适用先进技术,实现了工程质量优、用工用料省、工程造价低的预期效果,创造了"鲁布革经验"。自此,招标投标得到了社会认可,并被广泛运用于工程建设领域。

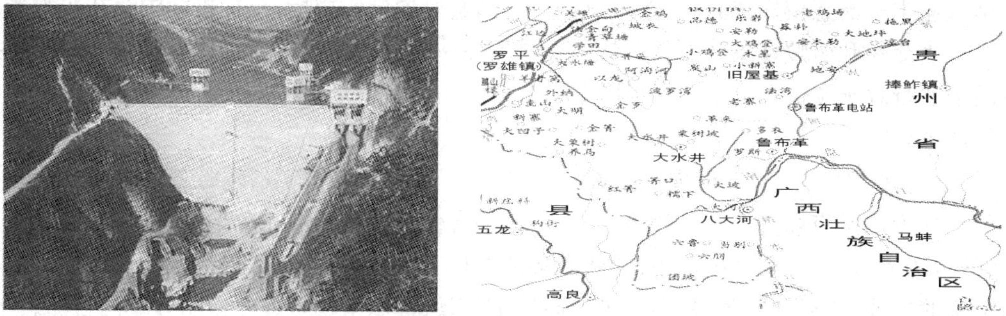

图4-1 云南鲁布革水电站位置示意图

1998年3月1日施行的《建筑法》19条规定:"建筑工程依法实行招标发包,对不适于招标发包的可以直接发包。"由此确立了工程建设招标投标制度。1999年8月30日,全国人大常委会通过了《中华人民共和国招标投标法》,自2000年1月1日起正式实施,标志着我国的招标投标实践和管理正式步入法制化轨道。目前,已经建立了较为完善的工程招标投标法规体系,按照法律效力等级主要分为几个层次:

(1) 法律,这是规范工程招标投标的基本法和招标投标法规体系的基石,其他有关招标投标的法规、规章均不得与其发生冲突,如《招标投标法》、《建筑法》、《政府采购法》等。

(2) 行政法规,目前还没有颁布直接调整招标投标活动的行政法规。

(3) 部门规章,这是我国现行工程建设招标投标法律规范的主要来源,如《工程建设项目施工招标投标办法》(七部委30号令)、《工程建设项目货物招标投标办法》(七部委27号令)、《评标委员会和评标方法暂行规定》(建设部79号令)等。

(4) 地方性法规和政府规章,这是有地方立法权的地方人大和地方人民政府颁布的调整招标投标活动的规范性法律文件,仅在该行政区域内适用。

4.1.2 《招标投标法》的基本情况

现行《招标投标法》分6章,共68条。第一章为总则,规定了《招标投标法》的立法宗旨、适用范围、强制招标范围、招标投标的基本原则以及对招标投标活动的监督;第二、三、四章规定了招标、投标、开标、评标和中标阶段的行为规则;第五章规定了违反《招标投标法》的法律责任;第六章为附则,规定了《招标投标法》的例外适用情形和生效日期。

《招标投标法》确立了有关工程建设招标投标的5项基本制度,即:①确立了建设工程强制招标制度；②明确招标投标活动应当遵循公开、公平、公正和诚实信用原则；③建立了对招标投标活动的行政监督体制；④明确了两种招标采购方式——公开招标和邀请招标；⑤确立了两种招标组织方式——招标人自行招标和委托招标代理机构办理招标。

1）立法目的

《招标投标法》第1条规定："为了规范招标投标活动，保护国家利益、社会公共利益和招标投标活动当事人的合法权益，提高经济效益，保证项目质量，制定本法。"

（1）规范招标投标活动

目前，在招标投标领域还存在一些突出问题，如：招标投标制度不统一、程序不规范；不少项目业主不愿意招标或者想方设法规避招标，甚至搞虚假招标；招标投标中存在较为严重的不正当交易和腐败现象，吃回扣、钱权交易等违法犯罪行为时有发生；政企不分，对招标投标活动的行政干预过多；行政监督体制不顺，职责不清；有些地方保护主义和部门保护主义仍较严重等。

（2）提高经济效益，保证项目质量

招标投标是市场竞争的一种重要方式，其最大优点就是能够充分地体现"公开、公平、公正"的市场竞争原则，通过招标采购，让众多的投标人进行公平竞争，以最低或较低的价格获得最优的货物、工程或服务，从而达到提高经济效益、提高采购资金的使用效率的目的。

（3）保护国家利益、社会公共利益和招标投标活动当事人的合法权益

《招标投标法》规定了招标投标程序，并且对违反法定程序、规避招标、串通投标、转让中标项目等各种违法行为作出了严厉的处罚规定，还规定了行政监督部门依法实施监督，允许当事人提出异议或投诉，为全面保障国家利益、社会公共利益和当事人的合法权益提供了重要的法律保障。

2）适用范围

《招标投标法》第2条规定："在中华人民共和国境内进行招标投标活动，适用本法。"即《招标投标法》适用于在我国境内进行的各类招标投标活动，这是《招标投标法》的空间效力。依据"一国两制"的制度安排，《招标投标法》不适用于香港、澳门和台湾地区。

《招标投标法》的适用主体范围很广泛，只要在我国境内进行的招标投标活动，无论是哪类主体都要执行《招标投标法》。

《招标投标法》第67条规定了例外适用情况："使用国际组织或者外国政府贷款、援助资金的项目进行招标，贷款方、资金提供方对招标投标的具体条件和程序有不同规定的，可以适用其规定。但违背我国的社会公共利益的除外。"

3）基本原则

依据国际惯例，《招标投标法》在总则第5条规定："招标投标活动应当遵循公开、公平、公正和诚实信用的原则。"这也是招标投标相关法律规范的基本原则。

（1）公开原则

即"信息透明"，要求招标投标活动必须具有高度的透明度，招标程序、投标人的资格条件、评标标准、评标方法、中标结果等信息都要公开，使每个投标人能够及时获得有关信息，从而平等地参与投标竞争，依法维护自身的合法权益。公开招标也为当事人和社会监督提供了重要条件。因此，公开是公平、公正的基础和前提。

(2) 公平原则

即“机会均等”,要求招标人一视同仁地给予所有投标人平等机会,使其享有同等的权利并履行相应的义务,不歧视或者排斥任何一个投标人。因此,招标人不得在招标文件中要求或者标明特定的生产供应者以及含有倾向或者排斥潜在投标人的内容,不得以不合理的条件限制或者排斥潜在投标人,不得对潜在投标人实行歧视待遇。

(3) 公正原则

即“程序规范,标准统一”,要求所有招标投标活动必须按照规定的时间和程序进行,以尽可能保障招投标各方的合法权益,做到程序公正;招标评标标准应当具有唯一性,对所有投标人实行同一标准,确保标准公正。所以,《招标投标法》及相关法规对招标、投标、开标、评标、中标、签订合同等都规定了具体程序和法定时限,明确了废标和否决投标的情形,评标委员会必须按照招标文件事先确定并公布的评标标准和方法进行评审、打分、推荐中标候选人。

(4) 诚实信用原则

招标投标活动必须遵循诚实信用原则,也就是要求招标投标当事人应当以善意的主观心理和诚实、守信的态度来行使权利,履行义务,不能故意隐瞒真相或者弄虚作假,不能言而无信甚至背信弃义,在追求自己利益的同时尽量不损害他人利益和社会利益,维持双方的利益平衡,以及自身利益与社会利益的平衡,遵循平等互利原则,从而保证交易安全,促使交易实现。

4.1.3 招标投标程序

招标投标的显著特点是招标投标活动遵循严格规范的程序。根据《招标投标法》规定,一个完整的招标投标程序,必须包括招标、投标、开标、评标、中标和签约 6 个阶段。

1) 招标

招标是指招标人按照国家有关规定履行项目审批手续、落实资金来源后,依法发布招标公告或投标邀请书,编制并发售招标文件等具体环节。根据项目特点和实际需要,有些招标项目还要委托招标代理机构,组织资格预审和现场踏勘、进行招标文件的澄清与修改等。投标人资格、评标标准和方法、合同主要条款等各项实质性条件和要求都需要在招标环节予以确定,因此,招标阶段对于整个招标投标过程是否合法、科学,能否实现招标目的,具有基础性影响。

2) 投标

投标是指投标人根据招标文件的要求,编制并提交投标文件,响应招标的活动。投标人参与竞争并进行一次性投标报价是在投标环节完成的,在投标截止时间结束后,不能接受新的投标,投标人也不得更改投标报价及其他实质性内容。投标情况确定了竞争格局,是决定投标人能否中标、招标人能否取得预期效果的关键。

3) 开标

即招标人按照招标文件确定的时间和地点,邀请所有投标人到场,当众开启投标人提交的投标文件,宣布投标人的名称、投标报价及投标文件中的其他重要内容。开标的最基本要求是公开,保障所有投标人的知情权,这也是维护各方合法权益的基本条件。

4）评标

招标人依法组建评标委员会，依据招标文件的规定和要求，对投标文件进行审查、评审和比较，确定中标候选人。评标是审查确定中标人的必经程序。由于依法必须招标项目的中标人必须按照评标委员会的推荐名单和顺序确定，因此，评标是否合法、规范、公平、公正，对于招标结果具有决定性作用。

5）中标

中标也称为定标，即招标人从评标委员会推荐的中标候选人中确定中标人，并向中标人发出中标通知书，并同时将中标结果通知所有未中标的投标人。按照法律规定，部分招标项目在确定中标候选人和中标人之后还应当依法进行公示。中标既是竞争结果的确定环节，也是发生异议、投诉、举报的环节，有关方面应当依法进行处理。

6）签约

中标通知书发出后，招标人和中标人应当按照招标文件和投标文件在规定的时间内订立书面合同，中标人按合同约定履行义务，完成中标项目。依法必须招标的项目，招标人应当从确定中标人之日起15日内，向有关行政监督部门提交招标投标情况的书面报告。

4.2 建设工程招标

强制招标的工程项目，是指属于法律规定的强制招标工程范围且达到一定规模标准以上的工程项目，必须采用招标方式进行采购。

4.2.1 强制招标的工程项目范围

《招标投标法》第3条规定：在我国境内进行下列工程建设项目包括项目的勘察、设计、施工、监理以及与工程建设有关的重要设备、材料等的采购，必须进行招标：

（1）大型基础设施、公用事业等关系社会公共利益、公众安全的项目。

（2）全部或者部分使用国有资金投资或者国家融资的项目。

（3）使用国际组织或者外国政府贷款、援助资金的项目。

《招标投标法》第4条同时规定，任何单位和个人不得将依法必须招标的项目化整为零或者以其他任何方式规避招标。

4.2.2 强制招标工程项目的规模标准

根据《招标投标法》第3条的规定，原国家发展计划委员会于2000年颁布了《工程建设项目招标范围和规模标准规定》，明确了强制招标的工程项目的规模标准。当属于强制招标范围的工程建设项目，包括建设项目的勘察、设计、施工、监理以及与工程建设有关的重要设备、材料等的采购，达到下列标准之一的，必须进行招标：

（1）施工单项合同估算价在200万元人民币以上的。

(2) 重要设备、材料等货物的采购,单项合同估算价在 100 万元人民币以上的。

(3) 勘察、设计、监理等服务的采购,单项合同估算价在 50 万元人民币以上的。

(4) 单项合同估算价低于第(1)、(2)、(3)项的规模标准,但是项目总投资额在 3 000 万元人民币以上的。

4.2.3 可以不进行招标的工程项目

当工程项目属于强制招标的工程范围且达到一定的规模标准以上时,必须进行招标。因此,不属于强制招标的工程项目既可以自愿进行招标,也可以不进行招标。但是,在某些特殊情况下,即使符合强制招标条件(范围标准和规模标准)的工程项目也可以不进行招标。

根据《招标投标法》第 66 条和《工程建设项目施工招标投标办法》第 12 条的规定,实行审批制的工程项目,有下列情形之一的,由审批部门批准,可以不进行施工招标:

(1) 涉及国家安全、国家秘密或者抢险救灾而不适宜招标的。

(2) 属于利用扶贫资金实行以工代赈需要使用农民工的。

(3) 施工主要技术采用特定的专利或者专有技术的。

(4) 施工企业自建自用的工程,且该施工企业资质等级符合工程要求的。

(5) 在建工程追加的附属小型工程或者主体加层工程,原中标人仍具备承包能力的。

(6) 法律和行政法规规定的其他情形。

对于不需要审批但依法必须招标的工程项目,有上述规定情形之一的,经批准,可以不进行施工招标。

《建设工程勘察设计管理条例》第 16 条规定了可以直接发包,不需要进行招标的勘察、设计项目:

(1) 采用特定的专利或者专有技术的。

(2) 建筑艺术造型有特殊要求的。

(3) 国务院规定的其他建设工程的勘察、设计。

【案例 4-1】 某招标人自行决定直接发包 2 个工程项目,招标人给出的理由是"一个项目涉及国家安全,另一个项目属于以工代赈需要使用农民工"。你认为招标人的做法恰当吗?

【案例分析】 直接发包的工程需要满足 2 个条件:①属于可以直接发包的范围;②履行相关批准手续。根据《工程建设项目招标投标办法》,经审批部门批准,"涉及国家安全,且不适宜招标的,或者以工代赈需要使用农民工的",可以不进行招标。由此可见,并非所有涉及国家安全的项目都不需要招标,只有那些不适宜招标的才可以直接发包;以工代赈需要使用农民工的项目可以不进行招标;同时,需要经有关部门批准决定不进行招标,不得由招标人自行决定直接发包。因此,该招标人的做法不恰当。

4.2.4 工程招标的条件

工程项目的招标应当满足规定条件才能进行。根据《招标投标法》第 9 条的规定,拟进行招标的工程项目,应履行项目审批手续并获得批准,而且具有相应的资金或者落实了资金来源。《工程建设项目施工招标投标办法》进一步规定了施工招标的条件:

(1) 招标人已经依法成立。

(2) 初步设计及概算应当履行审批手续的，已经批准。

(3) 招标范围、招标方式和招标组织形式等应当履行核准手续的，已经核准。

(4) 有相应的资金或资金来源已经落实。

(5) 有招标所需的设计图纸及技术资料。

4.2.5 工程招标方式和招标组织

招标人在决定采用招标方式选择承包商后，应当确定具体的招标方式和招标组织形式。

1) *招标方式*

根据《招标投标法》第 10 条规定，在我国，工程招标方式有两种，即公开招标和邀请招标。公开招标，是指招标人以招标公告的方式邀请不特定的法人或者其他组织投标。邀请招标，是指招标人以投标邀请书的方式邀请特定的法人或者其他组织（不少于 3 家）投标。

与邀请招标相比，公开招标的竞争性更强，招标人的选择范围更宽，程序更严谨，有利于公平竞争。但是，公开招标所需的时间更长、成本更高，而且并不一定能够选择到理想的承包商。因此，在实践上，规避公开招标是一个突出问题。

《招标投标法》和《工程建设项目施工招标投标办法》规定，对于依法必须进行招标的项目，以及国家重点工程、省重点工程、全部使用国有资金或者国有资金投资控股或者占主导地位的工程项目，应当采用公开招标。但是，具有下列情形之一的，经批准可以采用邀请招标：

(1) 项目技术复杂或有特殊要求，只有少量几家潜在投标人可供选择的。

(2) 受自然地域环境限制的。

(3) 涉及国家安全、国家秘密或者抢险救灾，适宜招标但不宜公开招标的。

(4) 拟公开招标的费用与项目的价值相比，不值得的。

(5) 法律法规规定不宜公开招标的。

2) *招标组织方式*

招标人可以根据自身能力和实际情况，选择自行招标或者委托招标代理机构进行招标。《招标投标法》第 12 条规定："招标人具有编制招标文件和组织评标能力的，可以自行办理招标事宜。任何单位和个人不得强制其委托招标代理机构办理招标事宜。"

由此可见，当招标人具有招标文件编制能力和评标能力时可以决定自行招标，《工程建设项目自行招标试行办法》进一步规定了招标人自行招标需要具备的条件：

(1) 具有项目法人资格（或者法人资格）。

(2) 具有与招标项目规模和复杂程度相适应的工程技术、概预算、财务和工程管理等方面的专业技术力量。

(3) 有从事同类工程建设项目招标的经验。

(4) 设有专门的招标机构或者拥有 3 人以上专职招标业务人员。

(5) 熟悉和掌握招标投标法及有关法规规章。

无论招标人是否具备自行招标能力，招标人均可委托具有相应资质的招标代理机构办理招标事宜。《招标投标法》第 13 条同时规定了招标代理机构应当具备的基本条件：

(1) 有从事招标代理业务的营业场所和相应资金。

(2) 有能够编制招标文件和组织评标的相应专业力量。

(3) 有符合条件并可以作为评标委员会成员的技术、经济等方面的专家库。

4.2.6 招标公告和投标邀请书

1) 招标公告

招标公告的作用在于让潜在投标人获得招标信息,进行项目筛选,决定是否参与投标。《招标投标法》第16条规定:"招标人采用公开招标方式的,应当发布招标公告。依法必须进行招标的项目的招标公告,应当通过国家指定的报刊、信息网络或者其他媒介发布。"

《招标投标法》第16条同时规定:"招标公告应当载明招标人的名称和地址、招标项目的性质、数量、实施地点和时间以及获取招标文件的办法等事项。"《工程建设项目施工招标投标办法》第14条规定,施工项目的招标公告或者投标邀请书应当至少载明下列内容:

(1) 招标人的名称和地址。

(2) 招标项目的内容、规模、资金来源。

(3) 招标项目的实施地点和工期。

(4) 获取招标文件或者资格预审文件的地点、时间和费用。

(5) 对投标人的资质等级与资格要求。

(6) 递交投标文件的地点和投标截止日期。

招标公告的内容应当真实、准确和完整,在法律性质上属于要约邀请,招标公告一经发出,招标人不得随意更改。

2) 投标邀请书

按照《招标投标法》第17条规定:"招标人采用邀请招标方式的,应当向3个以上具备承担招标项目的能力、资信良好的特定的法人或者其他组织发出投标邀请书。"投标邀请书的内容和招标公告的内容基本一致,只需增加要求潜在投标人"确认"是否收到了投标邀请书的内容。如《标准施工招标文件》中关于"投标邀请书"的条款,就专门要求潜在投标人在规定时间以前,用传真或快递方式向招标人"确认"是否收到了投标邀请书。

4.2.7 资格审查

资格审查是招标人的一项重要权利,旨在审查潜在投标人是否具备承担招标项目的资格和能力。通过资格审查,可以筛查出不具备履约能力的潜在投标人,减少潜在投标人数量,降低招标工作时间和费用,进而提高招标工作效率。

1) 资格审查的种类

资格审查分为资格预审和资格后审。资格预审是指在投标前对潜在投标人进行的资格审查。招标人应当发布资格预审公告,并在资格预审文件中载明资格预审的条件、标准和方法,招标人不得改变载明的资格条件或者以没有载明的资格条件对潜在投标人进行资格审查。资格预审不合格的潜在投标人不得参加投标。

资格后审,是指在开标后对投标人进行资格审查。招标人应当采用在招标文件中载明资格审查的条件、标准和方法，并不得改变载明的资格条件或者以没有载明的资格条件对潜在的投标人进行资格后审。资格后审不合格的投标人的投标作为废标处理。

2）资格预审公告

资格预审公告是指招标人通过指定媒体发布公告，载明拟招标项目采用资格预审的方式，公开选择条件合格的潜在投标人，使感兴趣的潜在投标人了解招标、采购项目的情况及资格条件，前来购买资格预审文件，参加资格预审和投标竞争。

根据《工程建设项目施工招标投标办法》和《标准施工招标资格预审文件》的规定，工程建设项目资格预审公告内容包括：

(1) 招标项目的条件，包括项目审批、核准或备案机关名称、资金来源、项目出资比例、招标人的名称等。

(2) 项目概况与招标范围，包括本次招标项目的建设地点、规模、计划工期、招标范围、标段划分等。

(3) 对申请人的资格要求，包括资质等级与业绩，是否接受联合体申请、申请标段数量。

(4) 资格预审方法，表明是采用合格制还是有限数量制。

(5) 资格预审文件的获取时间、地点和售价。

(6) 资格预审申请文件的提交地点和截止时间。

(7) 同时发布公告的媒介名称。

(8) 联系方式，包括招标人、招标代理机构项目联系人的名称、地址、电话、传真、网址、开户银行及账号等。

3）资格审查的主要内容

《招标投标法》第18条规定，招标人可以要求投标人提供有关资质证明和业绩证明，并对潜在投标人进行资格审查。《工程建设项目施工招标投标办法》第20条规定，资格审查主要审查投标人是否具备如下条件：

(1) 具有独立订立合同的权利。

(2) 具有履行合同的能力，包括专业、技术资格和能力，资金、设备和其他物质设施状况，管理能力、经验、信誉和相应的从业人员。

(3) 没有处于被责令停业，投标资格被取消，财产被接管、冻结或破产状态。

(4) 在最近3年内没有骗取中标和严重违约及重大工程质量问题。

(5) 法律、行政法规规定的其他资格条件。

资格审查时，招标人不得以不合理的条件限制、排斥潜在投标人或者投保人，不得对潜在投标人或者投标人实行歧视性待遇，任何单位和个人不得以行政手段或者其他不合理方法限制投标人的数量。

4.2.8 招标文件的构成和编制

在资格预审后，招标人应当根据项目特点和需要编制招标文件。招标文件是招标投标活动中最重要的法律文件，它是投标人编制投标文件和投标决策、评标委员会评审投标文件、招标人确定中标人的依据，更是招标人和中标人签订合同的基础。

1）招标文件的基本内容

按照《招标投标法》第19条规定："招标人应当根据招标项目的特点和需要编制招标文件。招标文件应当包括招标项目的技术要求、对投标人资格审查的标准、投标报价要求和评标标准等所有实质性要求和条件以及拟签订合同的主要条款。""国家对招标项目的技术、标准有规定的，招标人应当按照其规定在招标文件中提出相应要求。""招标项目需要划分标段、确定工期的，招标人应当合理划分标段、确定工期，并在招标文件中载明。"

《工程建设项目施工招标投标办法》第24条规定了施工招标文件的基本内容：①投标邀请书；②投标人须知（含投标报价和对投标人的各项投标规定与要求）；③合同主要条款；④投标文件格式；⑤采用工程量清单招标的，应当提供工程量清单；⑥技术条款；⑦设计图纸；⑧评标标准和方法；⑨投标辅助材料。

2）招标文件的强制性规定

作为招标投标活动中最重要的法律文件，《招标投标法》等有关法规对招标文件作出了一些非常严格的强制性规定。

(1) 招标文件的内容应体现公平原则

《招标投标法》第20条规定："招标文件不得要求或者标明特定的生产供应者以及含有倾向或者排斥潜在投标人的其他内容。"

《工程建设项目施工招标投标办法》第26条更加具体规定，招标文件中规定的各项技术标准均不得要求或标明某一特定的专利、商标、名称、设计、原产地或生产供应者，不得含有倾向性或者排斥潜在投标人的其他内容。如果必须引用某一生产供应者的技术标准才能准确或清楚地说明拟招标的技术标准时，则应当在参照后面加上"或相当于"的字样。

(2) 应包含招标项目所有实质性要求

根据《招标投标法》第19条规定，招标文件中必须包括项目的技术要求、技术标准、对投标人资格审查的标准、投标报价要求、评标标准、标段、工期和拟签订合同的主要条款等实质性要求和条件。评标过程中，不得改变招标文件中规定的评标标准、方法和中标条件。

《工程建设项目施工招标投标办法》和《工程建设项目货物招标投标办法》同时规定，招标人应当在招标文件中规定实质性要求和条件，说明不满足其中任何一项实质性要求和条件的投标将被拒绝，并用醒目的方式标明。

(3) 给予投标人合理投标文件编制时间

《招标投标法》第24条规定，招标人应当确定投标人编制投标文件所需要的合理时间。依法必须招标的项目，自招标文件开始发出之日起至投标人提交投标文件截止之日止不得少于20日。

《工程建设项目勘察设计招标投标办法》第12条和《工程建设项目施工招标投标办法》第15条进一步规定了资格预审文件和招标文件发售的最短时间，规定"招标文件应明确自招标文件开始发出之日起至停止发出之日止，最短不得少于5个工作日"。

【案例4-2】 某省财政资金建设省图书馆，招标人于2010年8月5日发出招标文件，招标文件明确规定：提交投标文件的截止日期为2010年8月23日。有投标人质疑该时间太短，不合法。谈谈你的看法。

【案例分析】 根据《招标投标法》及其配套法规的规定，应当保证投标人具有合理的投标文件编制时间，对于强制招标的工程项目的标书编制时间不得少于20日。本案中，由省财政资金投资建设的省图书馆项目属于强制招标的工程范围，投标文件编制时间不得少于20日；而该招标文件规定的时间少于20日，故不合法。

(4) 确定适当的投标有效期

投标有效期，是招标文件规定的投标文件有效期，从投标文件提交截止之日起计算。在投标有效期内，投标人提交的投标文件对投标人具有法律约束力，投标人不得补充、修改、撤回投标文件；否则，招标人有权没收其投标保证金并要求其赔偿损失。

《工程建设项目施工招标投标办法》第29条规定："招标文件应当规定一个适当的投标有效期，以保证招标人有足够的时间按时完成评标及与中标人签订合同。投标有效期从投标人提交投标文件截止之日起计算。"

3) 招标文件的澄清与修改

《招标投标法》第23条规定："招标人对已发出的招标文件进行必要的澄清或者修改的，应当在招标文件要求提交投标文件截止时间至少15日前，以书面形式通知所有招标文件收受人。该澄清或者修改的内容为招标文件的组成部分。"此处的"澄清"，是指招标人对招标文件中的遗漏、词义表述不清或对比较复杂事项进行的补充说明和回答投标人提出的问题；"修改"是指招标人对招标文件中出现的遗漏、差错、表述不清等问题认为必须进行的修订。

(1) 招标人有权利对招标文件进行澄清或修改

招标文件发出以后，无论出于何种原因，招标人可以对发现的错误或遗漏，在规定时间内主动地或在解答潜在投标人提出的问题时进行澄清或者修改，改正差错，避免损失。

(2) 对招标文件的澄清与修改有时间限制

《招标投标法》第23条规定，招标人对招标文件的澄清和修改，应当在提交投标文件截止时间至少15日前，并书面通知所有招标文件的收受人。若招标人的澄清和修改，实质性影响投标人编制投标文件时间的，招标人应当延长投标人提交投标文件的截止时间。

(3) 澄清和修改内容应当作为招标文件的组成部分

按照《招标投标法》第23条关于招标人对招标文件澄清和修改应"以书面形式通知所有招标文件收受人。该澄清或者修改的内容为招标文件的组成部分"的规定，招标人可以直接采取书面形式，也可以采用召开投标预备会的方式进行解答和说明，但最终必须将澄清与修改的内容以书面方式通知所有招标文件收受人，而且作为招标文件的组成部分。

4.3 建设工程投标

4.3.1 投标文件的编制

《招标投标法》第27条规定，投标人应当按照招标文件的要求编制投标文件。投标文件应当对招标文件的实质性要求作出响应。招标项目属于建设施工的，投标文件的内容应当包括拟派出的项目负责人与主要技术人员的简历、业绩和拟用于完成招标项目的机械设备等。

根据《工程项目施工招标投标办法》的规定，投标文件一般包括下列内容：

(1) 投标函。

(2) 投标报价。

(3) 施工组织设计。

(4) 商务和技术偏差表。

投标人根据招标文件载明的项目实际情况，拟在中标后将中标项目的部分非主体、非关键性工作进行分包的，应在投标文件中载明。

4.3.2 投标保证金

投标保证金是招标人设置的担保投标人谨慎投标的一种担保方式。为约束投标人的投标行为，保护招标人的利益，招标人通常会要求投标人提供投标保证金。当发生下列情形时，招标人有权没收投标保证金：

(1) 投标人在投标有效期内撤回其投标文件。

(2) 中标人未能在规定期限内提交履约保证金或者签订合同的。

《工程建设项目施工招标投标办法》第37条规定，招标人可以在招标文件中要求投标人提交投标保证金。投标保证金除现金外，可以是银行出具的银行保函、保兑支票、银行汇票或现金支票。投标保证金一般不得超过投标总价的2%，但最高不得超过80万元人民币。投标保证金有效期应当超出投标有效期30天。

投标人应当按照招标文件要求的方式和金额，将投标保证金随投标文件提交给招标人。投标人不按招标文件要求提交投标保证金的，该投标文件将被拒绝，作废标处理。

4.3.3 投标文件的提交

《招标投标法》第28条规定，投标人应当在招标文件要求提交投标文件的截止时间前，将投标文件送达投标地点；在截止时间后送达的投标文件，招标人应当拒收。

招标人收到投标文件后应当签收保存，不得开启。投标人少于3个的，招标人应当依法重新招标。

4.3.4 投标文件的补充、修改、替代或撤回

《招标投标法》第29条规定，投标人在招标文件要求投标文件的截止时间前，可以补充、修改或者撤回已提交的投标文件，并书面通知招标人。补充、修改的内容构成投标文件的组成部分。

根据《工程建设项目施工招标投标办法》第40条的规定，在提交投标文件截止时间后到招标文件规定的投标有效期终止之前，投标人不得补充、修改、替代或者撤回其投标文件。投标人补充、修改、替代投标文件的，招标人不予接受；投标人撤回投标文件的，其投标保证金将被没收。

【案例4-3】 甲、乙两家单位已经获得了某工程投标人资格。甲在提交了一份投标文件后发现该投标文件技术方案还有待优化，并认为投标报价缺乏吸引力，遂于投标截止日期

前3分钟重新提交了一份投标文件。乙为防止其投标文件被泄露，决定暂时不提交投标文件，等到投标截止日才提交，结果晚于投标截止时间5分钟送达。招标人均受理了甲、乙的投标文件，同意其参加开标。其他投标人提出了异议。你认为招标人该如何处理？

【案例分析】 本案的焦点是投标文件的递交、补充、修改、替代和撤回。《招标投标法》第28条规定，投标文件在投标截止时间后送达的，招标人应当拒收；《招标投标法》第29条规定，在投标截止时间前，投标人可以补充、修改或者撤回已经提交的投标文件。本案中，甲在投标截止时间前重新提交投标文件，招标人受理其投标文件的决定合法；乙在投标截止时间后送达投标文件，招标人受理其投标文件的决定不合法，应予拒收。

4.3.5 联合体投标

联合体投标是指某承包单位为了承揽不适于自己单独承包的工程项目而与其他单位联合，共同以一个投标人身份参与投标活动的行为。

1）联合体的资质条件

《招标投标法》第31条规定，两个以上法人或者其他组织可以组成一个联合体，以一个投标人的身份共同投标，联合体以及联合体各方资质条件应符合如下要求：

(1) 联合体各方均应当具备承担招标项目的相应能力。

(2) 国家有关规定或者招标文件对投标人资格条件有规定的，联合体各方均应当具备规定的相应资格条件。

(3) 由同一专业单位组成的联合体，按照资质等级较低的单位确定资质等级。

2）共同投标协议

根据《招标投标法》第31条的规定，联合体各方应当签订共同投标协议，明确约定各方拟承担的工作和责任，并将共同投标协议连同投标文件一并提交招标人。

共同投标协议约定了组成联合体各成员单位在联合体中所承担的各自的工作范围，这个范围的确定也为建设单位判断该成员单位是否具备"相应的资格条件"提供了依据。共同投标协议也约定了组成联合体各成员单位在联合体中所承担的各自的责任，也为将来可能引发的纠纷的解决提供了必要的依据。《工程建设项目施工招标投标办法》第50条进一步规定，没有附有联合体各方共同投标协议的联合体投标为废标。

3）联合体投标各方的责任

(1) 履行共同投标协议中约定的责任。共同投标协议中约定了联合体中各方应该承担的责任，各成员单位必须要按照该协议的约定认真履行自己的义务，否则对联合体其他成员构成违约。共同投标协议中约定责任也是各成员单位最终的责任承担方式。

(2) 就中标项目对招标人承担连带责任。如果联合体中的一个成员没能按照合同约定履行义务，招标人可以要求联合体中任何一个成员承担不超过总债务的任何比例的债务，该单位无权拒绝。该单位在对招标人承担责任后，有权向其他成员追偿其超过共同投标协议约定债务的部分。

(3) 不得重复投标。联合体各方签订共同投标协议后，不得再以自己的名义单独投标，也不得组成新的联合体或参加其他联合体参加同一项目投标。

(4) 不得随意改变联合体组成。联合体通过资格预审的，其组成的任何变化都必须在提交投标文件截止之日前征得招标人的同意。如果变化后的联合体，含有事先没有经过资格预审或者资格预审不合格的法人或者其他组织，或者使联合体的资质降到资格预审文件中规定的最低标准以下，招标人有权拒绝。

(5) 必须指定联合体牵头人。联合体各方必须指定牵头人，授权其代表所有联合体成员负责投标和合同实施阶段的主办、协调工作，并向招标人提交由所有联合体成员法定代表人签署的授权书。应当以联合体各方或者联合体中牵头人的名义提交投标保证金，以联合体牵头人名义提交的投标保证金，对联合体各成员具有约束力。

【案例 4-4】 甲、乙两家公司组成投标联合体参与某工程投标，双方在共同投标协议中约定双方各按 50%的比例对招标人丙承担责任，投标联合体顺利中标。在工程施工过程中，由于甲公司的技术原因导致工程质量事故，给丙造成损失 20 万元。考虑到甲公司目前的财务状况不佳，丙决定向乙公司索赔 20 万元，结果遭到乙公司的拒绝。乙公司拒绝承担责任的理由是：①本次质量是由甲公司原因导致的；②共同投标协议规定双方各承担 50%的责任，即使赔偿也只需赔偿 10 万元。请问丙的请求是否合理，乙的拒绝理由是否成立？

【案例分析】 投标联合体就中标工程对招标人承担连带责任。本案中，招标人丙为维护其合法权益，有权要求乙公司(或者甲公司)承担全部责任，乙公司(或者甲公司)无权依据具有对内约束力的共同投标协议拒绝承担责任。因此，丙的请求合理，乙的理由不成立。

4.3.6 禁止投标人实施的不正当竞争行为

根据《招标投标法》第 32 条、第 33 条的规定，禁止投标人实施有关不正当竞争行为。

1) 投标人之间的串通投标行为

《工程建设项目施工招标投标办法》第 46 条规定了投标人之间的串通投标行为，包括：投标人之间相互约定抬高或降低投标报价；投标人之间相互约定，在招标项目中分别以高、中、低价位报价；投标人之间先进行内部竞价，内定中标人，然后再参加投标；投标人之间其他串通投标报价行为。

2) 投标人与招标人的串通投标行为

《工程建设项目施工招标投标办法》第 47 条规定了招标人与投标人的串通投标行为，包括：招标人在开标前开启投标文件，并将投标情况告知其他投标人，或者协助投标人撤换投标文件，更改报价；招标人向投标人泄露标底；招标人与投标人商定，投标时压低或抬高标价，中标后再给投标人或招标人额外补偿；招标人预先内定中标人；其他串通投标行为。

3) 以行贿的手段谋取中标

《招标投标法》第 32 条第 3 款规定："禁止投标人以向招标人或者评标委员会成员行贿的手段谋取中标。"投标人以行贿手段谋取中标的法律后果是中标无效，有关责任人和单位应当承担相应的行政责任或刑事责任，给他人造成损失的，还应当承担民事赔偿责任。

4) 低于企业成本价竞标

《招标投标法》第 33 条规定："投标人不得以低于成本的报价竞标。"这里的"成本"是根据投标人的企业定额测定的企业成本。如果投标人低于成本的报价竞标时，将很难保证建设工程的安全和质量。

5）以他人名义投标或以其他方式弄虚作假，骗取中标

《招标投标法》第 33 条规定："投标人不得以他人名义投标或者以其他方式弄虚作假，骗取中标。"《工程建设项目施工招标投标办法》第 48 条规定，以他人名义投标是指投标人挂靠其他施工单位，或从其他单位通过转让或租借的方式获取资格或资质证书，或者由其他单位及其法定代表人在自己编制的投标文件上加盖印章或签字等行为。

4.4 建设工程开标和评标

开标、评标是招标投标活动公开性、公正性的重要体现，国家有关部门法律法规及规定对开标、评标阶段的程序及当事人行为进行了具体规范。本章内容主要包括开标的程序及内容、评标委员会的组建与构成、评标专家的条件、评标原则和评标方法、评标程序及评标报告、废标和重新招标的法定情形等。

4.4.1 开标

开标，即在招标投标活动中，由招标人主持，在招标文件预先载明的开标时间和开标地点，邀请所有投标人参加，公开宣布全部投标人的名称、投标价格及投标文件中其他主要内容，使招标投标当事人了解各个投标的关键信息，并且将相关情况记录在案。开标是招标投标活动中公开原则的重要体现。

1）开标时间和地点

《招标投标法》第 34 条规定："开标应当在招标文件确定的提交投标文件截止时间的同一时间公开进行；开标地点应当为招标文件中预先确定的地点。"

(1) 开标时间。开标时间和提交投标文件截止时间应为同一时间，并在招标文件中明示。这是为了杜绝招标人和个别投标人非法串通，在投标文件截止时间之后，修改个别投标人的投标文件，从而损害国家和其他投标人利益。招标人和招标代理机构必须按照招标文件中的规定，按时开标，不得擅自提前或拖后开标，更不能不开标就进行评标。

(2) 开标地点。开标地点应在招标文件中具体明示。

(3) 开标时间和地点的修改。如果招标人需要修改开标时间和地点，应以书面形式通知所有招标文件的收受人，并应报工程所在地的县级以上建设行政主管部门备案。

2）开标参与人

《招标投标法》第 35 条规定："开标由招标人主持，邀请所有投标人参加。"

(1) 开标由招标人主持

开标由招标人主持，也可以委托招标代理机构主持。在实际招标投标活动中，绝大多数委托招标项目，开标都是由招标代理机构主持的。

(2) 投标人自主决定是否参加开标

《工程建设项目货物招标投标办法》第 40 条明确规定："投标人或其授权代表有权出席开标会，也可以自主决定不参加开标会。"招标人邀请所有投标人参加开标是法定的义务，投

标人自主决定是否参加开标会是法定的权利。

(3) 其他依法可以参加开标的人员

根据项目的不同情况，招标人可以邀请除投标人以外的其他方面相关人员参加开标。根据《招标投标法》第 36 条规定，招标人可以委托公证机构对开标情况进行公证。在实践中，招标人经常邀请行政监督部门、纪检监察部门等参加开标，对开标程序进行监督。

3) 开标程序和内容

《招标投标法》第 36 条规定："开标时，由投标人或者其推选的代表检查投标文件的密封情况，也可以由招标人委托的公证机构检查并公证；经确认无误后，由工作人员当众拆封，宣读投标人名称、投标价格和投标文件的其他主要内容。招标人在招标文件要求提交投标文件的截止时间前收到的所有投标文件，开标时都应当当众予以拆封、宣读。开标过程应当记录，并存档备查。"通常，开标的程序和内容包括密封情况检查、拆封、唱标及记录存档等。

投标文件有下列情形之一的，招标人不予受理：

(1) 逾期送达的或者未送达指定地点的。

(2) 未按招标文件要求密封的。

4.4.2 评标委员会的组成

《招标投标法》第 37 条规定："评标专家应当从事相关领域工作满 8 年并具有高级职称或者具有同等专业水平，由招标人从国务院有关部门或者省、自治区、直辖市人民政府有关部门提供的专家名册或者招标代理机构的专家库内的相关专业的专家名单中确定；一般招标项目可以采取随机抽取方式，特殊招标项目可以由招标人直接确定。评标委员会成员的名单在中标结果确定前应当保密。"

1) 评标专家的资格条件

为保证评标活动公平、公正，提高评标质量，评标专家应满足一定的资格条件：

(1) 从事相关领域工作满 8 年并具有高级职称或者具有同等专业水平。从事相关领域工作满 8 年，是对专家实际工作经验和业务熟悉程度的要求，具有高级职称或者具有同等专业水平，是对专家的专业水准和职称的要求。

(2) 熟悉有关招标投标的法律法规。根据《评标委员会评标方法暂行规定》的规定，评标专家应熟悉有关招标投标的法律法规。《政府采购评审专家管理办法》还明确要求评标专家应熟悉政府采购相关政策法规和业务理论知识，能胜任政府采购评审工作。

(3) 能够认真、公正、诚实、廉洁地履行职责。

(4) 身体健康，能够承担评标工作。评标专家应具有能够胜任评标工作的健康条件。

2) 评标专家的选择

评标专家应由招标人在相关专家库名单中确定，原则上应在国务院有关部门或者省、自治区、直辖市人民政府有关部门提供的专家名册或者招标代理机构的专家库内相关专业的专家名单中确定。选择方式及程序是，一般招标项目可以采取随机抽取方式，特殊招标项目可以由招标人直接确定。评标委员会的专家名单在中标结果确定前应当保密。

与投标人有利害关系的人不得担任相关项目评标委员会专家。

3）评标委员会的组成

《招标投标法》第 37 条和《房屋建筑和市政基础设施工程施工招标投标管理办法》第 36 条规定："依法必须进行招标的项目，其评标委员会由招标人的代表和有关技术、经济等方面的专家组成，成员人数为 5 人以上单数，其中技术、经济等方面的专家不得少于成员总数的 2/3。"

《招标投标法》第 37 条规定，与投标人有利害关系的人不得进入相关项目的评标委员会，已经进入的应当更换。《评标委员会和评标方法暂行规定》第 12 条进一步规定，有下列情形之一的，不得担任评标委员会成员，并应当主动提出回避：

（1）投标人或者投标人主要负责人的近亲属。

（2）项目主管部门或者行政监督部门的人员。

（3）与投标人有经济利害关系，可能影响对投标公正评审的。

（4）曾因在招标、评标以及其他与招标投标有关活动中从事违法行为而受过行政处罚或刑事处罚的。

【案例 4-5】 某招标工程的开标程序由招标文件事先确定，当地招标办公室主任全程监督并主持了开标过程。评标委员会由 6 人组成，其中，2 人来自招标单位，1 人为招标办代表，另外 3 人通过专家系统随机抽取产生。请指出本案中的不妥之处。

【案例分析】 《招标投标法》第 35 条规定，"开标由招标人主持，邀请所有投标人参加"；《招标投标法》第 37 条及配套法规规定："评标委员会由招标人的代表和有关技术、经济等方面的专家组成，成员人数为 5 人以上单数，其中技术、经济等方面的专家不得少于成员总数的 2/3。"因此，本案中的不妥之处主要有：①招标办公室主任主持开标过程（应由招标人主持）；②评标委员会由 6 人组成（应为 5 人以上单数）；③招标办代表进入评标委员会；④外聘的技术、经济专家总数低于 2/3。

4.4.3 评标委员会的职责

《招标投标法》第 37 条规定："评标由招标人依法组建的评标委员会负责。"

《招标投标法》第 40 条规定："评标委员会应当按照招标文件确定的评标标准和方法，对投标文件进行评审和比较；设有标底的，应当参考标底。评标委员会完成评标后，应当向招标人提出书面评标报告，并推荐合格的中标候选人。招标人根据评标委员会提出的书面评标报告和推荐的中标候选人确定中标人。招标人也可以授权评标委员会直接确定中标人。国务院对特定招标项目的评标有特别规定的，从其规定。"

1）依法评审比较投标文件，出具个人评审意见

评标委员会成员最基本权利和主要义务，即依法按照招标文件确定的评标标准和方法，运用个人相关的能力、知识和信息，对投标文件进行全面评审和比较，在评标工作中发表并出具个人评审意见，行使评审表决权。评标委员会成员应对其参加评标的工作及出具的评审意见，依法承担个人责任。评标专家依法对投标文件进行独立评审，提出评审意见，不受任何单位或个人的干预。

2）签署评标报告

评标委员会直接的工作成果体现为评标报告。评标报告汇集、总结了评标委员会全部

成员的评审意见，由每个成员签字认定后，以评标委员会的名义出具。

3）遵守职业道德

评标委员会成员在投标文件评审直至提出评标报告的全过程中，均应恪守职责，认真、公正、诚实、廉洁地履行职责，这是每个成员最根本的义务。评标委员会成员不得与任何投标人或者与招标结果有利害关系的人进行私下接触，不得收受投标人、中介人、其他利害关系人的财物或者其他好处，不得彼此之间进行私下串通。评标委员会成员如果发现存在依法不应参加评标工作的情况，还应立即披露并提出回避。

4）履行保密义务

评标委员会成员和参与评标的有关工作人员不得私自透露对投标文件的评审和比较、中标候选人的推荐情况以及与评标有关的其他情况。

5）有关协助和配合义务

对于评标工作和评标结果发生的质疑和投诉，招标人、招标代理机构及有关主管部门依法处理质疑和投诉时，评标委员会成员应配合有关部门的投诉处理工作，配合招标人答复投标人的质疑。协助、配合有关行政监督部门的监督和检查工作，对发现的违规违法情况加以制止，向有关方面反映、报告评标过程中的问题等。

4.4.4　评标方法

评标方法，是评审和比选投标文件、择优选择中标人的方法。根据《评标委员会和评标方法暂行规定》、《工程建设项目施工招标投标办法》、《工程建设项目货物招标投标办法》等规定，评标方法分为经评审的最低投标价法、综合评估法及法律法规允许的其他评标方法。

1）经评审的最低投标价法

符合招标文件规定的技术标准和实质性要求，并且经评审的最低投标价的投标，应当推荐为中标候选人。经评审的最低投标价法一般适用于具有通用技术、性能标准或者招标人对其技术、性能没有特殊要求的招标项目。

2）综合评估法

能够最大限度地满足招标文件中规定的各项综合评价标准的投标，应当推荐为中标候选人。《房屋建筑和市政基础设施工程施工招标投标管理办法》规定，采用综合评估法的，应当对投标文件提出的工程质量、施工工期、投标价格、施工组织设计或者施工方案、投标人及项目经理业绩等，能否最大限度地满足招标文件中规定的各项要求和评价标准进行评审和比较。

3）其他方法

《评标委员会和评标方法暂行规定》规定，评标方法还包括法律、行政法规允许的其他评标方法。

4.4.5　评标

评标，是指由招标人依法组建的评标委员会，根据法律规定和招标文件确定的评标方法和具体评标标准，对开标中所有拆封并唱标的投标文件进行评审，根据评审情况出具评标报告，并向招标人推荐中标候选人，或者根据招标人的授权直接确定中标人的过程。

1）评标原则

评标原则是招标投标活动中相关各方应遵守的基本规则，主要包括：

（1）公平、公正、科学、择优

《招标投标法》第5条规定："招标投标活动应当遵循公开、公平、公正和诚实信用的原则。"《评标委员会和评标方法暂行规定》第3条和第17条分别规定："评标活动遵循公平、公正、科学、择优的原则。""招标文件中规定的评标标准和评标方法应当合理，不得含有倾向或者排斥潜在投标人的内容，不得妨碍或者限制投标人之间的竞争。"

（2）严格保密

《招标投标法》第38条规定："招标人应当采取必要的措施，保证评标在严格保密的情况下进行。"严格保密涉及多方面，包括：评标地点保密；评标委员会成员的名单在中标结果确定之前保密；评标委员会成员在封闭状态下开展评标工作，评标期间不得与外界有任何接触，对评标情况承担保密义务；招标人、招标代理机构或相关主管部门等参与评标现场工作的人员，均应承担保密义务。

（3）独立评审

《招标投标法》第38条规定："任何单位和个人不得非法干预、影响评标的过程和结果。"评标是评标委员会受招标人委托，由评标委员会成员依法运用其知识和技能，根据法律规定和招标文件的要求，独立对所有投标文件进行评审和比较，以评标委员会的名义出具评标报告，推荐中标候选人的活动。不论是招标人，还是有关主管部门，均不得非法干预、影响或改变评标过程和结果。

（4）严格遵守评标方法

《招标投标法》第40条规定："评标委员会应按招标文件确定的评标标准和方法对投标文件进行评审和比较；设有标底的，应当参考标底。"《评标委员会和评标方法暂行规定》第17条规定："评标委员会应当根据招标文件规定的评标标准和方法，对投标文件进行系统评审和比较。招标文件中没有规定的标准和方法不得作为评标的依据。"

2）评标程序

根据《评标委员会和评标方法暂行规定》的规定，投标文件评审包括评标准备、初步评审、澄清、详细评审、提交评标报告和推荐中标候选人。

（1）评标准备

认真研究招标文件，熟悉招标的目标、招标范围和性质、主要技术要求、标准和商务条款；评标标准、评标方法和在评标过程中应考虑的相关因素。

（2）初步评审

首先，按照投标报价高低或者招标文件规定方法对投标文件排序；可以书面方式要求投标人对投标文件中含义不明确、对同类问题表述不一致或者有明显文字和计算错误的内容作必要的澄清、说明或者补正；根据招标文件，审查并逐项列出投标文件的全部投标偏差，除非招标文件另有规定，对重大偏差应作废标处理。

（3）澄清

《招标投标法》第39条规定："评标委员会可以要求投标人对投标文件中含义不明确的内容作必要的澄清或者说明，但是澄清或者说明不得超出投标文件的范围或者改变投标文件的实质性内容。”

(4) 详细评审

经初步评审合格的投标文件,评标委员会应当根据招标文件确定的评标标准和方法,对其技术部分和商务部分作进一步评审、比较。

评标和定标应当在投标有效期结束日 30 个工作日前完成。不能在投标有效期结束日 30 个工作日前完成评标和定标的,招标人应当通知所有投标人延长投标有效期。招标文件应当载明投标有效期。投标有效期从提交投标文件截止日起计算。

(5) 提交评标报告和推荐中标候选人

评标委员会签署并向招标人提交评标报告,推荐中标候选人,评标委员会也可以根据招标人的授权,直接按照评标结果确定中标人。

3) 评标报告

《招标投标法》第 40 条规定:“评标委员会完成评标后,应当向招标人提出书面评标报告,并推荐合格的中标候选人。”招标人、招标代理机构和有关主管部门,无权改变、剥夺评标委员会推荐中标候选人的法定权利,不得脱离评标报告,在中标候选人之外确定中标人。

根据《评标委员会和评标方法暂行规定》的规定,评标委员会完成评标后,应当向招标人提交书面评标报告,并抄送有关行政监督部门,评标报告应当如实记载以下内容:

(1) 基本情况和数据表。

(2) 评标委员会成员名单。

(3) 开标记录。

(4) 符合要求的投标一览表。

(5) 废标情况说明。

(6) 评标标准、评标方法或者评标因素一览表。

(7) 经评审的价格或者评分比较一览表。

(8) 经评审的投标人排序。

(9) 推荐的中标候选人名单与签订合同前要处理的事宜。

(10) 澄清、说明、补正事项纪要。

评标报告由评标委员会全体成员签字。对评标结论持有异议的评标委员会成员可以书面阐述不同意见及其理由。评标委员会成员拒绝在评标报告上签字且不陈述其不同意见和理由的,视为同意评标结论。评标委员会应当对此作出书面说明并记录在案。

4) 推荐中标候选人

根据《招标投标法》第 41 条的规定,“中标人的投标应当符合下列条件之一:能够最大限度地满足招标文件中规定的各项综合评价标准;能够满足招标文件的实质性要求,并且经评审的投标价格最低,但是投标价格低于成本的除外。”评标委员会在评标报告中应依法推荐 1～3 名中标候选人,并对推荐的中标候选人进行排序。

4.4.6 废标、否决所有投标和重新招标

评标过程中,评标委员会如果发现法定的废标情形的,可以决定对个别或所有投标文件作废标处理;如果发现有效投标不足,以致投标明显缺乏竞争,则可以依法否决所有投标;如

果发生投标人不足 3 个或所有的投标被否决等法定情形的，招标人应依法重新招标。

1）废标

废标，也称为按无效投标处理，是指评标委员会依据法律规定和招标文件的明确规定，在评标过程中对投标文件依法作出的取消其中标资格、不再予以评审的处理决定。根据《评标委员会和评标方法暂行规定》的规定，有下列 4 种情形之一的，可按废标处理：

（1）评标委员会发现投标人以他人的名义投标、串通投标、以行贿手段谋取中标或者以其他弄虚作假方式投标的，该投标人的投标应作废标处理。

（2）评标委员会发现投标人的报价明显低于其他投标报价或者在设有标底时明显低于标底，使得其投标报价可能低于其个别成本的，应当要求该投标人作出书面说明并提供相关证明材料。投标人不能合理说明或者不能提供相关证明材料的，由评标委员会认定该投标人以低于成本报价竞标，其投标应作废标处理。

（3）投标人资格条件不符合国家有关规定和招标文件要求的，或者拒不按照要求对投标文件进行澄清、说明或者补正的，评标委员会可以否决其投标。

（4）未能在实质上响应招标文件要求的投标，应作废标处理。投标文件有下列情况之一的，属于未能对招标文件作出实质性响应的重大偏差：

① 没有按照招标文件要求提供投标担保或者所提供的投标担保有瑕疵。

② 投标文件没有投标人授权代表签字和加盖公章。

③ 投标文件载明的招标项目完成期限超过招标文件规定的期限。

④ 明显不符合技术规格、技术标准的要求。

⑤ 投标文件载明的货物包装方式、检验标准和方法等不符合招标文件的要求。

⑥ 投标文件附有招标人不能接受的条件。

⑦ 不符合招标文件中规定的其他实质性要求。

【案例 4-6】 某投标人的投标文件因为只有单位盖章而没有法人代表的签字，被评标委员会认定为废标，其理由是“招标文件明确规定投标文件必须同时有单位盖章和法人代表的签字，否则就是废标”。工程承包公司认为评标委员会的处理不当，与《工程建设项目施工招标投标办法》有关废标的规定不符。根据该办法，只要有单位的盖章就不是废标。你认为评标委员会的处理恰当吗？

【案例分析】 评标委员会的处理恰当。尽管《工程建设项目施工招标投标办法》规定“无单位盖章并无法定代表人或其代理人签字的”投标文件为废标，该《办法》同时规定“未按规定格式填写，内容不全或关键字迹模糊、无法辨认的”也应当认定为废标。因此，评标委员会可以依据“未按照规定格式填写”，有权认定该投标文件为废标。

事实上，招标投标活动是典型的民事法律行为。而民事法律行为的基本特征是当事人的意思自治，只要当事人的行为未违反强制性法律规定，就是有效的。在我国，违反强制性法律规定是指违反了法律和行政法规的直接规定。而该《办法》属于部门规章，不属于强制性法律规定。因此，退一步而言，即使招标文件规定违反了该《办法》，只要不违反强制性法律规定，就是合法有效的。对此，投标人应给予高度重视，避免因没有实质性响应招标文件而认定为废标，进而导致投标失败。

2）否决所有投标

《招标投标法》第 42 条规定：“评标委员会经评审，认为所有投标都不符合招标文件要求的，可以否决所有投标。"《评标委员会和评标方法暂行规定》规定：评标委员会否决不合格投标或者认定为废标后，因有效投标不足3个使得投标明显缺乏竞争的，评标委员会可以否决全部投标。由此可见，否决所有投标包括两种情况：一是所有的投标都不符合招标文件要求，因为每个投标均被认定为废标，被认为无效或不合格，因此评标委员会否决了所有的投标；二是部分投标被认定为废标，被认为无效或不合格之后，仅剩余不足3个的有效投标，使得投标明显缺乏竞争，违反了招标采购的根本目的，据此评标委员会可以否决全部投标。

3）重新招标

《招标投标法》第28条规定："投标人少于3个，招标人应当依照本法重新招标。"第42条规定："依法必须进行招标项目的所有投标被否决的，招标人应当依照本法重新招标。"

重新招标，是一个招标项目发生法定情形，无法继续进行评标、推荐中标候选人，需要终止本次招标，进而重新进行招标。所谓法定情形，包括于投标截止时间到达时投标人少于3个、评标中所有投标被否决或其他法定情况。

4.5 中标、签约和履约

4.5.1 中标

中标，是指招标人从中标候选人中择优确定中标人并与其签订工程合同的行为，被确定为合同当事人的民事主体是中标人。《招标投标法》第40条规定："招标人根据评标委员会提出的书面评标报告和推荐的中标候选人确定中标人。"因此，评标委员会负责评标并推荐合格中标候选人，而确定中标人的权利应归属招标人。当然，确定中标人的权利，招标人可以自己直接行使，也可以授权评标委员会直接确定中标人。

（1）评标委员会提出评标报告后，招标人一般应在15日内确定中标人，最迟应在投标有效期结束日30个工作日前确定。否则，招标人应书面通知所有投标人延长投标有效期，投标人有权拒绝延期并收回投标保证金。同意延长投标有效期的投标人应当相应延长其投标担保的有效期，但不得修改投标文件的实质性内容。

（2）招标人应当接受评标委员会推荐的中标候选人，不得在评标委员会推荐的中标候选人之外确定中标人。

（3）依法强制招标的工程项目，招标人应当确定排名第一的中标候选人为中标人。根据《评标委员会和评标方法暂行规定》第48条，"使用国有资金投资或者国家融资的项目，招标人应当确定排名第一的中标候选人为中标人"，"排名第一的中标候选人放弃中标、因不可抗力提出不能履行合同，或者招标文件规定应当提交履约保证金而在规定期限内未能提交的，招标人可以确定排名第二的中标候选人为中标人"，"排名第二的中标候选人因同样原因不能签订合同的，招标人可以确定排名第三的中标候选人为中标人"。

（4）招标人可以依据评标报告和推荐的中标候选人自行确定中标人，招标人也可授权评标委员会直接确定中标人。

4.5.2 中标公示和中标通知书

为确保招标投标活动公平、公正、公开进行，有利于社会监督，确定中标人后，中标结果应当公示或者公告。

《关于加强房屋建筑和市政基础设施工程项目施工招标投标行政监督工作的若干意见》要求："应当建立中标候选人的公示制度。采用公开招标的，在中标通知书发出前，要将预中标人的情况在该工程项目招标公告发布的同一信息网络和建设工程交易中心予以公示，公示的时间最短应当不少于2个工作日。"

公示结束后，招标人应当向中标人发出中标通知书，告知中标人中标的结果。《招标投标法》第45条规定："中标人确定后，招标人应当向中标人发出中标通知书，并同时将中标结果通知所有未中标的投标人。"

中标通知书，是由招标人向中标人发出通知并确认其中标的书面凭证。中标通知书对招标人和中标人具有法律效力，就法律性质而言，中标通知书属于承诺。中标通知书发出后，招标人改变中标结果的应当赔偿中标人的损失；中标人放弃中标的，招标人可以没收中标人提交的投标保证金或者要求中标人赔偿因其放弃中标导致的损失。

招标人不得向中标人提出压低报价、增加工作量、缩短工期等违背中标人意愿的要求，并以此作为发出中标通知书或签订工程合同的条件。

4.5.3 履约担保与合同签订

《招标投标法》第46条规定，招标人和中标人应当自中标通知书发出之日起30日内，按照招标文件和中标人的投标文件订立书面合同。

招标文件要求中标人提交履约保证金或者其他形式履约担保的，中标人应当提交，履约担保一般有银行保函、履约担保书和保留金，履约担保一般为建设工程合同金额的10%左右；中标人拒绝提供履约担保的，视为放弃中标。招标文件要求中标人提交履约保证金或者其他形式履约担保的，招标人应当同时向中标人提供工程款支付担保。招标人不得擅自提高履约保证金，也不得强制要求中标人垫付中标项目建设资金。

招标人和中标人不得再行订立背离合同实质性内容的其他协议。实质性内容，是指涉及投标报价、工期、施工组织方案、质量标准、招标范围和工程量等涉及招标人和中标人权利义务关系的实体内容。

4.5.4 招标投标情况报告和合同备案

《招标投标法》第47条规定："依法必须进行招标的项目，招标人应当自确定中标人之日起15日内，向有关行政监督部门提交招标投标情况的书面报告。"

《工程建设项目施工招标投标办法》第65条规定，施工招标书面报告至少应包括：①招标范围；②招标方式和发布招标公告的媒介；③招标文件中投标人须知、技术条款、评标标准和方法、合同主要条款等内容；④评标委员会的组成和评标报告；⑤中标结果。

除此之外，招标人和中标人签订合同后，还应将合同提交相关主管部门登记，办理合同备案手续。《房屋建筑和市政基础设施工程施工招标投标管理办法》第47条规定："订立书面合同后7日内，中标人应当将合同送工程所在地县级以上建设行政主管部门备案。"

4.5.5 投标保证金返还

招标人一般应在招标活动结束之后，及时返还投标人的投标保证金，但投标人有招标文件规定投标保证金不予退还的行为除外。《评标委员会和评标方法暂行规定》第52条规定，招标人与中标人签订合同后5个工作日内，招标人应向中标人和未中标人退还投标保证金。各类招标项目关于投标保证金的退还规定略有差异。

但是，若投标人在投标过程中违反谨慎和诚信投标义务，招标人有权没收投标人提交的投标保证金，以维护其合法权益。《工程建设项目施工招标投标办法》第81条和《工程建设项目货物招标投标办法》第58条规定："中标通知书发出后，中标人放弃中标项目的，无正当理由不与招标人签订合同的，在签订合同时向招标人提出附加条件或者更改合同实质性内容的，或者拒不提交所要求的履约保证金的，招标人可取消其中标资格，并没收其投标保证金；给招标人的损失超过投标保证金数额的，中标人应当对超过部分予以赔偿；没有提交投标保证金的，应当对招标人的损失承担赔偿责任。"

4.5.6 合同履行

中标人应当按照合同约定履行合同义务，完成中标项目。中标人不得向他人转让中标项目，也不得将中标项目肢解后分别转让给其他人。

中标人根据合同约定或者经招标人同意，可将中标项目的部分非主体、非关键性工作分包给具有相应资质的分包单位完成。中标人和分包单位就中标项目对招标人承担连带责任。

【案例4-7】 某财政资金投资建设的奥体中心被确定为省重点工程，拟公开招标选择总承包商，有5家单位通过了资格审查，取得了投标资格。由招标人主持开标，并在开标会议上公布了最新的评标标准和方法，作为《招标文件》附件发送给各投标人。

开标后发现：A提交的投标函中的投标报价字迹不清，难以辨别。经评审，评标委员会推荐C、D、E分别为第一、第二和第三中标候选人。招标人看重D的技术方案和丰富的施工经验将其确定为中标人，但是D的报价略高于C，遂要求D以C的报价承包该项目，D同意了招标人的要求，最后双方在发出中标通知书后第35天签订了正式的工程承包合同。

请回答下列问题：

(1) 在开标会上公布最新的评标标准和方法是否合法？为什么？

(2) A的投标文件是否有效？为什么？

(3) 招标人确定D为中标人是否合法？为什么？

(4) 招标人在与D签订合同的过程中有无不妥之处？若有，请指出并说明理由。

【案例分析】 (1)《招标投标法》第40条规定："应当按照招标文件确定的评标标准和方法对投标文件进行评审和比较。"《评标委员会和评标方法暂行规定》第17条规定："应当根据招标文件规定的评标标准和方法，对投标文件进行系统评审和比较。招标文件中没有规定的标准和方法不得作为评标的依据。”因此，本案中，招标人在开标会议上公布最新的评标标准和方法，并将其作为评标依据的做法不合法。

(2) 根据《招标投标法》和相关配套法规的规定，若投标文件没有实质响应招标文件的要求的，按废标处理。《工程建设项目施工招标投标办法》第 50 条明确规定，投标文件关键字迹模糊不清、无法辨认的，视为废标。本案中，A 的投标报价字迹不清、无法辨认，属于该《办法》中规定的关键内容字迹不清，故 A 的投标文件无效，应按废标处理。

(3) 招标人有权决定从评标委员会推荐的中标候选人中决定中标人，但是《评标委员会和评标方法暂行规定》第 48 条规定：“对于使用国有资金的项目，招标人应当确定排名第一的中标候选人为中标人。”本案中，奥体中心为使用国有资金的项目，根据规定应以排名第一的 C 为中标人，招标人在 C 未放弃中标的情况下以排名第二的 D 为中标人不合法。

(4)《招标投标法》第 46 条规定，招标人和中标人应当自中标通知书发出之日起 30 日内，按照招标文件和中标人的投标文件订立书面合同。本案中，招标人在发出中标通知书后第 35 天并在中标人 D 同意降低造价的情况下与其签订正式合同，应认定为不合法。

4.6 典型案例分析

【教学目的】 本案例为深圳市首例招标投标纠纷案件，曾经引发了社会各界的广泛关注。通过本案例教学，主要实现如下教学目标：

(1) 掌握工程项目招标投标程序，以及招标投标过程中的重要规定。

(2) 理解中标通知书、投标保证金的法律性质；掌握招标文件和投标文件的修改。

(3) 掌握招标投标过程中的缔约过失责任。

【案情概要】 2000 年 7 月 4 日，深圳市中电照明有限公司(下称中电公司)向深圳市建设局申请中电照明研发中心对外公开招标，并获得批准。8 月 11 日，汕头市达诚建筑总公司深圳分公司(下称达诚公司)向被告支付了保证金人民币 100 万元，并于 8 月 18 日向深圳市建设工程交易服务中心呈送《中电照明研发中心标书》。8 月 29 日，中电公司在深圳市建设工程交易服务中心第四会议室组织开标。深圳市建设工程造价管理站(下称造价站)公开宣读中电照明研发中心的标底为人民币 1 901.06 万元，达诚公司的报价为人民币 1 700.43 万元，并同时公开了其他 6 家投标人的投标报价。

9 月 20 日，中电公司向造价站发函，以造价站的标底与其送审的预算数额有出入为由，要求标底按隐框玻璃幕墙进行调整并重新定标。造价站回函称，中电公司送交的资料没有任何说明铝合金固定框修改为隐框玻璃幕墙的证据，仅同意工程量清单中第 143 项铝合金固定窗用同一工程量按隐框玻璃幕墙单价进行调整。9 月 30 日，中电公司以修改后的标底召开定标会，重新确定标底为 1 991.74 万元，并宣布深圳市第三建筑工程总公司(简称深圳三建)得分最高为中标单位。

达诚公司以其已经中标而中电公司拒发中标通知书为由向深圳市福田区人民法院起诉，请求法院判令被告违约并双倍返还保证金人民币 200 万元。

福田区人民法院经审理后认为：造价站于8月29日公开的标底是按照被告中电公司提供的《工程量清单》、《招标书》和《答疑会书面答复书》进行核算，根据《招标书》中规定的评审方法，原告达诚公司应为中标单位。被告拒绝向原告发出中标通知书和签订施工合同属于违约，应当承担违约责任。公开标底前，被告没有向造价站和投标人书面说明修改《工程量清单》第143项，应承担标底公开后改动工程量的责任。故被告的诉讼请求不予采纳。

福田区人民法院依据《招标投标法》第5条、《深圳市建设工程施工招标投标条例》第18条第2款和第30条、《深圳市建设工程施工招标投标条例实施细则》第23条的规定，判决如下：被告在判决生效之日起10日内双倍返还原告保证金人民币200万元，逾期则双倍支付延迟履行期的债务利息，案件受理费人民币20 010元由被告承担。

中电公司不服一审判决，上诉至深圳市中级人民法院，诉称：一审认定事实错误，适用法律、法规不当。经二审法院主持，原告、被告在自愿、平等基础上达成调解协议：被告补偿原告人民币30万元了结本案纠纷，招标投标过程中的其他纠纷双方不再追究。被告于调解书送达之日起10日内支付上述款项，一、二审案件受理费双方各自负担。

【法理分析】 本案例涉及的焦点问题主要集中在3个方面：招标人在开标后是否修改招标文件、中标通知书的法律性质、投标保证是不是定金。

(1) 招标人在开标后不得修改招标文件

《招标投标法》第23条规定："招标人对已发出的招标文件进行必要的澄清或者修改的，应当在招标文件要求提交投标文件截止时间至少15日前，以书面形式通知所有招标文件收受人。该澄清或者修改的内容为招标文件的组成部分。"这是法律有关招标人修改和澄清招标文件的时间、程序和效力的强制性规定，若不遵守此强制性规定，则招标人的修改和澄清行为是无效的，并应承担相应的法律责任。

在本案中，《招标书》注明"外墙装饰：玻璃墙和灰色涂料。门窗：铝合金和高级柚木门。《工程量清单》第143项为铝合金固定窗，第189项为玻璃幕墙制作安装"，所以，被告提供的《答疑会书面答复》"第5项外墙按隐框幕墙制作安装"，不能理解为将原招标文件中的"铝合金固定窗"修改为"隐框玻璃幕墙"。对此，原告无任何过错。

所以，被告在开标后，以标底错误为由中止招标投标程序，并修改招标文件及其标底，不符合法律强制性规定，应认定为无效，需要承担相应的法律责任。

(2) 非正当理由拒绝签订合同应承担缔约过失责任

通常采用招标投标方式订立工程建设合同，招标投标的目的是择优选择中标人，并与其订立工程合同。就法律性质而言，招标人发出招标公告或投标邀请书、投标人提交投标文件、招标人向中标人发出中标通知书，分别属于我国《合同法》规定的要约邀请、要约和承诺。同时，建设工程合同是典型的要式合同，其成立标志是双方签订书面合同。

本案中，招标人以非正当理由拒绝向中标人发出中标通知书，致使合同不能成立，对此招标人应当承担缔约过失责任，而非违约责任。本案一审法院认定招标人违约并判令其承担违约的判决值得商榷。

(3) 投标保证金不应等同于定金

本案争议的一个重要焦点是投标保证金是不是定金。原《深圳市建设工程招标投标条例》第18条第2款规定："定标后，招标人拒绝签订工程承包合同的，应向中标人双倍返还保证金。"修改后的《条例》也保留了类似条款。据此，一审法院判令招标人双倍返还投标保证金。从二审法院的调解结果看，事实上没有采纳投标保证金按“双倍返还”的定金罚则。

《最高人民法院关于适用〈担保法〉若干问题的司法解释》第118条对投标保证金的性质做了明确规定：“当事人交付留置金、担保金、保证金、订约金押金或者订金等，没有约定定金性质的，当事人主张定金权利的，人民法院不予支持。”建设部《房屋建筑和市政基础设施施工招标投标管理办法》第47条第3款规定：“招标人无正当理由不与中标人签订合同，给中标人造成损失的，招标人应当给予赔偿。”七部委《工程建设项目施工招标投标办法》也未明确“双倍返还”。

因此，若双方未约定定金性质（双倍返还）的，不适用定金罚则。如前所述，招标投标过程违反诚实信用原则的，承担缔约过失责任，缔约过失赔偿责任以实际损失为限。

【案例启示】 (1) 尽管招标采购方式具有公开、透明、程序严谨等优点，有利于保障投标人的合法利益。但是，投标人在招标投标过程中面临巨大的风险，谨慎投标的风险意识是非常必要的。

(2) 迄今为止，投标保证金的法律性质并不明确，并不当然适用定金罚则，主要取决于招标文件中是否将其约定为定金。事实上，出于利益考虑，招标人通常不会将其规定为定金。

(3) 在保持投标总价不变并使其具有一定的价格优势的情况下，充分地考虑到投标和合同履行过程中的可能风险及其风险成本至关重要，这需要必要的投标技巧和风险管理技术。

(4) 缔约过失责任与违约责任除了发生时间不同外，前者是当事人违约了诚实信用原则，后者是当事人不履行或者不适当履行合同义务应承担的责任，而且后者责任更重。

本章小结

作为国际惯例，招标投标是各国政府、国际组织和私人企业在大宗货物采购、建设工程承包和提供咨询服务时，广泛采用的一种竞争性公开交易方式。

现行《建筑法》确立了工程建设招标投标制度，2000年1月1日正式实施的《招标投标法》标志着我国工程建设招标投标实践和管理步入法制化轨道。目前，已经初步建立了较为完善的工程建设招标投标法规体系，其中，《招标投标法》和《建筑法》是调整工程建设招标投标活动的基本法，国务院各部委颁布的部门规章则是现行招标投标法规的主要渊源。

《招标投标法》确立了工程建设招标投标的5项基本制度：①确立了建设工程强制招标制度；②明确招标投标活动应当遵循公开、公平、公正和诚实信用原则；③建立了对招标投标活动的行政监督体制；④明确了两种招标采购方式——公开招标和邀请招标；⑤确立了两种招标组织方式——招标人自行招标和委托招标代理机构办理招标。

完整的工程建设招标投标过程包括招标、投标、开标、评标、中标和签约6个阶段。招标投标过程中，任何招标投标活动均应遵循公开、公平、公正和诚实信用的基本原则，自觉接受有关部门和社会各界的监督，以严格规范的“阳光采购”程序实现预定的招标目的。

复习思考题

1. 通过互联网、学校图书馆等渠道收集一些典型的在全国、本省有影响的建设工程招投标案例材料，将其改写成规范的建设法规案例，应包括案情概要、法理分析(案件焦点和主要法律问题分析)、案例启示等。在条件许可的情况下，可以小组为单位共同完成案例编写工作，并向老师和其他同学汇报工作成果。

2. 某中央财政投资的大型基础设施项目，总投资超过10亿元，项目法人委托一家符合资质条件的工程招标代理公司全程代理招标事宜。在招标过程中发生如下事件：

事件1：在评标过程中，发现投标人D的投标文件中没有投标人授权代表签字；投标人H的单价与总价不一致，单价与工程量乘积大于投标文件的总价，招标文件中没有约定此类情况为重大偏差。

事件2：在评标过程中，评标委员会发现其中G投标人的投标报价低于原标底的30%。询标时，G投标人发来书面更改函，承认原报价存在遗漏，将报价整体上调至接近于标底的99%。

事件3：在评标过程中，投标人A发来书面更改函，对施工组织设计中存在的笔误进行了勘误，同时对其投标文件中超过招标文件计划工期的投标工期调整为在招标文件约定计划工期基础上提前10日竣工。

事件4：经评审，各投标人综合得分的排序依次是H、E、G、A、F、C、B、D。有评标委员对此结果有异议，拒绝在评标报告上签字，但又不提出书面意见。

事件5：确定中标人H后，中标人H认为工程施工合同过分袒护招标人，需要对招标文件中的合同条件进行调整，特别是当事人双方的权利与义务；招标人同时提出，在中标价的基础上降低10%的要求，否则招标人不签订施工合同。

请分析回答下列问题：

(1) 事件1～事件5应如何处理？并简要陈述理由。

(2) 评标委员会应推荐哪3个投标人为中标候选人？

3. 某招标人计划采购一批高速公路机电设备，最初准备采用邀请招标的方式，后经咨询有关专家后，决定改为公开招标和资格预审方式。招标过程中发生以下事件：

事件1：2007年7月1日上午9:00开始发售资格预审文件，7月9日下午2:00为潜在投标人递交资格预审申请文件截止时间。

事件2：经评审，R_1合同段有7家单位通过资格预审，R_2合同段有4家单位通过资格预审，R_3合同段有2家单位通过资格预审。之后向3个合同段通过资格预审的潜在投标人发出投标邀请书。

事件3：本项目招标文件自7月15日开始发售，招标文件中规定投标保证金数额为每个合同段人民币100万元。

事件4：招标文件中规定2007年7月28日下午2:00为投标文件递交截止时间，并在同一时间举行开标。7月28日下午，一名外地投标人由于交通问题于2:10到达现场，当时开标还未正式开始，经与监督部门协商，招标人接受了该投标文件。

事件5：评标结束后，招标人于8月10日发出中标通知书，R_2合同段的中标人因为特殊原因于8月20日收到此中标通知书。经合同谈判，招标人与R_2合同段的中标人于9月15日签订了合同。

事件6：在中标通知书发出后，招标人认为R_1合同段的中标价格偏高，在合同谈判时要求R_1合同段的中标人降低价格。在降价10%后，招标人与R_1合同段的中标人签订合同。

请分析回答下列问题：

(1) 该项目如采用邀请招标是否合理?

(2) 招标过程中存在哪些问题？请逐一进行分析。

4. 某市政工程项目由政府投资建设，建设单位委托某招标代理公司代理施工招标。

招标代理公司确定该项目采用公开招标方式招标，招标公告仅在当地政府规定的招标信息网上发布，招标文件对省内外投标人提出了不同要求。招标文件规定，投标担保可采用投标保证金或者投标保函方式，评标方法采用经评审的最低投标价法，投标有效期为60天。

发布施工招标信息后，共有12家潜在投标人参与投标。在对潜在投标人的资质条件、业绩进行资格审查后确定其中6家公司为投标人。开标后发现：

A的投标报价为8 000万元，为最低投标报价；B在开标后又提交了一份补充说明，表示可以降价5%；C提交的银行投标保函有效期为50天；D的投标函上盖有企业及其企业法定代表人的印章，没有项目负责人的印章；E与其他投标人组成投标联合体，附有各方资质证书，没有联合体共同投标协议；F的投标报价最高，故F在开标后第二天撤回其投标文件。

经评审，A被确定为第一中标候选人。发出中标通知书后，招标人与A进行合同谈判，希望A能够压缩工期、降低工程报价。后经双方协商一致，不压缩工期，A降低报价4%。

请分析回答下列问题：

(1) 本项目招标公告和招标文件有无不妥之处？请说明理由。

(2) 招标代理公司对潜在投标人的资格预审是否恰当？请说明理由。

(3) 请判断6家公司投标文件的有效性，并说明理由。

(4) F的行为是否合法？请说明理由。若不合法，应如何处理？

(5) 招标人与中标人A签订合同的行为是否妥当？合同价格应为多少？请说明理由。

5 工程建设勘察设计法规

教学目标

1. 熟悉建设工程勘察设计法规的立法概况和效力。
2. 掌握建设工程勘察设计标准的内容及实施要求。
3. 熟悉工程设计的阶段及各阶段对工程勘察设计文件编制的要求。
4. 掌握施工图设计文件审查的权限、程序和内容。
5. 熟悉建设工程勘察设计的监督与管理办法。
6. 掌握违反建设工程勘察设计法规的行为及其应承担的违法责任。

5.1 概述

5.1.1 建设工程勘察设计法规的概念

工程勘察是指为满足工程建设的规划、设计、施工、运营及综合治理等方面的需要，对地形、地质及水文等情况进行测绘、勘探测试，并提供相应成果和资料的活动，岩土工程中的勘测、设计、处理、监测活动也属工程勘察范畴。

工程设计是指运用工程技术理论及技术经济方法，按照现行技术指标，对新建、扩建、改建项目的工艺、土建、公用工程、环境工程等进行综合性设计及技术经济分析，并提供作为建设依据的设计文件和图纸的活动。

在工程建设的各个环节中，勘察是基础，而设计是整个工程建设的灵魂，它们对工程的质量和效益都起着至关重要的作用。因此，依法加强勘察设计管理是十分重要的。

工程勘察设计法规是指调整工程勘察设计活动中发生的各种社会关系的法律规范的总称。

5.1.2 建设工程勘察设计法规的立法概况

工程勘察设计法规是指调整工程勘察设计活动中发生的各种社会关系的法律规范的总称。

目前，我国工程勘察设计方面的立法层次总的来说还比较低，主要由国务院和建设部及相关部委颁发的法规及部门规章和规范性文件组成。现行主要的法规有：《实施工程建设强制性标准监督规定》(2000)，《建设工程勘察设计管理条例》(2000)，《建设工程勘察设计资质管理规定》(2007)，《房屋建筑和市政基础设施工程施工图设计文件审查管理办法》(2004)，

《建设工程勘察质量管理办法》(2002)及《建设部关于修改〈建设工程勘察质量管理办法〉的决定》(2007),《外商投资建设工程设计企业管理规定》(2002),《建设工程勘察设计企业资质管理规定》(2001),《建筑工程施工图设计文件审查暂行办法》(2000),《建设工程勘察设计市场管理规定》(1999),《成立中外合营工程设计机构审批管理的规定》(1992),《工程建设标准规范管理办法》(1980),《设计文件的编制和审批办法》(1978)等。这些法规,对规范工程勘察设计活动,加强勘察设计管理起到了重要的作用。

5.2 工程勘察设计标准

5.2.1 工程建设标准

设立工程建设标准是为了加强对工程建设活动的质量管理,保证工程建设质量,保护人民生命和财产安全。

1) 工程建设标准的概念

标准是指对重复性事物和概念所做的统一性规定。它以科学技术和实践经验的综合成果为基础,经有关方面协商一致,由主管机构批准,以特定形式发布,作为共同遵守的准则和依据。在我们建设工程行业内所说的工程建设标准是指对基本建设中各类工程的勘察、规划、设计、施工、安装、验收等需要协调统一的事项所制定的标准。

制定和实施各项工程建设标准,并逐步使其各系统的标准形成相辅相成、共同作用的完整体系,即实现工程建设标准化是实现现代化建设的重要手段,也是我国建设领域现阶段一项重要的经济、技术政策。它可以保证工程建设的质量及安全生产,全面提高工程建设的经济效益、社会效益和环境效益。

随着我国的建设工程走向世界以及科技的进步,工程建设标准也在不断地提高和改进,我们在建设过程中应该严格按照高标准来要求自己,使我国的建设达到世界先进水平。

2) 工程建设标准的种类

工程建设标准从不同的角度可有不同的分类:

(1) 按标准的内容分类

工程建设标准按标准的内容可分为技术标准、经济标准和管理标准3类。技术标准是企业在进行建设中必须满足的工程技术要求;经济标准是在建设过程中控制资源,节约财力,避免浪费,特别是保证不可再生资源的节约使用;管理标准是在建设过程中合理管理,保证建设按要求顺利进行的需要。

(2) 按适用范围分类

工程建设标准按适用范围可分为国家标准、行业标准、地方标准和企业标准。

工程建设国家标准是指在全国范围内统一的技术要求。如通用的质量标准,通用的术语、符号、代号、建筑模数等。我们习惯称之为国标。

工程建设行业标准是指在工程建设活动中,在全国某个行业范围内统一的技术要求。如行业专用的质量标准,专用的术语、符号、代号,专用的实验、检验、评定方法等。

工程建设地方标准是指在工程建设活动中，根据当地的气候、地质、资源、环境等条件，在省、自治区、直辖市范围内提出统一的技术要求。它不得低于相应的国家标准或行业标准。一般由当地的建设主管部门提出。

工程建设企业标准是指工程建设活动中，企业内部统一的技术要求。它也不得低于国家、地方的标准，它是上级标准的补充和依据自身企业特点的具体化标准。

国家鼓励企业制定的企业标准优于国家、行业、地方标准，国家鼓励企业制定的标准具体化、技术化，好的企业标准经过实践后，可以被国家、行业、地方标准所吸收和采纳。

(3) 按执行效力分类

工程建设标准按执行效力可分为强制性标准和推荐性标准。

强制性标准是指必须执行的标准，如工程建设勘察、规划、设计、施工及验收等通用的综合标准和质量标准等。

推荐性标准是指当事人自愿采用的标准，凡是强制性标准以外的标准皆为推荐性标准。

国家把标准分为强制性和推荐性两种，既可以在关键部位保证建设质量，又可以在一般部位允许企业创新改革，以便标准的更加完善。

(4) 按使用阶段分类

工程建设标准按使用阶段可分为设计标准和施工及验收标准。工程建设设计标准是工程设计中必须遵守的标准。施工标准是指施工操作程序及其技术要求的标准，验收标准是指检验、接收竣工工程项目的规程、办法与标准。如建筑工程设计标准又可分为：

① 建筑设计基础标准：房屋建筑术语、建筑统一模数、建筑物等级划分等。

② 建筑设计通用标准：建筑采光、照明、节能、防火、防爆、防腐、隔声、环保、卫生等方面的设计标准规范。

③ 建筑结构设计通用标准：包括建筑荷载、地基基础设计规范，建筑结构抗震设计规范，各类建筑结构（钢结构、木结构、砖石结构、钢筋混凝土结构）设计规范，特种结构（塔架、烟囱、水池、筒仓、人防地下室）设计规范等。

④ 建筑工程设计专用标准：如旅馆、住宅设计规范，无粘结预应力钢筋混凝土设计规程等。

⑤ 相关专业设计标准：如给水排水、采暖通风、电器、弱电、设备等方面的标准规范。

3) 工程勘察设计标准

《基本建设设计工作管理办法(暂行)》、《基本建设勘察工作管理办法(暂行)》中明确规定工程勘察设计标准包括工程建设勘察设计规范和工程设计标准两种。

(1) 工程建设勘察设计规范

它是强制性勘察设计标准，是技术法规，在一切工程勘察、设计工作中都必须执行的标准。勘察设计规范分为国家、部、省（自治区、直辖市）、设计单位 4 种级别。

(2) 工程设计标准

它是推荐性设计标准，建设单位和设计单位都要积极采用，根据各地的条件和情况，在无特别理由时，必须遵守，不得另行设计或改变。工程设计标准分为国家、部、省（自治区、直辖市）3 级。

5.2.2 工程建设标准的制定与实施

工程建设标准的制定对管理建设工程有很大的作用，对建设工程的设计、建造、监理和验收有明确的执行依据，在实施中，需要各个管理部门共同协作和努力，严格遵守，以起到实际作用和意义。

1）工程建设标准制定的原则

工程建设标准制定的原则主要有以下几点：

（1）遵守国家的有关法律、法规及相关方针、政策，密切结合自然条件和实际情况，合理利用资源，充分考虑使用、维修的要求和后期运行的情况，做到安全适用、技术先进、经济合理。

（2）积极开展科学实验或测试验证。设立有关项目，并且应积极纳入主管部门的科研计划，认真组织实施，写出成果报告。

（3）积极采用新技术、新工艺、新设备、新材料。经有关主管部门（或受托单位）检验和鉴定，有完整的技术文件，且经实践检验的，应积极纳入标准。

（4）积极采用国际标准和国外先进标准。凡经认真分析论证或测试验证，并符合我国国情的国外和国际先进标准，应积极纳入我国的标准体系中。

（5）标准条文规定严谨明确，文句简练，不得模棱两可。内容深度、术语、符号、计量单位等应前后一致，不得矛盾。

（6）标准条文注意与先行标准的协调。要遵守现行的工程建设标准，确有更改需要的，必须经过审批。工程建设标准中，不得规定产品标准的内容。

（7）发扬民主，充分讨论。对有关政策问题应认真研究、统一认识；对有争论的技术性问题，应在调查研究、实验验证或专题讨论的基础上充分协商，才做结论。

2）工程建设标准的审批和发布

工程建设国家标准由国务院建设行政主管部门审查批准，国务院标准化行政主管部门和建设行政主管部门联合颁行。

工程建设行业标准由国务院有关行政主管部门审批、颁行，并报国务院建设行政主管部门备案。

工程建设地方标准的制定、审批、发布方法，由省、自治区、直辖市人民政府规定。但标准发布后应报国务院建设行政主管部门和标准化行政主管部门备案。

工程建设企业标准由企业组织制定，并按国务院有关行政主管部门或省、自治区、直辖市人民政府的规定报送备案。

例如，《工程建设标准强制性条文（城市建设部分）》建标〔2000〕202 号，是根据国务院《建设工程质量管理条例》和建设部建标〔2000〕31 号文件的要求，由建设部组织编制和组织审查，并具体由建设部标准定额司负责管理和解释。

3）工程建设标准的实施

工程建设标准的实施，不仅关系到建设工程的经济效益、社会效益和环境效益，而且直接关系到工程建设者、所有者和使用者的人身安全及国家、集体和公民的财产安全。因此，必须严格执行，认真监督。

《强制性条文》是参与建设活动各方执行工程建设强制性标准和政府对执行情况实施监督的依据。《强制性条文》包括城乡规划、城市建设、房屋建筑、工业建筑、水利工程、电力工程、信息工程、水运工程、公路工程、铁道工程、石油和化工建设工程、矿山工程、人防工程、广播电影电视工程和民航机场工程等部分。《强制性条文》汇集了工程建设现行国家和行业标准中直接涉及人民生命财产安全、人身健康环境保护和其他公众利益方面的内容，同时考虑了提高经济效益和社会效益等方面的要求，列入《强制性条文》的所有条文都必须严格执行。

各级行政主管部门在制定有关工程建设的规定时，不得擅自更改国家及行业的强制性标准；从事工程建设活动的部门、单位和个人，都必须执行强制性标准；对于不符合强制性标准的工程勘察成果报告和规划、设计文件，不得批准使用；不按标准施工，质量达不到合格标准的工程，不得验收。

工程质量监督机构和安全监督机构，应根据现行的强制性标准，对工程建设的质量和安全进行监督，当监督机构与被监督单位对适用的强制性标准发生争议时，由该标准的批准部门进行裁决。

各级行政主管部门应对勘察、设计、规划、施工单位及建设单位执行强制性标准的情况进行监督检查。国家机关、社会团体、企事业单位及全体公民均有权检举、揭发违反强制性标准的行为。

对于工程建设推荐性标准，国家鼓励自愿采用。采用何种推荐性标准，由当事人在工程合同中予以确定。

5.3 工程勘察设计文件编制要求

5.3.1 工程勘察设计文件编制的原则、依据和内容编制要求

建设工程勘察设计的原则是为了更好地把握建设工程的要求，使得工程勘察设计达到社会效益、经济效益等各方面的共同要求，它的依据就是各个建设工程在设立前必须进行的各种调查和研究，得出的工程建设目的和条件。

1）工程勘察设计原则

工程勘察设计是工程建设的主导环节，对工程建设的质量、投资效益起着决定性的作用。勘察设计的好坏最根本地决定了整个工程的作用和实际效果，有些方面留下的问题还是建设好后无法更改的缺陷。为保证工程设计的质量和水平，使建设工程设计与社会经济发展水平相适应，真正做到经济效益、社会效益和环境效益相统一，相关法规规定，工程勘察设计必须遵循以下主要原则：

（1）贯彻经济规划、社会发展规划、城乡规划和产业政策

经济、社会发展规划及产业政策，是国家某一时期的建设目标和指导方针，工程设计必须贯彻其精神；城市规划、村庄和集镇规划一经批准公布，即成为工程建设必须遵守的规定，工程设计活动也必须符合其要求。

（2）综合利用资源，满足环保要求

工程设计中，要充分考虑矿产、能源、水、农、林、牧、渔等资源的综合利用。要因地制宜，提高土地利用率。要尽量利用荒地、劣地，不占或少占耕地。工业项目中要选用耗能少的生产工艺和设备；民用项目中，要采取节约能源的措施，提倡区域集中供热，重视余热利用。城市的新建、扩建和改建项目，应配套建设节约用水设施。在工程设计时，还应积极改进工艺，采取行之有效的技术措施，防止粉尘、毒物、废水、废气、废渣、噪声、放射性物质及其他有害

因素对环境的污染，要进行综合治理和利用，使设计符合国家环保标准。

(3) 遵守工程建设技术标准

工程建设中有关安全、卫生和环境保护等方面的标准都是强制性标准，工程设计时必须严格遵守。如《工程建设标准强制性条文》的各个部分。

(4) 采用新技术、新工艺、新材料和新设备

工程设计应当广泛吸收国内外先进的科研和技术成果，结合我国的国情和工程实际情况，积极采用新技术、新工艺、新材料和新设备，以保证建设工程的先进性和可靠性。

(5) 重视技术和经济效益的结合

采用先进的技术，可提高生产效率，增加产量，降低成本，但往往会增加建设成本和建设工期。因此，要注重技术和经济效益的结合，从总体上全面考虑工程的经济效益、社会效益和环境效益。在具体工程时，有时这些新的要求会增加一次性投入成本，但在后期的使用过程中是会体现出优势的。这种情况需要相关部门有力的扶持和帮助，使我国的建设水平提高，使整个社会效益提高。

(6) 公共建筑和住宅要注意美观、适用和协调

建筑既要有实用功能，又要能美化城市，给人们提供精神享受。公共建筑和住宅设计应巧于构思，造型新颖，独具特色，但又与周围环境相协调，保护自然景观。同时，还要满足功能适用、结构合理的要求。在公共建筑方面，特别强调要求"以人为本"的设计思想，对残疾人士的照顾是必需的，对弱势群体的关心要体现在具体的设计中。

2) 工程勘察设计文件编制的依据

《建设工程勘察设计管理条例》规定，编制建设工程勘察、设计文件，应当以下列规定为依据：

(1) 项目批准文件。

(2) 城市规划。

(3) 工程建设强制性标准。

(4) 国家规定的建设工程勘察、设计深度要求。

铁路、交通、水利等专业建设工程，还应当以专业规划的要求为依据。

3) 工程勘察设计文件的内容编制要求

工程勘察设计文件按内容可分为以下几类：

(1) 勘察文件

建设工程勘察文件，应当真实、准确，满足建设工程规划、选址、岩土治理和施工的需要。

(2) 设计文件

方案设计文件应满足编制初步设计文件和控制概算的需要；初步设计文件应满足编制施工招标文件、主要设备材料订货和编制施工图设计文件的需要；施工图设计文件应满足设备材料采购、非标准设备制作和施工的需要，并注明建设工程合理使用年限。

(3) 材料、设备的选用文件

设计文件中选用的材料、构配件、设备，应当注明其规格、型号、性能等技术指标，其质量要求必须符合国家规定的标准。

勘察、设计文件中规定采用的新技术、新材料，可能影响建设工程质量和安全，又没有国家技术标准的，应当由国家认可的检测机构进行试验、论证，出具检测报告，并经国务院有关部

门或省、自治区、直辖市人民政府有关部门组织的建设工程技术专家委员会审定后方可使用。

设计单位还应积极参加项目建议书的编制、建设地址的选择、建设规划及试验研究等设计前期工作。对大型水利枢纽、水电站、大型矿山、大型工厂等重点项目，在项目建议书批准前，可根据长远规划的要求进行必要的资源调查、工程地质和水文勘察、经济调查和多种方案的技术经济比较等方面的工作，从中了解和掌握有关情况，收集必要的设计基础资料，为编制设计文件做好准备。

其中，项目建议书是非常重要的一个指导性文本，它的完善性往往影响整个建设项目的构成和水平，编制项目建议书需要有充足的调查和研究，并对今后的社会需求、技术发展有正确的判断，使得项目建议书真正成为设计的正确依据。我们在以往的工程中，特别是在中小项目上对项目建议书缺乏足够的认识，往往由领导的一面之词、一念之差造成整个项目建成后的不理想，浪费国家资源。

5.3.2 工程设计的阶段和内容

1）工程设计阶段的确定

根据《基本建设设计工作管理暂行办法》的规定，设计阶段可根据建设项目的复杂程度而决定。一般可以把项目分为如下几个规模：

（1）一般建设项目。一般建设项目的设计可按初步设计和施工图设计两阶段进行。

（2）技术复杂的建设项目。技术上复杂的建设项目，可增加技术设计阶段，即按初步设计、技术设计、施工图设计3个阶段进行。

（3）存在总体部署问题的建设项目。一些牵涉面广的项目，如大型矿区、油田、林区、垦区、联合企业等，存在总体开发部署等重大问题，这时，在进行一般设计前还可进行总体规划设计或总体设计。

2）各设计阶段的内容和相应的深度

（1）总体设计

总体设计一般由文字说明和图纸两部分组成。其内容包括：建设规模、产品方案、原料来源、工艺流程概况、主要设备配备、主要建筑物及构筑物、公用和辅助工程、“三废”治理及环境保护方案、占地面积估计、总图布置及运输方案、生活区规划、生产组织和劳动定员估计、工程进度和配合要求、投资估算等。

总体设计的深度应满足开展下述工作的要求：初步设计、主要大型设备、材料的预安排、土地征用谈判等。现在，总体设计中往往还对建设经济的指标有明确要求。

（2）初步设计

初步设计一般应包括以下有关文字说明和图纸：设计依据、设计指导思想、产品方案、各类资源的用量和来源、工艺流程、主要设备选型及配置、总图运输、主要建筑物和构筑物、公用及辅助设施、新技术采用情况、主要材料用量、外部协作条件、占地面积和土地利用情况、综合利用和“三废”治理、生活区建设、抗震和人防措施、生产组织和劳动定员、各项技术经济指标、建设顺序和期限、总概算等。

初步设计的深度应满足以下要求：设计方案的比选和确定、主要设备材料订货、土地征用、基建投资的控制、施工招标文件的编制、施工图设计的编制、施工组织设计的编制、施工准备和生产准备等。

(3) 技术设计

技术设计的内容,由有关部门根据工程的特点和需要自行制定。其深度应能满足确定设计方案中重大技术问题和有关实验、设备制造等方面的要求。

(4) 施工图设计

施工图设计,应根据已获批准的初步设计进行。其深度应能满足以下要求:设备材料的安排和非标准设备的制作与施工、施工图预算的编制、施工要求等,并应注明建设工程合理使用年限。

5.3.3 建设工程的抗震和防灾

1) 建设工程抗震防灾的概念

建设工程是一个使用时间长久的工程,建设工程抗震和防灾是指通过编制、实施抗震防灾规划,对建设工程进行抗震设防和加固,最大限度地抵抗和防御地震灾害的活动;对工程在建设和使用中可能出现的其他灾害情况做一定的考虑,预防重大灾害的发生或者是在灾害发生时能够减少损失。

2) 建设工程抗震防灾的设计

工程勘察设计单位应按规定的业务范围承担工程项目的抗震设计,严格遵守现行抗震设计规范和有关规定。工程项目的设计文件应有抗震设防的内容,包括设防依据、设防标准、方案论证等。

新建工程采用新技术、新材料和新结构体系,均应通过相应级别的抗震性能鉴定,符合抗震要求,方可采用。工程项目抗震设计质量由建设行政主管部门会同有关部门进行审查、监督。

除了地震的灾害,我们在设计时还要根据当地情况和历史,考虑其他的自然灾害的存在,并作出预防;对人为的灾害,如火灾等,要在满足设计规范的同时,考虑实际的需求,以减少发生灾害时的损失。

5.3.4 工程设计文件的审批和修改

1) 工程设计文件的审批

在我国,建设项目设计文件的审批,实行分级管理、分级审批的原则。根据《基本建设设计工作管理暂行办法》,设计文件具体审批权限规定如下:

(1) 大中型建设项目的初步设计和总概算及技术设计,按隶属关系,由国务院主管部门或省、市、自治区审批。

(2) 小型建设项目初步设计的审批权限,由主管部门或省、市、自治区自行规定。

(3) 总体规划设计(或总体设计)的审批权限与初步设计的审批权限相同。

(4) 各部直接代管的下放项目的初步设计,由国务院主管部门为主,会同有关省、市、自治区审查或批准。

(5) 施工图设计除主管部门规定要审查者外,一般不再审批,设计单位要对施工图的质量负责，并向生产、施工单位进行技术交底，听取意见。

2) 工程设计文件的修改

设计文件是工程建设的主要依据，经批准后就具有一定的严肃性，不得任意修改和变更，如必须修改，须经有关部门批准，其批准权限，根据修改的内容所涉及的范围而定。根据《基本建设设计工作暂行办法》，修改设计文件应遵守以下规定：

(1) 设计文件是工程建设的主要依据，经批准后不得任意修改。

(2) 凡涉及计划任务书的主要内容，如建设规模、产品方案、建设地点、主要协作关系等方面的修改，须经原计划任务书审批机关批准。

(3) 凡涉及初步设计的主要内容，如总平面布置、主要工艺流程、主要设备、建筑面积、建筑标准、总定员、总概算等方面的修改，须经原设计审批机关批准。修改工作须由原设计单位负责进行。

(4) 施工图的修改，须经原设计单位的同意。建设单位、施工单位、监理单位都无权修改建设工程勘察、设计文件。确需修改的，应由原勘察设计单位进行。经原勘察设计单位同意，建设单位也可委托其他具有相应资质的建设工程勘察、设计单位修改，并由修改单位对修改的勘察设计文件承担相应责任。

设计文件的修改一般有几种情况：一是施工单位或监理单位发现施工图纸的内容或项目的缺陷，或者是施工工艺与自己的不合，提出修改意见，原设计单位在满足设计达到各级标准和规范的前提下，为了方便施工而进行修改；二是施工方或监理方或甲方要求应用新的工艺或方法，这种新的工艺或方法同时也满足规范和各级标准，从而提出修改；三是设计方发现自己的错误或缺陷，提出修改；四是甲方的要求和目的发生改变，从而要求对施工图进行修改。总之，施工图的修改或修正是一件十分严肃的事情，如果考虑不周全，很容易发生工程事故。所以，对施工图的修改必须谨慎和严格，应该把它的重要性提到与施工图设计同等高度上，甚至要更加严格地审核。

随着我国经济体制改革的深化和社会主义市场经济体制的建立，政府职能转化，投资主体多元化，我国设计文件的审批和修改必将进一步改革，政府对设计文件的审批内容将侧重于规划、安全和职业卫生、环境保护等内容(属国家投资的项目，审批内容中应有投资规模)，其他内容将由建设单位自行审查。

5.4 施工图设计文件的审查

5.4.1 施工图文件审查的概念

施工图设计文件审查是指国务院建设行政主管部门和省、自治区、直辖市人民政府建设行政主管部门依法认定的设计审查机构，根据国家的法律、法规、技术标准与规范，对施工图设计文件进行结构安全和强制性标准、规范执行情况等技术方面进行的独立审查。它是政府主管部门对建筑工程勘察设计质量监督管理的重要环节，是基本建设必不可少的程序，工程建设各方必须认真贯彻执行。

《建设工程质量管理条例》中规定:“建设单位应当将施工图设计文件报县级以上人民政府建设行政主管部门或者其他有关部门审查。”“县级以上人民政府建设行政主管部门或者交通、水利等有关部门应对施工图设计文件中涉及公共利益、公众安全、工程建设强制性标准的内容进行审查。未经审查批准的施工图设计文件,不得使用。”根据这些法律规定,2000年2月,建设部也下发了《建筑工程施工图设计文件审查暂行办法》,对具体事项作出了相关规定。

5.4.2 施工图审查的范围和内容

1) 施工图审查的范围

《建设工程施工图设计文件审查暂行办法》规定,凡属建筑工程设计等级分级标准中的各类新建、改建、扩建的建设工程项目均须进行施工图审查。各地的具体审查范围,由各省、自治区、直辖市人民政府建设行政主管部门确定。

按规定应进行施工图审查而未审查或经审查不合格的施工图,一律不得使用。

2) 施工图审查的内容

《建设工程施工图设计文件审查暂行办法》规定,施工图审查的主要内容为:

(1) 建筑物的稳定性与安全性,包括地基基础及结构主体的安全。

(2) 是否符合消防、节能、环保、抗震、卫生、人防等有关强制性标准、规范。

(3) 是否达到规定的施工图设计深度的要求。

(4) 是否损害公共利益。

施工图审查的目的是维护社会公共利益,保护社会公众的生命财产安全,因此,施工图审查主要涉及社会公众利益、公众安全方面的问题。至于设计方案在经济上是否合理、技术上是否保守、设计方案是否可以改进等这些主要只涉及业主利益的问题,是属于设计咨询范畴的内容,不属于施工图审查的范围。当然,在施工图审查中如发现这方面的问题,也可提出建议,由业主自行决定是否进行修改。如业主另行委托,也可进行这方面的审查。

5.4.3 施工图审查机构

施工图审查是一项专业性和技术性都非常强的工作,它是一般政府公务员难以完成的,所以必须由政府主管部门审定批准的审查机构来承担,它是具有独立法人资格的公益性中介组织。《建设工程施工图设计文件审查暂行办法》规定,符合下列条件的机构方可承担施工图审查工作:

(1) 具有独立的法人资格。

(2) 具有符合设计审查条件的工程技术人员。不同级别的审查单位有不同的人员配备要求。

(3) 有固定的工作场所,注册资金不少于20万元。

(4) 有健全的技术管理和质量保证体系。

(5) 审查人员应熟练掌握国家和地方现行的强制性标准、规范。

设计审查人员必须具备的条件为:

(1) 具有10年以上结构设计工作经历,独立完成过5项2级以上(含2级)项目工程设计。

(2) 获准注册的一级注册结构工程师,并具有高级工程师职称。

(3) 年满35周岁且不超过65周岁。

(4) 有独立工作能力,并有一定的语言文字表达能力。

(5) 有良好的职业道德。

凡符合上述条件的直辖市、计划单列市、省会城市的设计审查机构,由省、自治区、直辖市建设行政主管部门初审后,报国务院建设行政主管部门审批,并颁发施工图设计审查许可证;其他城市的设计审查机构由省级建设行政主管部门审批,并颁发施工图设计审查许可证。取得施工图设计审查许可证的机构,方可承担审查工作。

施工图审查单位是一个独立法人的单位,它必须承担相关的责任。随着市场化进程的加快,多个审查单位同时存在,共同竞争是发展趋势,国家行政管理和行业管理部门慢慢放弃指定审查单位的方法,采用市场竞争的方式来发展审查行业是一个必然的过程。同时,审查单位不是一个单纯的企业单位,它还肩负着对国家法规、规范、标准的修正和反馈的义务,因此对审查单位资质的管理有一定的复杂性,还需要我们在今后认真对待和研究,使得我国的工程施工图审查制度越来越完善。

建设单位或设计单位对审查机构作出的审查报告有重大分歧意见时,可由建设单位或设计单位向所在省、自治区、直辖市人民政府建设行政主管部门提出复查申请,省、自治区、直辖市人民政府建设行政主管部门组织专家论证并作出复查结果。

5.4.4 施工图审查的程序

设计单位在施工图完成后,建设单位应将施工图连同该项目批准立项的文件或初步设计批准文件及主要的初步设计文件一起报送建设行政主管部门,由建设行政主管部门委托有关审查机构进行审查。

施工图审查是建设程序的审批环节,而非业主的市场行为。所以,在现阶段,由业主向有审批权的政府主管部门报批,再由主管部门交由审查机构审查,而不能由业主自行委托审查机构审查。随着建筑市场的成熟和发展,最合理的做法应是政府认定了一批有资格、成熟可靠的审查机构后,由业主自主委托审查机构审查,政府依据审查结果再行审批。这样,可以减少政府权力寻租的机会。

施工图审查包括消防、环保、抗震、卫生等内容,这涉及不同行政主管部门的业务范围。为简化手续、提高办事效率,《建设工程施工图设计文件审查暂行办法》规定,凡需进行消防、环保、抗震等专项审查的项目,应当逐步做到有关专业审查与结构安全性审查统一报送、统一受理,通过有关专项审查后,由建设行政主管部门统一颁发设计审查批准书。

5.4.5 施工图审查的要求

(1) 审查机构在审查结束后,应向建设行政主管部门提交书面的项目施工图审查报告,报告应有审查人员签字、审查机构盖章。

(2) 审查合格的项目,建设行政主管部门收到审查报告后,应及时向建设单位通报审查结果,并颁发施工图审查批准书;审查不合格的项目,由审查机构提出书面意见,并将施工图退回建设单位,交由原设计单位修改后重新报送。

(3) 审查机构在收到审查材料后,应在一个期限范围内完成审查工作,并提出工作报告。目前规定的具体审查期限为:一般项目20个工作日;特级、一级项目30个工作日;重大及技术复杂项目可适当延长。

(4) 施工图一经审查批准,不得擅自进行修改。如遇特殊情况需要进行涉及审查主要内容的修改时,必须重新报请原审批部门委托审查机构审查,并经批准后方能实施。

(5) 施工图审查所需经费,由施工图审查机构向建设单位收取。

5.4.6 施工图审查各方的责任

设计文件质量责任是在设计文件质量时,设计单位和设计人员承担直接责任,设计审查单位和设计审查人员负间接的监督责任。如因设计质量存在问题而造成损失时,业主只能向设计单位和设计人员追责,审查机构和审查人员在法律上并不承担赔偿责任。

1) 设计单位与设计人员的责任

勘察设计单位及其设计人员必须对自己的勘察设计文件的质量负责,这是《建设工程质量管理条例》、《建设工程勘察设计管理条例》等法规所明确的,也是国际上通行的规则,它并不因通过了审查机构的审查就可免责。审查机构的审查只是一种监督行为,它只对工程设计质量承担间接的审查责任,其直接责任仍由完成设计的单位及个人负责。如若出现质量问题,设计单位及设计人员还必须依据实际情况和相关法律的规定,承担相应的经济责任、行政责任和刑事责任。

2) 审查机构及审查人员的责任

审查机构和审查人员在设计质量有问题时,自己审查没有发现,并不是说不要承担任何责任。对自己的失职行为,审查机构和审查人员必须承担直接责任,这些责任可分为经济责任、行政责任和刑事责任,它将依据具体事实和相关情节依法认定。《建设工程施工图设计文件审查暂行办法》中规定:"施工图审查机构和审查人员应当依据法律、法规和国家与地方的技术标准认真履行审查职责","对玩忽职守、徇私舞弊、贪污受贿的审查人员和机构,由建设行政主管部门依法给予暂停或吊销其审查资格,并处以相应的经济处罚;构成犯罪的,依法追究其刑事责任"。

3) 政府主管部门的责任

依据相关法律规定,政府各级建设行政主管部门在施工图审查中享有行政审批权,主要负责行政监督管理和程序性审批工作。它对设计文件的质量不承担直接责任。但对其审批工作的质量,负有不可推卸的责任,这个责任具体表现为行政责任和刑事责任。对此,《建设工程勘察设计管理条例》明确规定:"国家机关工作人员在建设工程勘察设计活动的监督管理工作中玩忽职守、滥用职权、徇私舞弊,构成犯罪的,依法追究刑事责任;尚不构成犯罪的,依法给予行政处分。"

5.5 中外合作设计

随着我国市场经济的发展，外商参与我国建设工程设计的机会和事例越来越多，一般有两种参与方式：一是外商投资建设工程设计企业（独资或合资）；二是中外合作进行建设工程设计。

5.5.1 外商投资建设工程设计企业

1）外商投资建设工程设计企业的前提

申请设立建筑工程设计甲级资质及其他建设工程设计甲、乙级资质外商投资建设工程设计企业的，其设立由国务院对外贸易经济行政主管部门审批，其资质由国务院建设行政主管部门审批；申请设立建筑工程设计乙级资质、其他建设工程设计丙级及以下等级资质外商投资建设工程设计企业的，其设立由省、自治区、直辖市人民政府对外贸易经济行政主管部门审批，其资质由省、自治区、直辖市人民政府建设行政主管部门审批。

2）申请外商投资建设工程设计企业的程序

设立外商投资建设工程设计企业，申请建筑工程设计甲级资质及其他建设工程设计甲、乙级资质的程序：

（1）申请者向拟设立企业所在地的省、自治区、直辖市人民政府对外贸易经济行政主管部门提出设立申请。

（2）省、自治区、直辖市人民政府对外贸易经济行政主管部门在受理申请之日起 30 日内完成初审；初审同意后，报国务院对外贸易经济行政主管部门。

（3）国务院对外贸易经济行政主管部门在收到初审材料之日起 10 日内将申请材料送国务院建设行政主管部门征求意见。国务院建设行政主管部门在收到征求意见函之日起 30 日内提出意见。国务院对外贸易经济行政主管部门在收到国务院建设行政主管部门书面意见之日起 30 日内作出批准或者不批准的书面决定。予以批准的，发给外商投资企业批准证书；不予批准的，书面说明理由。

（4）取得外商投资企业批准证书的，应当在 30 日内到登记主管机关办理企业登记注册。

（5）取得企业法人营业执照后，申请建设工程设计企业资质的，按照建设工程设计企业资质管理规定办理。

设立外商投资建设工程设计企业，申请建筑工程乙级资质和其他建设工程设计丙级及以下等级资质的程序，由各省、自治区、直辖市人民政府建设行政主管部门和对外贸易经济行政主管部门，结合本地区实际情况，参照上述规定第七条以及建设工程设计企业资质管理规定执行。

3）申请设立外商投资建设工程设计企业所需材料

申请设立外商投资建设工程设计企业应当向对外贸易经济行政主管部门提交下列

资料：

(1) 投资方法定代表人签署的外商投资建设工程设计企业设立申请书。

(2) 投资方编制或者认可的可行性研究报告。

(3) 投资方法定代表人签署的外商投资建设工程设计企业合同和章程(其中，设立外资建设工程设计企业只需提供章程)。

(4) 企业名称预先核准通知书。

(5) 投资方所在国或者地区从事建设工程设计的企业注册登记证明、银行资信证明。

(6) 投资方拟派出的董事长、董事会成员、经理、工程技术负责人等任职文件及证明文件。

(7) 经注册会计师或者会计师事务所审计的投资方最近 3 年的资产负债表和损益表。

申请外商投资建设工程设计企业资质应当向建设行政主管部门提交下列资料：

(1) 外商投资建设工程设计企业资质申报表。

(2) 外商投资企业批准证书。

(3) 企业法人营业执照。

(4) 外方投资者所在国或者地区从事建设工程设计的企业注册登记证明、银行资信证明。

(5) 外国服务提供者所在国或者地区的个人执业资格证明以及由所在国或者地区政府主管部门或者行业学会、协会、公证机构出具的个人、企业建设工程设计业绩、信誉证明。

(6) 建设工程设计企业资质管理规定要求提供的其他资料。

5.5.2 中外合作的建设工程设计

近年来，中外合作设计项目越来越多，而加入世贸组织后，中国工程建设领域将更加开放。加强外国设计机构在中国的设计活动及中外合作设计活动的管理，已成为中国有关部门面临的重要问题之一，2002 年发布了《外商投资建设工程设计企业管理规定》，2003 年发布了《外商投资城市规划服务企业管理规定》等相关文件。在现在的中国市场中，大量存在的还是中外合作的建设工程设计。

1) 中外合作设计工程项目的范围

中国投资或中外合资、外国贷款工程项目的设计，需要委托外国设计机构承担时，应有中国设计机构参加，进行合作设计。

中国投资的工程项目，中国设计机构能够设计的，不得委托外国设计机构承担设计，但可以引进与工程有关的部分设计技术或向外国设计机构进行技术经济咨询。现在，大量的外国设计师利用与中国国内设计单位合作的形式参与到中国国内的建设项目中，就是利用这一条款的规定。

外国在中国境内投资的工程项目，原则上也应由中国设计机构承担设计；如果投资方要求由外国设计机构承担设计，应有中国设计机构参加，进行合作设计。

《建设工程勘察设计市场管理规定》(1999)第 22 条规定，外国勘察设计单位及其在中国境内的办事机构，不得单独承接中国境内建设项目的勘察设计业务。承接中国境内建设项目的勘察设计业务，必须与中方勘察设计单位进行合作勘察或设计，也可以成立合营单位，领取相应的勘察设计资质证书，按国家有关中外合作、合营勘察设计单位的管理规定和本规定开展勘察设计业务活动。

2）外国设计机构的资格审查

外国设计机构的设计资格经审查合格者，方可承担中国工程项目的设计任务。外国设计机构的资格是否合格，由设计项目的主管部门进行审查。

审查设计资格是否合格的主要内容包括：外国设计机构所在国或地区出具的设计资格注册证书，技术水平、技术力量和技术装备状况，承担设计的资历和经营管理状况，社会信誉。

3）中外合作设计的合同管理

合作设计双方必须签订合作设计合同，明确双方的权利和义务。

合作设计合同应包括以下内容：

（1）合作设计双方的名称、国籍、主营业场所和法定代表人的姓名、职务、国籍、住所。

（2）合作的形式、目的、范围和期限。

（3）对设计内容、深度、质量和工作进度的要求。

（4）合作设计双方收费的货币构成、分配方法和分配比例。

（5）合作设计双方工作联系的方法。

（6）违反合同的责任。

（7）对合同发生争议的解决方法。

（8）合同生效的条件。

（9）合同签订的日期、地点。

在签订合作合同时，被选定为合作设计的主设计方应与项目委托方签订设计承包合同。

4）中外合作设计的其他管理

合作设计可以包括从工程项目的调研、勘察到工程设计的全过程，也可以选择其中一阶段进行合作。合作设计应采用先进的、适用的标准规范，合作设计双方应互相提供拟采用的范本。

合作设计双方要进行设计文件会审，并对设计质量负责。合作设计双方按合同完成设计后，送项目委托方审查认可。

在合作设计的过程中，合作设计双方应按合同要求严格履行自己的义务，如未达到合同要求，应按合同规定承担责任。

合作设计双方设计所得收入，应按中国有关税法规定纳税。

5.6 工程勘察设计监督管理

5.6.1 工程勘察设计监督管理

1）监督管理机构

《建设工程勘察设计管理条例》规定，国务院建设行政主管部门对全国的建设工程勘察、设计活动实施统一监督管理。国务院铁路、交通、水利等有关部门按照国务院规定的职责分工，负责全国的有关专业建设工程勘察、设计活动的监督管理。也就是说，建设部是我国建设工程勘察设计活动的监管主管单位，其他行业的部委（如铁道部、交通部等）是在建设工程中相关专业的监管主管部门。

县级以上地方人民政府的建设行政主管部门对本行政区域内的建设工程勘察、设计活动实施监督管理，且交通、水利等有关部门在各自的职责范围内，负责本行政区域内有关专业建设工程勘察、设计活动的监督管理。

县级以上人民政府建设行政主管部门和其他有关部门应当加强对建设工程质量的监督管理，以及对其是否违反有关建设工程质量的法律、法规和强制性标准执行情况的监督检查。任何单位和个人对建设工程勘察、设计活动中的违法行为都有权检举、控告、投诉。

建设工程质量管理，可以由建设行政主管部门或其他有关部门委托的建设工程质量监督机构具体实施。从事建设工程质量监督的机构，必须按照国家有关规定经各对应级别的政府建设行政主管部门考核，考核通过后，方可实施质量监督的职能。

2）监督管理内容

县级以上人民政府建设行政主管部门或交通、水利等有关部门应对施工图设计文件中涉及公共利益、公共安全、工程建设强制性标准的内容进行审查。未经审查批准的施工图设计文件不得使用。

建设工程勘察、设计单位在其勘察、设计资质证书规定的业务范围内跨部门、跨地区承揽勘察设计任务的，有关地方人民政府及其所属部门不得设置障碍，不得违反国家规定收取任何费用。

5.6.2 违反工程勘察设计法规的违法责任

违反《建设工程质量管理条例》的行为，必须受到相应的处罚，造成重大安全事故的，还要追究刑事责任。

1）建设单位的违法责任

发包方将建设工程勘察、设计业务发包给不具有相应资质等级的建设工程勘察、设计单位的，责令改正，处以 50 万元以上 100 万元以下的罚款。

建设单位在施工图设计文件未经审查或审查不合格，却擅自施工的，将处 20 万元以上 50 万元以下的罚款。

2）勘察、设计单位的违法责任

勘察、设计单位违法有以下几种：

(1) 非法承揽业务的责任

建设工程勘察设计单位未取得资质证书承揽工程的，予以取缔。以欺骗手段取得资质证书承揽工程的，吊销其资质证书。对于超越资质等级许可的范围，或以其他勘察设计单位的名义承揽勘察、设计业务；或者允许其他单位或个人以本单位的名义承揽建设工程勘察、设计业务的建设工程勘察设计单位，可责令其停业整顿，降低资质等级；情节严重的，吊销其资质证书。

对于有上述各种行为的勘察设计单位，还应处以合同约定的勘察费、设计费 1 倍以上 2 倍以下的罚款，并没收其违法所得。

(2) 非法转包的责任

建设工程勘察设计单位将所承揽的工程进行转包的，责令改正，没收违法所得，处以合同约定的勘察费、设计费 25％以上 50％以下的罚款，还可责令其停业整顿、降低其资质等级;情节严重的,吊销其资质证书。

(3) 不按规定进行设计的责任

对于不按工程建设强制性标准进行勘察、设计的勘察设计单位,不按勘察成果文件进行设计,或指定建筑材料、建筑构配件生产厂、供应商的设计单位,责令其改正,并处10万元以上30万元以下的罚款。因上述行为造成工程事故的,责令停业整顿,降低资质等级;情节严重的,吊销资质证书;造成损失的,依法承担赔偿责任。

3) 勘察、设计执业人员的违法责任

个人未经注册,擅自以注册建造工程勘察、设计人员的名义从事建设工程勘察、设计活动的,责令停止违法行为;已经注册的执业人员和其他专业技术人员,但未受聘于一个建设工程勘察设计单位或同时受聘于2个以上建设工程勘察设计单位从事有关业务活动的,可责令停止执行业务或吊销资格证书。对于上述人员,还要没收其违法所得,处违法所得2倍以上5倍以下的罚款;给他人造成损失的,依法承担赔偿责任。

4) 国家管理机关工作人员的违法责任

国家机关工作人员在建设工程勘察、设计的监督管理工作中玩忽职守、滥用职权、徇私舞弊,构成犯罪的,依法追究刑事责任;尚不构成犯罪的,依法给予行政处分。

5.7 典型案例分析

【教学目的】 掌握业主应为其提供的地质资料的真实性负责。

【案情概要】 某厂新建一车间,分别与市设计院和市建某公司签订设计合同和施工合同。工程竣工后厂房北侧墙壁发生较大裂缝,属工程质量问题。为此,该厂向法院起诉承建公司。经过工程质量鉴定单位勘查后,查明裂缝是由于地基不均匀沉降引起的。进一步分析的结论是结构设计图纸所依据的地质资料不准,于是该厂又诉讼市设计院。市设计院称是根据该厂提供的地质资料设计的,不应承担事故责任。经法院查证:该厂提供的地质资料不是新建车间的地质资料,而是与该车间相邻的某厂的地质资料,事故前设计院也不知道该情况。

经过法庭辩论查证,结论是该厂车间发生的工程质量问题由该厂自行确定解决办法,不在本案处理范围。诉讼费主要应由该厂负担,市设计院也应承担一小部分。经双方同意,自行协商解决。

【法理分析】 该案例中设计合同的主体是某厂和市设计院,施工合同的主体是某厂和市建某公司。由于设计图纸所依据资料不准确,造成施工后地基的不均匀沉降,最终导致墙壁产生较大变形和裂缝。所以,此次事故所牵涉的是设计合同中的责权关系,而与施工合同无关,即市建筑某公司没有责任。在设计合同中,提供准确的资料是设计委托方的义务之一,而且要"对资料的可靠性负责",所以工程设计的委托方提供不实地质资料是事故的根源,该厂是本次事故的主要责任者。市设计院接收对方提供的地质资料后,直到此次事故发生前仍不能确定其接收到的资料的真实性,证明在整个设计过程中,设计院并未实地检测地质情况,甚至未对地质资料进行认真的审查,最终酿成了事故。否则,这起事故完全有可能防患于未然。设计院对此也应承担相应责任。由此可知：在此次事故中，设计的委托方（即发包方）——某厂为直接责任者、主要责任者，设计的被委托方（即承包方）——设计院为间接责任者、次要责任者。

【案例启示】 业主应为其提供给设计院的地质资料的真实性负责，设计院在设计过程中也应对地质资料的真实性进行核查，尽量避免事故的发生。

本章小结

本章主要介绍了我国工程勘察、设计的概念及相关法律规范，包括：工程建设标准的种类；工程勘察、设计文件的编制要求与审批权限；施工图设计文件审查的相关内容以及工程勘察设计管理的有关内容及相应违法责任。

复习思考题

1. 通过互联网、学校图书馆等渠道收集一些典型的在全国、本省有影响的建设工程勘察设计方面的案例材料，将其改写成规范的建设法规案例，应包括案情概要、法理分析（案件焦点和主要法律问题分析）、案例启示等。在条件许可的情况下，可以小组为单位共同完成案例编写工作，并向老师和其他同学汇报工作成果。

2. 某公司办公楼主体为框架结构，地上7层，于2004年10月24日破土动工，2005年9月13日完成主体工程，2005年12月8日因多种原因倒塌，死伤数十人，直接经济损失200多万元，造成重大事故。根据现场调查、实际取证和鉴定，造成该重大事故的原因主要有以下两方面：

（1）不按标准、规范进行设计和施工是造成该事故的主要原因。该工程的设计单位将承台一律设计成500 mm厚，使绝大多数承台受冲切、受剪、受弯，承载力严重不足；大部分柱下桩基的桩数不够，实际桩数与按规范计算的桩数比较相差10%～30%；底层很多柱及二层部分柱轴压比超过抗震设计规范规定；底层许多柱实际配筋少于按规范计算需要量，部分柱的配筋少了近一半；七层梁悬挑部分断面过小，梁的计算配筋相差49%。在施工中，工程施工负责人将基础承台减薄100 mm左右。

（2）工程施工管理混乱，违反建筑市场管理规定是造成该事故的又一原因。该工程由某建筑公司承包，该公司将工程交由挂靠该公司的第三工程处施工，而第三工程处又聘用持有某技术开发公司中级施工员实习证的农民为现场施工员。该工程10月24日开工，同年11月8日才补办了《施工许可证》。

试分析该案例造成的重大事故有哪几个方面的原因。

3. 新盛建筑设计事务所承揽了某校办公楼的勘察设计任务，随后又承揽到另一项投资更大的住宅小区整体设计，于是将全部办公楼的设计中途私下委托给相熟的业务关系单位鼎立建筑设计事务所。鼎立建筑设计事务所完成全部施工设计图时已临近办公楼预定的开工日期，某校立即开始进行施工单位的招标，保证了按期施工。试分析本案例中存在哪些违法行为？分别应该承担怎样的法律责任？

6 建筑法

教学目标

1. 了解建筑法的概念及适用范围。
2. 掌握建筑施工许可管理制度。
3. 掌握《建筑法》中对承包和发包的相关规定。
4. 掌握工程建设监理制度的相关规定。
5. 掌握建筑相关单位的质量责任和义务。
6. 掌握建设质量监督管理制度。
7. 熟悉违反《建筑法》的法律责任。

6.1 概述

6.1.1 《建筑法》的立法历程

1984 年,建设部提出了建设领域系统改革的纲领性文件——《发展建筑业纲要》。同年 9 月,国务院颁发了《关于改革建筑业和基本建设管理体制若干问题的暂行规定》。这两个文件是建筑业全面改革的纲领性文件,也为建筑立法工作走向体系化的道路奠定了基础。此后,随着建筑业改革深化,亟须建立较为完善的建筑法体系。从 1984 年起,原城乡建设环境部就成立了《建筑法》起草小组。起草《建筑法》,并于次年 1 月完成了初稿。随着建筑市场的日趋活跃,一些新情况、新问题不断出现,对草案内容先后做了多次大的调整。为了加快立法工作的步伐,1994 年建设部成立了建筑法起草领导小组,进一步收集、研究国外建筑立法的经验,到上海、江西、江苏、湖南、湖北等地进行专题调查研究,先后听取了 30 个省、自治区、直辖市以及国务院有关部门的意见,多次召开专家论证会,于 1994 年 12 月向国务院报送了《中华人民共和国建筑法(送审稿)》。国务院法制局对送审稿反复研究修改后,形成《中华人民共和国建筑法(草案)》。该草案于 1996 年 8 月经国务院常务会议通过。8 月 16 日,国务院向全国人大常委会提出了《关于提请审议(中华人民共和国建筑法(草案))的议案》。1997 年 11 月 1 日,《中华人民共和国建筑法》(以下简称《建筑法》)由第八届全国人大常务委员会通过。该法律自 1998 年 3 月 1 日起实施。2011 年,第十一届全国人民代表大会常务委员会第二十次会议决定对《中华人民共和国建筑法》作如下修改:将第 48 条修改为:"建筑施工企业应当依法为职工参加工伤保险缴纳工伤保险费。鼓励企业为从事危险作业的职工办理意外伤害保险,支付保险费。"该法自 2011 年 7 月 1 日起执行。

《建筑法》是我国制定的第一部规范建筑活动的法律,作为一部重要的产业立法,适应了社会主义市场经济体制的要求，确立了保障建筑业健康发展的秩序。其将建筑活动纳入法制的轨道，为建设活动中错综复杂的社会经济关系提供了公认的权威规则。对于保护有关当事人的合法权益，保障建筑活动的正常进行，公正有效地协调建筑活动中的经济关系提供了强有力的法律保障。

6.1.2 《建筑法》的立法宗旨

1）加强对建筑活动的监督管理

建筑业是国民经济的基础产业之一，建筑业通过自己的生产活动，为社会创造财富。近年来，我国的建筑业得到长足的发展，但同时还存在一些不容忽视的问题，如建筑市场中主体行为不规范，在工程承发包活动中行贿受贿，或者将承揽的工程进行层层转包、层层扒皮，一批不具备从事建筑活动所应有的资质条件的包工队通过“挂靠”或其他违法手段承包工程，留下严重的建筑质量隐患，破坏了建筑市场的正常秩序；房屋建筑工程质量低劣，以致频频发生房屋倒塌的恶性事故，造成了极其恶劣的社会影响。通过制定《建筑法》，规定从事建筑活动和对建筑活动进行监督管理必须遵守的行为规范，以法律的强制力保证实施，为加强对建筑活动的有效监督管理提供法律依据和法律保障。

2）维护建筑市场秩序

《建筑法》为维护建筑市场的正常秩序制定了一系列基本规则，具体包括：

（1）市场进入规则

进入建筑市场从事建筑活动的施工企业、勘察单位、设计单位和工程监理单位，都必须具备法定的从业资格条件，并按其拥有的注册资本、专业技术人员、技术装备和已完成的建筑工程业绩等资质条件，划分为不同的资质等级，经资质审查合格，取得相应等级的资质证书后，方可在其资质等级许可的业务范围内从事建筑活动。禁止任何未依法取得建筑业资质证书的单位或者个人以任何形式进入建筑市场从事建筑活动，违者将依法取缔，追究其法律责任。

（2）市场竞争规则

除对不适于进行招标发包的建筑工程可以直接发包外，其他多数的建筑工程都应当依法实行招标发包；建筑工程的发包与承包的招标投标活动，应当遵循公开、公正和平等竞争的原则，择优选择承包单位；禁止以贿赂、回扣等任何形式的不正当竞争手段承揽工程；政府及其所属部门不得滥用行政权力，限定发包单位将招标发包的建筑工程发包给指定的承包单位；禁止转包和违法分包。

（3）市场交易规则

建筑工程的发包方与承包方应当依法订立书面合同，明确双方的权利义务；建筑工程的造价由发包方与承包方在合同中依法约定；发包单位不得违法指定承包单位购入用于工程的建筑材料、建筑构配件或者指定生产厂、供应商。

3）保证建筑工程的质量和安全

建筑工程具有造价高，一旦建成后将长期存在、长期使用的特点，与其他产品相比，其质量问题显得更为重要。建筑工程发生质量问题，特别是建筑物的主体结构或隐蔽工程发生质量问题，将因难以弥补而造成巨大的经济损失。同时，建筑工程作为供人们居住或公众使用的场所，如果存在危及安全的质量问题，可能会造成重大的人身伤亡和财产损失，这方面国内外都有许多血的教训值得吸取。“百年大计，质量第一”，这是从事建筑活动必须始终坚持的基本准则。《建筑法》将保证建筑工程的质量和安全作为立法宗旨和立法重点，从总则到分则作了若干重要规定，这对保证建筑工程的质量和安全具有重要意义。

4）促进建筑业的健康发展

法律作为上层建筑，是为经济基础服务，为促进社会生产力发展服务的。制定《建筑法》，确立从事建筑活动必须遵守的基本规范，依法加强对建筑活动的监督管理，其最终目的，是为了促进建筑业的健康发展，以适应社会主义现代化建设的需要。这里讲的促进建筑业的健康发展，不仅包括对建筑业在发展速度和经济效益方面的要求，更重要的是对建筑业在确保工程质量和安全方面的要求，使我国的建筑业真正做到在“质量好、效益高”的基础上，得到持续、稳定、快速地发展。

6.1.3 《建筑法》的调整对象

《建筑法》第2条规定：“在中华人民共和国境内从事建筑活动，实施对建筑活动的监督管理，应当遵守《建筑法》。建筑法所称建筑活动，是指各类房屋建筑及其附属设施的建造和与其配套的线路、管道、设备的安装活动。”

（1）建筑法所称的各类“房屋建筑”，是指具有顶盖、梁柱和墙壁，供人们生产、生活等使用的建筑物，包括民用住宅、厂房、仓库、办公楼、影剧院、体育馆、学校校舍等各类房屋。“附属设施”是指与房屋建筑配套建造的围墙、水塔等附属的建筑设施。“配套的线路、管道、设备的安装活动”，是指与建筑配套的电气、通讯、煤气、给水、排水、空气调节、电梯、消防等线路、管道和设备的安装活动。

（2）建筑装修活动，如果是建筑过程中的装修，则属于建造活动的组成部分，适用建筑法规定，不必单独列出。对已建成的建筑进行装修，如果涉及建筑物的主体或承重结构变动的，则应按照《建筑法》第49条规定执行；不涉及主体或承重结构变动的装修，不属于建筑法调整范围。

6.1.4 《建筑法》的适用范围

《建筑法》适用范围的规定，包括两层含义：

（1）适用的地域范围（或称空间效力范围），是中华人民共和国境内，即中华人民共和国主权所及的全部领域内。法律空间效力范围的普遍原则，是适用于制定它的机关所管辖的全部领域。建筑法作为我国最高权力机关的常设机构全国人大常委会制定的法律，其效力自然及于中华人民共和国的全部领域。按照我国香港、澳门两个特别行政区建筑法的规定，香港和澳门的建筑立法，应由这两个特别行政区的立法机关自行制定。

（2）适用的主体范围包括一切从事建筑活动的主体和各级依法负有对建筑活动实施监督管理的政府机关。

① 一切从事建筑法所称的建筑活动的主体，包括从事建筑工程的勘察、设计、施工、监理等活动的国有企业事业单位、集体所有制的企业事业单位、中外合资经营企业、中外合作经营企业、外资企业、合伙企业、私营企业以及依法可以从事建筑活动的个人，不论其经济性

质如何、规模大小，只要从事《建筑法》规定的建筑活动，都应遵守《建筑法》的各项规定，违反《建筑法》规定的行为将受到法律的追究。

② 行政机关依法行政，是社会主义法制建设的基本要求。各级依法负有对建筑活动实施监督管理的政府机关，包括建设行政主管部门和其他有关主管部门，都应当依照《建筑法》的规定，对建筑活动实施监督管理。包括依照《建筑法》的规定，对从事建筑活动的施工企业、勘察单位、设计单位和工程监理单位进行资质审查，依法颁发资质等级证书；对建筑工程的招标投标活动是否符合公开、公正、公平的原则及是否遵守法定程序进行监督，但不应代替建设单位组织招标；对建筑工程的质量和建筑安全生产依法进行监督管理；以及对违反《建筑法》的行为实施行政处罚等等。对建筑活动负有监督管理职责的机关及其工作人员不依法履行职责，玩忽职守或者滥用职权的，将受到法律的追究。

6.1.5 《建筑法》的基本原则

《建筑法》的基本原则，即在从事建筑活动，实施建筑活动管理的过程中，必须遵循的行为准则。

(1) 建筑活动应当坚持质量、安全和效益相统一的原则。

(2) 国家扶持建筑业的发展原则。

(3) 国家支持、鼓励提高房屋建筑设计水平的原则。

(4) 国家鼓励在建筑活动中节约能源、保护环境的原则。

(5) 建筑活动遵守法律、法规的原则。

(6) 进行建筑活动，不得损害社会公共利益和他人的合法权益的原则。

(7) 建筑活动的统一监督管理原则。

6.1.6 现行《建筑法》的主要结构及其内容

《建筑法》一共有 8 章，共 85 条。这 8 章分别是：总则；建筑许可；建筑工程的发包与承包；建筑工程监理；建筑安全生产管理；建筑工程质量管理；法律责任；附则。

(1) 总则。规定了《建筑法》的目的、适用范围、建筑活动的含义及基本原则等。

(2) 建筑许可。规定了建筑工程施工许可的条件、从事建筑活动的单位的资质审查制度和有关人员的资格审查制度等。

(3) 建筑工程的发包与承包。规定了建筑工程发包与承包应当遵循的基本原则、行为准则等。

(4) 建筑工程监理。规定了建筑工程监理的任务、工程监理单位的资质和责任以及有关要求等。

(5) 建筑安全生产管理。规定了安全责任制、现场管理、安全措施、人员培训等。

(6) 建筑工程质量管理。规定了企业质量体系认证制度、企业质量责任制度、建筑工程竣工验收制度、建筑质量保修制度等。

(7) 法律责任。规定了违反《建筑法》的有关法律责任及处罚办法等。

(8) 附则。明确了参照该法执行的范围及该法生效时间。

6.2 建筑工程施工许可

6.2.1 建筑工程施工许可的概念和特征

建筑工程施工许可，是指建筑行政主管部门依据法定程序和条件，对建筑工程是否具备施工条件进行审查，对符合条件者准许开始施工并颁发施工许可证的一种制度。

对建筑工程实行施工许可证制度，是许多国家对建筑活动实施监督管理所采用的做法，不少国家在其建筑立法中对此作了规定。在我国对有关建筑工程实行施工许可证制度，有利于保证开工建设的工程符合法定条件，在开工后能够顺利进行；同时也便于有关行政主管部门全面掌握和了解其管辖范围内有关建筑工程的数量、规模、施工队伍等基本情况，及时对各个建筑工程依法进行监督和指导，保证建筑活动依法进行。

建筑工程施工许可的特征，主要包括：

(1) 建筑施工许可证必须在开工日期之前领取

根据国家计划主管部门的有关规定，开工日期是指建设项目或单项工程设计文件中规定的永久性工程计划开始施工的时间，以永久性工程正式破土开槽开始施工的时间为准，在此以前的准备工作，如地质勘探、平整场地、拆除旧有建筑物、临时建筑、施工用临时道路、水电等工程都不算正式开工。建设单位未依法在开工前申请领取施工许可证便开工建设的，属于违法行为，应当按照《建筑法》第 64 条的规定追究其行政法律责任。

(2) 建筑施工许可证是由建设单位申请领取的

这里所说的“建设单位”，是指投资进行该项工程建设的任何单位或者个人，即该项建筑工程的“业主”。

(3) 县级以上人民政府的建设行政主管部门是施工许可证的审查和发放机关

建设行政主管部门应当依法履行该项职责，对经审查符合法定开工条件的建筑工程颁发施工许可证，对不符合条件的不得发给施工许可证。

6.2.2 实施施工许可证制度的范围

《建筑法》第 7 条规定：建筑工程开工前，建设单位应当按照国家有关规定向工程所在地县级以上人民政府建设行政主管部门申请领取施工许可证；但是，国务院建设行政主管部门确定的限额以下的小型工程除外。按照国务院规定的权限和程序批准开工报告的建筑工程，不再领取施工许可证。

1999 年 10 月 15 日建设部第 71 号令发布的《建筑工程施工许可证管理办法》第 2 条，对实施施工许可证的范围作出了进一步的规定：在中华人民共和国境内从事各类房屋建筑及其附属设施的建造、装修装饰和与其配套的线路、管道、设备的安装，以及城镇市政基础设施工程的施工，建设单位在开工前应当依照本办法的规定，向工程所在地的县级以上人民政府建设行政主管部门(以下简称发证机关)申请领取施工许可证。

工程投资额在30万元以下或者建筑面积在300 m^2 以下的建筑工程，可以不申请办理施工许可证。省、自治区、直辖市人民政府建设行政主管部门可以根据当地的实际情况，对限额进行调整，并报国务院建设行政主管部门备案。

抢险救灾工程、临时性建筑工程、农民自建两层以下(含两层)住宅工程，不适用施工许可制度。军事房屋建筑工程许可的管理，按国务院、中央军事委员会制定的办法执行。

6.2.3 申请施工许可证的条件

《建筑法》规定，申请施工许可证，应当具备以下条件：

(1) 已经办理该建筑工程用地批准手续

办理用地批准手续是建筑工程依法取得的土地使用权的必经程序，只有依法取得土地使用权，建筑工程才能开工。按照我国《土地管理法》的有关规定，建筑工程用地的批准手续包括以下内容：

① 建设单位持经批准的设计任务书或者初步设计、年度基本建设计划等有关文件，向被征用土地所在的县级以上地方人民政府土地管理部门申请建设用地。

② 县级以上地方人民政府土地管理部门对建设用地申请进行审核，划定用地范围，并组织建设单位与被征地单位以及有关单位依法商定征用土地的补偿、安置方案，报县级以上人民政府批准。

③ 建设用地的申请，依照法定批准权限报经县级以上人民政府批准后，由被征用土地所在的县级以上人民政府发给建设用地批准书，土地管理部门根据建设进度一次或者分期划拨建设用地。

④ 建设项目竣工后，建设项目主管部门组织有关部门验收时，由县级以上人民政府土地管理部门核查实际用地，城市规划区内的建设项目竣工后，由城市规划行政主管部门会同土地管理部门核查实际用地，经认可后办理土地登记手续，核发国有土地使用证。

(2) 在城市规划区的建筑工程，已经取得规划许可证

这是在城市规划区内的建筑工程开工建设的前提条件。

按照我国《城市规划法》的有关规定，在城市规划区内的建筑工程，建设单位在依法办理用地批准手续之前，还必须先取得该工程的建设用地规划许可证。规划许可证是指建设单位在向土地管理部门申请征用或划拨土地前，持有关批准文件向城市规划行政主管部门提出申请，由城市规划行政主管部门根据城市规划提出的规划设计要求确认该建设项目的位置和范围符合城市规划的法定凭证。要求城市规划区内的建筑工程在开工时必须取得规划许可证，不仅可以确保该项工程的土地利用符合城市规划，而且还可以使建设单位按照规划使用土地的合法权益不被侵犯。

(3) 需要拆迁的，其拆迁进度符合施工要求

拆迁是指为了新建工程的需要，将该建筑工程区域内的原有建筑物、构筑物及其他附着物拆除和迁移。需要先期进行拆迁的建筑工程，其拆迁工作状况直接影响到整个建筑工程能否顺利进行。在建筑工程开始施工时，拆迁的进度必须符合工程开工的要求，这是保证该建筑工程正常施工的基本条件。

(4) 已经确定建筑施工企业

建筑施工企业是具体负责实施建筑施工作业的单位,其人员素质、管理水平、资金数量、技术装备和施工业绩等都直接影响到其施工工程的进度、质量和安全。在工程开工前,建设单位必须已依法通过招标发包或直接发包的方式确定具备同该工程建设规模和技术要求等相适应的资质条件的建筑施工企业。按照规定应该招标的工程没有招标,应该公开招标的工程没有公开招标,或者肢解发包工程,以及将工程发包给不具备相应资质条件的,所确定的施工企业无效。

(5) 有满足施工需要的施工图纸及技术资料

施工图纸是根据建筑技术设计文件而绘制的供施工使用的图纸。按照基建程序,施工图纸包括土建和设备安装两部分。技术资料包括工程说明书、结构计算书和施工图预算等。施工图纸和技术资料是进行工程施工作业的技术依据,是在施工过程中保证建筑工程质量的重要因素。因此,为了保证工程质量,在开工前必须有满足施工需要的施工图纸和技术资料。

建设单位在申请领取施工许可证时,除了应当"有满足施工需要的施工图纸及技术资料",还应满足"施工图设计文件已按规定进行了审查"。

(6) 有保证工程质量和安全的具体措施

建筑工程的质量状况往往直接关系到人身和财产安全,是至关重要的大问题,在工程施工作业中必须把保证工程质量放在首位。同时,由于建筑施工多为露天、高处作业、施工环境和条件比较差等原因,工程施工中危及安全的因素较多,对施工安全也必须高度重视。为此,《建筑法》将保证建筑工程的质量和安全放在核心地位,作了若干重要规定。将"有保证工程质量和安全的具体措施"作为工程开工的必备条件之一,这也是保证工程质量和安全的一项重要的法定措施。

《建设工程质量管理条例》第 13 条进一步规定:"建设单位在领取施工许可证或者开工报告之前,应当按照国家有关规定办理工程质量监督手续。"

《建设工程安全生产管理条例》第 10 条第 1 款规定:"建设单位在领取施工许可证时,应当提供建设工程有关安全施工措施的资料。"

《建设工程安全生产管理条例》第 42 条第 1 款规定:"建设行政主管部门在审核发放施工许可证时,应当对建设工程是否有安全措施进行审查,对没有安全施工措施的,不得颁发施工许可证。"

(7) 建设资金已经落实

由于建筑活动需要较多的资金投入,占用资金时间也比较长,因此,在建筑工程施工过程中必须拥有足够的建设资金,这是保证施工顺利进行的重要的物质保障。根据本条规定,申请领取施工许可证时必须有已经落实的建设资金,以避免在工程开工后因缺乏资金而使施工活动无法继续进行,同时还可以防止某些建设单位要求施工企业垫资或带资承包现象发生;对建设资金来源不落实、资金到位无保障的建设项目不能颁发施工许可证。

(8) 法律、行政法规规定的其他条件

建筑工程申请领取施工许可证,除了应当具备以上 7 项条件外,还应当具备其他法律、行政法规规定的有关建筑工程开工的条件。

如,根据《消防法》规定,依法应当经公安机关消防机构进行消防设计审核的建设工程,未经依法审核或者审核不合格的,负责审批该工程施工许可的部门不得给予施工许可,建设单位、施工单位不得施工；其他建设工程取得施工许可后经依法抽查不合格的，应当停止施工。

以上8个条件，是建设单位申领施工许可证所必须具备的必要条件，必须同时具备，缺一不可。

1999年10月15日，建设部第71号令发布的《建筑工程施工许可证管理办法》第4条，对施工许可证的申领条件作出了进一步的细化规定：

(1) 已经办理该建筑工程用地批准手续。

(2) 在城市规划区的建筑工程，已经取得建设工程规划许可证。

(3) 施工场地已经基本具备施工条件，需要拆迁的，其拆迁进度符合施工要求。

(4) 已经确定施工企业。按照规定应该招标的工程没有招标，应该公开招标的工程没有公开招标，或者肢解发包工程，以及将工程发包给不具备相应资质条件的，所确定的施工企业无效。

(5) 有满足施工需要的施工图纸及技术资料，施工图设计文件已按规定进行了审查。

(6) 有保证工程质量和安全的具体措施。施工企业编制的施工组织设计中有根据建筑工程特点制定的相应质量、安全技术措施，专业性较强的工程项目编制的专项质量、安全施工组织设计，并按照规定办理了工程质量、安全监督手续。

(7) 按照规定应该委托监理的工程已委托监理。

(8) 建设资金已经落实。建设工期不足1年的，到位资金原则上不得少于工程合同价的50%；建设工期超过1年的，到位资金原则上不得少于工程合同价的30%。建设单位应当提供银行出具的到位资金证明，有条件的可以实行银行付款保函或者其他第三方担保。

(9) 法律、行政法规规定的其他条件。

6.2.4 施工许可证的颁发程序及其管理

1) 施工许可证的颁发程序

建设单位应当在建筑工程开工前申请领取施工许可证。建设行政主管部门应当自收到申请之日起15日内，对符合条件的申请颁发施工许可证。施工许可证的颁发程序如下：

(1) 建设单位必须向有权颁发施工许可证的建设行政部门提出书面申请。

(2) 提出申请的时间是在建筑工程开工前。

(3) 有权颁发施工许可证的建设行政部门是工程所在地县级以上人民政府建设行政主管部门。

(4) 建设行政主管部门应当自收到申请之日起15日内，作出是否颁发施工许可证的决定，对符合条件的申请颁发施工许可证。对有权颁发施工许可证的建设行政部门不批准施工许可证的申请，或未在规定时间内颁发施工许可证的，建设单位可以根据《行政复议条例》第9条的规定，向复议机关申请行政复议，对行政复议决定不服的，可以向人民法院提起行政诉讼；建设单位也可以根据《行政诉讼法》第11条的规定，直接向人民法院提起行政诉讼。

2) 领取施工许可证的效力期限

领取施工许可证后，建设单位应当自领取施工许可证之日起3个月内开工。因故不能按期开工的，应当向发证机关申请延期；延期以2次为限，每次不超过3个月。既不开工又不申请延期或者超过延期时限的，施工许可证自行废止。也就是说，施工许可证的有效期最长可达 9 个月，如果超过 9 个月开工，施工许可证失去法律效力。

3）中止施工与恢复施工

中止施工，是指建筑工程开工后，在施工过程中，因特殊情况的发生而中途停止施工的一种行为。恢复施工是指建筑工程中止施工后，造成中断施工的情况消除，继续进行施工的一种行为。在建的建筑工程因故中止施工的，建设单位应当自中止施工之日起一个月内向发证机关报告，并按照规定做好建筑工程的维护管理工作。建筑工程恢复施工时，应当向发证机关报告；中止施工满一年的工程恢复施工前，建设单位应当报发证机关核验施工许可证。

此外，按照国务院有关规定批准开工报告的建筑工程，因故不能按期开工或者中止施工的，应当及时向批准机关报告情况。因故不能按期开工超过 6 个月的，应当重新办理开工报告的批准手续。

6.2.5 未取得施工许可证擅自开工的后果

《建筑法》第 64 条规定："违反本法规定，未取得施工许可证或者开工报告未经批准擅自施工的，责令改正，对不符合开工条件的责令停止施工，可以处以罚款。"

建筑工程未经许可擅自施工的，实际中有两种情况：一是该项工程已经具备了本法规定的开工条件，但未依照本法的规定履行开工审批手续；二是工程既不具备本法规定的开工条件，又不履行开工审批手续。依照本条规定，对违反建筑工程施工许可的规定擅自施工的行为，应根据不同情况分别作出相应的处理。

首先，凡是违反本法规定，未取得施工许可证或者开工报告未经批准擅自施工的，有关行政主管部门都应依照本条规定责令其改正，即要求建设单位立即补办取得施工许可证或开工报告的有关批准手续。

其次，责令改正，即要求其依法补办施工许可证或者开工报告审批手续的同时，根据该工程项目在违法开工时是否具备法定开工条件，作出不同的处理：对经审查，确属符合法定开工条件的，在补办手续后准予其继续施工；对不符合开工条件的，则应责令建设单位停止施工，并可以处以罚款。所谓"可以处以罚款"是指可以罚款，也可以不罚款，是否处以罚款由本法规定的行政执法部门根据违法行为的情节、影响大小等具体情况决定。

6.3 建筑发包与承包

6.3.1 建设工程发包与承包概述

1）建设工程承包与发包的概念

建筑工程的发包，是指建筑工程的建设单位（或总承包单位）将建筑工程任务（勘察、设计、施工等）的全部或部分通过招标或其他方式，交付给具有从事建筑活动的法定从业资格的单位完成，并按约定支付报酬的行为。

建筑工程的发包单位，通常为建筑工程的建设单位，即投资建设该项建筑工程的单位（即“业主”）。按照国家计委1996年4月发布的《关于实行建设项目法人责任制的暂行规定》，国有单位投资的经营性基本建设大中型建设项目，在建设阶段必须组建项目法人。项目法人可按《公司法》的规定设立有限责任公司（包括国有独资公司）和股份有限公司，由项目法人对项目的策划、资金筹措、建设实施、生产经营、债务偿还和资产保值增值，实行全过程负责。据此规定，由国有单位投资建设的经营性的房屋建筑工程（如用作生产经营设施的工商业用房、作为房地产项目的商品房等），由依法设立的项目法人作为建设单位，负责建设工程的发包。国有单位投资建设的非经营性的房屋建筑工程，应由建设单位作为发包方负责工程的发包。此外，建筑工程实行总承包的，总承包单位经建设单位同意，在法律规定的范围内对部分工程项目进行分包的，工程的总承包单位即成为分包工程的发包单位。

建筑工程的承包，即建筑工程发包的对称，是指具有从事建筑活动的法定从业资格的单位，通过投标或其他方式，承揽建筑工程任务，并按约定取得报酬的行为。

建筑工程的承包单位，即承揽建筑工程的勘察、设计、施工等业务的单位，包括对建筑工程实行总承包的单位和承包分包工程的单位。

实行建设工程承包与发包制度，能够鼓励竞争、防止垄断、择优选择承包单位。从各地的实践来看，这一制度有力地促进了工程建设按程序和合同进行，提高了工程质量，能够严格地控制工程造价和工期。在市场经济中，建设工程承包与发包制度，是建筑市场的基本制度之一。

2）建设工程承包与发包的方式

建设工程承包与发包的方式有两种，即招标投标方式和直接发包方式。建筑工程的发包应以招标发包为基本方式。

建筑工程的发包与承包的招标投标活动，应当遵循公开、公正、平等竞争的原则，择优选择承包单位。具体内容，详见本书第4章。

发包单位及其工作人员在建筑工程发包中不得收受贿赂、回扣或者索取其他好处。

承包单位及其工作人员不得利用向发包单位及其工作人员行贿、提供回扣或者给予其他好处等不正当手段承揽工程。

3）建筑工程合同与造价

（1）建筑工程合同

建筑工程合同，是指有关建筑工程的承包合同，即由承包方按期完成发包方交付的特定工程项目，发包方按期验收，并支付报酬的协议。而且，发包单位和承包单位应当全面履行合同约定的义务；不按照合同约定履行义务的，依法承担违约责任。具体内容，详见本书第7章。

（2）建筑工程造价

建筑工程造价，是指发包方向承包方支付的工程价款。对工程实行从勘察、设计到施工等全过程总承包的，承包合同约定的承包价款大体相当于该项建筑工程的总造价；对建筑工程实行分项承包的，各承包合同约定的承包价款之和方构成该项建筑工程的总造价。建筑工程造价应当按照国家有关规定，由发包单位与承包单位在合同中约定。公开招标发包的，其造价的约定，须遵守招标投标法律的规定。

发包方与承包方在合同中对工程造价的约定，既包括对计价范围、标准的约定，也包括对工程计价方式的约定。就建筑安装工程承包合同而言，按合同约定的计价方式不同，主要有固定总价合同、固定单价合同和成本加酬金合同，以及可调价合同等。

(3) 工程款项的支付

按照建筑工程承包合同的约定向承包方支付工程价款，是发包方应当履行的基本义务。发包方应当按照合同对于工程价款的支付时间、应付金额和支付方式的约定，及时、足额地向承包方支付工程款项。否则，发包方应当依法承担违约责任。

发包与承包双方除了应当在合同中对工程造价作出明确约定外，还应当根据工程的具体情况，对工程价款的支付作出具体规定，如双方应就发包方是否向承包方支付工程预付款及支付的时间、数额和扣还办法，工程款项的支付与结算方式(按月结算、分段结算、竣工后一次结算或其他结算方式)，以及违约责任等事项作出明确约定。

6.3.2 发包

1) 建设工程发包方式的选择

根据《建筑法》的规定，建设工程的发包有招标发包和直接发包两种方式。建筑工程依法实行招标发包，对不适于招标发包的可以直接发包。

(1) 招标发包方式

招标发包，是指发包方通过公告或者其他方式，发布拟建工程的有关信息，表明其将招请合格的承包商承包工程项目的意向，由各承包商按照发包方的要求提出各自的工程报价和其他承包条件，参加承揽工程任务的竞争，最后由发包方从中择优选定中标者作为该项工程的承包方，并与其签订工程承包合同的发包方式。

招标发包的方式将竞争机制引入了建筑工程的发包活动中，符合市场经济的要求，是在市场经济条件下进行建筑工程发包最普遍采用的方式。尽管招标发包的方式程序比较复杂，费用也较高，发包过程所需的时间也相对较长，对某些小型建筑工程和保密工程可能不很适用。但是，世界银行和亚洲开发银行等国际金融机构对使用其贷款建设的项目，都要求采用招标方式进行工程项目的发包。而且，我国鼓励通过招标方式进行建设工程发包，并在招标投标相关法规中，对此作出了相应的规定。具体内容，详见本书第4章。

(2) 直接发包方式

直接发包方式就是由发包方直接选定特定的承包商，与其进行一对一的协商谈判，就双方的权利义务达成协议后，与其签订建筑工程承包合同的发包方式。这种方式简便易行，节省发包费用，但缺乏竞争带来的优越性。在实行市场经济的条件下，直接发包方式只适用于少数不适于采用招标方式发包的特殊建筑工程。

建筑工程在一般情况下都应实行招标发包，对于不适于招标发包的项目可以采用直接发包方式确定承包方。对于“不适于招标发包”的建筑工程的范围，《建筑法》未作具体规定，需要由招标投标法和有关行政法规作出相应的规定。所谓“不适于招标发包”的建筑工程，可能包括两种情况：一是工程项目本身的性质不适宜进行招标发包，如某些保密工程或有特殊专业要求的房屋建筑工程等；二是就建筑工程的投资主体或规模而言，属于私人资本投资建设或小型的工程，采用何种方式发包，法律一般没有必要加以限制，投资人可以自行选择发包方式，既可以招标发包，也可以直接发包。

2）建设工程发包应该遵循的原则

（1）建筑工程发包人必须将工程发包给合格的承包人

所谓合格的承包人，一方面是指承包人必须具有相应的资质，另一方面是指发包人的发包工作程序合格。不论是实行招标发包还是直接发包，都必须按照政府的有关法律法规所规定的程序和要求确定承包人。

根据《建筑法》关于资质管理的规定，建筑工程实行招标发包的，发包单位应当将建筑工程发包给依法中标的承包单位；建筑工程实行直接发包的，发包单位应当将建筑工程发包给具有相应资质条件的承包单位。所谓"依法中标"的一个重要条件，就是发包单位必须对投标承包单位的资质条件进行审查，发包给中标单位的工程项目必须是在中标单位按其资质等级许可承包的业务范围之内。

建筑工程是百年大计，其勘察、设计、施工的技术要求比较复杂，建筑物的质量更直接是关系到人身和财产的安全，因此，对从事建筑活动的单位，必须要求其具备相应的资格条件。建筑工程无论是实行招标发包还是直接发包，都必须依法将工程发包给具备相应资质条件的承包单位。禁止将工程发包给未取得资质等级的单位和个人，禁止将需要较高资质等级的单位承包的工程发包给低资质等级的单位。

具体地说，工程的勘察、设计必须委托给持有《企业法人营业执照》和相应资质等级证书的勘察、设计单位；工程的施工必须发包给持有营业执照和相应资质等级证书的施工企业；建筑构配件、非标准设备的加工生产，必须发包给具有生产许可证或经有关主管部门依法批准生产的企业。

（2）禁止行政机关滥用行政权力指定招标发包的承包单位

《建筑法》规定，政府及其所属部门不得滥用行政权力，限定发包单位将招标发包的建筑工程发包给指定的承包单位。

在建筑工程发包过程中，有些地方政府、有的主管部门采取地方保护或部门保护主义的做法，要求本地区、本部门的建设单位只能将建筑工程发包给属于本地区或本部门的承包单位，不允许外地或非本部门所属的承包单位参与本地区、本部门建筑工程承包竞争；有的地方政府或有关主管部门的工作人员则在建筑工程发包中搞权钱交易，以权谋私，收受某些承包单位贿赂，要求所属的建设单位必须将工程发包给其指定的承包单位。在这类情况下，有的建筑工程即使迫于形势或上级的要求搞招标发包，也是搞虚假招标，要求发包单位暗中安排指定的单位中标。行政机关滥用行政权力指定招标发包的承包单位的做法，破坏了公平竞争的原则，扰乱了市场经济秩序，败坏了政府机关的形象，给腐败行为留下了可乘之机。因此，对于上述行为必须予以禁止。

（3）禁止将建筑工程肢解发包

《建筑法》第24条规定，提倡对建筑工程实行总承包，禁止将建筑工程肢解发包。建筑工程的发包单位可以将建筑工程的勘察、设计、施工、设备采购一并发包给一个工程总承包单位，也可以将建筑工程的勘察、设计、施工、设备采购的一项或者多项发包给一个工程总承包单位。但是，不得将应当由一个承包单位完成的建筑工程肢解成若干部分发包给几个承包单位。

国家提倡对建筑工程实行总承包，即发包单位可以将建筑工程的勘察、设计、施工、设备采购一并发包给一个工程总承包单位，即采取工程总承包的方式发包；也可以将建筑工程的勘察、设计、施工、设备采购的一项或多项发包给一个工程总承包单位，即采取分专业总承包的方式发包。但是，总承包的承包费用可能会比按单项任务承包的总承包费用要高一些。建设单位可以根据具体情况，决定采取何种发包方式。

但是，不论发包方按哪种方式与承包方签订合同，都不得将建筑工程肢解发包，即“不得将应当由一个承包单位完成的建筑工程肢解成若干部分发包给几个承包单位”。这是针对目前我国建筑市场中多有发生且危害较大的将工程肢解发包的实际情况所作的规定。至于如何确定是否属于应当由一个承包单位完成的建筑工程，需要由国务院有关主管部门根据实际情况作出具体规定。例如，对一幢房屋的土建工程，建设单位就不应将其分成若干部分发包给几个承包单位，而应由一个承包单位承包；而对一幢大型公共建筑的空调设备和消防设备的安装，尽管属于同一建筑的设备安装，但因各有其较强的专业性，建设单位可以将其分别发包给不同的承包单位。

(4) 禁止发包单位向承包单位违法指定建筑材料、设备及构配件的生产厂、供应商

《建筑法》第 25 条规定，按照合同约定，建筑材料、建筑构配件和设备由工程承包单位采购的，发包单位不得指定承包单位购入用于工程的建筑材料、建筑构配件和设备或者指定生产厂、供应商。

建筑工程所需的建筑材料、构配件和设备，根据具体情况，可以由发包方负责提供，也可以由承包方负责采购。具体应由谁负责建筑材料、构配件和设备的供应、采购，应当由承发包双方在承包合同中作出明确约定。在合同约定由承包方负责采购建筑材料、构配件和设备的情况下，按照合同约定的要求自行实施采购行为，既是承包方应履行的义务，也是承包方享有的合同权利。因此，发包方有权按照合同的约定对承包方采购的建筑材料、构配件和设备是否符合规定的要求进行验收，对不符合要求的有权拒绝验收并要求承包方承担相应的责任。但是，发包方不得利用自己的有利地位，要求承包方购入由其指定的建筑材料、构配件或设备，包括不得要求承包方必须向其指定的生产厂或供应商购买建筑材料、构配件或设备。

6.3.3 承包

《建筑法》第 26 条规定，承包建筑工程的单位应当持有依法取得的资质证书，并在其资质等级许可的范围内承揽工程。禁止建筑施工企业超越本企业资质等级许可的业务范围或者以任何形式用其他建筑施工企业的名义承揽工程。禁止建筑施工企业以任何形式允许其他单位或者个人使用本企业的资质证书、营业执照，以本企业的名义承揽工程。

因此，承包工程勘察、设计、施工和建筑构配件、非标准设备加工生产的单位，必须持有营业执照、资质证书或产品生产许可证、开户银行资信证明等证件，方准开展相应的承包业务。

1) 联合共同承包

在国际工程承包中，由几个承包商组成联营体进行工程承包是一种通行的做法。这种承包方式可以弥补单个承包商各自的缺陷，使几方的优势得到更好的体现。我国《建筑法》肯定了这种承包方式，规定大型建筑工程或者结构复杂的建筑工程，可以由 2 个以上的承包

单位联合共同承包。共同承包的各方对承包合同的履行承担连带责任。2个以上不同资质等级的单位实行联合共同承包的，应当在资质等级较低的单位的许可业务范围内承揽工程。

（1）联合共同承包的含义

联合共同承包，是指由2个以上的单位共同组成非法人的联合体，以该联合体的名义承包某项建筑工程的承包形式。在联合承包形式中，由参加联合的各承包单位共同组成的联合体作为一个单一的承包主体，与发包方签订承包合同，承担履行合同义务的全部责任。在联合体内部，则由参加联合体的各方以协议约定各自在联合承包中的权利、义务，包括联合体的管理方式及共同管理机构的产生办法、各方负责承担的工程任务的范围、利益分享与风险分担的办法等。

（2）联合共同承包的适用范围

联合共同承包适用于大中型建筑工程和结构复杂的建筑工程。大中型建筑工程和结构复杂的建筑工程，工程任务量大，技术要求复杂，建设周期较长，需要承包方有较强的经济、技术实力和抗风险的能力。由多家单位组成联合体共同承包，可以集中各方的经济、技术力量，发挥各自的优势，大大增强投标竞争的实力；对发包方来说，也有利于提高投资效益，保证工程建设质量。

（3）联合共同承包的责任承担

在联合共同承包中，参加联合承包的各方应就承包合同的履行向发包方承担连带责任。所谓连带责任，是指在同一债权债务关系的2个以上的债务人中，任何一个债务人都负有向债权人履行全部债务的义务；债权人可以向其中任何一个或多个债务人请求履行债务，可以请求部分履行，也可以请求全部履行；负有连带责任的债务人不得以债务人之间对债务分担比例有约定而拒绝履行部分或全部债务。连带债务人中一人或多人履行了全部债务后，其他连带债务人对债权人的履行义务即行解除。而对连带债务人内部关系而言，清偿债务超过按照债务人之间的协议约定应由自己承担的份额的债务人，有权要求其他连带债务人偿还他们各自应当承担的份额。

（4）联合共同承包的资质要求

2个以上不同资质等级的单位实行联合共同承包的，应当按照资质等级低的单位的业务许可范围承揽工程。联合共同承包也应当在资质等级范围内承包工程，低等级承包单位不能去承包超越其业务许可范围承揽工程。

【案例6-1】 建筑公司甲与建筑公司乙组成了一个联合体去投标，他们在共同投标协议中约定如果在施工的过程中出现质量问题而遭遇建设单位的索赔，各自承担索赔额的50%。后来在施工过程中由于建筑公司甲的施工技术问题出现了质量问题并因此遭到了建设单位的索赔，索赔额是10万元。但是，建设单位却仅仅要求建筑公司乙赔付这笔索赔款。建筑公司乙拒绝了建设单位的请求，其理由有两点：

（1）质量事故的出现是建筑公司甲的技术原因，应该由建筑公司甲承担责任。

（2）共同投标协议中约定了各自承担50%的责任，即使不由建筑公司甲独自承担，起码建筑公司甲也应该承担50%的比例，不应该由自己拿出这笔钱。

你认为建筑公司乙的理由成立吗？

【案例分析】 建筑公司乙的理由不成立。因为建筑公司甲和乙已经签订了联合体共同投标协议，也就意味着双方就本工程项目承担连带责任。建设单位向乙提出 10 万元索赔，理由充分，建筑公司乙应该同意。然后根据共同投标协议的约定，由建筑公司甲和乙各自承担 5 万元索赔额。

2）分包

（1）工程分包的概念

建筑工程的分包，是指对建筑工程实行总承包的单位，将其总承包的工程项目的某一部分或某几部分再发包给其他的承包单位，与其签订总承包合同项下的分包合同，此时，总承包合同的承包人即成为分包合同的发包人。建设项目总承包、建设工程施工、勘察设计等合同的承包方在符合一定的条件下都可进行分包。

（2）工程分包合同的当事人

工程分包合同的当事人是总合同的承包方与分包方，总合同的发包方不是工程分包合同的当事人。因此，只能由总合同的承包方对发包方负责，承包方不能要求分包方直接对发包方负责。分包合同与施工合同发生抵触，以施工合同为准。分包合同不能解除承包方的任何义务与责任。总承包单位与分包单位应就分包工程对建设单位承担连带责任，即因分包工程出现的问题，建设单位既可要求总承包单位承担责任，也可以直接要求分包单位承担责任。

（3）实行工程分包的条件和范围

建筑工程承包合同是发包方与由其选定的承包方之间签订的合同。原则上说，合同约定的承包方的义务，都应当由承包方自行完成。但是，对一些大中型建筑工程和结构复杂的建筑工程来说，实行总承包与分包相结合的方式，允许承包方在遵守一定条件的前提下，将自己总承包工程项目中的部分劳务工程或者自己不擅长的专业工程项目分包给其他承包商，以扬长避短，发挥各自的优势，这样能提高工作效率，降低工程造价，保证工程质量及缩短工期。对分包行为规定的限制条件是：①总承包单位只能将部分工程分包给具有相应资质条件的单位；②为防止总承包单位擅自将应当由自己完成的工程分包出去或者将工程分包给建设单位所不信任的承包单位，分包的工程必须是总承包合同约定可以分包的工程，合同中没有约定的，须经建设单位认可；③为防止某些承包单位在拿到工程项目后以分包的名义倒手转包，损害建设单位的利益，破坏建筑市场秩序，实行施工总承包的，建筑工程的主体结构必须由总承包单位自行完成，不得分包。对此，国家计委在其发布的《国家基本建设大中型项目实行招标投标暂行规定》中也规定："主体工程不得分包。合同分包量不得超过中标合同价的 30%。"

3）转包

所谓转包，是指建筑工程的承包方将其承包的建筑工程倒手转让给他人，使他人实际上成为该建筑工程新的承包方的行为。因此，在转包工程中，建筑施工单位以赢利为目的，将承包的工程转包给其他施工单位，不对工程承担任何技术、质量、经济、法律责任的行为。

《建筑法》第 28 条规定，禁止承包单位将其承包的全部建筑工程转包给他人，禁止承包单位将其承包的全部工程肢解以后以分包的名义分别转包给他人。此条规定的意义在于：

（1）从实践中看，转包行为有较大的危害性。一些单位将其承包的工程压价倒手转包给他人，从中牟取不正当利益，形成"层层转包、层层扒皮"的现象，最后实际用于工程建设的费用大为减少，导致严重的偷工减料；一些建筑工程转包后落入不具备相应资质条件的包工队手中，留下严重的工程质量隐患，甚至造成重大质量事故。

(2) 承包方擅自将其承包的工程项目转包，也违反了合同法律的规定，破坏了合同关系应有的稳定性和严肃性。从合同法律关系上说，转包行为属于合同主体变更的行为，转包后，建筑工程承包合同的承包方由原承包人变更为接受转包的新承包人，原承包人对合同的履行不再承担责任。而按照合同法的基本原则，合同一经依法成立，即具有法律约束力，任何一方不得擅自变更合同，既不能变更合同的内容，也不能变更合同的主体。建筑工程承包合同的订立是承发包双方的行为。发包方往往经过慎重选择，确定与其所信任并具有相应资质条件的承包商订立承包合同。特别是采用招标方式发包的建筑工程承包合同，发包方是按照公开、公正、公平的原则，经过一系列严格程序后，择优选定中标人作为承包方，与其订立承包合同的。承包方将承包工程转包给他人，擅自变更合同主体的行为，违背了发包方的意志，损害了发包方的利益，是法律所不允许的。

转包与分包的根本区别在于：在转包行为中，原承包方将其承包的工程全部倒手转给他人，自己并不实际履行合同约定的义务；而在分包行为中，总承包人只是将其总承包工程中的某一部分或几部分再分包给其他承包单位，总承包人仍然要就总承包合同约定的全部义务(包括分包工程部分)的履行向发包单位负责。

下列行为均属"转包"，应予以禁止：

① 建筑企业将承包的工程全部包给其他施工单位，从中提取回扣者。

② 总包单位将工程的主要部分或群体工程中半数以上的单位工程包给其他施工单位者。

③ 分包单位将承包的工程再次包给其他施工单位者。

4) 非法转包和违法分包的界定

在我国，转包是非法的，是完全禁止的。而工程的分包是允许的，但前提是必须依法进行，违法分包同样是法律禁止的行为。

《建设工程质量管理条例》中对违法分包作出了明确界定。所谓违法分包，是指以下行为：

(1) 总承包单位将建设工程分包给不具备相应资质条件的单位的。

(2) 建设工程总承包合同中未有约定，又未经建设单位认可，承包单位将其承包的部分建设工程交由其他单位完成的。

(3) 施工总承包单位将建设工程主体结构的施工分包给其他单位的。

(4) 分包单位将其承包的建设工程再分包的。

转包，是指承包单位承包建设工程后，不履行合同约定的责任和义务，将其承包的全部建设工程转给他人或者将其承包的全部建设工程肢解以后以分包的名义分别转给其他单位承包的行为。同时，《房屋建筑和市政基础设施工程施工分包管理办法》中规定，分包工程发包人将工程分包后，未在现场设立项目管理机构和派驻相应人员，并未对工程的施工活动进行组织管理的，视同转包行为。

【案例 6-2】 某路桥公司通过投标竞得 319 国道某标段工程，随后以 75 万元的价格分包给不具备相应施工资质的个人王某施工。合同签订后，王某组织人员施工。后该工程顺利通过319国道指挥部的验收，质量等级为优良。竣工后，王某多次催讨剩下的10万元工程款未果，遂将该路桥公司诉至法院。请问法院该如何判决？

【案例分析】 根据《建设工程质量管理条例》中的规定，被告某路桥公司将该工程分包给不具备相应资质的原告王某进行施工建设，其行为违反了法律的强制性规定，属违法分包，因此，原、被告之间签订的合同无效。《最高人民法院关于审理建设工程施工合同纠纷案件适用法律问题的解释》第2条规定，建设工程施工合同无效，但建设工程经竣工验收合格，承包人请求参照合同约定支付工程价款的，应予支持。第3条规定，建设工程施工合同无效，且建设工程经竣工验收不合格的，按照以下情形分别处理：①修复后的建设工程经竣工验收合格，发包人请求承包人承担修复费用的，应予支持；②修复后的建设工程经竣工验收不合格，承包人请求支付工程价款的，不予支持。本案符合第2条规定，故原告要求被告支付剩余工程款的请求应当予以支持。

6.4 建筑工程监理

6.4.1 建筑工程监理概念

建筑工程监理，是指由具有法定资质条件的工程监理单位，根据建设单位的委托，依照法律、行政法规及有关的技术标准、设计文件和建筑工程承包合同，对承包单位在施工质量、建设工期和建设资金使用等方面，代表建设单位对工程施工实施监督的专门活动。

作为建筑工程的投资者的建设单位（业主），为了取得好的投资效益，保证工程质量，合理控制工期，需要对施工企业的施工活动实施必要的监督。但多数建设单位并不擅长工程建设的组织管理和技术监督。而由具有工程建设方面的专业知识和实践经验的人员组成的专业化的工程监理单位，接受建设单位的委托，代表建设单位对工程的施工质量、工期和投资使用情况进行监督，对于维护建设单位的利益，协调建设单位与工程承包单位的关系，保证工程质量，规范建筑市场秩序，都具有很大的优越性。

建筑工程监理制度在国际上已有较长的发展历史，西方发达国家已经形成了一套完整的工程监理制度，可以说，建筑工程监理已成为建筑领域中的一项国际惯例。世界银行、亚洲开发银行等国际金融机构和发达国家政府贷款的建设项目，一般都要求对贷款建设的项目实行工程监理制度。

我国工程监理始于1983年利用世界银行贷款建设的鲁布革水电站引水工程，我国从1988年开始推行对建筑工程的监理制度，到1996年底，全国绝大多数的地方和行业已在不少的建设项目中不同程度地实施了建筑工程监理制度。实践证明，实施建筑工程监理制度，不仅有利于保证工程质量、节省工程投资、合理控制工期，而且还有利于帮助和支持施工单位采用新技术、新工艺，方便施工，文明施工，安全施工，节省劳力，降低成本。

1988年7月25日，建设部印发了《关于开展建设监理工作的通知》，提出要建立具有中国特色的建筑监理制度；1988年10月，制定印发了《关于开展建设监理工作试点工作的若干意见》；1989 年 7 月 28 日，建设部颁布了《建设监理试行规定》；1992 年 1 月 18 日，建设部发布了《工程建设监理单位资质管理试行办法》；1992 年 6 月 4 日，建设部颁发了《监理工程师资格考试和注册实行办法》；1992 年 9 月，建设部、国家物价局联合印发了《关于发布工程建设监理费有关规定的通知》；1995 年 10 月，建设部、国家工商行政管理局联合印发了《工程建设监理合同(示范文本)》；1995 年 12 月 15 日，建设部、国家计委联合颁布了《工程建设监理规定》；1997 年 11 月 1 日，全国人大常委会颁布了《建筑法》；2000 年 1 月 30 日，国务院颁布了《建设工程质量管理条例》；2000 年 2 月 17 日，建设部、国家工商行政管理局印发了《建设工程委托监理合同(示范文本)》(GF 2000—2002)；2000 年 12 月 7 日，国家技术监督局和建设部联合颁布了《建设工程监理规范》(GB 50319—2000)；2001 年 1 月 17 日，建设部颁布了《建设工程监理范围和规模标准规定》；2001 年 8 月 29 日，建设部发布了《工程监理企业资质管理规定》；2002 年 7 月 27 日，建设部颁布了《房屋建筑工程施工旁站监理管理办法(试行)》；2012 年 3 月 27 日，住房和城乡建设部、国家工商行政管理总局对《建设工程委托监理合同(示范文本)》(GF 2000—2002)进行了修订，制定了《建设工程监理合同(示范文本)》(GF 2012—0202)，原《建设工程委托监理合同(示范文本)》(GF 2000—2002)同时废止。

1) 工程监理单位

从事建筑工程监理活动，需要有较高的工程建设方面的专业技术知识和比较丰富的实践经验才能发挥有效的监督作用，使工程监理工作真正起到保证施工质量、合理控制建设资金和建设工期的作用。因此，建设单位都应当委托具有相应资质条件的工程监理单位实施工程监理工作。

首先，实施建筑工程监理的工程监理单位，应当是取得工程监理资质证书，具有法人资格的监理公司、监理事务所和承担监理业务的工程设计、科研及工程建设咨询的单位；其次，实施工程监理的监理单位必须具有与其监理的建筑工程相适应的资质条件，即应当具备相应的人员素质、技术装备、资金数量、专业技能、管理水平及监理业绩等条件；最后，建设单位应根据建筑工程的规模大小、技术复杂程度等因素，委托相应资质等级的监理单位承担工程的监理业务。具体内容，详见本书第 3 章。

2) 委托监理合同

实行监理的建筑工程，建设单位与其委托的工程监理单位之间应当订立书面委托合同。委托合同的主要条款应当包括：委托方的名称、住址和受托方的名称、住址；委托事项；酬金或费用；双方权利、义务；合同的变更、终止和解除；违约责任；发生争议的解决方式及其他有关事项。

实践中，委托监理合同采用建设部、国家工商局 2012 年 3 月 27 日联合印发的《建设工程监理合同(示范文本)》(GF 2012—0202)。该示范文本包括建设工程委托监理合同、标准条件、专用条件和附录(附录 A　相关服务的范围和内容；附录 B　委托人派遣的人员和提供的房屋、资料、设备)四部分。

建设单位和监理单位签订了委托监理合同就应当依照合同的规定履行义务，任何一方不能擅自违反合同的约定，否则将承担违约责任。

6.4.2 建筑工程强制监理的范围

《建筑法》第 30 条规定，国家推行建筑工程监理制度；国务院可以规定实行强制监理的建筑工程的范围。2000 年 1 月，国务院发布的《建设工程质量管理条例》规定，国家重点建设工程，大中型公用事业工程，成片开发建设的住宅小区工程，利用外国政府或者国际组织贷款、援助资金的工程及国家规定必须实行监理的其他工程必须实行监理。2001 年 1 月，建设部颁布的《建设工程监理范围和规模标准规定》则对强制监理的范围作出进一步细化和明确：

1）国家重点建设工程

是指依据《国家重点建设项目管理办法》所确定的对国民经济和社会发展有重大影响的骨干项目。

2）大中型公用事业工程

是指项目总投资额在 3 000 万元以上的下列工程项目：

（1）供水、供电、供气、供热等市政工程项目。

（2）科技、教育、文化等项目。

（3）体育、旅游、商业等项目。

（4）卫生、社会福利等项目。

（5）其他公用事业项目。

3）成片开发建设的住宅小区工程

建筑面积在 5 万 m^2 以上的住宅建设工程必须实行监理；5 万 m^2 以下的住宅建设工程，可以实行监理，具体范围和规模标准，由省、自治区、直辖市人民政府建设行政主管部门规定。

为了保证住宅质量，对高层住宅及地基、结构复杂的多层住宅应当实行监理。

4）利用外国政府或者国际组织贷款、援助资金的工程范围

（1）使用世界银行、亚洲开发银行等国际组织贷款资金的项目。

（2）使用国外政府及其机构贷款资金的项目。

（3）使用国际组织或者国外政府援助资金的项目。

5）国家规定必须实行监理的其他工程

项目总投资额在 3 000 万元以上关系社会公共利益、公众安全的下列基础设施项目：

（1）煤炭、石油、化工、天然气、电力、新能源等项目。

（2）铁路、公路、管道、水运、民航以及其他交通运输业等项目。

（3）邮政、电信枢纽、通信、信息网络等项目。

（4）防洪、灌溉、排涝、发电、引（供）水、滩涂治理、水资源保护、水土保持等水利建设项目。

（5）道路、桥梁、地铁和轻轨交通、污水排放及处理、垃圾处理、地下管道、公共停车场等城市基础设施项目。

（6）生态环境保护项目。

（7）其他基础设施项目。

此外，还包括学校、影剧院、体育场馆项目。

6.4.3 工程监理单位与工程监理人员的有关规定

1）工程监理的地位

工程监理单位在监理活动中处于建设单位代表的地位，接受建设单位的委托，按照工程监理合同的约定对承包单位在施工质量、建设工期和建设资金使用等方面，代表建设单位实施监督，对建设单位负责。监理单位如果发现承包单位的违法行为或者违反监理合同的行为，应当制止或向建设单位报告。

2）工程监理的主要任务

建筑工程监理的主要任务是对承包单位在施工质量、建设工期和建设资金使用等方面实施监督。工程监理单位在代表建设单位对承包单位的施工进行监督管理的过程中，为了提高建筑工程建设水平、保证施工质量、充分发挥投资效益、保障建筑工程承包合同的实施，应当力求使该工程在工程项目实体、功能和使用价值、工作质量等方面符合有关的法律、法规、标准和建设单位的质量要求，力求使工程的实际进度符合整个工程进度计划的要求，同时，工程施工还应当在满足质量和进度要求的前提下，使工程的实际投资不超过计划投资。

3）实施工程监理任务的基本依据

工程监理单位执行监理任务应遵循的基本依据是：

（1）法律和行政法规中对工程建设的有关规定。

（2）与建筑工程有关的国家标准、行业标准、设计图纸、工程说明书等文件。

（3）建设单位与承包单位之间签订的建筑工程承包合同等。

4）工程监理人员的基本权利

工程监理人员，是指依法取得了工程监理执业资格证书，按照执业资格证书许可的范围从事工程监理活动的专业技术人员。

为了保证工程监理人员能够独立、公正地对工程建设实施有效监督，应当规定监理人员在监理活动中的基本权利，即工程监理人员对其所发现的工程问题，有权要求责任者予以改正或者提请建设单位要求责任者改正。

（1）工程监理人员认为工程施工不符合工程设计要求、施工技术标准和合同约定的，有权要求建筑施工企业改正。

（2）工程监理人员发现工程设计不符合建筑工程质量标准或者合同约定的质量要求的，应当报告建设单位要求设计单位改正。

工程监理人员对工程实施监督的具体的权利和义务，都应当在监理合同中作出明确规定。《建筑法》规定，实施建筑工程监理前，建设单位应当将委托的工程监理单位、监理的内容及监理权限，书面通知被监理的建筑施工企业。

6.4.4 工程监理单位的执业准则

1）工程监理单位应当在其资质等级许可的监理范围内承担工程监理业务

建筑工程监理是一种具有较高专业技术要求的服务，因此对其人员素质、技术装备、专业技能、管理水平以及监理业绩等资质条件都应有严格的要求。依照《建筑法》第 12 条和第 13 条的规定，国家对工程监理单位实行资质审批制度，监理单位应当在其经依法核准的资质等级范围内承揽工程监理业务。

2）工程监理单位应当根据建设单位的委托，客观、公正地执行监理任务

工程监理单位是代表建设单位实施建筑工程监理的单位，一方面要根据建设单位的委托，按照监理合同的规定监督承包单位的施工情况，另一方面作为独立的社会中介组织，工程监理单位及其监理人员在对工程实施监理的过程中，必须做到客观和公正。所谓客观，是指工程监理单位及其监理人员在执行监理任务中，应以事实为根据，并运用科学的方法，在充分掌握监理对象及其外部环境实际情况的基础上，适时、妥帖、高效地处理有关问题，用事实说话，不能主观臆断；所谓公正，是指工程监理单位及其监理人员在对建筑工程实施质量、投资和进度控制时，应当以独立、超脱的地位，做到公正廉洁，严格把关，不放过任何影响工程质量的问题，清退不合格的材料、提出合理化建议、纠正不合理设计、严格审查预决算，达到节省投资、保证工程质量的目的，同时在处理建设单位与承包单位之间的纠纷时要做到不偏不倚，“一碗水端平”。客观和公正是对工程监理活动最基本的要求，是工程监理单位及其监理人员应当遵循的最基本的执业准则。应当说，不能做到客观和公正，就不具有从事工程监理活动的资格。

3）工程监理单位与被监理工程的承包单位以及建筑材料、建筑构配件和设备供应单位不得有隶属关系或者其他利害关系

所谓隶属关系，是指工程监理单位与承包单位或者建筑材料、建筑构配件和设备供应单位属于行政上、下级的关系；所谓其他利害关系，是指工程监理单位与承包单位或者建筑材料、建筑构配件和设备供应单位存在某种利益关系，主要是经济上的利益关系。工程监理单位受建设单位的委托对承包单位在工程质量、施工进度和资金使用上进行监督，如果监理单位与被监理工程的承包单位以及建筑材料、建筑构配件和设备供应单位存在隶属关系或者其他利害关系，很可能影响其客观、公正地执行监理任务，影响建筑工程的施工质量，对建设单位的利益造成损害。因此，为了保证监理任务的顺利完成，监理单位不应与被监理工程的承包单位以及建筑材料、建筑构配件和设备供应单位有隶属关系或者其他利害关系。

4）工程监理单位不得转让工程监理业务

所谓转让工程监理业务，是指监理单位将其承揽的监理业务的全部或部分转让给其他单位的行为。工程监理单位如果将委托监理合同约定的监理业务转让他人，不仅违背了建设单位的意志，损害了建设单位的利益，而且有可能因其将监理业务转让给不具备相适应资质条件的单位，不能按照建设单位的要求对工程质量、进度和资金进行有效控制。因此，必须予以禁止。

5）工程监理单位不按照委托监理合同的约定履行监理义务，对应当监督检查的项目不检查或者不按照规定检查，给建设单位造成损失的，应当承担相应的赔偿责任

在实施监理业务过程中，监理单位应当按照委托监理合同的约定，依照法律、行政法规及有关的技术标准、设计文件和建筑工程承包合同，对项目施工实施监督管理。如果工程监理单位不按照委托监理合同的约定履行监理义务，对应当监督检查的项目不检查或者不按照规定检查的，给建设单位造成损失的，应当承担赔偿责任。所谓不检查，是指工程监理单位对监理合同中规定应当监督检查的项目不履行检查义务；所谓不按照规定检查，是指工程

监理单位在工程监理中不按照法律、行政法规和有关的技术标准、设计文件和建筑工程承包合同规定的要求和检查办法进行检查。

6）工程监理单位与承包单位串通，为承包单位谋取非法利益，给建设单位造成损失的，应当与承包单位承担连带赔偿责任

工程监理单位是代表建设单位对建筑工程的施工实施监督管理的。监理单位在监理活动中，应当依照法律的规定和委托监理合同的约定执行监理业务，遵守客观、公正的执业准则，不得与承包单位串通，为承包单位谋取非法利益。工程监理单位违反法律的这一规定，给建设单位造成损失的，应当承担赔偿责任。

6.5 有关单位的质量责任和义务

6.5.1 加强建筑工程质量管理相关规定

1）建筑工程勘察、设计、施工的质量必须符合国家有关建筑工程安全标准的要求

《建筑法》规定，建筑工程勘察、设计、施工的质量必须符合国家有关建筑工程安全标准的要求，具体管理办法由国务院规定。有关建筑工程安全的国家标准不能适应确保建筑安全的要求时，应当及时修订。

确保建筑工程的质量符合使用安全的要求，是从事建筑工程的勘察、设计、施工等活动必须始终遵循的最重要的原则，也是建筑工程质量管理中最重要的内容。因此，在各项建筑活动中，贯彻确保工程质量符合保证建筑物安全的原则的基本要求，就是建筑工程勘察、设计、施工的质量必须符合国家有关建筑工程安全标准的规定。而且，所谓国家有关建筑工程安全的标准，主要是涉及保障人身、财产安全的标准的强制性标准。一切从事建筑活动的单位和人员，在建筑工程的勘察、设计、施工活动中，必须依法办事，确保其勘察、设计和施工的质量。

当然，随着科学技术水平的不断发展，一些新技术、新工艺和新的建筑材料将不断应用到建筑活动中去。因此，有关建筑工程安全的国家标准和行业标准也应当及时修订，并反映科学技术水平发展的要求。

2）建筑设计单位不得对设计文件选用的建筑材料等指定生产厂、供应商

建筑设计单位可以在设计文件中提出选用建筑材料、建筑构配件和设备的要求，但这种选用要求，只能是对工程所用建筑材料、建筑构配件和设备在规格、型号、性能等质量、技术指标方面的要求。但是，为了鼓励合理竞争，提高投资效益，防止腐败，建筑设计单位不得直接指定建筑材料、建筑构配件和设备的生产厂或供应商的名称，不得以指定建筑材料、建筑构配件和设备的商标品牌的形式间接指定生产厂、供应商。

3）关于在建筑物的合理使用寿命内必须确保地基基础工程和主体结构的质量以及工程竣工时不得留有质量缺陷的规定

《建筑法》规定，建筑物在合理使用寿命内，必须确保地基基础工程和主体结构的质量。建筑工程竣工时，屋顶、墙面不得留有渗漏、开裂等质量缺陷；对已发现的质量缺陷，建筑施

工企业应当修复。

建筑物的地基基础和主体结构的质量，关系着整个建筑物的安危。而且，建筑物一旦建成，一般都将长期使用，并要求在建筑物合理使用寿命期内，不能有危及使用安全的质量问题。否则，该建筑物将无法安全使用，还会对人身安全构成威胁。因此，必须确保地基基础工程和主体结构等的质量。而且，需要对建筑产品的生产者（包括建筑工程的勘察单位、设计单位、施工企业及工程监理单位）对其建筑产品承担质量责任的责任期间作出合理的规定，即承担质量责任的责任期间，应当为建筑物的整个合理使用寿命期间。任何一方不履行法定的保证质量义务，造成建筑物地基基础工程或主体结构出现质量问题的，应依法追究其法律责任。

从理论上讲，已竣工的建筑工程如果存在屋顶、墙面渗漏、开裂等质量缺陷，施工企业应当进行修复，在修复完好以前是不能作为合格工程竣工验收的。但是，目前在工程实践中，有些施工企业对已完工的工程中存在的质量缺陷并不按规定予以修复就交付竣工验收，有些验收单位也不按规定标准进行验收，导致上述质量问题成为质量通病。因此，必须明确规定，建筑工程竣工时，不能留有质量缺陷，对已发现的质量缺陷，施工企业应当修复，否则不能交付使用。

4）单位和个人对建筑工程质量的检举、控告、投诉权利

《建筑法》规定，任何单位和个人对建筑工程的质量事故、质量缺陷都有权向建设行政主管部门或者其他有关部门进行检举、控告、投诉。

建筑工程的质量直接关系到公众人身安全，对于建筑工程存在质量缺陷和所发生的质量事故，任何单位和个人都有权利向各级建设行政主管部门或者其他有关部门进行检举、控告和投诉。进而形成对建筑工程质量的社会监督，督促从事建筑活动的勘察单位、设计单位、施工企业和监理单位加强质量管理，确保建筑工程的质量和安全。

任何单位和个人发现建筑工程质量事故、质量缺陷都可以向建设行政主管部门进行控告和投诉；如果发现建筑工程质量事故和质量缺陷是由于某个单位或者某些人的责任造成，特别是与严重不负责任、贪污、受贿或者其他牟取非法利益行为有关，还可以向有关部门，如监察机关、检察机关等部门进行检举。建设行政主管部门和有关部门在接到任何单位和个人的检举、控告、投诉以后，应当及时依法进行处理。

6.5.2 保证工程质量的基本义务和责任

1）建设单位对保证工程质量应遵守的基本义务

《建筑法》规定，建设单位不得以任何理由，要求建筑设计单位或者建筑施工企业在工程设计或者施工作业中，违反法律、行政法规和建筑工程质量、安全标准，降低工程质量。建筑设计单位和建筑施工企业对建设单位违反前款规定提出的降低工程质量的要求，应当予以拒绝。

建筑工程是由建设单位投资建设的，建设单位当然有权根据工程的使用功能、档次和工程造价等因素，自行提出对建筑工程的具体质量要求，并与承包该项建筑工程的设计单位、施工企业在合同中作出明确约定。而且，其基本质量状况应保证建筑工程安全和满足其基本使用功能的要求，必须能够充分满足确保人身、财产的安全。对建设单位违反法律、行政

法规和建筑工程质量、安全标准所提出的降低工程质量的要求，承包工程的建筑设计单位和建筑施工企业应当予以拒绝，以确保建筑工程的基本质量和安全。

2）总承包单位与分包单位的质量责任

《建筑法》规定，建筑工程实行总承包的，工程质量由工程总承包单位负责，总承包单位将建筑工程分包给其他单位的，应当对分包工程的质量与分包单位承担连带责任。分包单位应当接受总承包单位的质量管理。

按照总承包合同的约定或者经建设单位的认可，总承包单位可以对其总承包范围内的部分工程项目实行分包，即与其他具有相应资质条件的单位订立分包合同，将这部分工程项目交由分包单位完成。而且，总承包人应当对总承包合同中的全部工程任务的质量负责，即使总承包单位根据总承包合同的约定或经建设单位认可，将总承包合同范围内的部分工程任务分包给他人的，总承包单位也得对分包的工程任务的质量负责。当然，对属于分包单位的原因造成的工程质量问题，总承包单位在向他人承担责任后，可以根据分包合同的约定向分包人追偿。

总承包单位要对总承包合同项下的全部工程任务的质量，包括分包工程的质量承担责任，当然也有权对分包工程实施质量管理。总承包单位应当在对分包单位的资质条件进行严格的审查，慎重选择分包人的基础上，通过向分包工程派出管理、监督人员，对分包单位的质量管理情况进行指导、监督以及对分包工程的质量进行定期检查等方式，加强对分包工程的质量管理；分包单位应当接受总承包单位的质量管理，不得拒绝。

3）建筑工程勘察、设计单位的质量责任

《建筑法》规定，建筑工程的勘察、设计单位必须对其勘察、设计的质量负责。勘察、设计文件应当符合有关法律、行政法规的规定和建筑工程质量、安全标准、建筑工程勘察、设计技术规范以及合同的约定。设计文件选用的建筑材料、建筑构配件和设备，应当注明其规格、型号、性能等技术指标，其质量要求必须符合国家规定的标准。

建筑工程勘察、设计的质量是决定整个建筑工程质量的基础，如果勘察、设计的质量存在问题，整个建筑工程的质量也就没有保障。

建筑工程勘察、设计的文件应当符合以下要求：

(1) 符合有关法律、行政法规的规定。

(2) 符合建筑工程质量、安全标准，主要是指依照《标准化法》及相关行政法规制定的保证建筑工程质量和安全的强制性的国家标准和行业标准。

(3) 符合建筑工程勘察、设计的技术规范，尤其是强制性标准。勘察文件应当反映工程地质、地形地貌、水文地质状况，符合规范、规程，做到勘察方案合理、评价准确、数据可靠，设计文件的深度应满足相应设计阶段的技术要求，施工图应配套，细部节点应交代清楚，标注说明应清晰、完整。

(4) 符合合同的约定，否则，勘察、设计单位要承担违约责任。

设计单位对设计文件选用的建筑材料、建筑构配件和设备，应当做到：

(1) 注明所选用的建筑材料、建筑构配件和设备的规格。

(2) 注明所选用的建筑材料、建筑构配件和设备的型号。

(3) 注明所选用的建筑材料、建筑构配件和设备的性能，并根据需要注明建筑材料的色泽等其他有关技术指标。

(4) 所选用的建筑材料、建筑构配件和设备的质量要求,必须符合有关的强制性的国家标准和行业标准。

4) 建筑施工企业应当履行的保证工程质量的义务

《建筑法》规定,建筑施工企业对工程的施工质量负责。建筑施工企业必须按照工程设计图纸和施工技术标准施工,不得偷工减料。工程设计的修改由原设计单位负责,建筑施工企业不得擅自修改工程设计。建筑施工企业必须按照工程设计要求、施工技术标准和合同的约定,对建筑材料、建筑构配件和设备进行检验,不合格的不得使用。

建筑工程的施工活动是根据工程的设计文件和图纸的要求,通过施工作业最终形成建筑物实体的建筑活动。建筑施工企业必须做好工程施工的各项质量控制与管理工作,严格按照工程设计文件和技术标准进行施工。凡是因工程施工原因造成的质量问题,都要由施工企业承担全部责任。

为了确保工程质量,建筑施工企业除必须严格按照工程设计图纸施工外,还必须按照建筑工程施工技术标准的要求进行施工,严格禁止施工中的偷工减料行为,并在法律责任中对偷工减料行为规定了明确的法律责任。

如果施工企业在施工过程中认为工程设计质量有问题,或者施工技术条件无法实现设计要求,以及有其他要求修改设计的正当理由的,应当向建设单位或者设计单位提出,如确属需要修改设计的,应经建设单位同意后,由原设计单位进行必要的修改。

建筑工程所使用的建筑材料、建筑构配件和设备的质量,是关系到整个建筑工程质量的基础。建筑施工企业应当依据以下 3 个方面的要求,对建筑材料、建筑构配件和设备进行检验,不合乎要求者,不得使用:①必须按照工程设计要求进行检验,即必须按照设计文件规定的建筑材料、建筑构配件和设备的规格、型号、性能等技术要求,对建筑材料等进行检验;②必须按照有关的施工技术标准进行检验;③必须按照建筑工程承包合同约定的技术要求进行检验,在建筑工程承包合同中对工程所使用的建筑材料、建筑构配件和设备的质量要求有明确约定,并要求建筑施工企业必须执行。至于检验的方法,因建筑材料、建筑构配件和设备的具体情况,可以采用抽样和试验、全数检验、试配检验,以及外观检验、理化检验、无损检验等。

建筑施工企业在施工中使用不合格的建筑材料、建筑构配件和设备的,应依法承担法律责任。至于对生产、供应不合格的建筑材料、建筑构配件和设备的生产厂、供应商,要依照《产品质量法》的规定追究其应负的法律责任,但并不因此免除建筑施工企业依《建筑法》规定应承担的法律责任。

【案例 6-3】 江西省无锡市太湖娱乐城工程地处无锡闹市区,主体地上 22 层、地下 3 层,建筑面积 47 800 m^2。该工程建设单位为无锡太湖娱乐城总公司,工程监理单位为无锡同济建筑监理工程公司。该工程建筑结构、水电暖通设计由无锡市建筑设计研究院承担,建筑结构土建施工由无锡市第二建筑工程公司承建,基坑围扩结构设计和施工单位为南京勘察工程公司,工程桩基施工也同时由南京勘察工程公司承建。该工程自 2005 年 2 月开始由南京勘察工程公司进场开始围护及桩基施工,于 2005 年 9 月开始从东向西进行挖土、内支撑安装及桩间压密注浆施工,于 2006 年 4 月 13 日基本完成深基坑围护支护项目,2006 年 4 月 13 日至 4 月 20 日,继续以人工挖除基坑西南角剩余土方约 2 000 m^3。同年 4 月 20 日下午 5 时左右,基坑西南剩余土方基本挖清后,不满 10 小时,即于 4 月 21 日凌晨 2:25 左右,基坑西南角发生倒塌。主要是因为南京勘察工程公司在基坑围护支扩结构的设计和施工中，仅进行单一情况的强度计算，特别是对该基坑西边线的大转折凸角结点受力复杂部位考虑疏漏，未进行受力分析和变形计算，形成薄弱突破点，留下严重隐患。试问设计单位是否应对该事故负责？

【案例分析】《建筑法》第37条规定："建筑工程设计应当符合按照国家规定的建筑安全规程和技术规范，保证工程的安全性能。"《建设工程质量管理条例》第19条第1条款规定："勘察、设计单位必须按照工程建设强制性标准进行勘察、设计，并对其勘察、设计的质量负责。"本案中，南京勘察工程公司仅进行单一情况的强度计算，造成重大质量隐患，实际上是违反工程建设强制性标准的行为，依法应当承担法律责任。

6.6 建设工程质量监督管理

6.6.1 建设工程质量管理概述

建设工程质量是指工程项目满足建设单位需要的，在使用过程中符合国家法律、法规、技术规范标准、设计文件及合同规定的特性综合。它具有适用性、耐久性、安全性、可靠性、经济性以及与环境的协调性等特征。

我国颁布了一系列关于建筑工程质量的法律、法规、规章等。1988年12月，第七届全国人民代表大会通过了《中华人民共和国标准化法》；1990年4月，建设部颁布了《建筑工程质量监督管理规定》；1991年5月，国务院颁布了《中华人民共和国产品质量认证管理条例》；1992年12月，建设部颁布了《工程建设国家标准管理办法》；1992年12月，建设部颁布了《工程建设行业标准管理办法》；1993年11月，建设部颁布了《建筑工程质量管理办法》；1997年11月，第八届全国人民代表大会通过了《中华人民共和国建筑法》；2000年1月，国务院颁布了《建筑工程质量管理条例》；2000年6月，建设部颁布了《房屋建筑工程质量保修办法》；2000年7月，第九届全国人大常委会通过了修订的《中华人民共和国产品质量法》；2000年8月，建设部颁布了《实施工程建设强制性标准监督规定》；2001年国家颁布了《房屋建筑工程制图统一标准》(GB/T 50001—2001)、《建筑结构可靠度设计统一标准》(GB 50068—2001)、《建筑工程施工质量验收统一标准》(GB 50300—2001)；2002年8月，建设部颁布了《2002版工程建设标准强制性条文(房屋建筑房屋部分)》；2003年8月，建设部颁布了《工程质量监督工作导则》。目前，我国工程质量管理法律制度体系已基本建立。

6.6.2 建设工程质量监督管理制度

1) 建设工程质量监督管理体制

国家实行建设工程的质量监督管理制度。国务院建设行政主管部门对全国的建设工程质量实施统一监督管理，国务院铁路、交通、水利等有关部门按照国务院规定的职责分工，负责对全国有关专业建设工程质量的监督管理。县级以上地方人民政府建设行政主管部门对本行政区域内的建设工程质量实施监督管理，县级以上地方人民政府交通、水利等有关部门在各自的职责范围内，负责对本行政区域内的专业建设工程质量的监督管理。

国务院建设行政主管部门和国务院铁路、交通、水利等有关部门应当加强对有关建设工程质量的法律、法规和强制性标准执行情况的监督检查。国务院发展计划部门按照国务院规定职责，组织稽查特派员，对国家出资的重大建设项目实施监督检查。国务院经济贸易主管部门按照国务院规定的职责，对国家重大技术改造项目实施监督检查。

2）建设工程质量监督管理机构

从事房屋建筑工程和市政基础设施工程质量监督的机构，必须按照国家有关规定经国务院建设行政主管部门或者省、自治区、直辖市人民政府建设行政主管部门考核，经考核合格后方可实施质量监督。建设工程质量监督工作由各省级建设主管部门委托的建筑工程质量监督站进行具体实施。建设工程质量监督机构是经省级以上建设行政主管部门或有关专业部门考核认定的独立法人，接受县级以上地方人民政府建设行政主管部门或有关专业部门的委托，依法对建设工程质量进行强制性监督，并对委托部门负责。

3）建设工程质量监督

建设工程质量监督是建设行政主管部门或其委托的工程质量监督机构根据国家的法律、法规和工程建设强制性标准，对责任主体和有关机构履行质量责任的行为以及工程实体质量进行监督检查，维护公众利益的行政执法行为。建设工程质量监督的主要内容包括：

（1）对责任主体和有关机构履行质量责任的行为的监督检查

监督机构对责任主体和有关机构质量行为进行监督的一般原则：①抽查责任主体和有关机构执行有关法律、法规及工程技术标准的情况；②抽查责任主体和有关机构质量管理体系的建立和实施情况；③发现存在违法违规行为的，按建设行政主管部门委托的权限对违法违规事实进行调查取证，对责任单位、责任人提出处罚建议或按委托权限实施行政处罚。

监督机构应对建设单位的下列行为进行抽查：①施工前办理质量监督注册、施工图设计文件审查、施工许可（开工报告）手续情况；②按规定委托监理情况；③组织图纸会审、设计交底、设计变更工作情况；④组织工程质量验收情况；⑤原设计有重大修改、变动的施工图设计文件重新报审情况；⑥及时办理工程竣工验收备案手续情况。

监督机构应对勘察、设计单位的下列行为进行抽查：①参加地基验槽、基础、主体结构及有关重要部位工程质量验收和工程竣工验收情况；②签发设计修改变更、技术洽商通知情况；③参加有关工程质量问题的处理情况。监督机构应对施工单位的下列行为进行抽查：①施工单位资质、项目经理部管理人员的资格、配备及到位情况，主要专业工种操作上岗资格、配备及到位情况；②分包单位资质与对分包单位的管理情况；③施工组织设计或施工方案审批及执行情况；④施工现场施工操作技术规程及国家有关规范、标准的配置情况；⑤工程技术标准及经审查批准的施工图设计文件的实施情况；⑥检验批、分项、分部（子分部）、单位（子单位）工程质量的检验评定情况；⑦质量问题的整改和质量事故的处理情况；⑧技术资料的收集、整理情况。

监督机构应对监理单位的下列行为进行抽查：①监理单位资质、项目监理机构的人员资格、配备及到位情况；②监理规划、监理实施细则（关键部位和工序的确定及措施）的编制审批内容的执行情况；③对材料、构配件、设备投入使用或安装前进行审查情况；④对分包单位的资质进行核查情况；⑤见证取样制度的实施情况；⑥对重点部位、关键工序实施旁站监理情况；⑦质量问题通知单签发及质量问题整改结果的复查情况；⑧组织检验批、分项、分部（子分部）工程的质量验收、参与单位（子单位）工程质量的验收情况；⑨监理资料收集整理情况。

监督机构应对工程质量检测单位的下列行为进行抽查：①是否超越核准的类别、业务范围承接任务；②检测业务基本管理制度情况；③检测内容和方法的规范性程度；④检测报告形成程序、数据及结论的符合性程度。

（2）对工程实体质量的监督检查

监督机构对工程实体质量监督的一般原则：①对工程实体质量的监督采取抽查施工作业面的施工质量与对关键部位重点监督相结合的方式；②重点检查结构质量、环境质量和重要使用功能，其中重点监督工程地基基础、主体结构和其他涉及结构安全的关键部位；③抽查涉及结构安全和使用功能的主要材料、构配件和设备的出厂合格证、试验报告、见证取样送检资料及结构实体检测报告；④抽查结构混凝土及承重砌体施工过程的质量控制情况；⑤实体质量检查要辅以必要的监督检测，由监督人员根据结构部位的重要程度及施工现场质量情况进行随机抽检。

监督机构应对地基基础工程的验收进行监督，并对下列内容进行重点抽查：①桩基、地基处理的施工质量及检测报告、验收记录、验槽记录；②防水工程的材料和施工质量；③地基基础子分部、分部工程的质量验收情况。

监督机构应对主体结构工程的验收进行监督，并对下列内容进行重点抽查：①对混凝土预制构件及预拌混凝土质量的监督检查；②钢结构、混凝土结构等重要部位及有特殊要求部位的质量及隐蔽验收；③混凝土、钢筋及砌体等工程关键部位，必要时进行现场监督检测；④主体结构子分部、分部工程的质量验收资料。

监督机构应根据实际情况对有关装饰装修、安装工程的下列部分内容进行抽查：①幕墙工程、外墙粘（挂）饰面工程、大型灯具等涉及安全和使用功能的重点部位施工质量的监督抽查；②安装工程使用功能的检测及试运行记录；③工程的观感质量；④分部（子分部）工程的施工质量验收资料。

监督机构应根据实际情况对有关工程使用功能和室内环境质量的下列部分内容进行抽查：①有环保要求材料的检测资料；②室内环境质量检测报告；③绝缘电阻、防雷接地及工作接地电阻的检测资料，必要时可进行现场测试；④屋面、外墙和厕所、浴室等有防水要求的房间及卫生器具防渗漏试验的记录，必要时可进行现场抽查；⑤各种承压管道系统水压试验的检测资料。

监督机构可对涉及结构安全、使用功能、关键部位的实体质量或材料进行监督检测，检测记录应列入质量监督报告。监督检测的项目和数量应根据工程的规模、结构形式、施工质量等因素确定。监督检测的项目宜包括：①承重结构混凝土强度；②受力钢筋数量、位置及混凝土保护层厚度；③现浇楼板厚度；④砌体结构承重墙柱的砌筑砂浆强度；⑤安装工程中涉及安全及功能的重要项目；⑥钢结构的重要连接部位；⑦其他需要检测的项目。

（3）对工程竣工验收的监督检查

监督机构应对验收组成员组成及竣工验收方案进行监督，对工程实体质量进行抽检，对观感质量进行检查，对工程竣工验收文件进行审查。工程竣工验收文件审查的内容包括：

①施工单位出具的工程竣工报告，包括结构安全、室内环境质量和使用功能抽样检测资料等合格证明文件以及施工过程中发现的质量问题整改报告等；②勘察、设计单位出具的工程质量检查报告；③监理单位出具的工程质量评估报告。

监督机构应在工程竣工验收合格后 7 个工作日内，向备案机关提交工程质量监督报告。工程质量监督报告应包括以下内容：①工程概况和监督工作概况；②对责任主体和有关机构质量行为及执行工程建设强制性标准的检查情况；③工程实体质量监督抽查（包括监督检测）情况；④工程质量技术档案和施工管理资料抽查情况；⑤工程质量问题的整改和质量事故处理情况；⑥各方质量责任主体及相关有资格的人员的不良记录内容；⑦工程质量竣工验收监督记录；⑧对工程竣工验收备案的建议。

6.6.3 企业质量体系和产品质量认证制度

《建筑法》规定，国家对从事建筑活动的单位推行质量体系认证制度。从事建筑活动的单位根据自愿原则可以向国务院产品质量监督管理部门或者国务院产品质量监督管理部门授权的部门认可的认证机构申请质量体系认证。经认证合格的，由认证机构颁发质量体系认证证书。而且，根据《中华人民共和国产品质量法》及国家的其他有关规定，在参与建筑工程的各企业中，应当推行企业质量体系认证制度；对重要的建筑材料和设备，应当推行产品质量认证制度。

质量体系，是指企业为保证其产品质量所采取的管理、技术等各项措施所构成的有机整体，即企业的质量保证体系。企业的质量体系不仅包括企业质量管理的组织机构、规章制度等管理软件，还包括资源（含人才资源）、专业技能、设计技术、设备以及计算机系统等硬件。质量体系认证，是指依据国际通用的质量管理和质量保证系列标准，经过国家认可的质量体系认证机构对企业的质量体系进行审核，对于符合规定条件和要求的，通过颁发企业质量体系认证证书的形式，证明企业的质量保证能力符合相应要求的活动。通过开展质量体系认证工作，有利于促进企业在管理和技术等方面采取有效措施，在企业内部建立起可靠的质量保证体系，以保证产品质量；而对企业自身来讲，通过质量体系认证机构的认证，即意味着企业的质量保证能力获得了有关权威机构的认可，从而可以提高企业的质量信誉，扩大企业的知名度，增强企业竞争优势。

从事建筑活动的单位根据自愿原则可以向国务院建设行政主管部门或其授权的认证机构申请企业质量体系认证。经认证合格后，由认证机构向该企业颁发企业质量体系认证书。而且，对重要的建筑材料和设备经认证合格的，由认证机构颁发质量认证书，准许企业在产品或其包装上使用质量认证标志。使用单位经检验发现认证的产品质量不合格的，有权向产品质量认证机构投诉。

6.6.4 建筑工程竣工验收制度

《建筑法》规定，交付竣工验收的建筑工程，必须符合规定的建筑工程质量标准，有完整的工程技术经济资料和经签署的工程保修书，并具备国家规定的其他竣工条件。建筑工程竣工经验收合格后，方可交付使用；未经验收或者验收不合格的，不得交付使用。

建筑工程的竣工验收，是指在建筑工程已按照设计要求完成全部施工任务，准备交付给建设单位投入使用时，由建设单位或有关主管部门依照国家关于建筑工程竣工验收制度的规定，对该项工程是否合乎设计要求和工程质量标准所进行的检查、考核工作。建筑工程的竣工验收是项目建设全过程的最后一道程序，是对工程质量实施控制的最后一个重要环节。认真做好建筑工程的竣工验收工作，对保证建筑工程的质量具有重要意义。

1）建筑工程竣工验收条件

交付竣工验收的建筑工程，必须符合规定的建筑工程质量标准，有完整的工程技术经济资料和经签署的工程保修书，并具备国家规定的其他竣工条件。建设单位收到建设竣工报告后，应当组织设计、施工、工程监理等有关单位进行竣工验收。

2000年1月30日，国务院颁布的《建设工程质量管理条例》规定，建设工程竣工验收应当具备下列条件：

(1) 完成建设工程设计和合同约定的各项内容。

(2) 有完整的技术档案和施工管理资料。

(3) 有工程使用的主要建筑材料、建筑构配件和设备的进场试验报告。

(4) 有勘察、设计、施工、工程监理等单位分别签署的质量合格文件。

(5) 有施工单位签署的工程保修书。建设工程经验收合格的，方可交付使用。

2000年6月30日，建设部颁布的《房屋建筑工程和市政基础设施工程验收暂行规定》对建筑工程竣工验收条件又作出了详细规定。工程符合下列要求方可进行竣工验收：

(1) 完成工程设计和合同约定的各项内容。

(2) 施工单位在工程完工后对工程质量进行了检查，确认工程质量符合有关法律、法规和工程建设强制性标准，符合设计文件及合同要求，并提出工程竣工报告。工程竣工报告应经项目经理和施工单位有关负责人审核签字。

(3) 对于委托监理的工程项目，监理单位对工程进行了质量评估，具有完整的监理资料，并提出工程质量评估报告。工程质量评估报告应经总监理工程师和监理单位有关负责人审核签字。

(4) 勘察、设计单位对勘察、设计文件及施工过程中由设计单位签署的设计变更通知书进行了检查，并提出质量检查报告。质量检查报告应经该项目勘察、设计负责人和勘察、设计单位有关负责人审核签字。

(5) 完整的技术档案和施工管理资料。

(6) 具有工程使用的主要建筑材料、建筑构配件和设备的进场试验报告。

(7) 建设单位已按合同约定支付工程款。

(8) 具有施工单位签署的工程质量保修书。

(9) 城乡规划行政主管部门对工程是否符合规划设计要求进行检查，并出具认可文件。

(10)有公安消防、环保等部门出具的认可文件或者准许使用文件。

(11) 建设行政主管部门及其委托的工程质量监督机构等有关部门责令整改的问题全部整改完毕。

2）工程竣工验收的程序

工程竣工验收应当按以下程序进行：

(1) 工程完工后，施工单位向建设单位提交工程竣工报告，申请工程竣工验收。实行监理的工程，工程竣工报告须经总监理工程师签署意见。

(2) 建设单位收到工程竣工报告后，对符合竣工验收要求的工程，组织勘察、设计、施工、监理等单位和其他有关方面的专家组成验收组，制定验收方案。

(3) 建设单位应当在工程竣工验收7个工作日前将验收的时间、地点及验收组名单书面通知负责监督该工程质量的监督机构。

(4) 建设单位组织工程竣工验收，具体包括以下内容：①建设、勘察、设计、施工、监理单位分别汇报工程合同履约情况和工程建设各个环节执行法律、法规和工程建设强制性标准的情况；②审阅建设、勘察、设计、施工、监理单位的工程档案资料；③实地查验工程质量；④对工程勘察、设计、施工、设备安装质量和各管理环节等方面作出全面评价，形成验收组人员签署的工程竣工验收意见。当参与工程竣工验收的建设、勘察、设计、施工、监理等各方不能形成一致意见时，应当协商提出解决的方法，待意见一致后重新组织工程竣工验收。工程竣工验收合格后，建设单位应当及时提出工程竣工验收报告。工程竣工验收报告主要包括工程概况，建设单位执行基本建设程序情况，对工程勘察、设计、施工、监理等方面的评价，工程竣工验收时间、程序、内容和组织形式，工程竣工验收意见等内容。

3) 工程验收备案管理制度

国家实施工程竣工验收备案制度。2000年4月7日，建设部颁发了《房屋建筑工程和市政基础工程验收备案管理暂行办法》，规定建设单位应当自工程竣工验收合格之日起15日内，向工程所在地的县级以上地方人民政府建设行政主管部门备案。建设单位办理工程竣工验收备案应当提交下列文件：

(1) 工程竣工验收备案表。

(2) 工程竣工验收报告。竣工验收报告应当包括工程报建日期，施工许可证号，施工图设计文件审查意见，勘察、设计、施工、工程监理等单位分别签署的质量合格文件及验收人员签署的竣工验收原始文件，市政基础设施的有关质量检测和功能性试验资料以及备案机关认为需要提供的有关资料。

(3) 法律、行政法规规定应当由规划、公安消防、环保等部门出具的认可文件或者准许使用文件。

(4) 施工单位签署的工程质量保修书。

(5) 法规、规章规定必须提供的其他文件。商品住宅还应当提交《住宅质量保证书》和《住宅使用说明书》。工程质量监督机构应当向备案机关提交工程质量监督报告，备案机关发现建设单位在竣工验收过程中有违反国家有关建设工程质量管理规定行为的，应当在收讫竣工验收备案文件15日内，责令停止使用，重新组织竣工验收。

6.6.5 建筑工程质量保修制度

《建筑法》规定，建筑工程实行质量保修制度。建筑工程的保修范围应当包括地基基础工程、主体结构工程、屋面防水工程和其他工程，以及电气管线、上下水管线的安装工程，供热、供冷系统工程等项目。保修的期限应当按照保证建筑物合理寿命年限内正常使用，维护使用者合法权益的原则确定。具体的保修范围和最低保修期限由国务院规定。

1）建筑工程的质量保修制度

建筑工程的质量保修制度，是指对建筑工程在交付使用后的一定期限内发现的工程质量缺陷，由施工企业承担修复责任的制度。因此，有些质量问题在竣工验收时未被发现，而在使用过程中的一定期限内逐渐暴露出来的，施工企业则应当负责无偿修复，以维护用户的利益。

2）建筑工程实行质量保修的范围

（1）地基基础工程和主体结构工程，对使用中发现的地基基础工程或主体结构工程的质量问题，如果能够通过加固等确保建筑物安全的技术措施予以修复的，施工企业应当负责修复，不能修复造成建筑物无法继续使用的，有关责任者应当依法承担赔偿责任。

（2）屋面防水工程，对屋顶、墙壁出现漏水现象的，施工企业应当负责保修。

（3）其他土建工程，包括地面与楼面工程、门窗工程等。

（4）电气管线、上下水管线的安装工程，包括电气线路、开关、电表的安装，电气照明器具的安装，给水管道、排水管道的安装等。

（5）供热、供冷系统工程，包括暖气设备、中央空调设备等的安装工程等。

（6）其他应当保修的项目范围，即国家规定和合同约定的应由施工企业承担保修责任的其他项目。

3）保修的期限

《建筑法》对建筑工程的保修期限问题未作具体规定，而是授权国务院对最低保修期限问题作出具体规定。一般来讲，确定建筑物保修的具体期限，应当遵循以下原则：①保证建筑物合理使用年限内的正常使用，对危及建筑物在合理使用年限内安全使用的质量缺陷，建筑施工企业应当负责保修；②维护使用者的合法权益，建筑产品是以高额投资取得的长期使用的特殊产品，其保修期限，应当与建筑产品的特点相适应，不能过短。

2000年1月30日，国务院发布的《建设工程质量管理条例》，对最低保修期限作出规定，正常使用条件下，建设工程的最低保修期限为：

（1）基础设施工程、房屋建筑的地基基础工程和主体结构工程，为设计文件规定的该工程的合理使用年限。

（2）屋面防水工程，有防水要求的卫生间、房间和外墙面的防渗漏，为5年。

（3）供热与供冷系统，为2个采暖期、供冷期。

（4）电气管线、给排水管道、设备安装和装修工程，为2年，其他项目的保修期限由发包方与承包方约定。

4）建筑工程质量保修责任

房屋建筑工程在保修范围和保修期限内出现质量缺陷，施工单位应当履行保修义务，并对造成的损失承担赔偿责任。房屋建筑工程在保修期限内出现质量缺陷，建设单位或者房屋建筑所有人应当向施工单位发出保修通知。施工单位接到保修通知后，应当到现场核查情况，在保修书约定的时间内予以保修。发生涉及结构安全或者严重影响使用功能的紧急抢修事故，施工单位接到保修通知后，应当立即到达现场抢修。发生涉及结构安全的质量缺陷，建设单位或者房屋建筑所有人应当立即向当地建设行政主管部门报告，采取安全防范措施，由原设计单位或者具有相应资质等级的设计单位提出保修方案，由施工单位实施保修，原工程质量监督机构负责监督，保修完成后，由建设单位或者房屋建筑所有人组织验收，涉及结构安全的，应当报当地建设行政主管部门备案。施工单位不按工程质量保修书约定保修的，建设单位可以另行委托其他单位保修，由原施工单位承担相应责任。

保修费用由质量缺陷的责任方承担，具体规定如下：

(1) 因施工单位未按国家有关规范、标准和设计要求施工而造成的质量缺陷，由施工单位负责返修并承担经济责任。

(2) 因设计原因造成的质量缺陷，由设计单位承担经济责任，由施工单位负责维修。其费用按有关规定通过建设单位向设计单位索赔，不足部分由建设单位负责。

(3) 因建筑材料、构配件和设备质量不合格引起的质量缺陷，属于施工单位采购的或经其验收同意的，由施工单位承担经济责任，属于建设单位采购的，由建设单位承担经济责任。

(4) 因使用单位使用不当造成的质量问题，由使用单位自行负责。

(5) 因地震、洪水、台风等不可抗力造成的质量问题，施工单位、设计单位不承担经济责任。在保修期内，因房屋建筑工程质量缺陷造成房屋所有人、使用人或者第三方人身、财产损害的，房屋所有人、使用人或者第三方可以向建设单位提出赔偿要求，建设单位向造成房屋建筑工程质量缺陷的责任方追偿。因保修不及时造成新的人身、财产损害，由造成拖延的责任方承担赔偿责任。

施工单位自接到保修通知书之日起，必须在 2 周内到达现场与建设单位共同明确责任方，商议返修内容。属施工单位责任的，如施工单位未能按期到达现场，建设单位应再次通知施工单位；施工单位自接到再次通知书起的 1 周内仍不能到达时，建设单位有权自行返修，所产生的费用由原施工单位承担。不属施工单位责任的，建设单位应与施工单位联系，商议维修的具体期限。

6.7 违反《建筑法》的法律责任

法律责任，是指当事人由于违反法律规定的义务而应承担的法律后果。法律责任一般可分为民事责任、刑事责任和行政责任。民事责任是指民事违法行为人没有按照法律规定履行自己的义务而应该承担的法律后果。刑事责任是指因实施犯罪行为而应承担的国家司法机关依照刑事法律对其犯罪行为及本人所做的否定性评价和谴责。行政责任是指当事人因为实施法律、法规、规章所禁止的行为而引起的行政上必须承担的法律后果。因违反《建筑法》而应承担的法律后果也包括民事责任、刑事责任和行政责任。

《建筑法》中共有 9 条涉及民事责任的承担，分别为：第 66 条规定转让、出借资质证书的民事责任；第 67 条规定转包、非法分包的民事责任；第 69 条规定降低工程质量标准的民事责任；第 70 条规定擅自改变建筑主体或者承重结构的民事责任；第 73 条规定建筑设计违反建筑工程质量、安全标准进行设计的民事责任；第 74 条规定施工企业质量事故的民事责任；第 75 条规定施工企业不履行保修义务的民事责任；第 79 条规定有关主管部门滥用职权或玩忽职守、徇私舞弊的民事责任；第 80 条规定建筑质量责任的赔偿责任。

《建筑法》中共有 10 条涉及刑事责任的承担，分别为：第 65 条规定诈骗的刑事责任；第 68 条规定索贿、受贿、行贿构成犯罪的追究刑事责任；第 69 条规定降低工程质量标准的刑事责任；第 71 条规定安全事故的刑事责任；第 72 条规定建设单位违反建筑工程质量、安全标准、降低工程质量的刑事责任；第 73 条规定建筑设计单位质量事故的刑事责任；第 74 条规定施工企业质量事故的刑事责任；第 77 条和第 79 条规定有关主管部门滥用职权或玩忽职守、徇私舞弊的刑事责任；第 78 条规定政府及有关主管部门限定招标单位的刑事责任。

《建筑法》中共有 3 条涉及行政责任的承担，分别为：第 68 条规定索贿、受贿、行贿构成犯罪的行政责任；第 77 条规定有关主管部门人员滥用职权或玩忽职守、徇私舞弊颁发资质等级证书的行政责任；第 79 条规定有关主管部门的人员滥用职权或玩忽职守、徇私舞弊颁发施工许可证或违法竣工验收的行政责任。

6.7.1 民事法律责任

违反《建筑法》应当承担的主要民事责任是赔偿损失。这种赔偿责任又可以分为民事主体之间的赔偿和国家有关行政机关对民事主体的赔偿两类。

1）民事主体之间的赔偿

在下列情况下，违反《建筑法》的民事主体当事人应当承担赔偿责任：

(1) 建筑施工企业转让、出借资质证书或者以其他方式允许他人以本企业的名义承揽工程的，对因该项承揽工程不符合规定的质量标准造成的损失，建筑施工企业与使用本企业名义的单位或者个人承担连带赔偿责任。

(2) 承包单位将承包的工程转包的，或者违反规定进行分包的，对因转包工程或者违法分包的工程不符合规定的质量标准造成的损失，与接受转包或者分包的单位承担连带赔偿责任。

(3) 工程监理单位与建设单位或者建筑施工企业串通，弄虚作假、降低工程质量的，对造成的损失应当承担连带赔偿责任。

(4) 建设单位对于涉及建筑主体或者承重结构变动的装修工程必须严格按照规定进行施工。违反规定对涉及建筑主体或者承重结构变动的装修工程擅自施工，给他人财产造成损失的，建设单位应当赔偿受害人所受损失。

(5) 建筑设计单位不按照建筑工程质量、安全标准进行设计，造成损失的，承担赔偿责任。

(6) 建筑施工企业在施工中偷工减料，使用不合格的建筑材料、建筑构配件和设备的，或者有其他不按照工程设计图纸或者施工技术标准施工的行为，造成建筑工程质量不符合规定的质量标准，应当赔偿由此造成的损失。

(7) 建筑施工企业违反规定，不履行保修义务或者拖延履行保修义务，应当对在保修期内因屋顶、墙面渗漏、开裂等质量缺陷造成的损失承担赔偿责任。

(8) 在建筑物的合理使用寿命内，因建筑工程质量不合格受到损害的，有权向责任者要求赔偿。受害人可以向业主、勘察、设计、施工、监理中的任何一方要求赔偿，也可要求各方共同赔偿。被要求赔偿方赔偿后，有权向责任者追索。

2）国家有关行政机关对民事主体的赔偿

如果国家有关行政机关及其工作人员在建筑行政管理活动中出现下列违法行政行为，给有关公民、法人、其他组织造成损失的，应当承担行政赔偿责任：

(1) 负责颁发建筑工程施工许可证的部门及其工作人员对不符合施工条件的建筑工程颁发施工许可证的。

(2) 负责工程质量监督检查或者竣工验收的部门及其工作人员对不合格的建筑工程出具质量合格文件或者按合格工程验收的。

3) 其他民事法律责任

除赔偿损失外,违反《建筑法》的民事主体还有可能承担其他民事责任。其中,有可能大量承担的是修理和返工。建筑施工企业在施工中偷工减料,使用不合格的建筑材料、建筑构配件和设备的,或者有其他不按照工程设计图纸或者施工技术标准施工的行为,造成建筑工程质量不符合规定的质量标准,应当负责返工、修理。

对于其他建筑工程不符合规定的质量标准、安全标准的情况,《建筑法》虽未明确规定应承担返工、修理的责任,但都规定了建设行政管理机关应当责令改正,其改正的措施主要就是返工和修理。如果责任人在被责令改正后仍不采取返工和修理等改正措施,受害人有权提起民事诉讼,要求责任人承担返工和修理的民事责任。

6.7.2 行政法律责任

行政法律责任是《建筑法》规定的主要法律责任,《建设工程质量管理条例》、《建设工程安全生产管理条例》也对此作了明确的规定。

1) 涉及行政许可的行政责任

工程勘察、设计、施工单位超越本单位资质等级承揽工程的,责令停止违法行为,对工程勘察、设计单位处合同约定的勘察费、设计费 1 倍以上 2 倍以下的罚款,对施工单位处工程合同价款 2%以上 4%以下的罚款;可以责令停业整顿,降低资质等级;情节严重的,吊销资质证书;有违法所得的,予以没收。

未取得资质证书承揽工程的,予以取缔,依照上述规定处以罚款;有非法所得,予以没收。以欺骗手段取得资质证书承揽工程的,吊销资质证书,也依照上述规定处以罚款;有非法所得的,予以没收。

县级以上人民政府建设行政主管部门或者其他有关行政管理部门的工作人员,对不具备安全生产条件的施工单位颁发资质证书的,或者对没有安全施工措施的建设工程颁发施工许可证的,给予降级或者撤职的行政处分。

2) 转包、违法分包的行政责任

违反有关规定,工程勘察、设计、施工单位允许其他单位或者个人以本单位的名义承揽工程的,责令改正,没收非法所得,对工程勘察、设计单位处合同约定的勘察费、设计费 1 倍以上 2 倍以下的罚款,对施工单位处工程合同价款 2%以上 4%以下的罚款;可以责令停业整顿,降低资质等级;情节严重的,吊销资质证书。

工程勘察、设计、施工单位将承包的工程转包或者违法分包的,责令改正,没收违法所得,对工程勘察、设计单位处合同约定的勘察费、设计费 25%以上 50%以下的罚款,对施工单位处工程合同价款 0.5%以上 1%以下的罚款;可以责令停业整顿,降低资质等级;情节严重的,吊销资质证书。

3）建设、勘察、设计、施工过程中过错行为的行政责任

（1）建设单位的行政责任

建设单位未提供建设工程安全生产作业环境及安全施工措施所需费用的，责令限期改正；逾期未改正的，责令该建设工程停止施工。建设单位未将保证安全施工的措施或者拆除工程的有关资料报送有关部门备案的，责令限期改正，给予警告。

建设单位对勘察、设计、施工、工程监理等单位提出不符合安全生产法律、法规和强制性标准规定的要求的，或者要求施工单位压缩合同约定的工期的，或者将拆除工程发包给不具有相应资质等级的施工单位的，责令限期改正，处 20 万元以上 50 万元以下的罚款。

（2）勘察、设计单位的行政责任

勘察、设计单位违反国家有关规定，有下列行为之一的，责令改正，处 10 万元以上 30 万元以下的罚款，情节严重的，责令停业整顿，降低资质等级，直至吊销资质证书：

① 勘察单位未按照工程建设强制性标准进行勘察的。

② 设计单位未根据勘察成果文件进行工程设计的。

③ 设计单位指定建筑材料、建筑构配件的生产厂、供应商的。

④ 设计单位未按工程建设强制性标准进行设计的。

⑤ 采用新结构、新材料、新工艺的建设工程和特殊结构的建设工程，设计单位未在设计中提出保障施工作业人员安全和预防生产安全事故的措施建议的。

（3）工程监理单位的行政责任

工程监理单位未对施工组织设计中的安全技术措施或者专项施工方案进行审查的，或者发现安全事故隐患未及时要求施工单位整改或者暂时停止施工的，或者在施工单位拒不整改或者不停止施工时，未及时向有关主管部门报告的，或者未依照法律、法规和工程建设强制性标准实施监理的，责令限期改正；逾期未改正的，责令停业整顿，并处 10 万元以上 30 万元以下的罚款；情节严重的，降低资质等级，直至吊销资质证书。

（4）施工单位的行政责任

施工单位在施工中偷工减料，使用不合格的建筑材料、建筑构配件和设备的，或者有不按照工程设计图纸和施工技术标准施工的其他行为的，责令改正，处工程合同价款 2％以上 4％以下的罚款；情节严重的，责令停业整顿，降低资质等级或者吊销资质证书。

施工单位未对建筑材料、设备进行检验的行政责任。施工单位违反规定未对建筑材料、建筑构配件、设备和商品混凝土进行检验，或者未对涉及结构安全的试块、试件以及有关材料取样检测的，责令改正，处 10 万元以上 20 万元以下的罚款；情节严重的，责令停业整顿，降低资质等级或者吊销资质证书。

施工单位违反保修规定的行政责任。施工单位违反规定，不履行保修义务或者拖延履行保修义务的，责令改正，处 10 万元以上 20 万元以下的罚款。

4）对提供机械设备和配件单位的处罚

为建设工程提供机械设备和配件的单位，未按照安全施工的要求配备齐全有效的保险、限位等安全设施和装置的，责令限期改正，处合同价款 1 倍以上 3 倍以下的罚款。出租单位出租未经安全性能检测或者经检测不合格的机械设备和施工机具及配件的，责令停业整顿，并处 5 万元以上 10 万元以下的罚款。

5) 有关人员个人的行政责任

违反规定，注册建筑师、注册结构工程师因过错造成质量事故的，责令停止执业 1 年；造成重大质量事故的，吊销执业资格证书，5 年以内不予注册；情节特别恶劣的，终身不予注册。注册执业人员未执行法律、法规和工程建设强制性标准的，责令停止执业 3 个月以上 1 年以下；情节严重的，吊销执业资格证书，5 年内不予注册；造成重大安全事故的，终身不予注册。

《建设工程质量管理条例》规定，给予单位罚款处罚的，对单位直接负责的主管人员和其他直接责任人员处单位罚款数额 5%以上 10%以下的罚款。

建设、勘察、设计、施工单位的工作人员因调动工作、退休等原因离开该单位后，被发现在该单位工作期间违反国家有关建设工程质量管理规定，造成重大工程质量事故的，仍应当依法追究法律责任（主要是行政责任）。

6.7.3 刑事责任

按照我国《刑法》的规定，建设单位、设计单位、施工单位违反国家规定，降低工程质量标准，造成重大安全事故，对直接责任人员处 5 年以下有期徒刑或者拘役，并处罚金；后果特别严重的，处 5 年以上 10 年以下有期徒刑，并处罚金。

《建筑法》、《建设工程质量管理条例》、《建设工程安全生产管理条例》等也规定了建设活动中各情形构成犯罪的，对直接责任人员，依照《刑法》有关规定追究刑事责任。

6.8 典型案例分析

1) 案例 1

【教学目的】 掌握施工许可证依法领取的必要性。

【案情概要】 2005 年 4 月 22 日，某水泥厂与某建设公司订立《建设施工合同》及《合同总纲》，双方约定：由某建筑公司承建水泥厂第一条生产线主厂房及烧成车间配套工程的土建项目。开工日期为 2005 年 5 月 15 日。建筑材料由水泥厂提供，建设公司垫资 150 万元人民币，在合同订立 15 日内汇入水泥厂账户。建设公司付给水泥厂 10 万元保证金，进场后再付 10 万元押图费，待图纸归还水泥厂后再予退还等。

合同订立后，建筑公司于同年 5 月前后付给水泥厂 103 万元，水泥厂退还 13 万元，实际占用 90 万元。其中 10 万元为押图费，80 万元为垫资款，比约定的垫资款少付 70 万元。同年 5 月建筑公司进场施工。从 5 月 24 日至 10 月 26 日，建筑公司向水泥厂借款 173 539 元。后因建设公司未按约支付全部垫资款及工程质量存在问题，双方产生纠纷，建设公司于同年 7 月停止施工。已完成的工程为窑头基础混凝土、烟囱、窑尾、增温塔等。

水泥厂于同年 11 月向人民法院起诉。一审法院在审理中委托建设工程质量安全监督站对已建工程进行鉴定。结论为：窑头基础混凝土和烟囱不合格，应予拆除。另查明，已建工程总造价为 2 759 391 元。窑头基础混凝土造价 84 022 元，烟囱造价 20 667 元，两项工程拆除费用为 52 779 元，水泥厂投入工程建设的钢筋、水泥等建筑材料折合人民币 70 738 元；合格工程定额利润为 5 404 元；砂石由建设公司提供。还查明：水泥厂与建设公司订立合同和工程施工时，尚未取得建设用地规划许可证和建设工程规划许可证。

【法理分析】 《建筑法》正式确立了建筑工程施工许可制度。《建筑法》第 7 条规定："建筑工程开工前，建设单位应按照国家有关规定向工程所在地县级以上人民政府建设行政主管部门申请领取施工许可证；但是，国务院建设行政主管部门确定的限额以下的小型工程除外。按照国务院的权限和程序批准开工报告的建筑工程，不再领取施工许可证。"根据《建筑法》第 8 条的规定，取得施工许可证的前提是取得土地使用证、规划许可证。因此，工程建设项目施工必须"三证"齐全，即必须同时具备土地使用证、规划许可证、施工许可证。

本案中，由于发包人水泥厂没有依法取得建设用地规划许可证和建设工程规划许可证，属于违法建设，其签订的工程施工合同应属于无效合同。同时，尽管法律规定领取施工许可证是建设单位的责任，但施工单位不经审查而签订了合同，也要承担一定的过错责任。

【案例启示】 依法领取施工许可证是工程建设项目必须遵守的强制性规定，也是工程建设行为合法的必要条件。如果违反了这一法律强制性规定，施工合同将是无效的。

2）案例 2

【教学目的】 了解违反《建筑法》所需要承担的法律责任。

【案情概要】 2010 年 11 月 15 日 14 时，上海余姚路胶州路发生火灾，已有 58 人遇难，原因是焊工违章操作引起脚手架起火。17 日召开的国务院上海"11・15"特别重大火灾事故调查组全体会议上获悉，发生火灾的大楼工程建设涉及的总包、分包、施工、监理等有关情况均已查明。事故调查组表示，将严格依法依规开展调查，严肃追究事故责任。

法院经审理查明，2010 年 6 月初，时任静安区建设和交通委员会主任的高伟忠，接受上海佳艺建筑装饰工程公司原法定代表人、经理黄佩信的请求，违规决定静安区建设总公司承包静安胶州路教师公寓节能改造工程，并将该工程整体转包给不具备相应资质的佳艺公司，由时任静安建交委副主任的姚亚明等人以违规招投标等方式具体落实。此后，黄佩信与佳艺公司副经理马义镑又决定将工程拆分后再行分包。其中，脚手架搭设项目由没有资质的被告人支上邦、沈建丰经劳伟星同意，非法借用上海迪姆物业管理公司的资质承接。脚手架项目中的电焊作业又被交给不具备资质的沈建新承包，沈建新再委托马东启帮助招用无有效特种作业操作证的吴国略和王永亮等人从事电焊作业。

同年 9 月下旬，高伟忠在该工程没有进行项目申报、没有取得施工许可证及全部完成施工方案审批等情况下决定开工。静安建交委综合管理科周建民等积极执行该违规决定。同年 10 月中旬，为赶工期，教师公寓项目执行经理沈大同在没有制定新的施工方案的情况下，提出搭设脚手架和喷涂外墙保温材料实行交叉施工，马义镑和现场总监理工程师张永新等人对此严重违规做法均未制止。施工期间，存在未经审批动火、电焊作业工人无有效特种作业证、电焊作业时未配备灭火器及接火盆等严重安全事故隐患。黄佩信等人没有落实安全生产制度，对工地存在的重大安全事故隐患未进行检查及督促整改；张永新等人作为监理方，未认真履行监理职责；沈大同等未按规定履行安全生产管理职责。上述被告人的行为致使教师公寓节能改造项目施工组织管理混乱，施工安全监管缺失，施工重大安全事故隐患未能及时排除。11 月 15 日，支上邦在没有申请动火证的情况下，要求马东启完成胶州路

728号10层脚手架增加斜撑的施工。经安排，电焊工吴国略及电焊辅助工王永亮在无灭火器及接火盆的情况下违规进行电焊作业。电焊溅落的金属熔融物引燃下方9层脚手架防护平台上堆积的聚氨酯材料碎块、碎屑，引发火灾，造成58人死亡、71人受伤等特别严重后果。

法院同时查明，2004年至2010年期间，高伟忠等人利用职务便利帮助他人承接工程等，收受贿赂。其中，高伟忠受贿12.1万余元，周建民受贿12.5万元。黄佩信、马义镑利用在国有企业中从事公务的职务便利帮助他人承接工程等，分别受贿62万余元和94万余元。此外，支上邦等5人为承接工程等还向他人行贿。

【法理分析】 法院认为：高伟忠、姚亚明等人滥用职权的行为，是造成特别重大火灾事故的主要原因之一，其行为均已构成滥用职权罪，且情节特别严重；高伟忠、周建民等人还收受他人贿赂，其行为又构成受贿罪，依法应当两罪并罚。黄佩信等人在生产施工中违反有关安全生产的规定，造成特大伤亡事故发生，其行为均已构成重大责任事故罪，且情节特别恶劣。黄佩信、马义镑还收受他人贿赂，其行为均又构成受贿罪；支上邦、沈建丰还为谋取不正当利益而行贿，其行为均又构成行贿罪，应当两罪并罚。对上述案件的被告人应根据其犯罪事实和情节依法惩处，对造成特大火灾后果负有重要责任的应依法从严惩处；对具有自首等情节的，可依法从轻、减轻处罚。鉴于吴国略、王永亮有自首情节，且其违章作业与工程管理人员未有效落实安全生产管理措施、未进行安全教育、没有配备足够的防火器材等有关，可依法减轻或免除处罚。

【案例启示】 本案件用惨重的代价警告世人，不按照相应法律法规执行，滥用职权，谋取私利，玩忽职守，无视法律，疏于管理，必将受到法律的制裁。

3）案例3

【教学目的】 掌握工程质量保修制度。

【案情概要】 2008年4月，某大学为建设学生公寓，与某建筑公司签订了一份建设工程合同。合同约定：工程采用固定总价合同形式，主体工程和内外承重砖一律使用国家标准砌块，每层加水泥圈梁；某大学可预付工程款（合同价款的10%）；工程的全部费用于验收合格后一次付清；交付使用后，如果6个月内发生严重质量问题，由承包人负责修复等。1年后，学生公寓如期完工，在某大学和某建筑公司共同进行竣工验收时，某大学发现工程3～5层的承重墙体裂缝较多，要求某建筑公司修复后再验收，某建筑公司认为不影响使用而拒绝修复。因为很多新生等待入住，某大学接收了宿舍楼。在使用了8个月之后，公寓楼5层的内承重墙倒塌，致使1人死亡，3人受伤，其中1人致残。受害者与某大学要求某建筑公司赔偿损失，并修复倒塌工程。某建筑公司以使用不当且已过保修期为由拒绝赔偿。无奈之下，受害者与某大学诉至法院，请法院主持公道。

【法理分析】 《建设工程质量管理条例》第40条规定：在正常使用条件下，建设工程最低保修期限为：

（1）基础设施工程、房屋建筑的地基基础工程、主体结构工程，为设计文件规定的该工程的合理使用年限。

（2）屋面防水工程，有防水要求的卫生间、房间和外墙面的防渗漏，为5年。

（3）供热与供冷系统，为2个采暖期、供冷期。

（4）电器管线、给排水管道、设备安装和装修工程，为2年。

其他项目的保修期限由发包方与承包方约定。

建设工程的保修期,由竣工验收合格之日起计算。

根据上述法律规定,建设工程的保修期限不能低于国家规定的最低保修期限,其中,对地基基础工程、主体结构工程实际规定为终身保修。在本案中,某大学与某建筑公司虽然在合同中双方约定保修期限为 6 个月,但这一期限远远低于国家规定的最低期限,尤其是承重墙属于主体结构,其最低保修期限依法应终身保修。双方的质量期限条款违反了国家强制性法律规定,因此是无效的。某建筑公司应当向受害者承担损害赔偿责任。承包人损害赔偿责任的内容应当包括医疗费、因误工减少的收入、残废者生活补助费等。造成受害人死亡的,还应支付丧葬费、抚恤费、死者生前抚养的人必要的生活费用等。此外,某建筑公司在施工中偷工减料,造成质量事故,有关主管部门应当依照《建筑法》第 74 条的有关规定对其进行法律制裁。

鉴于此,法院对某建筑公司以保修期已过为由拒绝赔偿的主张不予支持,判决某建筑公司应当向受害者承担赔偿责任,并负责修复倒塌的部分工程。

【案件启示】 建设工程保修期限若低于国家规定的最低期限,即使双方在合同中约定,该条款仍将为无效条款。

4) 案例 4

【教学目的】 掌握依法必须实行监理的范围和监理的义务范围。

【案情概要】 某房地产开发公司投资开发一住宅小区,与某工程监理公司签订建设工程委托监理合同。在专用条件的监理职责条款中,双方约定:“乙方(监理公司)负责甲方(房地产开发公司)住宅小区工程设计阶段和施工阶段的监理业务。房地产开发公司应于监理业务结束之日起 5 日内支付最后 20%的监理费用。”工程竣工 1 周后,监理公司要求房地产开发公司支付剩余 20%的监理费,房地产开发公司以双方有口头约定,监理公司监理职责应履行至工程保修期满为由,拒绝支付。监理公司索款未果,诉至法院。法院判决双方口头商定的监理职责延至保修期满的内容不构成委托监理合同的内容,房地产开发公司到期未支付最后一笔监理费,构成违约,应承担违约责任,支付监理公司剩余 20%的监理费及延期付款利息。

【法理分析】 依据《合同法》第 276 条和《建筑法》的有关规定,依法应当实行监理的建设工程,发包人应与监理人订立书面委托监理合同,由监理人按合同内容对建设工程进行监理。

根据《中华人民共和国建筑法》第四章的规定及《建设工程监理范围和规模标准规定》(建设部第 86 号令)等有关规定,依法应当实行监理的建设工程有 5 类:

(1) 国家重点建设工程。

(2) 大中型公益事业工程。

(3) 成片建设的住宅小区工程。

(4) 利用外国政府或者国际金融组织贷款、援助资金的工程。

(5) 国家规定必须实行监理的其他工程。

本案中,房地产开发公司开发住宅小区,属于需要实行监理的建设工程,依法应当与监理人签订委托监理合同。本案争议的焦点在于确定监理公司监理义务范围。依书面合同约定,监理范围包括工程设计和施工两个阶段,而未包括工程的保修阶段,双方只是口头约定还应包括保修阶段。依据《合同法》第 267 条规定，委托监理合同应以书面形式订立，口头形式约定不成立委托监理合同。因此，该委托监理合同关于监理义务的约定，只能包括工程设计和施工两个阶段，不应包括保修阶段。也就是说，监理公司已完全履行了合同义务，房地产开发公司逾期支付监理费用属违约行为，故判决其承担违约责任，支付监理费及利息是正确的。

【案件启示】 建设工程领域的所有合同必须采取书面形式。

本章小结

我国于 1997 年 11 月 1 日颁布的《中华人民共和国建筑法》标志着我国建设领域开始走上法制轨道，具有重要意义。《建筑法》主要针对工程建设活动施工环节中的工程施工许可、建设工程承发包、建设工程监理制度、安全生产、质量监督与管理等环节作出了规定，确立了保障建筑业健康发展的秩序，为建设活动中错综复杂的社会经济关系提供了公认的权威规则。对于保护有关当事人的合法权益，保障建筑活动的正常进行，公正有效地协调建筑活动中的经济关系，提供了强有力的法律保障。

复习思考题

1. 通过互联网、学校图书馆等渠道收集一些典型的在全国、本省有影响的《建筑法》方面的案例材料，将其改写成规范的建设法规案例，应包括案情概要、法理分析(案件焦点和主要法律问题分析)、案例启示等。在条件许可的情况下，可以小组为单位共同完成案例编写工作，并向老师和其他同学汇报工作成果。

2. 浙江省某小型建筑公司承包了港湖花园小区的施工建设，地下 2 层，地上 8 层。在未取得施工许可证的情况下擅自进行施工，并把工程肢解发包给各个不同的单位。监理单位对于此事没有进行调查，仍睁一只眼闭一只眼的权当不知情，没有履行监理义务。在施工过程中，由于春节来临，部分安全人员放假回家，由于人手不够，工地的安全工作只有 4 个施工人员负责。在墙体施工过程中，左边墙体脚手架底部倒塌，造成站在脚手架上面的所有施工人员摔落，2 人死亡，12 人受伤。事后施工人员在请求赔偿后未得到施工单位回复，并在报给安全生产监督管理部门时隐瞒了伤亡人数。该公司在扩招的情况下，其三类人员缺乏安全生产考核合格证书的情况下仍担任公司各部门职务。

建设单位在工程施工的同时未向施工单位提供现场及相邻地区内供水、排水的情况，没有保证资料的真实完整。分包单位没有服从管理制度导致生产安全损失后，拒绝承担责任。施工单位在采用新设备时没有对施工人员进行培训。另外，建设单位为了赶工期，在设计图纸未经过有关部门核查的情况下交给施工单位进行施工。而在第三年，建设单位发现屋面出现漏水，于是要求施工单位保修，施工单位以合同中该项工程预定的保修期为 2 年为由拒绝。

试分析该项目在实施过程中所存在的各种问题。

3. 2010 年 4 月，某市甲单位与乙建筑工程公司签订了一份建筑工程承包合同。合同约定，甲的一幢职工宿舍楼由乙承包建筑与安装，定于 2010 年 7 月 1 日开工，2011 年 4 月 1 日竣工并验收。2011 年 3 月，一、二层的内装修完毕，甲单位分到一、二层的职工因多年住房紧张，见内装修完毕，便强行搬了进去，甲单位领导劝阻无效，便听之任之。以后每装修完一层便住进去一层。到4月1日完工时,此楼已全部投入使用。这时甲对宿舍楼进行验收,发现一、二层墙皮剥落及门窗关启困难等问题,要求乙返工。乙遂将门窗进行检修,但拒绝重新粉刷墙壁,于是甲拒付剩余的5万元工程款。2011年7月5日,乙向法院起诉,要求甲付清拖欠的工程款5万元及利息。

(1) 该工程未验收,发包人便提前使用,验收时发现质量问题如何处理?

(2) 甲单位为此拒付剩余5万元工程款的行为是否合法?

7 建设工程安全生产法

教学目标

1. 了解建筑工程安全生产法律法规的立法现状。
2. 掌握建设工程安全生产基本制度。
3. 熟悉有关各方的安全责任和义务。
4. 掌握建设工程安全事故调查处理。

7.1 概述

安全生产是指管理者运用行政、经济、法律、法规、技术等各种手段,发挥决策、教育、组织、监察、指挥等各种职能,对人、物、环境等各种被管理对象施加影响和控制,排除不安全因素,以达到安全目的的活动。安全管理的中心问题是保护生产活动中劳动者的安全与健康,保证生产顺利进行。工程建设安全生产管理包括纵向、横向和施工现场 3 个方面的管理。纵向方面的管理主要是指建设行政主管部门及其授权的建筑安全监督管理机构对建筑安全生产的行业进行监督管理。横向方面的管理主要是指建筑生产有关各方如建设单位、设计单位、监理单位和建筑施工企业等的安全责任和义务。施工现场管理主要是指控制人的不安全行为和物的不安全状态,是建筑安全生产管理的关键和集中体现。工程建设的特点是产品固定、人员流动,而且多为露天高空作业,不安全因素较多,有些工作危险性较大,是事故多发性行业。近年来每年的施工死亡率为万分之三左右,死亡人数仅次于矿山,居全国各行业的第二位。特别是一次死亡 3 人以上的重大事故经常发生,给人民的生命财产造成了巨大损失.也影响了社会的安定。加强建筑安全生产管理,预防和减少建筑业事故的发生,保障建筑职工及他人的人身安全和财产安全非常重要,无论是在经济方面还是在政治方面,加强建筑安全生产管理都具有重大意义。

据不完全统计:

2004 年全国共发生建筑施工事故 1 144 起,死亡 1 324 人,其中发生建筑施工一次死亡 3 人以上重大事故 42 起,死亡 175 人。

2005 年共发生 1 015 起,死亡 1 193 人,其中发生一次死亡 3 人以上重大事故 43 起,死亡 170 人。

2006 年共发生 888 起,死亡 1 048 人,其中发生一次死亡 3 人以上重大事故 39 起,死亡 146 人。

2007 年共发生 859 起,死亡 1 012 人,其中发生一次死亡 3 人以上重大事故 35 起,死亡 144 人。

2008 年共发生 781 起，死亡 967 人，其中发生一次死亡 3 人以上重大事故 42 起，死亡 180 人。

2009 年共发生 693 起，死亡 846 人，其中发生一次死亡 3 人以上重大事故 23 起，死亡 97 人。

2010 年共发生 477 起，死亡 611 人，其中发生一次死亡 3 人以上重大事故 27 起，死亡 111 人。

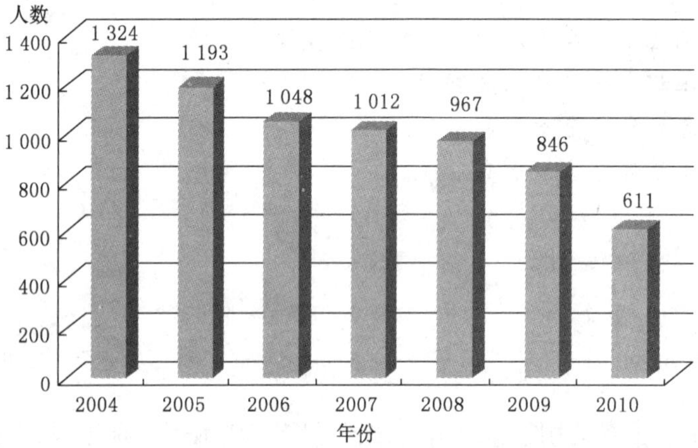

图 7-1　2004—2010 年建筑施工事故柱状图

统计数据表明，全国建筑安全生产的突出特征是：总体稳定、趋于好转的发展态势与依然严峻的现状并存。

为了加强安全生产监督管理，维护建筑市场秩序，保证建筑工程的质量和安全，促进建筑业健康发展，防止和减少生产安全事故，保障人民群众生命和财产安全，规范生产安全事故的报告和调查处理，落实生产安全事故责任追究制度，防止和减少生产安全事故，全国人大、国务院、原建设部相继制定了一系列工程建设安全生产法规和规范性文件，主要有：

1991 年 7 月 9 日，原建设部令第 013 号《建筑安全生产监督管理规定》。

1992 年 1 月 1 日，原建设部令第 015 号《建设工程施工现场管理规定》。

1997 年 11 月 1 日，主席令第 091 号《中华人民共和国建筑法》（以下简称《建筑法》）

2001 年 4 月 21 日，国务院令第 302 号《国务院关于特大安全事故行政责任追究的规定》。

2002 年 6 月 29 日，主席令第 070 号《中华人民共和国安全生产法》（以下简称《安全生产法》）。

2003 年 11 月 24 日，国务院令第 393 号《建设工程安全生产管理条例》。

2004 年 1 月 13 日，国务院令第 397 号《安全生产许可证条例》。

2004 年 7 月 5 日，原建设部令第 128 号《建筑施工企业安全生产许可证管理规定》。

2007 年 4 月 9 日，国务院令第 493 号《生产安全事故报告和调查处理条例》。

2008 年 1 月 28 日，原建设部令第 166 号《建筑起重机械安全监督管理规定》。

上述法律、法规、条例的颁布实施，加大了建筑安全生产管理方面的立法力度，对于加强建筑安全生产监督管理、保障人民群众生命和财产安全具有十分重要的意义。

7.2 建设工程安全生产基本制度

我国《安全生产法》中规定：安全生产管理，坚持“安全第一，预防为主”的方针。

所谓安全第一，就是指在生产经营活动中，在处理保证安全与实现生产经营活动的其他各项目标的关系上，要始终把安全，特别是从业人员和其他人员的人身安全放在首要的位置，实现“安全优先”的原则，在确保安全的前提下，再来努力实现生产经营的其他目标。

所谓预防为主，就是指对安全生产的管理，主要不是放在发生事故后去组织抢救、进行事故调查，找原因、追究责任、堵漏洞，而是要谋事在先，尊重科学，探索规律，采取有效的事前控制措施，千方百计预防事故的发生，做到防患于未然，将事故消灭在萌芽状态。虽然人类在生产活动中还不可能完全杜绝安全事故的发生，但只有思想重视，预防措施得当，事故特别是重大事故的发生还是可以大大减少的。

为保证“安全第一，预防为主”方针的落实，《安全生产法》及其他相关法规还具体规定了安全生产责任制度、安全生产教育培训制度、安全生产检查监督制度、安全生产劳动保护制度、安全生产的市场准入制度及安全生产事故责任追究制度等基本制度。

7.2.1 工程建设安全生产责任制度

安全生产责任制度，是指由企业主要负责人应负的安全生产责任，其他各级管理人员、技术人员和各职能部门应负的安全生产责任，直到各岗位操作人员应负的岗位安全生产责任所构成的企业安全生产制度。只有从企业主要负责人到各岗位操作人员，人人都明确各自的安全生产责任，人人都按照自己的职责做好安全生产工作，企业的安全生产才能落到实处，从而得到充分保障。

1）企业主要负责人的责任

安全生产工作是企业管理工作中的重要内容，涉及企业生产经营活动的各个方面，它除了对单位的生产经营有重大影响外，对社会公共安全也有重大影响。所以，法律规定必须由企业“一把手”挂帅，统筹协调，全面负责，这既是对本单位的负责，也是对社会应负的责任。生产经营单位可以安排副职负责人分管安全生产工作，但不能因此减轻或减免主要负责人对本单位安全生产工作所应负的全面责任。《安全生产法》规定，生产经营单位的主要负责人，应对本单位的安全生产负有以下责任：

（1）建立、健全本单位安全生产责任制。

（2）组织制定本单位安全生产规章制度和操作规程。

（3）保证本单位安全生产投入的有效实施。

（4）监督检查本单位的安全生产工作，及时消除安全生产事故隐患。

（5）组织制定并实施本单位生产安全事故应急救援预案。

（6）及时、如实地报告生产安全事故。

对于满足安全生产必备条件所必需的资金投入，由生产经营单位的决策机构、主要责任人或个体经营的投资人予以保证，并对因必需资金投入不足而导致的后果承担责任。

相关法规还对建筑企业主要负责人在安全生产方面的责任作出了进一步具体规定，它要求企业经理（厂长）和主管生产的副经理（副厂长）对本企业的劳动保护和安全生产负总的责任。认真贯彻执行劳动保护和安全生产政策、法规和规章制度；定期向企业职代会报告企业安全生产情况和措施；制定企业各级干部的安全责任制等制度；定期研究解决安全生产中的问题；组织审批安全技术措施计划并贯彻实施；定期组织安全检查和开展安全竞赛等活动；对职工进行安全教育和遵章守纪教育；督促各级领导干部和各职能单位的职工做好本职范围内的安全工作；总结与推广安全生产先进经验；主持重大伤亡事故的调查分析，提出处理意见和改进措施，并监督实施。

2）各级管理人员的责任

结合建筑企业及工程建设的特点，相关法规对各级管理人员的责任也作出了明确规定。企业总工程师（技术负责人）对本企业劳动保护和安全生产的技术工作负总的责任。项目经理、施工队长、车间主任应对本单位劳动保护和安全生产工作负具体领导责任。工长、施工员对所管工程的安全生产负直接责任。

企业中的生产、技术、材料等各职能机构，都应在各自业务范围内，对实现安全生产的要求负责。

企业应根据实际情况，建立安全机构，并按照职工总数配备相应的专职人员（一般为2%～5%），负责安全管理工作和安全监督检查工作。其主要的职责是：

（1）贯彻执行有关安全技术劳动保护法规。

（2）做好安全生产的宣传教育和管理工作，总结交流推广先进经验。

（3）经常深入基层，指导下级安全技术人员的工作。掌握安全生产情况，调查研究生产中的不安全问题，提出改进意见和措施。

（4）组织安全活动和定期安全检查。

（5）参加审查施工组织设计（施工方案）和编制安全技术措施计划，并对贯彻执行情况进行监督检查。

（6）与有关部门共同做好新工人、特种工种工人的安全技术培训、考核、发证工作。

（7）进行工伤事故统计、分析和报告，参加工伤事故的调查和处理。

（8）禁止违章指挥和违章作业。遇有严重险情，有权暂停生产，并报告领导处理。

3）从业人员的责任

从业人员是指生产经营单位中从事生产经营活动的人员，他们包括直接操作人员、工程技术人员、管理人员、服务人员等。由于安全生产贯穿于生产的全过程之中，它依赖于每道工序、每个个人的有机衔接和有效配合，每个从业人员的行为都直接关系到安全生产的实施与成效。因此，每个从业人员也都要从自身角度对本单位的安全生产承担责任。

7.2.2 工程建设安全生产的教育培训制度

安全生产教育和培训是安全生产管理工作的一个重要组成部分，是实现安全生产的一项重要的基础性工作。生产安全事故的发生，不外乎人的不安全行为和物的不安全状态两种原因。而在我国，由于人的不安全行为所导致的生产安全事故数量在事故总数中占很大比重。因而对从业人员进行安全生产教育和培训，控制人的不安全行为，对减少安全生产事故是极为重要的。通过安全生产教育和培训，可以使广大劳动者正确按规章办事，严格执行安全生产操作规程，认识和掌握生产中的危险因素和生产安全事故的发生规律，并正确运用科学技术知识加以治理和预防，及时发现和消除隐患，保证安全生产。

对于安全生产教育和培训的内容，《安全生产》及相关法规也作出了规定，主要有以下几个方面的教育培训。

1）安全生产的方针、政策、法律、法规以及安全生产规章制度的教育培训

对所有从业人员都要进行经常性的教育，对于企业各级领导干部和安全管理干部更要定期轮训，使其提高政策、思想水平，熟悉安全生产技术及相关业务，做好安全工作。

2）安全操作技能的教育与培训

对安全操作技能的教育与培训，我国目前一般采用入厂教育、车间教育和现场教育多环节的方式进行。

对于新工人（包括合同工、临时工、学徒工、实习和代培人员）必须进行入厂（公司）安全教育。教育内容包括安全技术知识、设备性能、操作规程、安全制度和严禁事项，并经考试合格后方可进入操作岗位。

3）特种作业人员的安全生产教育和培训

特种工作，是指容易发生人员伤亡事故，对操作者本人、他人及周围设施的安全有重大危害的作业。根据现行规定，特种工作大致包括电工、金属焊接切割、起重机械、机动车辆驾驶、登高架设、锅炉（含水质化验）、压力容器操作、制冷、爆破等作业。特种作业人员的工作，存在的危险因素很多，很容易发生安全事故，因此，对他们必须进行专门的培训教育，提高其认识，增强其技能，以减少其失误，这对防止和减少生产安全事故具有重要意义。相关法规规定：电工、焊工、架子工、司炉工、爆破工、机操工及起重工，打桩机和各种机动车辆司机等特殊工种工人，除进行一般安全教育外，还要经过本工种的安全技术教育，经考试合格发证，方可获准独立操作。每年还要进行一次复查。

4）采用新工艺、新技术、新材料、新设备时的教育与培训

在采用新工艺、新技术、新材料、新设备时，如对其原理、操作规程、存在的危险因素、防范措施及正确处理方法没有了解清楚，就极易发生安全生产事故，且一旦发生事故也不能有效控制，从而导致损失扩大。因此，必须进行事先的培训，使相关人员了解和掌握其安全技术特征，以采取有效的安全防护措施，防止和减少安全生产事故的发生。相关法规规定：采用新工艺、新技术、新材料、新设备施工和调换工作岗位时，要对操作人员进行新技术操作和新岗位的安全教育，未经教育不得上岗操作。

7.2.3 工程建设安全生产的监督管理制度

保障社会的安定和人民的安全，是国家应承担的责任，而安全生产涉及社会及广大民众的生命财产安全，因此，政府必须对安全生产加强监督管理。《安全生产法》及相关法规对此都有明确规定。

1）县级以上地方人民政府的监督管理

县级以上地方各级人民政府应根据本行政区域内的安全生产状况，组织有关部门按照

职责分工，对本行政区域内容易发生重大安全事故的生产经营单位进行严格检查，发现事故隐患应及时处理。检查可以是定期的，也可以是不定期的；可以是综合的，也可以是专项的。

2）各级负责安全生产监督管理部门的监督管理

目前负责安全生产监督管理的部门，在中央是国务院安全生产监督管理局，在地方是各级依法成立的负责安全生产监督的机构。其主要职责为：依法对有关设计安全生产的事项进行审批、验收，对生产经营单位执行有关安全生产的法律、法规和国家标准或行业标准的情况进行监督检查，组织对重大事故的调查处理及对违反安全生产法律规定的行为进行行政处罚等。

3）行业行政主管部门对本行业安全生产的监督管理

依照国务院"三定"方案的规定，房屋建筑工程、市政工程等工程建设的安全生产的监督管理工作由建设部负责，其主要职责是按照保障安全生产的要求，依法及时制定或修订建筑业的国家标准或行业标准，并督促、检查标准的严格执行。这些标准包括：生产场所的安全标准，生产作业、施工的工艺安全标准，安全设备、设施、器材和安全防护用品的产品安全标准及有关建筑生产安全的基础性和通用性标准等。

4）生产经营单位对安全生产的监督管理

生产经营单位在日常的生产经营活动中，必须加强对安全生产的监督管理，对于存在较大危险因素的场地、设备及施工作业，更应依法进行重点检查、管理，以防生产安全事故的发生。

5）社会对安全生产的监督管理

安全生产涉及全社会利益，是全社会共同关注的问题，因此可以动员全社会的力量来对安全生产进行监督管理。为此，《安全生产法》规定居民委员会、村民委员会发现其所在区域内的生产经营单位存在事故隐患或安全生产违法时，应当向当地人民政府或有关部门报告。

新闻、出版、广播、电影、电视等单位有进行安全生产教育义务的义务，同时，对违反安全生产法律、法规的行为有进行舆论监督的权力。

任何单位和个人对事故隐患和安全违法行为均有向安全生产监督管理部门报告或举报的权力。安全生产监督管理部门应建立举报制度，公开举报电话、信箱或电子邮件地址。

承担安全评价、认证、检测、检验的中介机构，则通过其服务行为对相关安全生产事项实施监督管理。

7.2.4 工程建设安全生产的劳动保护制度

1）从业人员的权力

从业人员往往直接面对生产经营活动中的不安全因素，生命健康安全最易受到威胁。而生产经营单位是从追求利益最大化的立场出发，往往容易忽略甚至故意减少对从业人员人身安全的保障。为使从业人员人身安全得到切实保护，法律特别赋予从业人员自我保护的权利。

（1）签订合法劳动合同权

生产经营单位与从业人员订立的劳动合同，应当载明有关保障从业人员劳动安全，防止职业危害的事项，以及依法为从业人员办理工商社会保险的事项，生产经营单位不得以任何方式与从业人员订立协议，免除或减轻其对从业人员因生产安全事故伤亡依法应承担的责任。

(2) 知情权

生产经营单位的从业人员有权了解其作业场所和工作岗位存在的危险因素、防范措施及事故应急措施，生产经营单位应主动告知有关实情。

(3) 建设、批评、检举、控告权

安全生产与从业人员的生命安全与健康息息相关，因此从业人员有权参与本单位生产安全方面的民主管理与民主监督，对本单位的安全生产工作提出意见和建议；对本单位安全生产中存在的问题提出批评、检举和控告。生产经营单位不得因此而降低其工资、福利待遇或解除与其订立的劳动合同。

(4) 对违章指挥，强令冒犯作业的拒绝权

对于生产经营单位的负责人、生产管理人员和工程技术人员违反规章制度，不顾从业人员的生命安全与健康，指挥从业人员进行活动的行为，以及在存有危及人身安全的危险因素而又无相应安全保护措施的情况下，强迫命令从业人员冒险进行作业的行为，从业人员都依法享有拒绝服从指挥和命令的权利。生产经营单位不得因此而采取降低工资、福利待遇或解除劳动合同等惩罚、报复手段。

(5) 停止作业及紧急撤离权

从业人员发现直接危及人身安全的紧急情况时，有权停止作业或在采取可能的应急措施后撤离作业场所。生产经营单位不得因此而降低其工资、福利待遇或解除其劳动合同。

(6) 依法获得赔偿权

《安全生产法》规定，因生产安全事故受到损害的从业人员，除依法享有工伤保险外，依法有获得赔偿的权利，还有权向本单位提出赔偿要求，生产单位应依法予以赔偿。

2) 工会对从业人员生产安全权利的保护

工会是职工依法组成的工人阶级的群众组织，《中华人民共和国工会法》规定，维护职工合法权益是工会的基本职责。《安全生产法》从安全生产的角度进一步明确了工会维护职工生命健康与安全的相关权利。

工会对生产经营单位违反安全生产法律、法规，侵犯从业人员合法权益的行为，有权要求纠正；发现生产经营单位违章指挥，强令冒险作业或发现事故隐患时，有权提出解决的建议，生产经营单位应及时研究答复；发现危及从业人员生命安全的问题时，有权向生产经营单位建议组织从业人员撤离危险场所，生产经营单位必须立即作出处理。

3) 生产经营单位在劳动保护方面的职责

(1) 提供劳动保护用品

劳动保护用品是保护职工安全必不可少的辅助措施，在某种意义上说，它是劳动者防止职业伤害的最后一道屏障。因此，《安全生产法》规定，生产经营单位必须为从业人员提供符合国家标准或行业标准的劳动保护用品，并监督、教育从业人员按照使用规则佩戴、使用，明确要求生产经营单位应当安排用于配备劳动保护用品和进行安全生产培训的经费。

(2) 参加工伤社会保险

社会保险是国家和用人单位依照法律规定或合同的约定，对与用人单位存在劳动关系的劳动者在暂时或永久丧失劳动能力以及暂时失业时为保证其基本生活需要，给予物质帮

助的一种社会保障制度，它是社会保障体系的一个重要组成部分。我国目前已建立起的社会保险包括养老保险、失业保险以及工伤保险等，其中工伤保险是指职工在劳动过程中因生产安全事故或患职业病、暂时或永久丧失劳动能力时，在医疗和生活上获得物质帮助的社会保险制度。《安全生产法》规定，生产经营单位必须依法参加工伤社会保险，为从业人员缴纳保险费。

《建筑法》还规定：建筑施工企业必须为从事危险作业的职工办理意外伤害保险，支付保险费。这就是说，只要是从事危险作业的人员，不论是固定工还是合同工，不论是正式工还是农民工，其所在的建筑施工企业都必须为其办理意外伤害保险并支付保险费。这种保险是强制的，它从法律上保障了职工的意外伤害经济补偿权利。

(3) 日常生产经营活动中的劳动保护

生产经营单位必须切实加强管理，保证职工在生产过程中的安全和健康，促进生产的发展。企业要努力改善劳动条件，注意劳逸结合，制定以防止工伤事故、职工中毒和职业病为内容的安全技术措施长远规划和年度计划，并组织实施。要加强季节性劳动保护工作。夏季要防暑降温；冬季要防寒防冻，防止煤气中毒；雨季和台风来临之前，应对临时设施和电气设备进行检修，沿河流域的工地要做好防洪抢险准备；雨雪过后要采取防滑措施。

建筑施工企业在施工过程中，应遵循有关安全生产的法律、法规和建筑行业安全规章、规程。企业法定代表人、项目经理、生产管理人员和工程技术人员不得违章指挥，强令作业人员违章作业，如因违章指挥、强令职工冒险作业而发生重大伤亡事故或造成其他严重后果的，要依法追究其刑事责任。

(4) 加强对女职工和未成年工的特殊保护

生产经营单位应根据女职工的不同生理特点和未成年工的身体发育情况，进行特殊保护。我国劳动法禁止安排女职工从事矿山井下，国家规定的第四级体力劳动强度的劳动和其他禁忌从事的劳动。不得安排女职工在经期从事高处、低温、冷水作业和国家规定的第三级体力劳动强度的劳动。不得安排女职工在怀孕期间从事国家规定的第三级体力劳动强度的劳动和孕期禁忌从事的劳动。对怀孕 7 个月以上的女职工，不得安排其延长工作时间和夜班劳动。女职工生育享受不少于 90 天的产假。不得安排女职工在哺乳未满 1 周岁的婴儿期间从事国家规定的第三级体力劳动强度的劳动和哺乳期间禁忌从事的其他活动，不得安排其延长工作时间和夜班劳动。

我国法律严禁雇佣未满 16 周岁的童工。对于已满 16 周岁但尚未成年的职工，不得安排其从事矿山井下、有毒有害、国家规定的第四级体力劳动强度的劳动和其他禁忌从事的劳动。

7.2.5 工程建设安全生产的市场准入及奖惩制度

1) 市场准入制度

为确保安全生产，国家对生产经营单位及从业人员都实行了严格的市场准入制度。

生产经营单位必须具备法律、法规及国家标准或行业标准规定的安全生产条件。条件不具备的，不得从事生产经营活动。

承担安全评价、认证、检测、检验的机构必须取得国家的资质许可，方可从事相关活动。

未经安全生产教育和培训合格的从业人员，不得上岗作业。特种作业人员必须经专门的安全作业培训，取得特种作业操作资格证书后方可上岗作业。

2) 奖惩制度

国家实行生产安全事故责任追究制度，依法追究生产安全事故责任人员的法律责任。

国家对在改善安全生产条件、防止生产安全事故、参加抢险救护等方面取得显著成绩的单位和个人给予奖励。县级以上人民政府及有关部门报告或举报的有功人员应给予奖励。

7.3 有关各方的安全责任和义务

7.3.1 从业人员的安全责任

1) 建设单位的安全责任

(1) 向施工单位提供资料的责任

根据《安全生产管理条例》第 6 条的规定，建设单位应当向施工单位提供施工现场及毗邻区域内供水、排水、供电、供气、供热、通信、广播电视等地下管线资料，气象和水文观测资料，相邻建筑物和构筑物地下工程的有关资料，并保证资料的真实、准确、完整。

建设单位因建设工程需要，向有关部门或者单位查询××规定的资料时，有关部门或者单位应当及时提供。

建设单位提供的资料将成为施工单位后续工作的主要参与依据。这些资料如果不真实、准确、完整，并因此导致了施工单位的损失，施工单位可以就此向建设单位要求赔偿。

(2) 依法履行合同的责任

《安全生产管理条例》第 7 条规定："建设单位不得对勘察、设计、施工、工程监理等单位提供不符合建设工程安全生产法律、法规和强制性标准规定的要求，不得压缩合同规定的工期。"

建设单位与勘察、设计、施工、工程监理等单位都是完全平等的合同双方的关系，不存在建设单位是这些单位的管理单位的关系。建设单位对这些单位的要求必须要以合同为依据，并不得触犯相关的法律、法规。

工期并非不可压缩，但是此处的"不得压缩合同约定的工期"指的是不得单方面压缩工期，如果由于外界原因不得不压缩工期的话，也要在不违背施工工艺的前提下，与合同另一方当事人协商并达成一致意见后方可压缩。

(3) 提供安全生产费用的责任

《安全生产管理条例》第 8 条规定："建设单位在编制工程核算时，应当确定建设工程安全作业环境及安全施工措施所需费用。"

安全生产需要资金的保证，而这笔资金的源头就是建设单位，只有建设单位提供了用于安全生产的费用，施工单位才可能有保证安全生产的费用。

(4) 不得推销劣质材料设备的责任

《安全生产管理条例》第 9 条规定："建设单位不得明示或者暗示施工单位购买、租赁、使用不符合安全施工要求的安全防护用具、机械设备、施工机具及配件、消防设施和器材。”

由于建设单位与施工单位的特殊关系，建设单位的明示或者暗示经常被施工单位理解为是强制性的命令。因此，法律明确规定了建设单位不得向施工单位提供劣质材料，以解除施工单位进退两难的处境。

(5) 提供安全施工措施资料的责任

根据《安全生产管理条例》第 10 条规定，建设单位在申请领取施工许可证时，应当提供建设工程有关安全施工措施的资料。

依法批准开工报告的建设工程，建设单位应当自开工报告批准之日起 15 日内，将保证安全施工的措施报送建筑工程所在地的县级以上地方人民政府建设行政主管部门或者其他有关部门备案。

这一点与《建筑法》也是相吻合的。

(6) 对拆除工程进行备案的责任

根据《安全生产管理条例》第 11 条规定，建设单位应当将拆除工程发包给具有相应资质等级的施工单位。

建设单位应当在拆除工程施工 15 日前，将下列资料报送建设工程所在地的县级以上地方人民政府建设行政主管部门或者其他有关部门备案：

① 施工单位资质等级证明。

② 拟拆除建筑物、构建物及可能危及毗邻建筑的说明。

③ 拆除施工组织方案。

④ 堆放、清除废弃物的措施。

实施爆破作业的，要遵守国家有关民用爆炸物品管理的规定。

2) 工程监理单位的安全责任

(1) 审查施工方案的责任

《建设工程安全生产管理条例》第 14 条规定：“工程监理单位应当审核施工组织设计中的安全技术措施或者专项施工方案是否符合工程建设强制性标准。”

(2) 监理的安全生产责任

《建设工程安全生产管理条例》第 14 条同时规定：“工程监理单位在实施监理过程中，发现存在安全事故隐患的，应当要求施工单位修改；情况严重的，应当要求施工单位暂时停止施工，并及时报告建设单位。施工单位拒不整改或者不停止施工的，工程监理单位应当及时向有关主管部门报告。工程监理单位和监理工程师应当按照法律、法规和工程建设强制性标准实施监理，并对建设工程安全生产承担监理责任。”

3) 施工单位主要负责人的安全责任

施工单位主要负责人安全生产方面的主要职责包括：

(1) 建立健全安全生产责任制度和安全生产教育培训制度。

(2) 制定安全生产规章制度和操作规程。

(3) 保证本单位安全生产条件所需资金的投入。

(4) 对所承建的建设工程进行定期和专项安全检查，并做好安全检查记录。

4) 施工单位的项目负责人的安全责任

项目负责人的安全责任主要包括：

（1）落实安全生产责任制度、安全生产规章制度和操作规程。

（2）确保安全生产费用的有效使用。

（3）根据工程的特点组织制定安全施工措施，消除安全事故隐患。

（4）及时、如实地报告生产安全事故。

5）施工单位应当设置安全生产管理机构

《建设工程安全生产管理条例》第23条规定："施工单位应当设立安全生产管理机构，配备专职安全生产管理人员。"

安全生产管理机构的职责主要包括落实国家有关安全生产法律法规和标准，编制并适时更新安全生产管理制度，组织开展全员安全教育培训及安全检查等活动。

专职安全生产管理人员是指经建设主管部门或者其他有关部门安全生产考核合格，并取得安全生产考核合格证书，在企业从事安全生产管理工作的专职人员，包括施工单位安全生产管理机构的负责人及其工作人员和施工现场专职安全生产管理人员。

根据《建设工程安全生产管理条例》第23条的有关规定，专职安全生产管理人员的安全责任主要包括：对安全生产进行现场监督检查；发现安全事故隐患，应当及时向项目负责人和安全生产管理机构报告；对于违章指挥、违章操作的，应当立即制止。

6）总承包单位和分包单位安全责任的划分

（1）总承包单位的安全责任

《建设工程安全生产管理条例》第24条规定："建设工程实行施工总承包的，由总承包单位对施工现场的安全生产负总责。"建设工程实行施工总承包的，由建设单位将包括土建和安装等方面的施工任务一并发包给一家具有相应施工总承包资质的施工单位，施工总承包单位在法律规定和合同约定的范围内，全面负责施工现场的组织管理。

《建设工程施工现场管理规定》第9条规定："建设工程实行总包和分包的，由总包单位负责施工现场的统一管理，监督检查分包单位的施工现场活动。分包单位应当在总包单位的统一管理下，在其分包范围内建立施工现场管理责任制并组织实施。"这条规定赋予了总承包商施工现场的统一管理权，自然也就要包括对分包单位的安全生产管理权。

同时，为了防止违法分包和转包等违法行为的发生，真正落实施工总承包单位的安全责任，《建设工程安全生产管理条例》进一步强调："总承包单位应当自行完成建设工程主体结构的施工。"这也是《建筑法》的要求，避免由于分包单位能力不足而导致生产安全事故的发生。

（2）总承包单位与分包单位的安全责任划分

《建设工程安全生产管理条例》第24条规定："总承包单位依法将建设工程分包给其他单位的，分包合同中应当明确各自的安全生产方面的权利、义务。总承包单位和分包单位对分包工程的安全生产承担连带责任。"

但是，总承包单位与分包单位在安全生产方面的责任也不是固定的，要根据具体的情况来确定责任。《建设工程安全生产管理条例》第24条规定："分包单位应当服从总承包单位的安全生产管理，分包单位不服从管理导致生产安全事故的，由分包单位承担主要责任。"

7）施工单位需要经过考核后方可任职的人员

《建设工程安全生产管理条例》第36条规定："施工单位的主要负责人、项目负责人、专职安全生产管理人员应当经建设行政主管部门或者其他有关部门考核合格后方可任职。"

8）施工单位对管理人员和作业人员的培训应当保证的频率

《建设工程安全生产管理条例》第36条规定："施工单位应当对管理人员和作业人员每年至少进行一次安全生产教育培训，其教育培训情况记入个人工作档案。安全生产教育培训考核不合格的人员，不得上岗。"

7.3.2 安全生产中从业人员的权利

1）知情权

《安全生产法》第45条规定："生产经营单位的从业人员有权了解其作业场所和工作岗位存在的危险因素、防范措施及事故应急措施，有权对本单位的安全生产工作提出建议。"

2）批评权和检举、控告权

《安全生产法》第46条规定："从业人员有权对本单位安全生产工作中存在的问题提出批评、检举、控告。"

3）拒绝权

《安全生产法》第46条同时规定："从业人员有权拒绝违章指挥和强令冒险作业。生产经营单位不得因从业人员对本单位安全生产工作提出批评、检举、控告或者拒绝违章指挥、强令冒险作业而降低其工资、福利等待遇或者解除与其订立的劳动合同。"

4）紧急避险权

《安全生产法》第47条规定："从业人员发现直接危及人身安全的紧急情况时，有权停止作业或者在采取可能的应急措施后撤离作业场所。"

5）请求赔偿权

《安全生产法》第48条规定："因生产安全事故受到损害的从业人员，除依法享有工伤社会保险外，依照有关民事法律尚有获得赔偿的权利的，有权向本单位提出赔偿要求。"

依法为从业人员缴纳工伤社会保险费和给予民事赔偿，是生产经营单位的法定义务。《安全生产法》第43条、第44条分别规定，生产经营单位必须依法参加工伤社会保险，为从业人员缴纳保险费；生产经营单位与从业人员订立的劳动合同，应当载明依法为从业人员办理工伤社会保险的事项。

发生生产安全事故后，受到损害的从业人员首先根据劳动合同和工伤社会保险合同的约定，享有请求相应赔偿的权利。如果工伤保险赔偿金不足以补偿受害人的损失，受害人还可以依照有关民事法律的规定，向其所在的生产经营单位提出赔偿要求。为了切实保护从业人员的该项权利，《安全生产法》第44条第2款还规定："生产经营单位不得以任何形式与从业人员订立协议，免除或者减轻其对从业人员因生产安全事故伤亡依法应承担的责任。"

6）获得劳动防护用品的权利

《安全生产法》第37条规定："生产经营单位必须为参与人员提供符合国家标准或者行业标准的劳动防护用品，并监督、教育从业人员按照使用规则佩戴、使用。"

7）获得安全生产教育和培训的权利

《安全生产法》第21条规定："生产经营单位应当对从业人员进行安全生产教育和培训，

保证参与人员具备必要的安全生产知识，熟悉有关的安全生产规章制度和安全操作规程，掌握本岗位的安全操作技能。”

【案例 7-1】 张某是项目经理部新聘用的员工，其职责是负责运输拌制水泥混凝土的材料。一天，项目经理要求张某将一些不合格的石料渗进合格的石料之中。张某拒绝这个要求。项目经理以张某没有按照劳务合同履行义务为由要求张某承担违约责任。你认为项目经理的理由成立吗？

【案例分析】 项目经理的理由不成立。拒绝权是法律赋予安全生产从业人员的权利，如果合同约定了张某不享有拒绝权，则合同将由于违法而无效。因此，张某的拒绝不属于违约，也不需要承担违约责任。

7.3.3 安全生产中从业人员的义务

1）遵守安全生产规章制度的义务

《安全生产法》第 49 条规定：“从业人员在作业过程中，应当遵守本单位的安全生产规章制度和操作规程，服从管理，正确佩戴和使用劳动防护用品。”

2）接受安全生产教育培训的义务

《安全生产法》第 50 条规定：“从业人员应当接受安全生产教育和培训，掌握本职工作所需的安全生产知识，提高安全生产技能，增强事故预防和应急处理能力。”

3）危险报告义务

《安全生产法》第 51 条规定：“从业人员发现事故隐患或者其他不安全因素，应当立即向现场安全生产管理人员或者本单位负责人报告；接到报告的人员应当及时予以处理。”

【案例 7-2】 2011 年 7 月 6 日，某施工现场为了浇筑钻孔桩而钻了 10 处深 15 m、直径约 1.5 m 的孔。为了避免有人掉入孔中，在孔旁设立了明显的警示标志。但是，当晚这些警示标志被当地居民盗走。工人李某看到孔旁没有了警示标志，感到缺少了警示标志后容易出现安全事故，于是通告了自己宿舍的工友，提醒他们路过这些孔时要小心一些。次日晚，有工人落入孔中，造成重伤。李某对此是否应承担一定责任？

【案例分析】 李某应当对此事承担一定责任，安全生产从业人员有危险报告的义务。《安全生产法》第 51 条规定：从业人员发现事故隐患或者其他不安全因素，应当立即向现场安全生产管理人员或者本单位负责人报告；接到报告的人员应当及时予以处理。

7.3.4 工程安全及施工现场安全保障制度

保证建造过程中的工程及施工现场安全及工程建成后的使用安全，也是工程建设安全生产的重要内容。我国有关法规对此也做了明确规定。

1）工程安全保障制度

为确保工程在建设中与投产使用后的安全，《安全生产法》规定：生产经营单位新建、改建、扩建工程项目的安全措施，必须与主体工程同时设计、同时施工、同时投入生产和使用。安全设施投资应纳入建设项目核算。

《建设法》规定：建筑工程设计应当符合按照国家规定的建筑安全规程和技术规范，保证工程的安全性能。如果未按安全标准进行设计,依情节轻重,将受到没收非法所得、罚款、停业整顿、降低资质等级、吊销资质证书、经济赔偿等处罚,构成犯罪的,将依法追究刑事责任。

《建设法》还规定:涉及建筑主体和承重结构变动的装修工程,建设单位应当在施工前委托原设计单位或者具有相应资质的设计单位提出设计方案,没有设计方案的,不得施工。随着经济的发展和人们生活水平的提高,对原有房屋的重新装修已成为非常普遍的事情。但装修不仅要美观、舒适,更应保证建筑的安全,绝不能野蛮装修、盲目装修。《建筑法》规定装修在涉及建筑主体和承重结构时,必须由设计单位重新设计,否则,建设单位将被罚款,并承担经济赔偿责任或刑事责任。

至于房屋拆除,也需要一定的技术和安全保障条件,否则也会发生重大安全事故。为此,必须由具备保障安全条件的建设施工单位承担,并由其负责人对安全负责。

2) 工程施工现场的安全保障制度

(1) 施工现场的安全管理

施工现场是建筑企业进行建筑生产的基地。杂乱的施工条件、快速的人机流、开敞的施工环境,"扰民"和"民扰"同时存在,这一切使得生产过程中的不安全因素极多。因此,施工现场的安全管理也是建筑安全生产中最为重要的环节。为此,《建筑法》规定:建筑施工企业在编制施工组织设计时,应当根据建筑过程的特点制定相应的安全技术措施;对专业性较强的工程项目,应当编制专项安全施工组织设计,并采取安全技术措施。建筑施工企业应当在施工现场采取维护安全、防护危险、预防火灾等措施;有条件的,应当对施工现场实行封闭管理。

《安全生产法》规定:生产、经营、储存、使用危险物品的车间、商店、仓库不得与员工宿舍在同一座建筑物内,并应当与员工宿舍保持安全距离。

经营场所和员工宿舍应当设有符合紧急疏散要求、标志明显、保持通畅的出口,禁止封闭、堵塞生产经营场所或者员工宿舍的出口。

2个以上生产经营单位在同一作业区域内进行生产经营活动,可能危及对方生产安全的,应当签订安全生产管理协议,明确各自的安全生产管理职责和应当采取的安全措施,并指定专职安全生产管理人员进行安全检查与协调。

(2) 施工现场周边环境的安全管理

建筑施工多为露天作业、高处作业,常常需进行深基坑开挖,因此对周边环境,特别是毗邻的建筑物及地下管线的安全可能造成损害。建设单位与建筑施工企业有义务,也有责任采取相应的安全防护措施,以保证周边环境的安全。《建筑法》规定:建筑单位应当向建筑施工企业提供与施工现场相关的地下管线资料,建筑施工企业应当采取措施加以保护,施工现场对毗邻的建筑物、构建物和特殊作业环境可能造成损害的,建筑施工企业应当采取安全防护措施。当可能损害道路、管线、电力、邮电通信等公共设施时,建设单位必须按有关规定事先办理申请批准手续。

建筑施工企业应当遵守有关环境保护和安全生产方面的法律、法规的规定,采取控制和处理施工现场的各种粉尘、废气、废水、固体废弃物以及噪音、振动对环境的污染和危害的措施。当工程施工需要临时停水、停电、中断道路交通及需要进行爆破作业的,必须先行申请,经有关部门批准后方可实行,以保障人民的正常生活及生命财产的安全。

7.4 建设工程安全事故调查处理

为了规范生产安全事故的报告和调查处理，落实生产安全事故责任追究制度，防止和减少生产安全事故，根据《安全生产法》和有关法律，国务院2007年通过了《生产安全事故报告和调查处理条例》，生产经营活动中发生的造成人身伤亡或者直接损失的生产安全事故的报告和调查处理，均适用于该条例。

1) 建设工程伤亡事故的分类

根据生产安全事故(以下简称事故)造成的人员伤亡或者直接经济损失，事故一般分为以下等级：

(1) 特别重大事故

指造成30人以上死亡，或者100人以上重伤(包括急性工业中毒，下同)，或者1亿元以上直接经济损失的事故。

(2) 重大事故

指造成10人以上30人以下死亡，或者50人以上100人以下重伤，或者5 000万元以上1亿元以下直接经济损失的事故。

(3) 较大事故

指造成3人以上10人以下死亡，或者10人以上50人以下重伤，或者1 000万元以上5 000万元以下直接经济损失的事故。

(4) 一般事故

指造成3人以下死亡，或者10人以下重伤，或者1 000万元以下直接经济损失的事故。

其中"以上"包括本数，"以下"不包括本数。国务院安全生产监督管理部门可以会同国务院有关部门，制定事故等级划分的补充性规定。

2) 工程安全事故处理程序

(1) 事故应急处理预案

《国务院关于特大安全事故行政责任追究的规定》(国务院令第302号)规定了特大安全事故的处理预案制度。重大安全事故的应急处理预案，是指县级以上地方人民政府或者人民政府建设行政主管部门针对本行政区域容易发生的重大事故，预先制定出一整套如何处理事故的具体方案，以便于在事故发生以后能够按照较为科学的程序和步骤进行处理。

事故应急处理预案是安全事故处理的一项重要制度，是保证事故正确处理，减少事故损失的重要措施。

(2) 事故报告

工程安全事故发生后，事故现场有关人员应当立即报告本单位负责人。负有安全生产监督管理责任的部门接到事故报告后，应当立即按照国家有关规定上报事故情况。

重大事故发生后，事故发生单位必须以最快方式，将事故的简要情况向上级主管部门和事故发生地的市、县级建设行政主管部门及检查、劳动(如有人员伤亡)部门报告；事故发生单位属于国务院部委的，应同时向国务院有关主管部门报告。

重大事故发生后，事故发生单位应当在24小时内写出书面报告，按上述程序和部门逐级上报。重大事故书面报告应包括以下内容：

① 事故发生的时间、地点、工程项目、企业名称。

② 事故发生的简要经过、伤亡人数和直接经济损失的初步估计。

③ 事故发生原因的初步判断。

④ 事故发生后此案采取的措施及事故控制情况。

⑤ 事故报告单位。

重大事故发生单位所在地人民政府接到重大事故报告后，应当立即通知公安部门、人民检察院和工会。重大事故发生后，省、自治区、直辖市人民政府应当按照国家有关规定迅速、如实地发布事故信息。

【案例7-3】 某施工现场发生了安全生产事故，堆放石料的料堆坍塌，将一些正在工作的工人掩埋，最终导致了4名工人死亡。工人张某在现场目睹了整个事故的全过程，于是立即向本单位负责人报告。由于张某看到的是掩埋了5名工人，他就推测这5名工人均已经死亡，于是向本单位负责人报告说5名工人遇难。此数字与实际数字不符，你认为张某是否违法？

【案例分析】 张某不违法。依据《安全生产法》，事故现场有关人员应当立即报告本单位负责人，但并不要求如实报告。因为在进行报告的时候，报告人未必能准确知道伤亡人数。所以，即使报告数据与实际数据不符也并不违法。但是，如果报告人不及时报告，就会涉嫌违法。因为可能由于其报告不及时而使得救援迟缓，伤亡扩大。

(3) 迅速抢救伤员，并保护事故现场

有关地方人民政府和负有安全生产监督管理责任部门的负责人接到重大事故报告后，应立即赶到事故现场，组织事故抢救。

事故发生后，现场人员应当在统一指挥下，有组织地进行抢救伤员和排除工作，采取有效措施，防止事故扩大和蔓延。同时要严格保护事故现场。

因抢救人员、疏导交通等原因，需要移动现场物件时，应当作出标志，绘制现场简图并写出书面记录，妥善保存现场重要痕迹、物证，有条件的可以拍照或录像。

(4) 安全事故的调查处理

① 组成事故调查组。

发生人员轻伤、重伤事故，由企业负责人或指定的人员组成施工生产、技术、安全、劳资和工会等有关人员组成事故调查组进行调查。

死亡事故由企业主管部门会同事故发生地的市(或区)劳动部门、公安部门、人民检察院、工会组成事故调查组进行调查。

重大伤亡事故应按照企业隶属关系，由省、自治区、直辖市企业主管部门或国务院有关部门、公安、监察、检查部门、工会组成事故调查组进行调查，也可以邀请有关专家和技术人员参加。

特大事故发生后按照事故发生单位的隶属关系，由省、自治区、直辖市企业主管部门或国务院对口管理部门组织特大事故调查组，负责事故的调查工作。根据所发生事故的具体情况，特大事故调查组由事故发生单位归口管理部门、公安部门、检察部门、计划综合部门、劳动部门等单位派员组成，并应邀请人民检察机关和工会派员参加。必要时，调查组可以聘请有关方面的专家协助进行技术鉴定、事故分析和财产损失的评估工作。

事故调查组的成员应当具有事故调查所需要的某一方面的专长，并与所发生的事故没有直接的利害关系。

② 事故调查组的职责。事故调查组在调查过程中应履行以下职责：

A. 查明事故发生的原因、过程、人员伤亡及财产损失情况。

B. 查明事故的性质、责任单位和主要责任者。

C. 提出事故处理意见及防止类似事故再次发生所应采取措施的建议。

D. 提出对事故责任者的处理意见。

E. 写出事故调查报告。

调查组在调查工作结束后 10 日内，应当将调查报告送批准组成调查组的人民政府和建设行政主管部门。经组织调查的部门同意，调查工作即告结束。特大事故调查工作应当自事故发生之日起 60 日内完成，并由调查组写出调查报告。

③ 现场勘查。调查组成立后，应立即对事故现场进行勘查，勘查必须及时、全面、细致、准确、客观地反映原始面貌，具体内容包括实物拍照、做笔录和现场绘图等。

④ 事故调查分析和结论。通过详细调查，查明事故发生的经过并澄清造成事故的各种因素，然后分析事故发生的原因，作出事故性质认定，并根据事故发生的原因，找出防止类似事故发生的具体措施；最后作出事故调查结论。如果对事故的分析和事故责任者的处理不能取得一致意见，劳动部门有权提出结论性意见；如有任何不同意见，应当上报劳动部门或者有关部门；仍不能达成一致意见的报同级人民政府裁决，但不得超过事故处理的工作时限。《生产安全事故报告和调查处理条例》规定，事故调查组应当自事故发生之日起 60 日内提交事故调查报告；特殊情况下，经负责事故调查的人民政府批准，提交事故调查报告的期限可以适当延长，但延长的期限最长不超过 60 日。

3）安全事故调查处理的原则

根据《国务院关于特大安全事故行政责任追究的规定和相关法律规定》的规定，对生产安全事故的调查处理，应当坚持以下原则：

(1) 事故调查处理应当按照实事求是、尊重科学的原则。及时、准确地查清事故原因，查明事故性质和责任，总结经验教训，提出整改措施，并对事故责任者提出处理意见。

(2) “四不放过”原则。凡已经发生的生产安全事故，要按照“四不放过”（即事故原因没查清不放过，责任人员没处理不放过，整改措施没落实不放过，有关人员没受到教育不放过）原则，一查到底，严厉追究有关人员的责任，构成犯罪的依法追究其刑事责任。

(3) 责任追究原则。凡因政府工作人员失职、渎职导致重特大事故的，要严厉追究其行政责任。

(4) 任何单位和个人不得阻挠和干涉对事故依法调查处理的原则。

(5) 综合整治的原则。要加大对县乡领导行政责任的追究力度，把落实县乡领导责任作为落实安全生产责任的重点来抓。要把安全生产责任追究与打黑除恶、惩治腐败、社会治安综合治理紧密结合起来，坚决打击和严惩犯罪活动。

4）工程安全事故处理

(1) 事故调查组提出的事故处理意见和防范措施建议，由发生事故的企业及其主管部门负责处理。

(2) 因忽视安全生产、违章指挥、违章作业、玩忽职守或者发现事故隐患及危害情况而不采取有效措施造成伤亡事故的,由企业主管部门或者企业按照国家有关规定,对企业负责人和直接负责人员给予行政处分;构成犯罪的,由司法机关依法追究刑事责任。

(3) 违反规定,在伤亡事故发生后隐患不报、谎报、故意延迟不报、故意破坏事故现场,或者无正当理由,拒绝接受调查以及拒绝提供有关情况和资料的,由有关部门按照国家有关规定,对有关单位负责人和直接负责人员给予行政处分;构成犯罪的,由司法机关依法追究刑事责任。

(4) 在调查、处理伤亡事故中玩忽职守、徇私舞弊或者打击报复的,由其所在单位按照国家有关规定给予行政处分;构成犯罪的,由司法机关依法追究刑事责任。

(5) 伤亡事故处理工作应当在 90 日内结案,特殊情况不得超过 180 日。伤亡事故处理结案后,应当公开宣布处理结果。对于特大安全事故,省、自治区、直辖市人民政府应当自调查报告提交之日起 30 日内,对有关责任人作出处理决定;必要时,国务院可以对特大安全事故的有关责任人员作出处理。

(6) 建设部对事故的审理和结案要求如下:

① 事故调查处理结论报出后,须经当地有审批权限的机关审批后方能结案,并要求伤亡事故处理的工作在 90 日内结案,特殊情况也不能超过 180 日。

② 对事故责任者,应根据事故情节轻重、损失大小、责任轻重加以区分,依法严肃处理。

③ 处理资料进行专案存档。事故调查和处理资料是用鲜血和教训换来的,是对职工进行教育的宝贵资料,也是伤亡人员和受到处罚人员的历史资料,因此应保存完整。

④ 存档的主要内容有:职工伤亡事故登记表;职工重伤、死亡事故调查报告书;现场勘查资料记录、图纸、照片等;技术鉴定和试验报告;物证、人证调查资料;医疗部门对死亡者的诊断及影印件;事故调查组的调查报告;企业或主管部门对其事故所做的结案申请报告,受理人员的检查材料。

7.5 典型案例分析

1) 案例 1

【教学目的】 掌握安全警示标志的重要性。

【案情概要】 2009 年 8 月,某建筑公司按合同约定对其施工并已完工的路面进行维修,路面经铲挖后形成凹凸和小沟,路边堆有砂石料,但在施工路面和路两头均未设置任何提示过往行人及车辆注意安全的警示标志。2009 年 8 月 16 日,张某骑摩托车经过此路段时,因不明路况,摩托车碰到路面上的施工材料而翻倒,造成 10 级伤残。张某受伤后多次要求该建筑公司赔偿,但建筑公司认为张某受伤与己方无关。张某将建筑公司起诉至人民法院。

(1) 本案中的建筑公司是否存在违法施工行为?

(2) 该建筑公司是否应承担赔偿的民事法律责任?

【法理分析】 (1)《建设工程安全生产管理条例》第 28 条规定:“施工单位应当在施工

现场入口处、施工起重机械、临时用电设施、脚手架、出入通道口、楼梯口、电梯井口、孔洞口、桥梁口、隧道口、基坑边沿、爆破物及有害危险气体和液体存放处等危险部位，设置明显的安全警示标志。安全警示标志必须符合国家标准。”本案中的某建筑公司在施工时未设置任何提示过往行人及车辆注意安全的警示标志，明显违反了上述规定。

(2) 法院经审理后认为，某建筑公司在进行路面维修时，致使路面凹凸不平，并未设置明显警示标志和采取安全措施，造成原告伤残，按照《民法通则》第 125 条规定：“在公共场所、道旁或者通道上挖坑修缮安装地下设施等，没有设置明显标志和采取安全措施造成他人损害的，施工人应当承担民事责任。”判决建筑公司作为施工方应当承担民事赔偿责任。

【案例启示】 施工企业必须在危险部位设置警示标志，采取安全措施，否则将承担相应法律责任。

本章小结

本章介绍了工程建设安全生产的内容，并重点介绍了建设工程安全生产基本制度、有关各方的安全责任和义务及建设工程安全事故调查处理等内容。

在市场经济条件下，从事生产经营活动的市场主体以营利为目的，努力追求利润的最大化，这是无可厚非的。但生产经营主体追求自身利益的最大化，决不能以牺牲从业人员甚至公众的生命财产安全为代价。

建设工程施工多为露天、高处作业，施工环境和作业条件较差，不安全因素较多，历来属高风险和事故多发行业之一。建设工程安全生产还直接关系到公众生命财产安全，关系到社会稳定、和谐发展。因此，建设工程安全生产必须贯彻“安全第一，预防为主”的方针，依法建立和落实安全生产责任制，加强安全生产培训教育和施工现场安全防护，并建立施工安全事故的应急救援机制。

复习思考题

1. 通过互联网、学校图书馆等渠道收集一些典型的在全国、本省有影响的建设工程安全生产方面的案例材料，将其改写成规范的建设法规案例，应包括案情概要、法理分析(案件焦点和主要法律问题分析)、案例启示等。在条件许可的情况下，可以小组为单位共同完成案例编写工作，并向老师和其他同学汇报工作成果。

2. 2007 年 9 月，某建筑安装公司(简称建安公司)与某设备租赁公司(简称租赁公司)签订一份租赁合同，由租赁公司向建安公司提供 QTZ80A 塔式起重机(简称塔吊)1 台，并约定了租赁期限、租金标准及支付办法。此外，在合同中还约定：设备在运输、装拆过程中因违章作业所造成的事故由建安公司负责，其间发生的机械损伤由建安公司赔偿；设备在使用过程中，建安公司不得违章指挥，不得强令司机违章作业，并对上述行为产生的后果负全责，租赁公司应派随机司机 2 名，工资由建安公司负责；设备的运输、安装均由建安公司负责，建安公司必须具备或委托具备塔机装拆专项资质的单位进行装拆活动，人员必须持证上岗；双方对各自派出的人员负责，各自对违章作业引发的后果或损失负责。

签约后，租赁公司派出了刘某和唐某两名塔吊司机。建安公司将该设备实际用于其承建的某市住宅工程工地。2007 年 12 月 20 日，刘某因其他工作离开该工地，并推荐同行业另一名塔吊司机顾某接替其工作，但未通知租赁公司。

2008年7月3日，监理公司在安全检查时发现该塔吊的垂直偏差已超出规范的允许范围，即发出《监理工程师通知单》，要求立即停止使用该塔吊。建安公司准备次日上午派人到工地对该塔吊进行纠偏。2008年7月4日上午9时许，在纠偏人员尚未到达工地的情况下，顾某与工地另一名塔吊司机唐某擅自违规对该塔吊进行垂直度纠偏，导致该塔吊整体倾覆在工地的10号楼房顶上，造成1名工人死亡、3名工人轻伤以及塔吊报废的事故。

(1) 在这起事故中应当如何认定责任?

(2) 事故责任者应当承担哪些法律责任?

3. 某商务中心高层建筑，总建筑面积约15万m^2，地下2层，地上22层。业主与施工单位签订了施工总承包合同，并委托监理单位进行工程监理。开工前，施工单位进行了三级安全教育。在地下桩基施工中，由于是深基坑工程，项目经理部按照设计文件和施工技术标准编制了基坑支护及降水工程专项施工组织方案，经项目经理签字后组织施工。同时，项目经理安排负责质量检查人员兼任安全工作。当土方开挖至坑底设计标高时，监理工程师发现基坑四周地表出现大量裂纹，坑边部分土石有滑落现象，即向现场作业人员发出口头通知，要求停止施工，撤离相关作业人员。但施工作业人员担心拖延施工进度，对监理通知不予理睬，继续施工。随后，基坑发生大面积坍塌，基坑下6名作业人员被埋，造成3人死亡、2人重伤、1人轻伤。事故发生后，经查施工单位未办理意外伤害保险。

本案中，施工单位有哪些违法行为?

4. 2000年10月25日，某建筑公司承建的某市电视台演播中心裙楼工地发生一起施工安全事故。演播厅舞台在浇筑顶部混凝土施工中，因模板支撑系统失稳导致屋盖坍塌，造成在现场施工的民工和电视台工作人员6人死亡，35人受伤(其中重伤11人)，直接经济损失70余万元。

事故发生后，该建筑公司项目经理部向有关部门紧急报告事故情况。闻讯赶到的有关领导，指挥公安民警、武警战士和现场工人实施了紧急抢险工作，将伤者立即送往医院进行救治。

(1) 本案中的施工安全事故应定为哪种等级的事故?

(2) 事故发生后，施工单位应采取哪些措施?

8 合同法

教学目标

1. 了解合同的概念和特征，以及合同的分类与形式。
2. 熟悉《合同法》基本原则及调整范围。
3. 掌握合同的一般条款。
4. 掌握合同订立阶段相关内容。
5. 掌握合同履行阶段相关内容。
6. 掌握合同解除阶段相关内容。

8.1 概述

8.1.1 合同的概念和特征

合同是一种协议，是当事人双方或多方就各自享有的权利和承担的义务所达成的协议。我国《民法通则》对合同的定义是："合同是当事人之间设立、变更、终止民事关系的协议。"《中华人民共和国合同法》(以下简称《合同法》)规定："本法所称合同是平等主体的自然人、法人、其他组织之间设立、变更、终止民事权利义务关系的协议。"根据上述规定，合同具有以下法律特征：

1) 合同是一种民事法律行为

根据《民法通则》的规定，民事法律行为是民事主体设立、变更或终止民事权利和民事义务的合法行为。合同是民事法律行为的一种，因此民法中关于民事法律行为的一般规定，均适用于合同。

2) 合同的主体是自然人、法人和其他组织等民事主体

合同的主体即当事人在民事活动中各自独立，互不隶属。合同是平等主体之间的协议，他们在订立合同和履行合同的过程中的法律地位是平等的。

3) 合同是以在当事人之间设立、变更、终止财产性的民事权利义务关系为目的

任何民事法律行为均有其特定目的，合同当事人签订合同的目的，在于各自的经济利益或共同的经济利益，因而合同的内容为当事人之间财产性的民事权利义务；其次，合同当事人为了实现或保证各自的经济利益或共同的经济利益，以合同的方式来设立、变更、终止财产性的民事权利义务关系。

4) 合同是当事人意思表示一致的协议

合同是一种双方或多方共同的民事法律行为。合同是两个或两个以上的民事主体在平

等自愿的基础上互相作出的意思表示,且是意思表示一致而达成的协议。

5)合同是当事人合法的行为

当事人签订合同必须遵守国家法律和政策的规定,才能得到国家的承认和保护,从而产生预期的法律后果。如果当事人签订违反国家法律和政策规定的合同,合同是无效的,不仅不能得到法律保护,还要承担由此产生的法律责任。

8.1.2 《合同法》的主要内容和适用范围

《合同法》于 1999 年 3 月 15 日由第九届全国人大第二次会议通过,于 1999 年 10 月 1 日起实施。

《合同法》共 23 章 428 条,分为总则、分则和附则三部分。其中总则部分共 8 章,将各类合同所涉及的共性问题作了统一规定,包括一般规定、合同的订立、合同的效力、合同的履行、合同的变更和转让、合同权利义务的终止、违约责任和其他规定等内容。分则部分共 15 章,分别对买卖合同等 15 类有名合同作了较为详细的规定。附则部分仅 1 条,规定了《合同法》的施行日期。本章主要就《合同法》总则部分的规定作一定的阐述。

《合同法》规定:"本法所称合同是平等主体的自然人、法人、其他组织之间设立、变更、终止民事权利义务关系的协议。婚姻、收养、监护等有关身份关系的协议,适用其他法律的规定。"该规定虽然是对合同的定义,但同时界定了我国《合同法》的适用范围,即除涉及婚姻、收养、监护等有关身份关系以外的平等主体的自然人、法人、其他组织之间设立、变更、终止民事权利义务关系均适用《合同法》。

8.1.3 《合同法》的基本原则

《合同法》的基本原则有:

1)平等原则

是指合同当事人的法律地位平等。无论是自然人还是法人、其他组织,无论其所有制性质和经济实力,无论其是否存在上下级关系,他们在合同中的法律地位是平等的,一方不得将自己的意志强加给另一方。

2)自愿原则

是指当事人有权根据自己的意志和利益,自愿决定是否签订合同,与谁签订合同,签订什么样的合同;自愿协商确定合同的内容,协商补充变更合同的内容;自愿协商解除合同;自愿协商确定违约责任,选择争议解决方式。任何单位和个人不得非法干预当事人的合同行为。

3)公平原则

是指合同当事人应当遵循公平原则确定各方的权利义务。无论是签订合同还是变更合同,都要公平合理地确定各方的权利义务。

4)诚实信用原则

是指当事人行使权利、履行义务应当遵循诚实信用原则。不得隐瞒真实情况,用欺诈手段骗订合同;不得擅自撕毁合同,要忠实地履行合同的义务;不得搞合同欺诈。

5）合法和不违反社会公共利益原则

是指当事人订立、履行合同，应当遵守法律、行政法规，遵守社会公德，不得扰乱社会经济秩序、损害国家和社会公共利益。

8.1.4 合同的分类

从不同的角度可对合同作不同的分类。

1）《合同法》中的基本分类

《合同法》分则部分将合同分为：买卖合同，供用电、水、气、热力合同，赠与合同，借款合同，租赁合同，融资租赁合同，承揽合同，建设工程合同，运输合同，技术合同，保管合同，仓储合同，委托合同，行纪合同，居间合同。

2）双务合同与单务合同

依双方当事人是否互给义务，合同可分为双务合同与单务合同。双务合同即缔约双方相互负担义务，双方的义务与权利相互关联、互为因果的合同，如买卖合同、承揽合同、委托合同等。单务合同指仅由当事人一方负担义务，而他方只享有权利的合同，如赠与、无息借贷、无偿保管等合同为典型的单务合同。

3）有偿合同与无偿合同

根据合同当事人是否为从合同中取得的利益支付代价，可将合同分为有偿合同与无偿合同。有偿合同是指当事人一方因为从合同中得到利益支付相应代价的合同，如买卖、租赁合同等。无偿合同是指当事人一方租赁不需为从合同中得到的利益支付相应代价的合同，如赠与合同。双务合同都是有偿合同；单务合同原则上为无偿合同，但有的单务合同也可为有偿合同，如有息贷款合同。

4）诺成合同与实践合同

根据合同当事人意思表示一致时成立，还是在当事人意思表示一致后，仍须有实际交付标的物的行为才能成立，可将合同分为诺成合同与实践合同。诺成合同是当事人双方意思表示一致，合同即告成立；而实践合同除双方当事人意思表示一致外，还需要双方付诸一定的行为合同才可成立。大部分的合同都属于诺成合同，如买卖合同、租赁合同等，只有少部分合同是实践性合同，如赠与合同。

5）要式合同与非要式合同

根据法律是否要求合同必须符合一定的形式才能成立，可将合同分为要式合同与非要式合同。要式合同是指根据法律规定必须采用特定形式的合同。对于一些重要的交易，法律常要求当事人应当采取特定的方式订立合同，如建设工程承包合同必须采用书面形式。非要式合同是指当事人订立的合同并不需要采用特定的形式，当事人可以采用书面形式，也可以采用口头方式。除法律有特别规定的以外，合同均为非要式合同。根据合同自由原则，当事人有权选择合同形式，但对于法律有特别的形式要件规定的，当事人必须遵守法律规定。

6）主合同与从合同

根据合同是否必须以其他合同的存在为前提而存在，可将合同分为主合同与从合同。凡不依他种合同的存在为前提而能独立成立的合同，称为主合同。凡必须以他种合同的存在为前提始能成立的合同，称为从合同。如债权合同为主合同，该合同债务履行的保证合同为从合同。从合同以主合同的存在为前提，所以主合同消灭时，从合同原则上亦随之消灭。反之，从合同的消灭，并不影响主合同的效力。

区分主合同与从合同的主要意义在于认识二者在效力上的关联性和从合同的从属性，即从合同不能独立存在，而必须以主合同的有效成立为成立和生效的前提；主合同转让，从合同不能单独存在；主合同被宣告无效或被撤销，从合同也失去效力；主合同终止，从合同也随之终止。

建设工程合同是承包人进行工程建设，发包人支付工程价款的合同，包括工程勘察、设计合同，施工合同等。建设工程合同是诺成合同、双务合同、有偿合同、要式合同，也是主合同。在传统民法上，建设工程合同属于承揽合同的一种，《合同法》也规定了建设工程合同在无特别规定的情况下可适用承揽合同的相关规定。

8.2 合同的订立

合同的订立是指合同当事人依法就合同内容经过协商，达成协议的法律行为。《合同法》对合同订立的要求作了明确规定。

8.2.1 合同当事人的主体资格

合同当事人可以是自然人、法人或者其他组织。《合同法》规定："当事人订立合同，应当具有相应的民事权利能力和民事行为能力。"就是说，合同当事人应当具有相应的主体资格，即具有相应的民事权利能力和民事行为能力。对于具有完全民事行为能力的自然人，可以订立一切法律允许自然人作为合同主体的合同；限制行为能力人可以订立与其年龄、智力、精神健康状况相适应的合同以及纯获利的合同，限制行为能力人所订立的其他合同，属于效力待定的合同，要等待限制民事行为能力人的法定代理人追认，法定代理人追认的，就是有效合同，若法定代理人明确表示拒绝追认或者经相对人催告后在规定期限内不答复的，视为拒绝追认，则合同无效。法人和其他组织自依法成立或经核准登记后，一般都具有订立合同的行为能力，但由于对法人和其他组织，在法律上都规定有其特定的经营、业务活动范围，也即法人和其他组织所具有的民事权利能力和民事行为能力各不相同，依法具有单体的特定性。因此，法人和其他组织必须按照依法具有的权利能力行事，只有在其权利能力的范围内订立合同，才具有合同主体的资格。

当事人也可委托代理人订立合同。代理人代理授权人、委托人签订合同时，应向第三人出示授权人签发的授权委托书，并在授权委托书写明的授权范围内订立合同。如果行为人没有代理权或者超越代理权或者代理权终止后，以被代理人名义订立的合同，属于无权代理，未经被代理人追认，对被代理人不发生效力，由行为人自己承担责任。但是相对人有理由相信行为人有代理权的，该代理有效。

8.2.2 合同的形式

合同的形式是指合同当事人双方对合同的内容、条款经过协商，作出共同的意思表示的具体方式。《合同法》规定："当事人订立合同，有书面形式、口头形式和其他形式。法律、行政法规规定采用书面形式的，应当采用书面形式。当事人约定采用书面形式的，应当采用书面形式。"

1）口头形式

口头形式是合同当事人直接以口头语言的形式达成协议。口头形式简便易行、迅速直接且缔约成本低，缺点是发生合同纠纷时难以举证，不易分清责任。因而，它比较适合于标的数量不大、内容简单而能即时清结的合同关系。

2）书面形式

书面形式是指当事人以文字表达协议的内容的合同形式。书面合同既是当事人履行合同的依据，一旦产生纠纷又是证据，且其效力也优于口头证据，便于确定责任，能确保交易的安全。合同的书面形式一般是合同书，但当事人之间来往的信件和数据电文也属于合同的书面形式。信件指当事人记载合同内容的往来信函；数据电文包括电报、电传、传真、电子数据交换、电子邮件。

3）其他形式

除了书面形式和口头形式，合同还可以其他形式成立。我们可以根据当事人的行为或者特定情形推定合同的成立，或者也可以称之为默示合同。此类合同是指当事人未用语言明确表示成立，而是根据当事人的行为推定合同成立。如租赁房屋的合同，在租赁房屋的合同期满后，出租人未提出让承租人退房，承租人也未表示退房而是继续交房租，出租人仍然接受租金。根据双方当事人的行为，我们可以推定租赁合同继续有效。再如，当乘客乘上公共汽车并到达目的地时，尽管乘车人与承运人之间没有明示协议，但可以依当事人的行为推定运输合同成立。

《合同法》在合同形式的规定上，明确了当事人有合同形式的选择权，但基于对重大交易的安全考虑，对此又作了一些限制性规定：法律、行政法规规定采用书面形式的，应当采用书面形式，当事人如果未采用书面形式，则合同不成立。

8.2.3 合同的内容

合同的内容是指双方当事人依照法律、经过协商一致而明确的权利、义务和责任的具体规定总和，通过合同条款具体体现。《合同法》规定：合同内容由当事人约定。同时，为了起到合同条款的示范作用，规定合同一般包括以下条款：

1）当事人的名称或者姓名和住所

2）标的

标的是合同当事人权利和义务共同指向的对象。合同的标的可以是财产、行为或智力成果等，是合同的必备条款。合同中关于标的的规定，必须明确、具体，以使标的特定化，从而能够界定权利义务。

3）数量

数量是对标的的计量，是以数字和计量单位来衡量标的的尺度，没有数量条款的规定，就无法确定双方权利义务的大小，使得双方权利义务处于不确定的状态，因此合同中必须明确标的的数量。

4）质量

质量是产品或工作的优劣程度，是合同标的的内在素质与外观形态的综合，如产品的品种、规格、执行标准等。当事人在约定质量条款时应符合国家的有关规定和要求。

5）价款或者报酬

价款或者报酬是一方当事人向另一方当事人所付代价的货币支付。当事人在约定价款或者报酬时应遵守国家有关价格方面的法律和规定，并接受工商行政管理机关和物价管理部门的监督。

6）履行期限、地点和方式

履行的期限是对合同履行的时间要求，是权利主体行使请求权的时间界限，是确认合同是否按期履行或迟延履行的客观标准。履行地点是履行合同义务和接受履行的地方，当事人应在合同中予以明确。履行方式是指当事人采用什么样的方式和手段来履行合同规定的义务，往往是根据合同的内容不同而不同，当事人只有在合同中约定合同的履行方式，才便于合同的履行。

根据《合同法》的有关规定，当事人就履行期限没有约定或者约定不明确的，可以协议补充；不能达成补充协议的，按照合同有关条款或者交易习惯确定；仍不能确定的，债务人可以随时履行，债权人也可以随时履行，但应当给对方必要的准备时间。当事人就履行地点没有约定或约定不明确的，可以协议补充；不能达成补充协议的，按照合同有关条款或者交易习惯确定；仍不能确定的，给付货币的，在接受给付一方的所在地履行；交付不动产的，在不动产所在地履行；其他标的，在履行义务一方的所在地履行。当事人就履行方式没有约定或者约定不明确的，可以协议补充；不能达成补充协议的，按照合同有关条款或者交易习惯确定；仍不能确定的，按照有利于实现合同目的的方式履行。

7）违约责任

违约责任是合同当事人一方或双方不履行合同义务或履行合同义务不符合合同约定，按照法律规定或合同约定所应承担的民事责任。在合同违约责任条款中，当事人应明确约定承担违约责任的方式。

8）解决争议的方法

根据我国现行法律规定，争议解决的方法有和解、调解、仲裁和诉讼。

当事人可以参照各类合同的示范文本订立合同。

8.2.4 合同订立的程序

合同的订立过程是当事人双方就合同内容及一般条款经过协商达成一致意见的过程，主要经过两个程序：要约、承诺。

1）要约

(1) 要约的概念

《合同法》对要约的定义是：要约是希望和他人订立合同的意思表示。该意思表示应当符合下列规定:内容具体确定;表明经受要约人承诺,要约人即受该意思表示约束。

该定义揭示了要约的性质及其构成要件。首先,要约是一种意思表示,它既不是事实行为,也不是法律行为,只是一种意思表示。其次,要约是希望和他人订立合同的意思表示,要约的目的,是希望与相对人订立合同,如果无此目的,则不是要约。

如果当事人一方所作的是希望他人向自己发出要约的表示则是要约邀请,或者称为要约引诱,而不是要约。如招标公告、拍卖公告。

要约作为一种意思表示,可以用书面形式作出,包括信函、电报、传真、电子邮件等;也可以以对话形式作出。究竟以什么形式作出,应根据法律规定或具体合同而定,无法律特别规定的,当事人可根据具体合同自由选择要约形式。

(2) 要约的有效要件

① 要约是由特定人所作出的意思表示。要约的宗旨是与他人订立合同,所以要约人必须是订立合同一方的当事人,这就要求要约人是特定的人,只有这样,相对人才能够对其作出承诺,从而订立合同。

② 要约必须具有订立合同的意图。所谓订立合同的意图,是要求在要约中包含希望并已经决定和对方订立合同的意思。我国《合同法》规定:“要约是希望和他人订立合同的意思表示。”正是由于要约具有订立合同的意图,所以要约一经承诺以后,便可以使合同成立。因此,要约人这种订立合同的意图一定要通过其发出的要约充分表现出来。而当某一意思表示不具有订立合同的主观目的时,其也就不具有必须要和承诺人订立合同效力,自然不可能是要约。

③ 要约须是要约人向其希望与之缔结合同的受要约人发出。要约只有向要约人希望与之订立合同的受要约人发出,才能唤起受要约人的承诺,从而订立合同。要约人原则上应向特定的人发出(一人或数人),但法律并不禁止要约人向不特定人发出。但是向不特定人发出要约,必须具备两个条件:一是必须明确表示其作出的建议是要约而不是要约邀请,如申明“本广告构成要约”;二是必须明确承担向多人发出要约的责任,同时具有向不特定的相对人作出承诺后履行合同的能力。

④ 要约的内容必须具体确定。所谓具体确定,是指要约中应包含有合同的主要条款,且要约的内容明确,不能含糊不清,这样才能使受要约人看了以后便可以决定是否同意订约并作出承诺。

(3) 要约的效力

要约的生效时间即要约从什么时间开始生效,这关系到要约从什么时间对要约人产生约束力。《合同法》规定:要约到达受要约人时生效。“到达”的解释有 3 种:到达受要约人与到达代理人(如无行为能力人、限制行为能力人的法定代理人);“到手到达”与“非到手到达”(送达受要约人所能实际控制之处所,如信箱);《合同法》中规定采用数据电文形式订立合同,收件人指定特定系统接收数据电文的,该数据电文进入该特定系统的时间,视为到达时间,未指定特定系统的,该数据电文进入收件人的任何系统的首次时间,视为到达时间。

要约的效力期间由要约人确定。如未预先确定,则应区分以下两种情况:一种是口头要约,如受要约人未立即作出承诺,即失去效力;二是书面要约,如要约中未规定有效期间,应确定一个合理期间作为要约存续期限,该期限的确定应考虑要约到达所需时间、作出承诺所需时间、承诺到达要约人所需时间 3 个因素。

要约的效力表现在对要约人的约束力和对受要约人的约束力两个方面。

① 要约对要约人的约束力。此种约束力又称为要约的形式约束力，是指要约一经生效，要约人即受到要约的拘束，不得随意撤销或对受要约人随意加以限制、变更和扩张（要约人预先申明不受要约约束或依交易习惯可认为其有此意旨时，不在此限）。这对于保护受要约人的利益、维护正常的交易安全是十分必要的。

② 要约对受要约人的约束力。此种约束力又称为要约的实质约束力，受要约人在要约生效时即取得依其承诺而成立合同的法律地位。具体表现在：要约生效以后，只有受要约人才享有对要约人作出承诺的权利，该项权利由于受要约人的特定性而具有人身性质，它不能转让；承诺权是受要约人享有的权利，是否行使这项权利应由受要约人自己决定，也就是说受要约人可以行使也可以放弃该项权利，受要约人在收到要约以后并不负有必须承诺的义务（只是在强制缔约情形下，承诺为法定义务）；一旦受要约人作出承诺的意思表示，合同即告成立，在要约人和承诺人之间形成合同权利义务关系。

（4）要约的撤回和撤销

要约的撤回是指要约发出后，但在要约生效前，要约人使其不发生法律效力的意思表示。《合同法》规定："要约可以撤回。撤回要约的通知应当在要约到达受要约人之前或者与要约同时到达受要约人。"要约撤回的条件是撤回要约的通知在要约到达受要约人之前或者同时到达受要约人，因此，要约人如欲撤回要约，必须选择快于要约的方式向受要约人发出撤回的通知，使之能在要约到达之前到达受要约人。

要约的撤销，指在要约生效之后，要约人使其丧失法律效力而取消要约的行为。《合同法》规定："要约可以撤销。撤销要约的通知应当在受要约人发出承诺通知之前到达受要约人。"虽然要约生效后对要约人有约束力，但是在特殊情况下，考虑要约人的利益，在不损害受要约人的前提下，要约可以撤回。为保护当事人的利益，《合同法》同时规定了有下列情形之一的，要约不得撤销：要约人确定了承诺期限或者以其他形式明示要约不可撤销；受要约人有理由认为要约是不可撤销的，并已经为履行合同做了准备工作。

从表现形式上看，要约撤回发生在要约到达（或刚刚到达）受要约人之前，而要约撤销则发生在要约已经到达受要约人，受要约人尚未发出承诺通知之前。二者的实质区别在于：前者是在要约尚未生效（或刚刚生效）时发生的；而后者则是在要约生效后，受要约人发出承诺通知前。

（5）要约的失效

要约失效，即要约丧失其法律效力，要约人和受要约人均不再受其约束。要约失效的原因有：拒绝要约的通知到达要约人；要约人依法撤销要约；承诺期限届满，受要约人未作出承诺；受要约人对要约的内容作出实质性变更。

2）承诺

（1）承诺的概念

承诺是指受要约人同意要约的意思表示。一项有效的承诺，必须符合以下条件：

① 承诺必须由受要约人向要约人作出。由于要约是要约人向受要约人发出的希望订立合同的意思表示，因此作为同意要约的意思表示的承诺，也必须由接受要约的受要约人向要约人作出，才能成为具有法律效力的承诺。

② 承诺的内容必须与要约的内容一致。在承诺中，受要约人必须表明其愿意按照要约的全部内容与要约人订立合同。也就是承诺对要约的同意，其同意内容须与要约的内容一

致，才构成意思表示的一致即合意，从而使合同成立。我国《合同法》规定承诺不能更改要约的实质性内容，并规定有关合同的标的、数量、质量、价款或者报酬、履行期限、履行地点和方式、违约责任和解决争议的方法等条款属于实质性内容。如果承诺对要约中包含的上述条款作出了改变，就意味着更改了要约的实质性内容，这样的承诺将不产生使合同成立的效果，只能作为一种新的要约，或称为反要约。而“承诺对要约的内容作出非实质性变更的，除要约人及时表示反对或者要约表明承诺不得对要约的内容作出任何变更的以外，该承诺有效，合同的内容以承诺的内容为准。”

③ 承诺必须在规定的期限内到达要约人。承诺期限是要约人表示愿意受要约的约束并愿意等待受要约人答复的期限。如果要约规定了承诺期限，则承诺期限即为要约的有效期限，受要约人应当在此期限内作出承诺并使承诺到达要约人。超过承诺期限，要约已经失效，受要约人不能作出承诺。对失效的要约作出承诺，视为向要约人发出新要约，不能产生承诺效力，当然无法使合同成立。

（2）承诺的表示方式

作为意思表示的承诺，其表示方式应符合要约的要求。《合同法》规定，承诺应当以通知的方式作出，但根据交易习惯或者要约表明可以通过行为作出承诺的除外。即受要约人必须将承诺的内容通知要约人，但受要约人应采取何种通知方式，应根据要约的要求确定。如果要约规定承诺必须以一定的方式作出，否则承诺无效，那么承诺人作出承诺时，必须符合要约人规定的承诺方式，在此情况下，承诺的方式成为承诺生效的特殊要件。当然，如果要约没有特别规定承诺的方式，则不能将承诺的方式作为有效承诺的特殊要求。如果根据交易习惯或者要约的内容并不禁止以行为承诺，则受要约人也可通过一定的行为作出承诺。

（3）承诺的生效时间

《合同法》规定：承诺到达受要约人时生效。具体分为以下几种情况：

① 要约以对话方式作出的，承诺人即时作出承诺的意思表示，承诺生效；要约人约定承诺期限，承诺在承诺期限内到达要约人时，承诺生效。

② 要约以非对话方式作出的，承诺在合理期限内到达要约人时，承诺生效。所谓合理期限，是指依通常情形可期待承诺到达的期间，一般包括要约到达受要约人的期间、受要约人作出承诺的期间、承诺通知到达要约人的期间。

③ 要约以信件或者电报作出的，承诺期限自信件载明的日期或者电报交发之日开始计算；信件未载明日期的，自投寄该信件的邮戳日期开始计算；要约以电话、传真等快速通讯方式作出的，承诺期限自要约到达受要约人时开始计算。

④ 承诺需要通知的，承诺通知到达要约人时生效；承诺不需要通知的，根据交易习惯或者要约的要求作出承诺的行为时生效。

《合同法》规定：承诺生效时合同成立。当事人采用合同书形式订立合同的，自双方当事人签字或者盖章时合同成立。

（4）承诺的撤回和延迟

承诺撤回是指受要约人在发出承诺通知以后，在承诺正式生效之前撤回其承诺。《合同法》规定：“承诺可以撤回。撤回承诺的通知应当在承诺通知到达要约人之前或者与承诺通知同时到达要约人。”因此撤回的通知必须在承诺生效之前到达要约人，或与承诺通知同时到达要约人，撤回才能生效。

承诺迟延是指受要约人未在承诺期限内发出承诺。对此《合同法》有以下规定:“受要约人超过承诺期限发出承诺的,除要约人及时通知受要约人该承诺有效的以外,为新要约。”“受要约人在承诺期限内发出承诺,按照通常情形能够及时到达要约人,但因其他原因承诺到达要约人时超过承诺期限的,除要约人及时通知受要约人因承诺超过期限不接受该承诺的以外,该承诺有效。”

【案例 8-1】 2010 年 8 月 8 日,某建筑公司向某水泥厂发出了一份购买水泥的要约,要约中明确规定承诺的期限为 8 月 12 日 12:00,要约中还约定采用电子邮件的方式作出承诺并提供了电子邮箱。水泥厂接到要约后经研究同意出售水泥给建筑公司,于是在 8 月 12 日 11:30 给建筑公司发出了同意出售水泥的电子邮件。但是,由于建筑公司所在地网络出现故障,直到当天 15:30 才收到邮件。那么该承诺是否有效?

【案例分析】 该承诺是否有效由建筑公司决定。

根据《合同法》规定,采用数据电文形式订立合同,收件人指定特定系统接收数据电文的,该数据电文进入该特定系统的时间,视为到达时间。同时,根据《合同法》第 29 条规定:“受要约人在承诺期限内发出承诺,按照通常情形能够及时到达要约人,但因其他原因承诺到达要约人时超过承诺期限的,除要约人及时通知受要约人因承诺超过期限不接受该承诺的以外,该承诺有效。”

水泥厂于 8 月 12 日 11:30 发出电子邮件,正常情况下应即时到达建筑公司的邮箱。但是由于其他原因,建筑公司没有在承诺期限内收到承诺,因此建筑公司可以承认该承诺的效力,也可以不承认。如果不承认该承诺的效力,建筑公司应及时通知水泥厂,否则视为已经承认该承诺的效力。

8.2.5 合同成立的时间、方式和地点

1) 合同成立的时间

(1) 一般规定:承诺生效时合同成立。

(2) 合同书形式的合同成立时间。《合同法》规定:当事人采用合同书形式订立合同的,自双方当事人签字或者盖章时合同成立。

(3) 确认书形式合同的成立时间。《合同法》规定:当事人采用信件、数据电文等形式订立合同的,可以在合同成立之前要求签订确认书。签订确认书时合同成立。在此情况下,确认书具有最终承诺的意义。

(4) 合同的事实成立。《合同法》规定:法律、行政法规规定或者当事人约定采用书面形式订立合同,当事人未采用书面形式但一方已经履行主要义务,对方接受的,该合同成立;采用合同书形式订立合同,在签字或者盖章之前,当事人一方已经履行主要义务,对方接受的,该合同成立。此时从实际履行合同义务的行为中可推断当事人已经形成了合意和事实合同关系,当事人一方不得以未采取书面形式或未签字盖章为由,否认合同关系的存在。

2) 合同成立的方式

(1) 协议成立。合同当事人就合同的主要条款达成协议合同即成立。如是口头合同,口头协议完成,合同即成立;如是书面合同,双方当事人签字或者盖章时合同即成立。

(2) 确认成立。采用信件、数据电文等形式订立合同的,可以在合同成立之前要求签订

确认书，签订确认书时合同成立；如果当事人不要求签订确认书，则在承诺生效时合同成立。

3）合同成立的地点

《合同法》规定：承诺生效的地点为合同成立的地点。如果法律规定或者当事人约定采用特定形式成立合同的，特定形式完成地点为合同成立的地点。如当事人在合同成立前要求采用确认书、合同书等书面形式的，确认书从签订生效时起合同成立，合同成立时的地点为合同成立的地点。合同书从签字或者盖章时起成立，签字或者盖章的地点为合同成立的地点。法律、行政法规规定或者当事人约定必须经过公证合同才成立的，公证的地点为合同成立的地点。采用数据电文形式订立合同的，收件人的主营业地为合同成立的地点；没有主营业地的，其经常居住地为合同成立的地点。

8.2.6 缔约过失责任

1）缔约过失责任概念

缔约过失是指在合同订立过程中，一方当事人因违背其依据诚实信用原则所应负有的义务，而使另一方当事人信赖的利益遭受损失，而应当承担民事责任的情况。

2）缔约过失责任的适用

当事人订立合同时，应遵循诚实信用原则，对合同内容进行磋商。如果当事人违背了诚实信用原则给对方造成损失的，应承担相应的法律责任。《合同法》规定："当事人在订立合同过程中有下列情形之一，给对方造成损失的，应当承担损害赔偿责任：(一)假借订立合同，恶意进行磋商；(二)故意隐瞒与订立合同有关的重要事实或者提供虚假情况；(三)有其他违背诚实信用原则的行为。"

(1) 假借订立合同，恶意进行磋商

所谓假借，就是根本没有与对方订立合同的意思，与对方进行谈判只是个借口，目的是损害订约对方当事人的利益。此处所说的"恶意"，是指假借磋商、谈判，而故意给对方造成损害的主观心理状态。恶意必须包括两个方面内容：一是行为人主观上并没有谈判意图；二是行为人主观上具有给对方造成损害的目的和动机。恶意是此种缔约过失行为构成的最核心的要件。

(2) 故意隐瞒与订立合同有关的重要事实或者提供虚假情况

此种情况属于缔约过程中的欺诈行为。欺诈是指一方当事人故意实施某种欺骗他人的行为，并使他人陷入错误而订立的合同。

(3) 泄露或不正当地使用商业秘密

所谓泄露，是指将商业秘密透露给他人，包括在要求对方保密的条件下向特定人、少部分人透露商业秘密，以及从不正当的手段获取的，其披露当然是违背权利人的意思的。所谓不正当使用，是指未经授权而使用该秘密或将该秘密转让给他人。如将商业秘密用于自己的生产经营，由自己直接利用商业秘密的使用价值的行为或状态，或非法允许他人使用。无论行为人是否因此而获取一定的利益，都有可能构成缔约过失责任。

(4) 有其他违背诚实信用原则的行为

主要是指违反合同义务的行为，通常包括：未尽通知、协助等义务，增加了相对方的缔约成本而造成损失；未尽告知义务，未尽照顾和保护等义务，而造成对方当事人人身或财产损失的情形。

8.3 合同的效力

合同的效力是指已经成立的合同在当事人之间产生的法律约束力，即法律效力。合同效力是法律赋予依法成立的合同具有约束当事人各方的强制力。

8.3.1 合同的生效

1）合同成立与合同生效

合同成立与合同生效是两个不同的法律概念。合同成立是指当事人达成一致意见建立了合同关系。合同生效是指合同具备法定要件后产生法律约束力。多数情况下，合同成立时即具备了生效要件，因此其成立时间和生效时间是一致的。但是，合同成立并不等于合同生效，如效力待定合同在追认前不产生效力，但合同已经成立。

2）合同生效的要件

（1）合同当事人订立合同时应具有相应的民事权利能力和民事行为能力。这是法律对合同主体资格作出的规定。主体不合格，订出的合同不能发生法律效力。

（2）合同当事人意思表示真实。所谓意思表示，是指向外部表明愿意发生一定法律效果的意思的行为。意思表示真实，是指当事人在缔约过程中所作的要约和承诺都是自己真实意思的表示，这是构成有效合同的先决条件之一。一方在被欺诈、胁迫或者重大错误下订立的合同往往不是其真实意思表示，属于无效或可撤销的合同。

（3）合同内容不违反法律或社会公共利益。这是合同生效要件最重要的一条，包含两方面含义：一是合同的内容合法，即合同条款中约定的权利、义务及其指向的对象及标的等应符合法律的规定和社会公共利益的要求；二是合同的目的合法，即当事人缔约的原因合法，不存在以合法的方式达到非法目的等规避法律的事实。

（4）合同的内容必须确定或可能。合同内容确定，是指合同内容在合同成立时必须确定，或者必须处于在将来履行时可以确定的状态。合同的内容可能，是指合同所规定的特定事项在客观上具有实现的可能性。

另外，根据《合同法》的规定，法律、行政法规规定应当办理批准、登记等手续的合同，必须依照规定办理批准登记等手续才能生效；否则，即使具备了上述一般合同的生效要件，合同也不生效。

8.3.2 合同生效时间

根据我国《合同法》，合同生效时间可分为以下几种情形：

（1）依法成立的合同，自成立时生效，即合同成立时间为合同生效时间。

（2）法律、行政法规规定应当办理批准、登记等手续生效的，则合同生效时间为办理完批准、登记等手续的时间。

(3) 合同当事人对合同的效力约定附生效条件的合同，自条件成就时合同生效。

8.3.3 效力待定合同

效力待定合同是指合同虽然已经成立，但因其不完全符合法律有关生效要件的规定，因此其发生效力与否尚未确定，一般须经权利人表示承认或追认才能生效。主要包括 3 种情况：

1) 限制行为能力人订立的合同

限制行为能力人依法不能独立订立合同，经其法定代理人的追认后，合同才能生效。但也有两种限制行为能力人订立的合同可以不要求法定代理人的追认：

(1) 纯获利合同。如未成年人接受赠与的合同，就无需法定代理人的追认，直接产生法律效力。

(2) 与其年龄、智力相适应而订立的合同，也无需法定代理人的追认，直接产生法律效力。

这两种情况下的合同不属于效力待定合同，而属于有效合同。

2) 无权代理合同

代理合同是指行为人以他人名义，在代理范围内与第三人订立的合同。无权代理合同是行为人不具备代理权却以他人名义订立的合同。这种合同又有以下 3 种情况：

(1) 行为人没有代理权，即行为人事先并没有取得代理权，却以代理人自居并代理他人订立的合同。

(2) 行为人超越代理权，即行为人虽然取得了被代理人的代理权，却超越了代理权限范围而订立的合同。

(3) 行为人代理权已终止，即行为人曾经是被代理人的代理人，但代理权已终止，却仍以被代理人的名义订立合同。

无权代理人所订立的合同如果经过被代理人的追认，则合同对被代理人便具有法律效力，被代理人成为合同当事人。未经被代理人追认的合同，对被代理人不发生效力，合同责任及相关责任由无权代理行为人自己承担。无权代理人所订立的合同，相对人享有催告权和撤销权。相对人可以催告被代理人在 1 个月内予以追认，如被代理人未作表示的，视为拒绝追认。相对人还可以在被代理人追认前，以明示的方式撤销该合同。

《合同法》规定："相对人有理由相信行为人有代理权的，该代理行为有效。"这是针对表见代理的情形所作的规定。表见代理是指行为人虽无代理权，但由于其行为在客观上存在充分的、正当的理由使善意相对人相信其有代理权，善意相对人基于此项信赖而与无权代理人进行的法律行为(订立合同)，由此造成的法律后果直接由被代理人承担。如甲公司长期委托乙为总代理与丙公司交易，后甲撤销了对乙的委托授权却未通知丙，乙此后继续以甲的名义与丙订立合同，即为表见代理。表见代理是《合同法》为了维护相对人的信赖利益和维护交易安全而设置的一项制度。

是否构成表见代理的关键有两点：①相对人主观上是善意的、无过错，即相对人不知道或者不应当知道(无义务知道)无权代理人没有代理权；②相对人相信无权代理人具有代理权的理由是充分的、正当的，判断的标准应当是正常人在此情况下通常会作出与相对人同样的判断。如果确实存在充分、正当的理由并足以使善意相对人相信无权代理人具有代理权，则无权代理人的代理行为有效。

3）无处分权人处分他人财产权利而订立的合同

这类合同是指无处分权的人以自己的名义对他人的财产进行处分而订立的合同。根据法律规定，财产处分权只能由享有处分权的人行使，但《合同法》对无处分权的人处分他人财产而订立的合同作出了如下规定："无处分权的人处分他人财产，经权利人追认或者无处分权的人订立合同后取得处分权的，该合同有效。"

上述3种情况合同的根本特点在于合同有效与否取决于权利人的承认或追认，这是效力待定合同与其他效力类型合同相区别的主要标志。效力待定合同因追认或拒绝追认而产生不同的法律后果：效力待定的合同经权利人追认后，该合同自始有效；效力待定的合同经权利人拒绝追认后，该合同自始无效。

【案例8-2】 某施工企业派出王某参加某次工业品展销会，并授权其采购一批外墙面砖。在展销会期间，王某出示购买外墙面砖的授权委托书及确定样品后，与某建筑材料公司签订了一份外墙面砖供货合同。因洽谈顺利，王某发现该公司的卫生洁具质量好价格低，而施工现场也正需购买卫生洁具，于是又以公司名义签订了一份卫生洁具的供货合同。而当王某与建材公司的送货车回到工地现场时，施工企业却以王某自作主张为由不承认卫生洁具的供货合同，并拒收卫生洁具。

【案例分析】 王某在授权范围内以公司名义签订的外墙面砖合同，具有效力。签订的卫生洁具合同是无权代理，属于效力待定，视其公司是否追认。现在公司已经拒绝追认，则卫生洁具对该施工企业不具效力。

8.3.4 无效合同

1）无效合同的概念

无效合同是指虽经当事人协商订立，但因其不具备合同生效要件，不能产生法律约束力的合同。无效合同从订立时起就不具有法律约束力。

无效合同与合同不成立是两个不同的概念。合同不成立是指欠缺合同的成立条件；而无效合同则是合同已经成立了，但欠缺合同的生效要件。

2）无效合同的种类

《合同法》规定无效合同的种类如下：

（1）一方以欺诈、胁迫的手段订立合同，损害国家利益的合同

欺诈是指当事人一方故意制造假相、隐瞒真相，致使对方当事人产生错误的认识而同意与其订立合同。胁迫是指一方当事人以将要发生的损害或直接施加损害相威胁，迫使对方当事人产生恐惧而作出非真实意思表示的行为。如果采用欺诈、胁迫手段订立的合同，损害了国家利益的，其所订立的合同无效。

（2）恶意串通，损害国家、集体或者第三人利益的合同

恶意串通，损害国家、集体或者第三人利益的合同是无效的。恶意串通是指双方当事人非法串通在一起，其共同的目的是希望订立合同损害国家、集体或者第三人利益。它可能表现为双方当事人事先达成协议而形成的合同，也可能是一方当事人作出意思表示，对方当事

人明知其目的却用默示的方式接受而达成的合同。

(3) 以合法形式掩盖非法目的的合同

以合法形式掩盖非法目的是指当事人通过实施合法的行为来掩盖其非法的目的;或其从事的行为在形式上是合法的,但在内容上是非法的。这种行为又称为隐匿行为。在实施这种行为中,当事人故意表现出来的形式或故意实施的行为并不是其要达到的目的,也不是其真实意志,而只是希望通过这种形式和行为掩盖和达到非法的目的。

(4) 损害社会公共利益的合同

不得损害社会公共利益是订立合同的基本原则之一。因为社会公共利益是国家和人民群众的长远利益和根本利益,当事人双方订立合同都必须遵守这一准则。凡是损害社会公共利益的,即使合同当事人双方同意,也属于无效合同。

(5) 违反法律、行政法规中的强制性规定的合同

合同违反法律法规的强制性规定是指合同的内容违反了法律、行政法规中的强制性规定。至于合同形式违反法律规定则不是合同无效的问题,而是合同不成立的问题。

另外,《合同法》还规定了合同部分条款无效的情形。规定合同中的下列免责条款无效:①造成对方人身伤害的;②因故意或者重大过失造成对方财产损失的。《合同法》规定,提供格式条款一方免除其责任、加重对方责任、排除对方主要权利的,该条款无效。

免责条款是指当事人约定的用以免除或限制其未来合同责任的条款。合同中的免责条款作为合同的组成部分,具有约定性,一般是有效的,但是当免责条款所产生的后果具有社会危害性和侵权性,侵害了对方当事人的人身或财产权利,即使当事人之间不存在合同关系,人身或财产权利受到侵害的当事人也可以依法追究对方当事人的侵权行为责任。如果合同约定上述条款免责的,则相当于通过合同约定剥夺了受到侵害的当事人依法追究对其实施侵权行为的当事人侵权责任的权利。因此,上述的免责条款因其社会危害性和侵权性所构成的违法性,应为法律禁止且不具有法律效力。

3) 无效合同的法律后果

无效合同由人民法院或仲裁机构确认。无效合同从订立时起就没有法律约束力,当事人双方确立的权利义务关系随之无效。合同尚未履行的,不得履行;正在履行的,应当终止履行。《合同法》关于合同无效的法律后果有以下规定:

(1) 返还财产。返还财产是指合同当事人在合同被确认为无效以后,对已经交付给对方的财产,享有返还财产的请求权,对方当事人对于已经接受的财产负有返还财产的义务。

(2) 折价补偿。折价补偿是在因无效合同所取得的对方当事人的财产不能返还或者没有必要返还时,按照所取得的财产的价值进行折算,以金钱的方式对对方当事人进行补偿的责任形式。

(3) 赔偿损失。根据《合同法》规定,当合同被确认为无效后,如果由于一方或者双方的过错给对方造成损失时,还要承担损害赔偿责任。这种损害赔偿责任具备以下构成要件:①有损害事实存在;②赔偿义务人具有过错;③过错行为与遭受损失之间有因果关系。

(4) 非民事性后果合同被确认无效或被撤销后,除发生返还财产、赔偿损失等民事性法律后果外,在特殊情况下还发生非民事性后果。

《合同法》第59条具体规定了合同当事人恶意串通,损害国家、集体或者第三人利益的,发生追缴财产的法律后果,即将当事人恶意串通损害国家、集体或者第三人利益所取得的财

产追缴回来，收归国家或返还给受损失的集体、第三人。

《合同法》规定，合同部分无效而并不影响其他部分的效力的，其他部分仍然有效。而且当合同被确认无效、被撤销或者终止后，不会影响合同中独立存在的有关解决争议方法条款的效力。

8.3.5 可变更或可撤销合同

1）可变更或可撤销合同的概念

可变更或可撤销合同，是指当事人在订立合同的过程中，由于意思表示不真实，或者是出于重大误解从而作出错误的意思表示，依照法律的规定当事人可以依照自己的意思使合同的内容得以变更或使合同的效力归于消灭的合同。可变更或可撤销合同的效力取决于当事人的意思：若当事人主张合同有效，则合同有效；若当事人主张合同无效，则合同无效；若当事人主张合同变更，则合同可以变更。

变更是指当事人一方在主张合同有效的前提下，依照自己的意思主张并通过法定机构或者法定程序对已经生效的合同的内容进行的调整、修改。撤销则是当事人一方依照自己的意思主张并通过法定机构或法定程序使已生效的合同的效力归于消灭。

2）可变更或可撤销合同的种类

根据我国《合同法》，可变更或可撤销合同的种类有：

(1) 因重大误解订立的合同

所谓重大误解，是指当事人对合同的性质、对方当事人、标的物的种类、质量、数量等涉及合同后果的重要事项存在错误认识，违背其真实意思表示订立合同，并因此可能受到较大损失的行为。

(2) 在订立合同时显失公平的合同

显失公平，是指一方当事人利用优势或者对方没有经验，在订立合同时致使双方的权利与义务明显违反公平、等价有偿原则的行为。此类合同的“显失公平”必须发生在合同订立时，如果合同订立以后，因为商品价格发生变化而导致的权利义务不对等不属于显失公平。

(3) 一方以欺诈、胁迫的手段或者乘人之危，使对方在违背真实意思的情况下订立的合同

因一方欺诈、胁迫而订立的合同，如损害到国家利益，则属于无效合同；但如果合同只是损害了对方当事人的利益而未构成对国家利益的损害，应根据当事人的意志决定合同的效力。对于乘人之危订立的合同，则不用考虑是否损害国家利益，一律属于可撤销合同。

合同经法院或仲裁机构变更，被变更的部分即无效，而变更后的合同则为有效合同，对当事人有法律约束力。合同经法院或仲裁机构撤销，被撤销的合同属于无效合同，自始不具有法律约束力。对于上述合同，如果当事人请求变更的，法院或仲裁机构不得撤销。另外，并非所有的合同当事人都享有撤销权，只有合同的受损害方，即受欺诈方、受胁迫方等才享有撤销权。为保护当事人的合法权益，《合同法》对当事人的撤销权作出了限制，规定有下列情形之一的，撤销权消灭：

① 具有撤销权的当事人自知道或者应当知道撤销事由之日起1年内没有行使撤销权。此“1年”期间的性质为除斥期间，不适用诉讼时效中止、中断或者延长的规定。

② 具有撤销权的当事人知道撤销事由后明确表示或者以自己的行为放弃撤销权。

8.4 合同的履行

8.4.1 合同履行概述

1）合同履行的概念

合同的履行是指合同生效后，合同当事人依据合同条款的规定，完成各自应承担的全部义务的行为。合同的履行是当事人订立合同的根本目的，当事人应当全面、适当地履行合同义务。如果当事人只是完成了合同规定的部分义务，则称为合同的部分履行或不完全履行；如果合同的义务全部没有完成，则称为合同未履行或不履行合同。有关合同履行的规定是《合同法》的核心内容。

2）合同履行的原则

依据《合同法》的规定，合同当事人在履行合同时，应遵循以下原则：

（1）全面履行原则

全面履行原则，又称正确履行原则或适当履行原则，是指当事人按照合同规定的标的及其质量、数量，由适当的主体在适当的履行期限、履行地点以适当的方式，全面完成合同约定的自己义务的履行原则。《合同法》规定：“当事人应当按照约定全面履行自己的义务。”

（2）诚实信用原则

诚实信用原则，是指当事人不仅全面履行自己的合同义务，对于那些在合同中虽然未作约定，但是根据诚实信用原则，要求当事人应尽的协作义务，当事人也应该自觉地、善意地履行。它一般包括以下内容：债务人履行合同债务，债权人应适当受领给付；债务人履行债务，时常要求债权人创造必要的条件，提供方便；因故不能履行或不能完全履行时，应积极采取措施避免或减少损失，否则还要就扩大的损失自负其责；发生合同纠纷时，应各自主动承担责任，不得推诿。《合同法》规定：“当事人应当遵循诚实信用原则，根据合同的性质、目的和交易习惯履行通知、协助、保密等义务。”

3）合同内容约定不明确或没有约定时的履行规则

为了确保合同生效后合同的顺利履行，当事人应当对合同的质量、价款或者报酬、履行地点等内容作出明确具体的约定。但是，如果当事人所订立的合同对有关内容约定不明确或没有约定的，《合同法》允许当事人协议补充。如果当事人不能达成协议的，按照合同有关条款或者交易习惯确定。如果按此规定仍然不能确定的，则适用《合同法》的下列规定：

（1）质量要求不明确的，按照国家标准、行业标准履行；没有国家标准、行业标准的，按照通常标准或者符合合同目的的特定标准履行。

（2）价款或者报酬不明确的，按照订立合同时履行地的市场价格履行；依法应当执行政府定价或者政府指导价的，按照规定履行。

(3) 履行地点不明确,给付货币的,在接受货币一方所在地履行;交付不动产的,在不动产所在地履行;其他标的,在履行义务一方所在地履行。

(4) 履行期限不明确的,债务人可以随时履行,债权人也可以随时要求履行,但应当给对方必要的准备时间。

(5) 履行方式不明确的,按照有利于实现合同目的的方式履行。

(6) 履行费用的负担不明确的,由履行义务一方负担。

4) 合同履行时价格变动的处理规则

所谓价格变动,是指当事人在合同中约定的价格在履行过程中发生了变化,即与合同生效后履行时的标的价格不一致。我国目前的产品价格分两类:一类是由市场调节的市场价;一类是政府定价或者政府指导价。因此,合同履行时价格变动的处理规则也有所区别:

(1) 合同执行市场价的,合同履行时价格变动的,仍按合同约定的价格执行,但双方当事人协商变更的除外。

(2) 合同如果执行的是国家定价或者指导价,在合同约定的交付期限内政府价格调整时,按照交付时的价格计价。逾期交付标的物的,遇价格上涨时,按照原价格执行;价格下降时,按照新价格执行。逾期提取标的物或者逾期付款的,遇价格上涨时,按照新价格执行;价格下降时,按照原价格执行。

8.4.2 合同履行中的第三人

合同关系的当事人是债权人和债务人,通常情况下,合同应由当事人亲自履行,但我国法律允许合同可以向第三人履行,也可以由第三人代为履行。依据法律规定,合同履行中,当事人约定由债务人向第三人履行债务或者由第三人向债权人履行债务,原债权人与债务人的债务法律关系并不因此而变更。

1) 向第三人履行

向第三人履行是指双方当事人约定,由债务人向第三人履行债务,第三人直接取得请求权。如投保人与保险人订立保险合同,可以约定保险人向作为第三人的被保险人履行,被保险人享有保险金请求权。《合同法》规定:"当事人约定由债务人向第三人履行债务的,债务人未向第三人履行债务或者履行债务不符合约定,应当向债权人承担违约责任。"该规定明确了以下内容:

(1) 向第三人履行必须是基于当事人的约定,债权人应当经过债务人的同意,向第三人履行的约定才产生效力。

(2) 向第三人履行原则上不能增加履行难度和履行费用。如果增加履行费用,可以由双方当事人协商确定。协商不成,若由债权人的原因所致,债务人并无过错,从公平和诚实信用的角度讲,应当由债权人承担增加的费用。

(3) 第三人可以向债务人请求履行。债务人未向第三人履行债务或者履行债务不符合约定的,应当向债权人承担违约责任,而不是向第三人承担违约责任。

2) 第三人代为履行

第三人代为履行是指第三人依照合同当事人的约定由其代替债务人向债权人履行债务。《合同法》规定:"当事人约定由第三人向债权人履行债务的,第三人不履行债务或者履行债务不符合约定，债务人应当向债权人承担违约责任。”第三人代为履行有以下法律特征：

(1) 第三人不是缔约当事人，也不是合同当事人，无需参与合同的订立或在该合同上签字或盖章。只需第三人单方表示其愿意代替债务人清偿债务，或者与债务人达成代替其清偿债务的协议即可产生效力。

(2) 合同当事人的约定对第三人不具有拘束力，第三人可以同意履行，也可以拒绝履行，不承担不履行或不适当履行的违约责任。第三人是履行主体而不是义务主体，合同的债权人只能将第三人作为债务履行的辅助人而不能作为合同的当事人对待，当第三人拒绝履行时，应由合同债务人负责履行。如果第三人的不适当履行出于恶意，给债权人造成财产损害或者人身伤害的，第三人应当承担责任。而且，债权人也可以请求债务人承担违约责任。

(3) 合同中第三人代为履行条款对债权人具有拘束力，即第三人一旦同意履行，视为债务人的履行，债权人不得拒绝。

如果第三人不履行，或者第三人的履行不符合合同约定。

8.4.3 合同履行中的抗辩权

抗辩权，是指双务合同履行时双方都应当履行自己的义务，当一方不履行或可能不履行时，另一方可依法拒绝对方要求或否认对方权利主张的权利。《合同法》规定了同时履行抗辩权、先履行抗辩权、不安抗辩权。

1) 同时履行抗辩权

合同同时履行是指合同订立后，当事人互负债务，没有先后履行顺序，则当事人应当同时履行各自的义务。同时履行抗辩权，是指双务方合同的一方当事人有证据证明另一方当事人在应同时履行的时间不能履行或者不能适当履行，到履行期时，其享有不履行或者部分履行的权利。《合同法》规定：“当事人互负债务，没有先后履行顺序的，应当同时履行。一方在对方履行之前有权拒绝其履行要求。一方在对方履行债务不符合约定时，有权拒绝其相应的履行要求。”同时履行抗辩权的适用条件如下：

(1) 基于同一双务合同产生互负的债务，只有在同一双务合同中才能产生同时履行抗辩权。

(2) 双方互负的债务均已届清偿期，且没有先后履行顺序；只有在当事人双方的债务同时到期时才可能产生同时履行抗辩权。如果一方当事人负有先履行的义务，则不适用于同时履行抗辩权。

(3) 当事人另一方未履行债务或未提出履行债务，或者履行不适当。

(4) 当事人双方的给付义务是可能履行的义务，倘若对方所负债务已经没有履行的可能，则不发生同时履行抗辩问题，当事人可依照法律规定解除合同。

根据《合同法》的规定：“一方在对方履行债务不符合约定时，有权拒绝其相应的履行要求。”此条款规定了同时履行抗辩权与一方违约的关系。即一方违约之后，另一方享有同时履行抗辩权。一方违约包括部分履行及瑕疵履行等情况。但是，在合同当事人双方分别违反了自己的合同义务的情况下，当事人一方不得行使同时履行抗辩权。

2）先履行抗辩权

先履行抗辩权又称为顺序履行抗辩权，是指当事人互负债务，有先后履行顺序的，先履行一方未履行之前，后履行一方有权拒绝其履行请求；先履行一方履行债务不符合约定的，后履行一方有权拒绝其相应的履行要求的权利。如某材料采购合同约定供货方先行交付订购的材料，采购方再行付款，若供货方交付的材料不符合约定，则采购方有权拒付材料款。先履行抗辩权的适用条件如下：

(1) 当事人基于同一双务合同互负债务。

(2) 当事人履行有先后的顺序，这是与同时履行抗辩权的最大区别。“先后顺序”是当事人合同的约定或者法律的规定，或者根据交易习惯确定。只有先履行的一方不履行或者不适当履行的，后履行的一方当事人才享有先履行抗辩权，双方债务须有先后履行顺序。

(3) 先履行一方未履行债务或其履行不符合约定。这是当事人行使先履行抗辩权的前提条件。先履行抗辩权的行使其实质是对应当先履行合同义务一方当事人违约的抗辩，是在不终止合同效力的前提下，后履行义务的一方当事人为了保护自己的利益而采取的有力措施，既可以防止自己在履行后合法权益受到损害，又可以降低成本。

(4) 先履行一方当事人应当先履行的债务是可以履行的。若先履行一方的债务已经不可能被履行了，则后履行一方当事人行使先履行抗辩权已失去意义。

3）不安抗辩权

《合同法》规定：应当先履行债务的当事人，有确切证据证明对方有下列情形之一的，可以中止履行：①经营状况严重恶化；②转移财产、抽逃资金，以逃避债务；③丧失商业信誉；④有丧失或者可能丧失履行债务能力的其他情形。当事人没有确切证据中止履行的，应当承担违约责任。另外还规定：当事人依法规定中止履行的，应当及时通知对方。对方提供适当担保时，应当恢复履行。中止履行后，对方在合理期限内未恢复履行能力并且未提供适当担保的，中止履行的一方可以解除合同。

由上述规定可知，不安抗辩权是指在双务合同中，当事人互负债务，合同约定有先后履行顺序的，先履行债务的当事人一方应当先履行其债务。但是，在应当履行债务的一方当事人有确切证据证明对方有丧失或者可能丧失履行债务能力的情况，则可以中止履行其债务。此时，先履行的一方当事人有权行使的抗辩权是不安抗辩权。因此，行使不安抗辩权需满足以下条件：

(1) 基于同一双务合同而互负债务。

(2) 负有先履行义务的一方当事人才能享有不安抗辩权。

(3) 后给付另一方当事人的履行能力明显降低，有不能履行的实际风险。

8.4.4 合同履行中的代位权

代位权，是指因债务人怠于行使其对第三人享有的到期债权，对债权人造成损害的，债权人为保全其权利，可以向法院请求以自己的名义代位行使债务人的债权。这是为了保护债权人的合法权益，由债权人以自己的名义行使债务人的权利的一种权利。

1）代位权的特征

(1) 代位权是债权人以自己的名义行使债务人的权利，可见，债权人并不是债务人的代理人，代位权不是代理权，行使代位权不适用代理规则。

(2) 代位权是效力上的代位。代位权是债权人为了保全债权，代替债务人行使债务人的权利，而不是扣押债务人的权利或就收取的债务人的财产优先受偿。债权人请求第三人履行其应当向债务人履行债务，而不是请求第三人向自己履行债务。

(3) 代位权是债权的一种法定权能，无论当事人是否有约定，债权人都享有此种权能。

(4) 代位权的行使必须在法院提起诉讼，请求法院允许债权人行使代位权。

2) 代位权的行使条件

(1) 债权人对债务人享有合法债权，且债务人的债权已经到期。

(2) 债务人怠于行使其到期债权，对债权人造成损害。即债务人本应积极地主张、行使其到期债权以便履行其对债权人的债务，但是却没有积极地去行使其到期债权，已经对债权人的合同权利造成了损害。

(3) 债务人的债权不是专属于债务人自身的债权。所谓专属于债务人自身的债权，是指基于抚养关系、赡养关系、继承关系产生的给付请求权和劳动报酬、退休金、养老金、抚恤金、人身伤害赔偿请求权等权利。专属于债务人自身的债权，只能由债务人自己对次债务人行使，债权人不能代为行使。

3) 代位权的行使规则

代位权的行使，应当遵循下列规则：

(1) 债权人以自己的名义行使。

(2) 债权人行使代位权必须通过诉讼程序，主要原因是：①只有通过诉讼裁判方式才能保证某个债权人行使代位权所获得的利益能够在各个共同债权人之间合理分配；②只有通过诉讼方式才能有效防止债权人滥用代位权，同时也能够有效地防止债权人与其他未行使代位权的债权人、债务人以及次债务人之间因代位权的行使而发生不必要的纠纷。

(3) 行使的范围应以保全债权的必要为标准，即债权人代位行使债务人债权所获得的价值应与其所需要保全的合同债权的价值相当。

(4) 代位权行使费用应由债务人负担。尽管债权人行使代位权是为了保全自己的债权，但之所以发生代位权是因为债务人怠于行使其到期债权，因而行使代位权的必要费用，如律师代理费、差旅费、代位权诉讼费等应由债务人负担。

8.4.5 合同履行中的撤销权

撤销权，是指债权人在债务人与他人实施处分其财产或权利的行为危害债权的实现时，享有依法请求人民法院撤销债务人该行为的权利。

《合同法》规定："因债务人放弃其到期债权或者无偿转让财产，对债权人造成损害的，债权人可以请求人民法院撤销债务人的行为。债务人以明显不合理的低价转让财产，对债权人造成损害，并且受让人知道该情形的，债权人也可以请求人民法院撤销债务人的行为。撤销权的行使范围以债权人的债权为限。债权人行使撤销权的必要费用，由债务人负担。"例如张三无力偿还其欠李四的债务，但张三拥有可以抵偿该债务的房产，现张三将该房产无偿赠与或以不合理的低价转让给王五，同时王五也知道张三欠李四的债务却无力偿还的情况，在这种情况下，李四可以行使撤销权，请求人民法院撤销张三的赠与或转让行为。

1）撤销权的行使条件

根据《合同法》的规定，债权人行使撤销权，应当具备以下条件：

（1）债权人对债务人存在有效债权，债权人对债务人的债权可以到期，也可以不到期。

（2）债务人实施了减少财产的处分行为。

（3）债务人的处分行为有害于债权人债权的实现。

其中债务人减少财产的处分行为有：①放弃到期债权，对债权人造成损害；②无偿转让财产，对债权人造成损害；③以明显不合理的低价转让财产，对债权人造成损害，并且受让人知道该情形。其中第③种处分行为不但要求有客观上对债权人造成损害的事实，还要求有受让人知道的主观要件。

当债务人的处分行为符合上述条件时，债权人可以请求人民法院撤销债务人的处分行为。撤销权的行使范围以债权人的债权为限。

2）撤销权的行使规则

（1）债权人须以自己的名义行使撤销权。

（2）《合同法》对撤销权的行使是有时间期限限制的。撤销权自债权人知道或者应当知道撤销事由之日起1年内行使。自债务人的行为发生之日起5年内没有行使撤销权的，该撤销权消灭。注意上述规定的两个期限的起始点是不同的。

（3）撤销权必须通过诉讼程序行使。在诉讼中，债权人为原告，债务人为被告，受益人或者受让人为诉讼上的第三人。债权人行使撤销权所支付的律师代理费、差旅费等必要费用，由债务人负担；第三人有过错的，应当适当分担。

3）行使撤销权的法律效果

一旦人民法院确认债权人的撤销权成立，债务人的处分行为即归于无效。债务人的处分行为无效的法律后果则是双方返还，即受益人应当返还从债务人处获得的财产。因此撤销权行使的目的是恢复债务人的责任财产，债权人就撤销权行使的结果并无优先受偿权利。

8.5 合同的变更、转让和终止

8.5.1 合同的变更

1）合同变更的概念

合同的变更有广义、狭义之分。广义的合同变更是指合同主体和内容的变更，前者指合同债权或债务的转让，即由新的债权人或债务人替代原债权人或债务人，而合同内容并无变化；后者指合同当事人权利义务的变化。狭义的合同变更指合同内容的变更。我国《合同法》所指的合同变更是指合同内容的变更，合同主体的变更称为合同的转让。因此本章所述的合同变更也是指合同内容的变更。

合同变更主要有以下类型：①当事人协商一致，变更合同内容的协议变更；②基于法律规定变更合同，如因重大误解订立合同、在订立合同时显失公平、一方以欺诈、胁迫的手段或者乘人之危，使对方在违背真实意思的情况下订立的合同，当事人可诉请人民法院变更合同。

2）合同变更的要件

合同变更须具备以下条件：

（1）存在着合法有效的合同关系。

（2）合同内容发生变化，根据《合同法》的规定，合同变更仅指合同的内容发生变化，如标的数量的增减，价款的变化，履行时间、地点、方式的变化等，但是合同的变更，不得全部改变合同内容或者改变合同的主要内容，否则就不再是合同的变更，而是合同的更新。

（3）合同变更须依当事人双方的约定或者依法律的规定并通过法院的判决或仲裁机构的裁决，发生合同变更主要是当事人双方协商一致的结果。

（4）须遵守法律规定。对合同的变更，法律要求采取一定方式的，必须遵守。如《合同法》规定，必须经过法院的裁决。如果当事人在合同中约定了合同的变更须采取特定的方式，比如书面形式，当事人必须遵守这种约定。《合同法》规定："法律、行政法规规定变更合同应当办理批准、登记等手续的，依照其规定。"

3）合同变更的效力

（1）合同变更的实质是以变更后的合同代替原合同。因此，合同变更后，当事人应按变更后的合同内容履行。

（2）合同变更只对合同未履行的部分有效，对已履行的合同内容不发生法律效力，即合同的变更没有溯及力。合同当事人不得以合同变更为由要求合同已履行的部分归于无效。

（3）合同的变更不影响当事人要求赔偿的权利。提出变更的一方当事人对对方当事人因合同变更所受损失应负赔偿责任。如果在合同变更以前，因一方当事人的原因给对方造成损害的，另一方当事人有权要求责任方承担损害赔偿责任，该权利不因合同变更而受影响。

（4）当事人对合同变更的内容约定不明确的，推定为未变更。

8.5.2　合同的转让

1）合同转让的概念和特点

合同转让，是指合同当事人一方依法将合同权利义务全部或部分地转让给第三人的法律行为。合同包括合同权利（债权）的转让、合同义务（债务）的转让和合同权利义务的概括转让。

合同的转让不同于合同的第三人履行或接受履行，合同履行中的第三人并不是合同的当事人，他只是代债务人履行义务或代债权人接受义务的履行，合同责任由当事人承担而不是由第三人承担；而合同转让时，第三人成为了合同的当事人。合同转让，虽然在合同内容上没有发生变化，但出现了新的债权人或债务人，所以合同转让的效力在于成立了新的法律关系，即成立了新的合同，原合同应归于消灭，由新的债务人履行合同，或者由新的债权人享受权利。

因此合同转让有以下特点：

（1）合同的转让并不改变合同原有的权利义务内容。

(2) 合同的转让发生合同主体的变化。

(3) 合同的转让涉及原合同当事人双方之间的权利义务关系、转让人与受让人之间的权利义务关系。

合同转让必须合法且不得违背社会公共利益。合同转让也必须遵循一定的程序。我国《民法通则》规定:“合同一方将合同的权利、义务全部或者部分转让给第三人的,应当取得合同另一方的同意,并不得牟利。依照法律规定应当由国家批准的合同,需经原批准机关批准。”《合同法》规定:“法律、行政法规规定转让权利或者转移义务应当办理批准、登记等手续的,依照其规定。”

2) 合同权利转让

(1) 合同权利转让的概念和原因

根据《合同法》的规定,合同权利的转让是指债权人将合同的权利全部或者部分的转让给第三人。合同权利的转让可以分为全部转让和部分转让。权利部分转让是受让的第三人加入合同关系,与原债权人共享债权,如果转让合同有约定,原债权人与受让部分合同权利的第三人则按约定按份分享合同债权,或者共享连带债权;如果转让合同无约定,则共享连带债权。

合同权利转让的原因首先是依法律规定而转让,如依《中华人民共和国担保法》(以下简称《担保法》)规定,保证人代为履行后取得债权人的地位,享有债权人对债务人的债权。其次是依法律行为而转让,合同权利的转让有基于单方法律行为的,例如以遗赠将合同权利转让给受遗赠人,但大多数是基于转让合同。

(2) 合同权利转让的要件

① 须存在合法有效的合同权利,且转让不改变该权利的内容。合同权利的有效存在是合同权利转让的根本前提,以不存在或者无效或者已消灭的合同权利转让的,即为标的不能,转让合同无效。转让合同权利不得增加债务人的负担,否则转让无效。即使免除债务人的部分合同义务,也不能由转让人和受让人自行在转让合同中约定,而应直接向债务人作出免除的意思表示。总之,转让不得改变该权利的内容。

② 转让人与受让人须就合同权利的转让达成协议。

③ 合同债权转让须通知债务人。《合同法》规定债权人转让权利的,应当通知债务人。未经通知,该转让对债务人不发生效力。

④ 被转让的合同权利必须是依法可以转让的。《合同法》规定下列合同是禁止转让的:根据合同性质不得转让的;按照当事人约定不得转让的;依照法律规定不得转让的。

(3) 合同权利转让的效力

转让合同权利的合同成立后,对转让人、受让人和债务人都将产生一定的法律效力。

① 对转让人、受让人的法律效力

A. 在合同权利全部转让的情况下,受让人作为新的债权人而成为合同权利的主体,转让人将脱离原合同关系,由受让人取代其地位。如果是部分转让,则受让人将加入合同关系,成为债权人。

B. 合同权利转让时,受让人不仅取得债权,而且取得与债权有关的从权利,但该从权利专属于债权人自身的除外。如在某工程造价软件的转让合同中,软件开发者的人身权利是不可以转让的。

C. 转让人应将合同权利的证明文件全部交付给受让人，其证明文件包括债务人出具的借据、票据、合同文件、往来电报信函等。

D. 转让人对转让的债权负瑕疵担保责任。转让人应当担保其转让的合同权利不存在瑕疵，如果转让的权利存在瑕疵并因此给受让人造成损失的，转让人应当向受让人承担损害赔偿责任。

② 对债务人的法律效力

A. 债务人在收到转让通知后，应当按照是全部转让还是部分转让的具体情况，将受让人作为债权人而履行其债务。

B. 债务人在合同权利转让时就已经享有的对抗原债权人的抗辩权，并不因为合同权利的转让而消灭。我国《合同法》规定："债务人接到债权转让通知后，债务人对让与人的抗辩，可以向受让人主张。"

C. 债务人对接受合同权利转让的受让人享有债务抵消权，如果债务人接到转让通知时，债务人对原合同债权人另享有合同权利，并且债务人的合同权利优先于转让的合同权利到期或者同时到期的，债务人可以向受让人主张抵消。

3）合同义务的转移

（1）合同义务转移的概念和原因

合同义务转移，又称为合同债务转移或合同债务承担，是指不改变合同的内容，债务人经债权人同意，将其合同义务全部或部分地转移给第三人。债务人将其全部合同义务转让给第三人，由该第三人取代债务人的地位，使原债务人脱离合同关系，称为免责的债务承担。债务人将其合同债务部分地转让给第三人，合同原债务人并不脱离合同关系，而由第三人与原债务人共同承担债务，原债务人与第三人承担连带债务，除非当事人另有特别约定，称为并存的债务承担。

能够引起合同义务转移的原因与合同权利的转让一样，有直接基于法律规定，有基于法律行为，包括单方法律行为和双方法律行为的。

（2）合同义务转移的条件

① 被转移的债务有效存在的，本来不存在的债务、无效的债务或者已经终止的债务，不能成为债务承担的对象。

② 第三人必须与债务人达成协议，第三人如果不接受该债务，债务人是不可以将债务强行转移给第三人的。

③ 被转移的债务应具有可转移性。有几种合同是不具有可转移性的：

A. 某些合同债务与债务人的人身有密切联系，例如，以特定债务人特定技能为基础的合同（如演出合同），以特别人身信任为基础的合同（如委托合同），一般情况下，此类合同义务不具有可转移性。

B. 如果当事人特别约定合同债务不得转移，则这种约定应当得到遵守。

C. 如果法律强制性规范规定不得转让债务，则该合同债务不得转移。如我国《建筑法》规定，禁止承包单位将其承包的全部建筑工程转包给他人。这就属于法律强制性规范规定债务不得转移的情形。

④ 合同义务转移应符合法定的程序。《合同法》规定："债务人将合同的义务全部或者部分转移给第三人的，应当经债权人同意。"就是说只有在债权人同意的情况下，才可以转移

债务，否则就不可以转移。《合同法》规定："法律、行政法规规定转让权利或者转移义务应当办理批准、登记等手续的，依照其规定。"

(3) 合同义务转移的效力

合同义务转移后承担人成为合同新债务人。就合同义务全部转移而言，承担人取代债务人成为新的合同债务人，若承担人不履行债务，将由承担人直接向债权人承担违约责任；原债务人脱离合同关系。就合同义务部分转移而言，债务人与承担人成为连带债务人。

合同义务转移后抗辩权随之转移。由于债务已经转移，原合同的债务人已经由第三人代替，所以，债务人的抗辩权就只能由接受债务的第三人行使了。《合同法》规定："债务人转移义务的，新债务人可以主张原债务人对债权人的抗辩。"

合同义务转移后从债务随之转移，如主债务的利息、主债务延迟履行的违约金等。《合同法》规定："债务人转移义务的，新债务人应当承担与主债务有关的从债务，但该从债务专属于原债务人自身的除外。"

4) 合同权利义务的概括转让

(1) 合同权利义务概括转让的概念

合同权利义务的概括转让，是指合同当事人一方将其合同权利和义务一并转让给第三人，由该第三人概括地继受这些权利和义务的法律行为。合同权利义务的概括转让有两种情形：合同承受和企业合并。

(2) 合同权利义务概括转让的特征

① 必须经合同另一方的同意，概括转让包含了债务转移，而债务转移是要征得债权人的同意的。

② 原合同必须是有效的双务合同，若原合同无效则不能产生法律效力，更不能转让；而只有双务合同才可能将债权债务一并转移，否则只能为合同权利转让或者是合同义务转移。

(3) 合同权利义务概括转让的效力

概括转让是债权债务的一并转移，既包括合同权利的转让，也包括合同义务的承担。因此，根据《合同法》规定，其效力适用于关于合同权利转让、合同义务转移的一般规定。但合同权利义务的概括转让并非是合同权利转让、合同义务转移的简单相加，对于合同权利转让或合同义务转让，由于第三人作为合同权利的受让人或债务的承担人并非是原合同的当事人，因而与原债权人或原债务人的利益不可分离的权利，并不随之转移给受让人或承担人。但在合同权利义务概括转让的情形下，由于受让人完全取代了原当事人的法律地位，合同内容也就原封不动地转移给新当事人。因此，不同于合同权利转让和合同义务转让的是：依附于原当事人的一切权利和义务，如解除权、撤销权等，都将转移给受让人。

在合同实务中，合同权利义务的概括转让是经常发生的法律行为。

【案例 8-3】 2011 年 9 月 1 日，某住宅小区竣工。按照施工合同约定，开发公司应于当年 9 月 20 日向建筑公司支付工程款。而按照材料采购合同约定，同一天建筑公司应向材料供应商支付材料款。9 月 10 日，建筑公司与材料供应商达成一致意见，由开发公司代替建筑公司向材料供应商支付材料款。建筑公司将此协议告知了开发商。9 月 20 日，材料供应商要求开发商支付材料款，但是开发公司以未经其同意为由拒绝支付。开发公司的拒绝是否应该予以支持？

【案例分析】 不应该支持。《合同法》第 80 条规定："债权人转让权利的，应当通知债务人。未经通知,该转让对债务人不发生效力。债权人转让权利的通知不得撤销,但经受让人同意的除外。"因此,债权转让是无须征得债务人同意的,只要通知债务人即可。本案中,建筑公司已经将债权转让事宜通知了债务人开发公司,所以该转让行为是有效的。开发公司应该支付材料款。

8.5.3 合同的终止

1) 合同终止的情形

合同权利义务的终止,简称为合同的终止,又称合同的消灭,是指合同关系在客观上不复存在,合同权利和合同义务归于消灭。合同终止是随着一定的法律事实的发生而发生的。根据《合同法》的规定,合同的权利义务终止情形有以下几种:

(1) 债务已经按照约定履行。指债务人按照约定的标的、质量、数量、价款或者报酬、履行期限、履行地点和方式全面履行。债务一经履行,当事人订立合同的目的得以实现,合同关系自然归于终止。债务履行是合同终止的最主要原因。

(2) 合同的解除。指合同有效成立后,当具备法律规定的合同解除条件时,因当事人一方或双方的意思表示而使合同关系归于消灭的行为。

(3) 债务相互抵消。指当事人互负到期债务,又互享债权,以自己的债权充抵对方的债权,使自己的债务与对方的债务在等额内消灭。

债务相互抵消应当具备以下条件:①必须是当事人双方互负债务,互享债权。抵消发生的基础在于当事人双方既互负债务,又互享债权,只有债务而无债权或者只有债权而无债务,均不发生抵消。②当事人双方互负的债权债务均须合法,其中一个债务不合法时,不得主张抵消。③按照合同的性质或者依照法律规定不得抵消的债权不得抵消。

(4) 债务人依法将标的物提存。提存,指由于债权人的原因,债务人无法向其交付合同标的物时,债务人将该标的物交给提存机关而消灭合同的制度。比如,债务人乙在合同约定的履行期限,准备向债权人甲交付货物,但却无法找到债权人,乙根据法律有关规定,将该货物交给提存机关,货物被提存后,债务即消灭。

提存应当具备的条件是:①有合法的提存原因。包括:债权人无正当理由拒绝受领;债权人下落不明;债权人死亡未确定继承人或者丧失民事行为能力未确定监护人;法律规定的其他情形。②债务已到履行期。③提存必须按法定程序进行,债务人先提出提存申请,经批准后方可提存。如果标的物不适宜提存或提存费用过高,债务人也可以依法拍卖或变卖标的物,提存所得价款。

(5) 债权人免除债务。指债权人自愿放弃自己的债权,从而解除债务人所承担的义务,由此导致合同关系的终止。债权人免除债务是单方的法律行为,只需债权人意思表示就可成立,无需征得对方的同意。但是债权人免除债务的意思表示一旦作出便不得收回。债权人可以免除债务的部分,导致合同部分终止,也可以免除债务的全部,导致合同全部终止。

(6) 债权债务同归于一人。指由于某种事实的发生,使一项合同中原本由一方当事人享有的债权,由另一方当事人负担的债务,统归于一方当事人,使得该当事人既是合同的债权人,又是合同的债务人。如甲公司与乙公司签订了房屋买卖合同,在乙公司尚未支付购房款时,甲、乙两公司合并成立了一个新的公司,甲公司的债权和乙公司的债务都归属于新公司，原甲公司和乙公司之间的合同自然终止。

(7) 法律规定或者当事人约定终止的其他情形。如《民法通则》规定：代理人死亡、丧失民事行为能力，作为被代理人或者代理人的法人终止，委托代理终止。

2) 合同解除

(1) 合同解除的概念

合同解除，是指合同有效成立后，在一定条件下通过当事人的单方行为或者双方合意终止合同效力或者溯及地消灭合同关系的行为。合同解除是合同终止的事由之一。合同解除有以下法律特征：

① 合同解除针对的是有效合同。设置合同解除制度的目的，是为了解决这样的矛盾：合同有效成立之后，由于主客观情况的变化，使合同履行成为不必要或者不可能，如果再让合同继续发生法律效力，对其中一方甚至双方有害无益，这时最好的解决方法是使有效成立的合同能提前消灭。

② 合同解除必须具备解除的条件。合同一经有效成立，就具有法律效力，当事人双方都必须严格遵守，适当履行，不得擅自变更或解除。只是在主客观情况发生变化使合同履行成为不必要或不可能的情况下，合同继续存在已失去积极意义，将造成不适当的结果，才允许解除合同。这不仅是解除制度存在的依据，也表明合同解除必须具备一定的条件。否则便是违约，不发生解除的法律效果，而产生违约责任。

③ 合同解除原则上必须有解除行为。当合同解除的条件具备时，合同并不必然解除，一般还需要有解除行为。解除行为是当事人的行为，当事人是解除行为的主体。解除行为有两种类型：一是当事人双方协商同意；二是解除权人一方发出解除的意思表示。但是适用情事变更原则时的解除则是由人民法院根据具体情况而裁决的，不需要解除行为。

④ 合同解除的法律效果是使合同的权利义务关系(债权债务关系)消灭。

(2) 合同解除的分类

根据《合同法》，合同解除分为约定解除和法定解除两类。

合同的约定解除，是指合同因当事人约定的条件出现或者协商一致而解除，从而终止合同关系。按照合同自由(意思自治)原则，合同当事人享有解除合同的权利。就是说，当事人可以通过其约定或行使约定的解除权而导致合同的解除。只要当事人的约定不违背法律、国家或者社会公共利益，在法律上就是有效的，且可以产生当事人预期的效果。约定解除因方式不同，分为两种情况：一是事先约定条件的解除；二是事后协商解除。

法定解除，是指在合同成立以后，没有履行或没有履行完毕以前，当事人一方行使法定的解除权而使合同的权利义务终止的行为。与当事人约定解除相比，法定解除特点在于：由法律直接规定解除的条件(或者情况)，当此种条件具备时，当事人可以解除合同。法定解除是当事人一方行使法定解除权的结果，在法定解除条件成就时，解除权人可单方直接行使解除权，将合同解除，不必征得对方同意。

(3) 合同解除的条件

根据《合同法》的规定，法定解除合同的条件包括以下几种：

① 因不可抗力致使不能实现合同目的。当不可抗力使合同一方或双方的全部义务无法履行，不能实现订立合同的目的时，该合同失去意义，应归于消灭。在此情况下，我国《合同法》允许当事人通过行使解除权的方式消灭合同关系。

② 在履行期限届满之前，当事人一方明确表示或者以自己的行为表明不履行主要债务。这是债务人拒绝履行，也称毁约，包括明示毁约和默示毁约。作为合同解除条件，它一是要求债务人有过错，二是拒绝行为违法（无合法理由），三是有履行能力。

③ 迟延履行主要债务，即一方当事人在约定或者规定的期限内未履行主要债务。因债务人迟延履行主要债务的，债权人可以解除合同。但是如果履行期限在合同的内容中并非特别重要，即使债务人在履行期届满后履行，也不致使合同目的落空，延期履行仍然有意义，那么，债权人向债务人发出履行催告，给予一定的履行宽限期。债务人在该履行宽限期届满时仍未履行的，债权人有权解除合同。

④ 当事人一方迟延履行债务或者有其他违约行为致使不能实现合同目的。对某些合同而言，履行期限至为重要，如果债务人不按期履行，合同目的即不能实现。在此情形下，债权人有权解除合同。由于其他违约行为致使合同目的不能实现时也是如此。

⑤ 法律规定的其他情形。法律针对某些具体合同规定了特别法定解除条件的，则从其规定。

合同协议解除的条件，是双方当事人协商一致解除原合同关系。其实质是在原合同当事人之间重新成立了一个合同，其主要内容为放弃双方原合同关系，使双方基于原合同发生的债权债务归于消灭。协议解除采取合同方式，因此应具备合同的有效要件：当事人具有相应的行为能力；意思表示真实；内容不违反法律和社会公共利益；采取适当的形式。

（4）合同解除权行使规定

我国《合同法》对当事人合同解除权的行使作了规定："法律规定或者当事人约定解除权行使期限，期限届满当事人不行使的，该权利消灭。""法律没有规定或者当事人没有约定解除权行使期限，经对方催告后在合理期限内不行使的，该权利消灭。"如果当事人一方依照《合同法》规定主张解除合同的，应当通知对方。合同自通知到达对方时解除。对方有异议的，可以请求人民法院或者仲裁机构确认解除合同的效力。法律、行政法规规定解除合同应当办理批准、登记等手续的，依照其规定。

（5）合同解除的效力

《合同法》规定，合同解除后，尚未履行的，终止履行；已经履行的，根据履行情况和合同性质，当事人可以请求恢复原状或者采取其他补救措施，并有权要求赔偿损失。该规定确立了合同解除的两方面效力：一是向将来发生效力，即终止履行；二是合同解除可以产生溯及力（即引起恢复原状的法律后果）。

8.6 违约责任

8.6.1 违约责任概念与特征

违约责任是违反合同的民事责任的简称，是指合同当事人一方不履行合同义务或履行合同义务不符合合同约定所应承担的民事责任。

违约责任具有以下特点：

1) 违约责任是一种民事责任

法律责任有民事责任、行政责任、刑事责任等类型,民事责任是指民事主体在民事活动中,因实施民事违法行为或基于法律的特别规定,依据民法所应承担的民事法律后果。《民法通则》规定了违约责任和侵权责任两种民事责任。违约责任作为一种民事责任,在目的、构成要件、责任形式等方面均有别于其他法律责任。

2) 违约责任具有相对性

违约责任只能在特定的当事人之间发生,合同关系以外的第三人不负违约责任,违约责任是违约方对相对方承担的责任。具体而言:①违约责任是合同当事人的责任,不是合同当事人的辅助人(如代理人)的责任;②合同当事人对于因第三人的原因导致的违约承担责任。《合同法》规定:当事人一方因第三人的原因造成违约的,应当向对方承担违约责任。当事人一方和第三人之间的纠纷,依照法律规定或者按照约定解决。

3) 违约责任是履行合同不完全或不履行合同义务而承担的责任

(1) 违约责任是违反有效合同的责任。合同有效是承担违约责任的前提。这一特征使违约责任与《合同法》上的其他民事责任(如缔约过失责任、无效合同责任)区别开来。

(2) 违约责任以当事人不履行或不完全履行合同为条件。能够产生违约责任的违约行为有两种情形:一是一方不履行合同义务,即未按合同约定提供给付;二是履行合同义务不符合约定条件,即其履行存在瑕疵。

4) 违约责任具有补偿性

违约责任的主要目的在于补偿合同当事人因违约行为所遭受的损失,以损害赔偿为主要责任形式,《合同法》所确认违约责任的内容,如继续履行合同、采取补救措施、赔偿经济损失,都体现了补偿性。

5) 违约责任是财产责任,不是人身责任

违约责任可以约定(如约定违约金、约定定金),也可以直接适用法律的规定(如支付赔偿金、强制实际履行等)。

6) 违约责任的可约定性

根据合同自愿原则,合同当事人可以在合同中约定违约责任的方式、违约金的数额等,但这并不否定违约责任的强制性,因为这种约定必须在法律许可的范围内。

8.6.2 违约责任构成要件

违约责任的构成要件如下:有违约行为;有损害事实;违约行为与损害事实之间存在因果关系;无免责事由。

1) 违约行为的概念和分类

违约行为,是指当事人一方不履行合同义务或者履行合同义务不符合约定条件的行为。这一定义表明:

(1) 违约行为的主体是合同当事人,合同具有相对性,违反合同的行为只能是合同当事人的行为,如果由于第三人的行为导致当事人一方违反合同,对于合同对方来说只能是违反合同的当事人实施了违约行为,第三人的行为不构成违约。

(2) 违约行为是一种客观的违反合同的行为,违约行为的认定以当事人的行为是否在客观上与约定的行为或者合同义务相符合为标准，而不管行为人的主观状态如何。

(3) 违约行为侵害的客体是合同对方的债权，因违约行为的发生，使债权人的债权无法实现，从而侵害了债权。

根据不同分类标准，可将违约行为做以下分类：

(1) 单方违约与双方违约。双方违约，是指双方当事人分别违反了自己的合同义务。《合同法》规定："当事人双方都违反合同的，应当各自承担相应的责任。"可见，在双方违约情况下，双方的违约责任不能相互抵消。

(2) 根本违约与非根本违约。以违约行为是否导致另一方订约目的不能实现为标准，违约行为可作此分类。其主要区别在于，根本违约可构成合同法定解除的理由。

(3) 不履行、不完全履行与迟延履行。

(4) 实际违约与预期违约。

2) 实际违约

实际违约，即实际发生的违约行为，是指在合同履行期限到来之后，当事人不履行或不完全履行合同义务，都将构成实际违约。包括不履行、迟延履行和不适当履行。

(1) 不履行

不履行包括履行不能和拒绝履行。履行不能是指债务人在客观上已经没有履行能力，比如在提供劳务的合同中，债务人丧失了劳动能力。拒绝履行是指合同履行期到来后，一方当事人能够履行而故意不履行合同规定的全部义务。拒绝履行的特点是：一方面，一方当事人明确表示拒绝履行合同规定的主要义务(如果仅仅是表示不履行部分义务则属于部分不履行的行为)；另一方面，一方当事人拒绝履行合同义务无任何正当理由。

(2) 迟延履行

迟延履行是指合同债务已经到期，债务人能够履行而未履行，违反了履行期限的规定。

(3) 不适当履行

不适当履行是指债务人虽然履行了债务，但其履行不符合合同的约定，履行有瑕疵或给债权人造成损害的情形。不适当履行可分为瑕疵给付与加害给付两种。瑕疵给付，是指债务人虽然履行了债务，但因履行有瑕疵，以致减少或丧失该履行本身的价值或效用，其所侵害的是债权人对于正确履行所能取得的利益，即履行利益。加害给付，是指因债务人的不当履行造成债权人履行利益以外的其他损失。

《合同法》规定："质量不符合约定的，应当按照当事人的约定承担违约责任。对违约责任没有约定或者约定不明确，依照本法的规定仍不能确定的，受损害方根据标的的性质以及损失的大小，可以合理选择要求对方承担修理、更换、重做、退货、减少价款或者报酬等违约责任。"

3) 预期违约

预期违约也称为先期违约，是指在合同履行期限到来之前，一方无正当理由但明确表示其在履行期到来后将不履行合同，或者其行为表明其在履行期到来后将不可能履行合同。预期违约具有以下特点：

(1) 当事人在合同履行期到来之前的违约。

(2) 侵害的是对方当事人期待的债权而不是现实的债权。

(3) 与实际违约后果不同(主要造成对方信赖利益的损害)。

预期违约包括两种形态，即明示预期违约(明示毁约)和默示预期违约(默示毁约)。

明示毁约，是指一方当事人无正当理由，明确地向对方表示将在履行期届至时不履行合同。其要件为：①一方当事人明确肯定地向对方作出毁约的表示；②须表明将不履行合同的主要义务；③无正当理由。

默示毁约，是指在履行期到来之前，一方以自己的行为表明其将在履行期届至后不履行合同。其特点为：债务人虽然没有表示不履行合同，但其行为表明将不履行合同或不能履行合同。例如特定物买卖合同的出卖人在合同履行期届至前将标的物转卖给第三人，或买受人在付款期到来之前转移财产和存款以逃避债务。

8.6.3 违约的免责事由

1) 免责事由的概念

免责事由也称免责条件，是指当事人对其违约行为免于承担违约责任的事由。《合同法》中的免责事由可分为两大类：法定免责事由和约定免责事由。法定免责事由是指由法律直接规定、不需要当事人约定即可援用的免责事由，主要指不可抗力；约定免责事由是指当事人约定的免责条款。

2) 不可抗力

我国《合同法》中关于不可抗力的概念沿用了我国《民法通则》中的规定。所谓不可抗力，是指不能预见、不能避免并不能克服的客观情况。

不可抗力的构成要件是：①不能预见，即当事人无法知道事件是否发生、何时何地发生、发生的情况如何，对此应以一般人的预见能力为标准加以判断；②不能避免，即无论当事人采取什么措施，或即使尽了最大努力，也不能防止或避免事件的发生；③不能克服，即以当事人自身的能力和条件无法战胜这种客观力量；④客观情况，即外在于当事人的行为的客观现象(包括第三人的行为)。

不可抗力主要包括以下几种情形：①自然灾害，如台风、洪水、冰雹；②政府行为，如征收、征用；③社会异常事件，如罢工、骚乱。

由于不可抗力常常导致合同当事人无法按照合同约定履行合同义务，造成事实上的违约，而让当事人因自己不能预见、不能避免并不能克服的客观事件而导致的违约承担违约责任，显然有失公平，因此，各国民事立法大都将不可抗力作为违约的免责事由。我国《合同法》规定："因不可抗力不能履行合同的，根据不可抗力的影响，部分或者全部免除责任，但法律另有规定的除外。当事人迟延履行后发生不可抗力的，不能免除责任。"

发生不可抗力后合同当事人担负通知的义务，《合同法》规定："当事人一方因不可抗力不能履行合同的，应当及时通知对方，以减轻可能给对方造成的损失，并应当在合理期限内提供证明。"

3) 免责条款

免责条款是指当事人在合同中约定免除将来可能发生的违约责任的条款，其所规定的免责事由即约定免责事由。对此，《合同法》未作一般性规定(仅规定格式合同的免责条款)。需要注意的是：免责条款不能排除当事人的基本义务，也不能排除故意或重大过失的责任。

8.6.4 违约责任的承担

《合同法》规定违约责任这一法律制度的目的在于通过让违约者承担相应的法律责任，通过补偿和惩罚所承担的财产支出，维护守约方当事人的合同权利。对于违约责任的具体承担方式，我国《民法通则》和《合同法》都作了明文规定。《合同法》规定：当事人一方不履行合同义务或者履行合同义务不符合约定的，应当承担继续履行、采取补救措施或者赔偿损失等违约责任。据此，违约责任有3种基本形式：继续履行、采取补救措施和赔偿损失。除此之外，违约责任还有其他承担方式，如违约金和定金责任。

1）继续履行

继续履行，又称强制履行，指在违约方不履行合同时，令相对人不能实现合同预期利益，相对人如果发现违约方具备履行合同义务的条件，并且继续履行对自己有利时，有权要求对方继续履行合同的违约责任方式。

继续履行构成要件为：存在违约行为；必须有守约方请求违约方继续履行合同债务的行为；必须是违约方能够继续履行合同。

继续履行的适用，因债务性质不同而不同：

（1）金钱债务

无条件适用继续履行。金钱债务只存在迟延履行，不存在履行不能，因此，应无条件适用继续履行的责任形式。

（2）非金钱债务

有条件适用继续履行。对非金钱债务，原则上可以请求继续履行，但下列情形除外：法律或者事实上不能履行（履行不能）；债务的标的不适用强制履行或者强制履行费用过高；债权人在合理期限内未请求履行（如季节性物品之供应）。

2）采取补救措施

采取补救措施，主要指在已经出现质量违约的情况时，违约方采取必要的措施减少合同因质量不符合合同约定的要求导致的损失，以及采取必要的措施为恢复合同的全面履行创造条件，为对方实现合同权利而完成必要的工作。

关于采取补救措施的具体方式，我国《合同法》规定：受损害方根据标的的性质以及损失的大小，可以合理选择要求对方承担修理、更换、重做、退货、减少价款或者报酬的违约责任。

采取补救措施的应用应注意以下几点：①采取补救措施的适用以合同对质量不合格的违约责任没有约定或者约定不明确，而依《合同法》规定仍不能确定违约责任为前提的；②应以标的物的性质和损失大小为依据，确定与之相适应的补救方式；③受害方对补救措施享有选择权，但选定的方式应当合理。

3）赔偿损失

（1）赔偿损失的概念

赔偿损失，是指合同当事人由于不履行合同义务或者履行合同义务不符合约定，给对方造成财产上的损失时，由违约方以其财产赔偿对方所蒙受的财产损失的一种违约责任形式。《合同法》规定：当事人一方不履行合同义务或者履行合同义务不符合约定的，在履行义务或者采取补救措施后，对方还有其他损失的，应当赔偿损失。

赔偿损失适用的是过错责任原则,其构成要件是只要求当事人客观上有违约事实,而不论其主观心态如何。

(2) 赔偿损失的特点

① 赔偿损失的前提是当事人之间存在有效的合同关系,并且违约方违反了合同中约定的义务。如果当事人一方违反的不是合同约定的义务,或者合同没有成立、合同无效、合同被撤销等,其所要承担的不是违约的赔偿损失责任,而是应当承担缔约过失等其他责任。

② 违约的赔偿损失具有补偿性。违约的赔偿损失是强制违约方给非违约方所受损失的一种补偿。违约的赔偿损失一般是以违约所造成的损失为标准。

③ 违约的赔偿损失具有一定的随意性。我国《合同法》允许合同当事人事先对违约的赔偿损失的计算方法予以约定,或者直接约定违约方付给非违约方一定数额的金钱,体现了合同自由的原则。

④ 违约的赔偿损失以赔偿非违约方受到的实际全部损失为原则。

(3) 赔偿损失的确定方法

赔偿损失的确定方法分两种:法定损害赔偿和约定损害赔偿。

法定损害赔偿是指由法律规定的,由违约方对受害方因违约而遭受的损失承担的赔偿责任。根据《合同法》的规定,法定损害赔偿应遵循以下原则:

① 完全赔偿原则

赔偿损失的目的在于受害方因违约方违约所遭受的损失,通过补偿使受害方的财产状况恢复到合同订立前或者是合同如期履行合同状态,因此违约方应赔偿受害方因违约所遭受的全部损失。《合同法》规定,当事人一方不履行合同义务或者履行合同义务不符合约定,给对方造成损失的,损失赔偿额应当相当于因违约所造成的损失,包括合同履行后可以获得的利益。

② 合理预见原则

违约损害赔偿的范围以违约方在订立合同时预见到或者应当预见到的损失为限。合理预见原则是限制法定违约损害赔偿范围的一项重要规则,其理论基础是意思自治原则和公平原则。对此应把握以下几点:一是合理预见原则是限制包括现实财产损失和可得利益损失的损失赔偿总额的规则,不仅仅用以限制可得利益损失的赔偿;二是合理预见原则不适用于约定损害赔偿;三是是否预见到或者应当预见到可能的损失,应当根据订立合同时的事实或者情况来判断。

③ 减轻损失原则

一方违约后,另一方应当及时采取合理措施防止损失的扩大,如果非违约方当事人没有采取适当措施防止损失扩大,则对扩大部分的损失违约方不予赔偿。《合同法》规定:当事人一方违约后,对方应当采取适当措施防止损失的扩大;没有采取适当措施致使损失扩大的,不得就扩大的损失要求赔偿。当事人因防止损失扩大而支出的合理费用,由违约方承担。

4) 定金责任

定金是当事人为了保证合同的履行,依照约定,由一方当事人按照合同标的额的一定比例,预先给付对方当事人的金钱或其他替代物。定金包含了对不履行合同的制裁作用。《合同法》规定:"当事人可以依照《担保法》约定一方向对方给付定金作为债权的担保。债务人履行债务后,定金应当抵作价款或者收回。给付定金的一方不履行约定的债务的,无权要求返还定金;收受定金的一方不履行约定的债务的,应当双倍返还定金。”

5) 违约金责任

违约金是指当事人一方违反合同时应当向对方支付的一定数量的金钱或财物。根据《合同法》的规定,违约金具有以下法律特征:①是在合同中预先约定的(合同条款之一);②是一方违约时向对方支付的一定数额的金钱(定额损害赔偿金);③是对承担赔偿责任的一种约定(不同于一般合同义务)。

违约金是对损害赔偿额的预先约定,既可能高于实际损失,也可能低于实际损失。畸高和畸低均会导致不公平结果。为此,各国法律规定法官对违约金具有变更权。我国《合同法》对此也作了规定,其特点是:以约定违约金“低于造成的损失”或“过分高于造成的损失”为条件;经当事人请求;由法院或仲裁机构裁量;“予以增加”或“予以适当减少”。

违约金存在于主合同中,定金存在于从合同中,它们可能单独存在,也有可能同时存在。《合同法》规定:当事人既约定违约金,又约定定金的,一方违约时,对方可以选择适用违约金或者定金条款。

【案例 8-4】 某建筑公司与某采石场签订了一份购买石料的合同,合同中约定了违约金的比例。为确保合同的履行,双方又签订了定金合同,建筑公司交付了 5 万元的定金。到约定交货日期时,采石场没能按时交货。建筑公司要求其支付违约金并返还定金。但是采石场认为如果建筑公司选择了违约金条款,就不可以要求返还定金了。

采石场的观点是否正确?

【案例分析】 采石场的观点不正确。《合同法》规定:“当事人既约定违约金,又约定定金的,一方违约时,对方可以选择适用违约金或者定金条款。”采石场违约,建筑公司可以选择违约金条款,也可以选择定金条款。建筑公司选择了违约金条款,并不意味着定金不可以收回。定金无法收回是发生在给付定金的一方不履行约定债务的情况下。本案例不存在这一前提条件,因此建筑公司是可以收回定金的。

8.7 建设工程合同

建设工程合同是《合同法》分则中专门一章规定的合同类型,根据《合同法》第 269、276 条的规定,建设工程合同根据其主要内容的不同又可分为工程勘察合同、设计合同、施工合同。本节仅介绍建设工程合同中与施工合同订立与履行相关的主要法律事宜。2004 年 9 月 29 日,最高人民法院审判委员会第 1327 次会议通过了《最高人民法院关于审理建设工程施工合同纠纷案件适用法律问题的解释》(以下简称《解释》),该《解释》自 2005 年 1 月 1 日起施行。《解释》对建设工程施工合同产生的特殊纠纷作出了具体的规定。

8.7.1 建设工程合同的订立

1) 施工合同订立的特殊性

施工合同受《合同法》的调整,其订立与受《合同法》调整的其他合同的订立基本相同。

但是由于建设工程合同本身的特殊性，其合同的订立也有其自身的特殊性。要约与承诺是订立合同的两个基本程序，施工合同的订立也要经过这两个程序，但它主要是通过招标投标的过程走过这两个程序。

招标人通过发布招标公告或发出投标邀请书吸引潜在投标人参与投标，希望潜在投标人向自己发出“内容明确的订立合同的意思表示”，所以，招标公告或投标邀请书是“要约邀请”。投标人的投标文件中含有投标人期望订立的合同的具体内容，表达了投标人期望订立合同的意思，因此投标文件是“要约”。招标人发出的中标通知书是招标人对投标文件（要约）的肯定答复，因此中标通知书是“承诺”。但该“承诺”与《合同法》中的“承诺”也有不同之处：首先是发生法律效力的时间不同，《合同法》规定，“承诺”通知到达要约人时发生法律效力，而“中标通知书”只要发出后即发生法律效力；其次是合同成立的时间不同，《合同法》规定“承诺”生效时合同成立，而“中标通知书”发出后，“承诺”虽然发生法律效力，但在书面合同订立之前，施工合同尚未成立。

当事人招标人、投标人必须具备相应的条件，具体内容参见本书第4章的相关内容。施工合同是要式合同，《合同法》第270条规定：“建设工程合同应当采用书面形式。”

2）施工招标中的缔约过失

缔约过失是指在合同订立过程中，一方当事人因违背其依据诚实信用原则所应负有的义务，使另一方当事人信赖的利益遭受损失，而应当承担民事责任的情况。在施工招标投标过程中，招标人可能发生的缔约过失责任的情况主要有：

（1）项目不具备招标条件而进行招标。我国《工程建设项目施工招标投标办法》规定了施工项目必须具备的招标条件，满足了招标条件才能组织招标，如果不具备相应条件擅自招标，给投标人造成损失的，应当赔偿。

（2）已具备招标条件，但未按规定经批准擅自进行招标投标。招标人具备招标条件后，并不等于当然地就可以组织招标，凡按规定未办理相关审批手续而组织施工招标投标的，一律无效。因此给投标人造成损失的，应当赔偿。

（3）擅自改变评标办法。评标办法是招标文件中的重要组成部分，评标办法一经公布，即对招标人产生约束力，不得更改，否则即应承担缔约过失责任。

（4）因招标人的原因，招标中止或招标失败。招标程序开始后，除非发生不可抗力的情况，不得中止。如果因招标人的原因导致招标中止或是招标无法继续进行，招标人应承担缔约过失责任。

（5）中标通知书发出后，招标人改变中标结果。《招标投标法》规定：中标人确定后，招标人应当向中标人发出中标通知书，并同时将中标结果通知所有未中标的投标人。中标通知书对招标人和中标人具有法律效力。中标通知书发出后，招标人改变中标结果的，或者中标人放弃中标项目的，应当依法承担法律责任。

投标人在招标投标活动中可能发生的缔约过失责任的情况，常见的是弄虚作假参加投标，或者向招标人作虚假承诺等，如投标人相互串通、陪标、围标、资质挂靠等。

3）无效合同的争议

《解释》对无效施工合同作了以下规定：建设工程施工合同具有下列情形之一的，应当根据《合同法》第52条第5款的规定，认定无效：①承包人未取得建筑施工企业资质或者超越资质等级的；②没有资质的实际施工人借用有资质的建筑施工企业名义的；③建设工程必须进行招标而未招标或者中标无效的。

在实际工作中经常出现属于上述情形但是却已经完工的建设项目。在这种情况下,如果承包商向建设单位提出支付工程款的要求,建设单位经常会以所签订的合同属于无效合同为由而拒绝支付。针对这种情况,《解释》作出了如下规定:

(1) 建设工程施工合同无效,但建设工程经竣工验收合格,承包人请求参照合同约定支付工程价款的,应予支持。

(2) 建设工程施工合同无效,且建设工程经竣工验收不合格的,按照以下情形分别处理:修复后的建设工程经竣工验收合格,发包人请求承包人承担修复费用的,应予支持;修复后的建设工程经竣工验收不合格,承包人请求支付工程价款的,不予支持。

因建设工程不合格造成的损失,发包人有过错的,也应承担相应的民事责任。

但是,上述违法行为是不提倡的。为了限制此类行为的出现,《解释》第4条又作了如下规定:"承包人非法转包、违法分包建设工程或者没有资质的实际施工人借用有资质的建筑施工企业名义与他人签订建设工程施工合同的行为无效。人民法院可以根据《民法通则》第134条规定,收缴当事人已经取得的非法所得。"

另外,针对与上述情况类似但不属于无效合同的情形,《解释》同时规定了不予支持的无效请求:

(1) 竣工前取得相应资质的

由于企业的资质并不是一成不变的,有时可能会出现下面的情形:承包商在超越资质承揽工程后取得了相应的资质。对于这种情况,需要区分其资质取得的时间来分别予以处理。如果该资质是在工程竣工后取得,则该承包合同依然按照上面的无效合同处理。如果该资质是在竣工前取得,《解释》第5条规定:"承包人超越资质等级许可的业务范围签订建设工程施工合同,在建设工程竣工前取得相应资质等级,当事人请求按照无效合同处理的,不予支持。"

(2) 承揽全部劳务作业的劳务分包合同

劳务作业分包,是指施工总承包企业或者专业承包企业(以下简称劳务作业发包人)将其承包工程中的劳务作业发包给劳务分包企业(以下简称劳务作业承包人)完成的活动。其签订的分包合同即是劳务分包合同。

劳务分包的分包单位仅仅提供劳务作业,不涉及工程建设的技术问题。因此,我国法律法规并没有限制劳务作业的分包人承揽全部建设工程的劳务作业。因此,《解释》第7条规定:"具有劳务作业法定资质的承包人与总承包人、分包人签订的劳务分包合同,当事人以转包建设工程违反法律规定为由请求确认无效的,不予支持。"

4) 工程垫资的利息

《工程建设项目施工招标投标办法》规定的施工项目必须具备的招标条件之一是应具有相应资金或资金来源已经落实,否则不许招标。同时,我国建设工程施工合同(示范文本)中也有工程预付款的规定。可见,该示范文本提倡建设单位不仅要具备修建工程的资金准备,而且还应该向承包商支付工程预付款。但是,很多时候,这种用意并不能落实,不仅承包商得不到工程预付款,而且其应该获得的工程进度款也不容易全部收回。由于施工单位在承揽工程过程中的弱势地位,我国工程施工中的垫资现象是常见的。

1996年6月4日,建设部、国家计委、财政部下发的《关于严格禁止在工程建设中带资承包的通知》第 4 条规定，任何建设单位都不得以要求施工单位带资承包作为招标投标条件，更不得强行要求施工单位将此类内容写入工程承包合同。该通知第 5 条规定，施工单位不得以带资承包作为竞争手段承揽工程，也不得用拖欠建材和设备生产厂家货款的方法转嫁由此造成的资金缺口。因此，垫资显然违反了以上通知的规定。

垫资的实质是建筑工程施工合同双方当事人约定由施工方先负担工程费用，建设方迟延给付。这属于当事人就合同内容的一种约定。垫资虽然违反《关于严格禁止在工程建设中带资承包的通知》的规定，但《民法通则》、《合同法》乃至《建筑法》等有关建筑方面的法律、行政法规都没有作出禁止垫资的规定。

《合同法》规定，违反法律、行政法规的强制性规定的，合同无效。最高人民法院《关于适用〈中华人民共和国合同法〉若干问题的解释(一)》规定：《合同法》实施后，人民法院确认合同无效，应当以全国人大及其常委会制定的法律和国务院制定的行政法规为依据，不得以地方性法规、行政规章为依据。

垫资并没有违反法律、行政法规的强制性规定，根据以上法律规定和司法解释，垫资条款并不影响施工合同效力。

对于因垫资问题产生的纠纷，《解释》作出了明确规定："当事人对垫资和垫资利息有约定，承包人请求按照约定返还垫资及其利息的，应予支持，但是约定的利息计算标准高于中国人民银行发布的同期同类贷款利率的部分除外。当事人对垫资没有约定的，按照工程欠款处理。当事人对垫资利息没有约定，承包人请求支付利息的，不予支持。"

5）阴阳合同问题

所谓阴阳合同问题，是指招标人与中标人签订了合同后另行订立了一个背离该合同实质性内容的其他协议而引发的问题。该问题最终表现为工程款结算问题。

《招标投标法》规定："招标人和中标人应当自中标通知书发出之日起 30 日内，按照招标文件和中标人的投标文件订立书面合同。招标人和中标人不得再行订立背离合同实质性内容的其他协议。"因此招标人与中标人另行签订合同的行为违反了《招标投标法》的强制性规定，《合同法》规定违反法律、法规强制性规定的合同是无效的。

《招标投标法》第 47 条规定："依法必须进行招标的项目，招标人应当自确定中标人之日起 15 日内，向有关行政监督部门提交招标投标情况的书面报告。"《房屋建筑和市政基础设施工程施工招标投标管理办法》也规定："招标人和中标人应当自中标通知书发出之日起 30 日内，按照招标文件和中标人的投标文件订立书面合同；招标人和中标人不得再行订立背离合同实质性内容的其他协议。订立书面合同后 7 日内，中标人应当将合同送县级以上工程所在地的建设行政主管部门备案。"另外，《工程建设项目施工招标投标办法》中也有施工项目备案的规定。

因此，根据我国法律法规中标后签订的合同是需要备案的。而对于两个存在实质性差别的阴阳合同，只能用中标后订立的"阳合同"(第一个合同)进行备案，而不可能采用私下订立的"阴合同"(第二个合同)备案，也不能将两个合同同时进行备案。这也就为我们解决阴阳合同问题提供了一个途径。

所以对于阴阳合同问题的处理方式，《解释》的规定是："当事人就同一建设工程另行订立的建设工程施工合同与经过备案的中标合同实质性内容不一致的，应当以备案的中标合同作为结算工程价款的根据。"由此可见，背离原合同实质性内容的其他协议将不能作为结算工程价款的依据。

【案例 8-5】 2009 年 12 月 15 日，某建筑公司作为中标单位与建设单位签订了某住宅楼工程的施工承包合同，并按照规定将合同进行了备案。该合同中约定的工程款为中标价 880 万元。稍后，建筑公司又在建设单位要求下另签订了一份施工合同，合同中将工程款改成了 800 万元。数月后，恰逢人工工资涨幅较大，建筑公司不堪重负，向建设单位提出增加人工工资的请求，建设单位以本合同为固定总价合同为由予以拒绝。2010 年 8 月 15 日，工程竣工。建筑公司又提出要求按第一个合同结算工程款，再遭拒绝。于是建筑公司准备提起诉讼。但有人说："这个官司建筑公司赢不了，因为他们已经签订了第二个合同，第二个合同的效力是高于第一个合同的，也就是用第二个合同修改了第一个合同。"

这一观点是否正确？

【案例分析】 这一观点是不正确的。这是一个标准的阴阳合同，根据《解释》的规定，应当以备案的中标合同作为结算工程价款的根据。且第二个合同由于违反了《招标投标法》，是无效的合同，因此也不存在效力高于第一个合同的问题。

8.7.2 建设工程合同的履行

由于建设工程合同的特殊性，其在履行过程中也存在着不同于其他合同的情形，这些情形所导致的合同纠纷也有其自身的特殊性。

1）施工合同的解除

在合同履行过程中，由于一些条件的出现会导致合同当事人解除合同，《解释》中对于建设工程解除合同的条件及其法律后果作出了进一步的规定。

（1）发包人请求解除合同的条件

承包人具有下列情形之一，发包人请求解除建设工程施工合同的，应予支持：①明确表示或者以行为表明不履行合同主要义务的；②合同约定的期限内没有完工，且在发包人催告的合理期限内仍未完工的；③已经完成的建设工程质量不合格，并拒绝修复的；④将承包的建设工程非法转包、违法分包的。

（2）承包人请求解除合同的条件

发包人具有下列情形之一，致使承包人无法施工，且在催告的合理期限内仍未履行相应义务，承包人请求解除建设工程施工合同的，应予支持：①未按约定支付工程价款的；②提供的主要建筑材料、建筑构配件和设备不符合强制性标准的；③不履行合同约定的协助义务的。

上述 3 种情形均属于发包人违约。因此，合同解除后，发包人还要承担违约责任。

（3）合同解除后的法律后果

《合同法》关于合同解除的相关法律规定是："合同解除后，尚未履行的，终止履行；已经履行的，根据履行情况和合同性质，当事人可以要求恢复原状、采取其他补救措施，并有权要求赔偿损失。""合同的权利义务终止，不影响合同中结算和清理条款的效力。"

《解释》中关于合同解除的相关规定是：

① 建设工程施工合同解除后，已经完成的建设工程质量合格的，发包人应当按照约定支付相应的工程价款。

② 已经完成的建设工程质量不合格的，按照下列情况处理：修复后的建设工程经竣工验收合格，发包人请求承包人承担修复费用的，应予支持；修复后的建设工程经竣工验收不合格，承包人请求支付工程价款的，不予支持。因建设工程不合格造成的损失，发包人有过错的，也应承担相应的民事责任。

③ 因一方违约导致合同解除的，违约方应当赔偿因此而给对方造成的损失。

2）对竣工日期的争议

竣工日期可以分为合同中约定的竣工日期和实际竣工日期。合同中约定的竣工日期是指发包人和承包人在协议书中约定的承包人完成承包范围内工程的绝对或相对的日期。实际竣工日期是指承包人全面、适当地履行了施工承包合同时的日期。合同中约定的竣工日期是发包人限定的竣工日期的底线，如果承包人超过了这个日期竣工就将为此承担违约责任。而实际竣工日期则是承包人可以全面主张合同中约定的权利的开始之日，如果该日期先于合同中约定的竣工日期，承包商可以根据约定（如果有）获得奖励。正是由于确定实际竣工日期涉及发包人和承包人的利益，对于工程竣工日期的争议就时有发生。

我国《建设工程施工合同（示范文本）》第 32 条第 4 款规定：工程竣工验收通过，承包人送交竣工验收报告的日期为实际竣工日期。工程按发包人要求修改后通过竣工验收的，实际竣工日期为承包人修改后提请发包人验收的日期。

但是在实际操作过程中却容易出现一些特殊的情形并最终导致关于竣工日期的争议的产生。这些情形主要表现在：

（1）由于建设单位和施工单位对于工程质量是否符合合同约定产生争议而导致对竣工日期的争议

工程质量是否合格涉及多方面因素，当事人双方很容易就其影响因素产生争议。而一旦产生争议，就需要权威部门来鉴定。鉴定结果如果不合格就不涉及竣工日期的争议了，而如果鉴定结果是合格的，就涉及以哪天作为竣工日期的问题了。承包商认为应该以提交竣工验收报告之日作为竣工日期，而建设单位则认为应该以鉴定合格之日为实际竣工日期。

对此，《解释》第 15 条规定："建设工程竣工前，当事人对工程质量发生争议，工程质量经鉴定合格的，鉴定期间为顺延工期期间。"由此规定可以认为：应该以提交竣工验收报告之日为实际竣工日期。

（2）由于发包人拖延验收而产生的对实际竣工日期的争议

工程具备竣工验收条件后，承包人按国家工程竣工验收有关规定，向发包人提供完整的竣工资料及竣工验收报告。发包人收到工程竣工报告后 28 天内，应当组织设计、施工、工程监理等有关单位进行竣工验收。但是，有的时候由于主观或者客观的原因，发包人没能按照约定的时间组织竣工验收。最后施工单位和建设单位就实际竣工之日产生了争议，对此，《解释》第 14 条规定："建设工程经竣工验收合格的，以竣工验收合格之日为竣工日期。承包人已经提交竣工验收报告，发包人拖延验收的，以承包人提交验收报告之日为竣工日期。"

（3）由于发包人擅自使用工程而产生的对于实际竣工验收日期的争议

《建设工程质量管理条例》规定："建设工程经验收合格的，方可交付使用。"

有时，建设单位为了能够提前使用工程而取消了竣工验收这道法定程序，其后果之一就是容易对实际竣工日期产生争议，因为没有提交竣工验收报告时间和竣工验收合格时间可供参考。对于这种情形,《解释》第 14 条同时作出了下面的规定:"建设工程未经竣工验收,发包人擅自使用的,以转移占有建设工程之日为竣工日期。"

3) 对计价方法的争议问题

在工程建设合同中,当事人双方会约定计价的方法,这是后来建设单位向承包商支付工程款的基础。如果合同双方对于计价方法产生了纠纷且不能得到及时妥善地解决,就必然会影响到当事人的切身利益。

对计价方法的纠纷主要表现在以下几个方面:

(1) 因工程变更引起的纠纷

在工程建设过程中,变更是普遍存在的。尽管变更的表现形式纷繁复杂,但是其对于工程款的支付的影响却仅仅表现在两个方面:

① 工程量的变化导致价格的纠纷。现行的工程单价是综合单价,其中一部分如人工费、材料费等是随着工程量的变动而变动的,另一部分如管理费等不随工程量的变化而变化或者是变动不明显的。因此,当工程量发生变化后,当事人一方就会提出增加或者减少单价,以维持原有的利润率水平。如果工程量增加了,建设单位就会要求减少单价。相反,如果工程量减少了,施工单位就会要求增加单价。

如果调整单价,会涉及两个问题:一是工程量增减幅度达到多少需要调整单价;二是将单价调整到多少。如果在承包合同中没有对此进行约定,就会导致纠纷。

② 工程质量标准的变化导致价格的纠纷。工程质量标准有很多种分类方法,如果按照标准的级别来分的话,可以分为国家标准、地方标准、行业标准、企业标准。另外,合同双方当事人也可以在合同中约定标准,如果约定的标准没有违反强制性标准,其效力还将高于国家其他标准。

正是由于工程质量标准的多样性,就会导致工程标准发生变化而产生纠纷。例如,对于某混凝土工程,原来在合同中约定的混凝土强度为 C20,后来建设单位出于安全和质量的考虑,要求将质量标准提高到 C30,这就意味着施工单位将为此多付出成本,对于多付出部分的量的多少,双方也可能产生纠纷。

对于上述由于变更而引起的计价方法的纠纷,《解释》作出了规定:"当事人对建设工程的计价标准或者计价方法有约定的,按照约定结算工程价款。因设计变更导致建设工程的工程量或者质量标准发生变化,当事人对该部分工程价款不能协商一致的,可以参照签订建设工程施工合同时当地建设行政主管部门发布的计价方法或者计价标准结算工程价款。"

(2) 因工程质量验收不合格导致的纠纷

工程合同中的价款针对的是合格工程,那么对于不合格产品是否计价?如何计价?

对此,《解释》规定如下:建设工程施工合同有效,但建设工程经竣工验收不合格的,工程价款结算参照以下规定处理:①修复后的建设工程经竣工验收合格,发包人请求承包人承担修复费用的,应予支持;②修复后的建设工程经竣工验收不合格,承包人请求支付工程价款的,不予支持。

因建设工程不合格造成的损失,发包人有过错的,也应承担相应的民事责任。

(3) 因利息产生的计价纠纷

《合同法》规定:"当事人一方不履行合同义务或者履行合同义务不符合约定,给对方造成损失的,损失赔偿额应当相当于因违约所造成的损失,包括合同履行后可以获得的利益,但不得超过违反合同一方订立合同时预见到或者应当预见到的因违反合同可能造成的损失。”

从上述条款可以看出，如果建设单位不及时向承包商支付工程款，承包商在要求建设单位继续履行的前提下，可以要求建设单位为此支付利息。因为利息是建设单位如果按期支付工程款后承包商的预期利益。而在实践中，利息的支付容易产生的纠纷是：利息的计付标准和利息计付的起始时间。

《解释》第 17 条对于计付标准作出了规定：“当事人对欠付工程价款利息计付标准有约定的，按照约定处理；没有约定的，按照中国人民银行发布的同期同类贷款利率计息。”

《解释》第 18 条规定的是利息计付的起始时间：利息从应付工程价款之日计付。当事人对付款时间没有约定或者约定不明的，下列时间视为应付款时间：①建设工程已实际交付的，为交付之日；②建设工程没有交付的，为提交竣工结算文件之日；③建设工程未交付，工程价款也未结算的，为当事人起诉之日。

(4) 因合同计价方式产生的纠纷

建筑工程施工合同价可以采用的计价方式可分为固定价、可调价和成本加酬金。由于工程建设的外部环境处于不断地变化之中(如某种建筑材料大幅度涨价)，这些外部条件的变化可能会使得施工单位的成本增加。在这种情况下，承包商就可能提出索赔的要求，要求建设单位支付增加部分的成本。对于上面 3 种计价方式，如果采用的是可调价合同或者成本加酬金合同，建设单位就应该在合同约定的范围内支付这笔款项。但是，如果采用的是固定价合同，则建设单位就不必为此支付。

《解释》第 22 条规定：“当事人约定按照固定价结算工程价款，一方当事人请求对建设工程造价进行鉴定的，不予支持。”

4) 建设工程价款优先受偿权

在工程建设过程中，建设单位为了筹措资金，经常会向银行贷款，银行会要求建设单位提供相应的担保，在建的工程(主要是商品房)可作为抵押物来为贷款作担保。建设单位和银行之间会签订抵押合同。根据《担保法》的规定：“债务履行期届满抵押权人未受清偿的，可以与抵押人协议以抵押物折价或者以拍卖、变卖该抵押物所得的价款受偿；协议不成的，抵押权人可以向人民法院提起诉讼。抵押物折价或者拍卖、变卖后，其价款超过债权数额的部分归抵押人所有，不足部分由债务人清偿。”即如果建设单位在应该偿还贷款的期限届满而没有清偿贷款的话，银行就可以将建成的工程折价、拍卖或者变卖，然后将所得的收入受偿。

《合同法》第 286 条规定：“发包人未按照约定支付价款的，承包人可以催告发包人在合理期限内支付价款。发包人逾期不支付的，除按照建设工程的性质不宜折价、拍卖的以外，承包人可以与发包人协议将该工程折价，也可以申请人民法院将该工程依法拍卖。建设工程的价款就该工程折价或者拍卖的价款优先受偿。”这就意味着，如果建设单位不及时支付工程款，则施工单位可以将建成的建设项目折价、拍卖并将所得受偿。

由此可看出《担保法》与《合同法》在工程款受偿权问题上是有冲突的。即在上面两个条件都存在的情况下，银行和施工单位都可以将建成的工程项目拍卖并将所得款项占有。那么到底优先将这笔款项支付给谁？2002 年 6 月 11 日，最高人民法院审判委员会第 1 225 次会议通过了《最高人民法院关于建设工程价款优先受偿权问题的批复》，作出了如下解释：

(1) 人民法院在审理房地产纠纷案件和办理执行案件中，应当依照《中华人民共和国合同法》第 286 条的规定，认定建筑工程的承包人的优先受偿权优于抵押权和其他债权。

(2) 消费者交付购买商品房的全部或者大部分款项后，承包人就该商品房享有的工程价款优先受偿权不得对抗买受人。

(3) 建筑工程价款包括承包人为建设工程应当支付的工作人员报酬、材料款等实际支出的费用，不包括承包人因发包人违约所造成的损失。

(4) 建设工程承包人行使优先权的期限为 6 个月，自建设工程竣工之日或者建设工程合同约定的竣工之日起计算。

(5) 本批复第(1)条至第(3)条自公布之日起施行，第(4)条自公布之日起 6 个月后施行。

【案例 8-6】 2010 年 4 月 4 日，某建筑公司所承揽的某住宅小区项目竣工。按照工程承包合同的约定，建设单位应该在 4 月 20 日支付全部剩余工程款。但是建设单位却没有按时支付。考虑人际关系，建筑公司没有立即对建设单位提起诉讼。11 月 20 日，建筑公司听说银行正计划将此小区拍卖，理由是建设单位没有偿还贷款，而这些住宅正是贷款的抵押物。于是建筑公司提出自己对该小区拍卖所得享有优先受偿权。

建筑公司的理由是否成立?

【案例分析】 不成立。根据《最高人民法院关于建设工程价款优先受偿权问题的批复》，建设工程承包人行使优先权的期限为 6 个月，自建设工程竣工之日或者建设工程合同约定的竣工之日起计算。2010 年 11 月 20 日已超过了行使优先权的期限，因此，该理由不成立。

8.8 典型案例分析

1) 案例 1

【教学目的】 建设工程无效合同的认定：没有资质的实际施工人借用有资质的建筑施工企业名义的，建设工程施工合同无效。

【案情概要】 原告：××实业有限责任公司(以下简称实业公司)

被告：××建筑公司(以下简称建筑公司)

2010 年 5 月 6 日，原告与被告签订了建设工程施工合同。由建筑公司承建实业公司名下的多功能酒店式公寓。开工后，监理工程师发现施工现场管理混乱，当即要求建筑公司改正。1 个多月后，又发现工程质量存在严重问题，当即要求建筑公司停工。经调查发现：本工程并非由建筑公司施工，实际施工人是当地的一支没有资质的农民施工队，该施工队挂靠于有资质的建筑公司。为规避相关法律、法规的规定，该施工队与建筑公司签订了联营协议。协议约定，施工队可以借用建筑公司的营业执照和公章，以建筑公司的名义对外签订建设工程合同；合同签订后，由施工队负责施工，建筑公司对工程不进行任何管理，不承担任何责任，只收取工程价款 5%的管理费。

实业公司认为建筑公司的行为严重违反了诚实信用原则和相关法律规定，双方所签订的建设工程合同应为无效，要求终止履行合同。但建筑公司则认为虽然是施工队实际施工，但合同是实业公司与建筑公司签订的，是双方真实意思的表示，合法有效，双方均应继续履行合同;要求继续由施工队施工,本公司加强对施工队的管理。对此,实业公司坚持认为建筑公司的行为已导致合同无效,而且本公司已失去了对其的信任,所以坚决要求终止合同的履行。双方未能达成一致意见,建筑公司遂诉至法院。

法院审理查明后认为,被告建筑公司与没有资质的某农民施工队假联营真挂靠。

【法理分析】 本案被告建筑公司与没有资质的某农民施工队假联营真挂靠,并出借营业执照、公章给施工队与原告签订合同的行为违反了我国《建筑法》、《合同法》等相关法律规定,原告实业公司与被告建筑公司签订的建设工程合同应当认定无效。

依据《合同法》第 52 条第 5 款的规定,“违反法律、行政法规的强制性规定”的合同无效。“行为人具有相应的民事行为能力;意思表示真实;不违反法律和社会公共利益”是合同生效的一般要件,同样也是衡量建设工程施工合同是否生效的基本标准。基于建设工程施工合同的复杂性以及对社会的重要性,依照法律、行政法规,建设工程施工合同的生效对合同主体要求有具体规定,其中建设工程施工合同的承包人应具有承包工程的施工资质。《建筑法》第 26 条第 2 款规定:“禁止建筑施工企业超越本企业资质等级许可的业务范围或者以任何形式用其他建筑施工企业的名义承揽工程。禁止建筑施工企业以任何形式允许其他单位或者个人使用本企业的资质证书、营业执照,以本企业的名义承揽工程。”《最高人民法院关于审理建设工程施工合同纠纷案件适用法律问题的解释》(以下简称《建设工程司法解释》)第 1 条规定:“承包人未取得建筑施工企业资质或者超越资质等级的,没有资质的实际施工人借用有资质的建筑施工企业名义的,建设工程施工合同无效。”

【案例启示】 挂靠是指建筑施工企业或个人以其他建筑施工企业的名义承包工程的行为。挂靠企业本身不具备施工工程的相应施工资质,极易造成工程质量低劣和安全事故隐患,造成社会财产损失和引起社会纠纷,挂靠为我国法律法规明令禁止。挂靠情形下的合同为无效合同,被挂靠企业将承担相应法律责任。

2) 案例 2

【教学目的】 合同当事人应当按照约定全面履行自己的义务。另外,当事人一方因另一方违反合同受到损失的,应及时采取措施防止损失的扩大;没有及时采取措施致使损失扩大的,无权就扩大的损失要求赔偿。

【案情概要】 原告:××建筑工程承包公司(简称承包公司)

被告:××房地产开发有限公司(简称房地产公司)

2010 年 7 月,原告与被告就某项目签订了一份前期工程协议书,双方约定:承包公司负责该项目的前期工程,包括动迁和七通一平,房地产公司按完成面积分 4 期支付工程款。

在合同履行过程中,承包公司由于疏忽,对在项目基地红线边缘的 2 所约定应拆除的民房未予以拆除。房地产公司虽然知道这种情况,但一直不予提醒,而且不加以说明地拒付大部分工程款,为此工程延误一段工期,这种状况一直延续到工程完工。

结算过程中,承包公司根据协议要求房地产公司支付尚未支付的 2 000 万元的工程款,但遭到房地产公司的拒绝。理由是,承包公司没有按协议完成任务,两所民房仍未拆除且拖延工期。2011 年 4 月,承包公司以欠款为由将房地产公司告上法庭。

承包公司承认由于疏忽,2 所约定应拆除的民房未予以拆除,但是这 2 所民房未拆除并未影响项目的施工,现在工程已全部完工,房地产公司可以扣除这 2 所房子的拆迁费用,但不应拒付大部分工程款。对此,房地产公司不予认可而且提出反诉,要求承包公司支付延误工期的违约金1 000万元。

2011年5月，法院经审理作出判决：承包公司应拆除剩余2所民房，房地产公司应按协议约定支付全部工程款，至于延误工期的违约金是由于房地产公司拒付工程款而造成的，是房地产公司的人为原因而使损失扩大，依法予以驳回。

【法理分析】《合同法》第60条规定：当事人应当按照约定全面履行自己的义务。承包公司没有按照合同约定将应该拆除的民房拆除，就是没有"全面履行"自己的义务，应当判其全部完成。同时，法律又为当事人设定了"减损义务"。《民法通则》规定："当事人一方因另一方违反合同受到损失的，应及时采取措施防止损失的扩大；没有及时采取措施致使损失扩大的，无权就扩大的损失要求赔偿。"防止损失扩大是在合同履行过程中因某种原因导致当事人遭受缺失，双方在有条件的情况下都有采取积极措施防止损失扩大的义务，而不管这种损失的造成与自己是否有关。房地产公司显然属于在"另一方违反合同受到损失"时，没有采取积极措施防止损失扩大，因此，对于扩大了的损失，也就当然不能要求赔偿。

【案例启示】 合同当事人应秉承诚实信用的原则按照约定全面履行自己的义务，当事人一方因另一方违反合同受到损失时，应及时采取措施防止损失的扩大，而不是利用对方的过失甚至人为扩大损失以达到不履行自身义务或获取利益的目的。

3）案例3

【教学目的】 发包人的行为致使承包人无法施工；承包人催告发包人后，在合理期限内，发包人仍未履行义务。合同可依法解除。

【案情概要】 原告：××房地产综合开发有限公司

被告：××有限责任公司

原、被告于2009年11月前后签订了《住宅楼委托建设合同书》及补充规定。合同履行中，被告未按合同约定履行付款义务，原告于2010年5月31日、6月4日、6月21日3次通知被告履行义务，并提出解除合同。被告既不付款，也不接受解除合同通知。为此，原告诉请法院依法解除委托建设合同及补充协议之一、之二；并判令被告承担赔偿金62.3万元。

被告辩称：①原告未按期施工；②本公司基本履行了付款义务，开工前已向原告付款30万元，至2009年12月又付款24万元，即使我方再付款，原告因资料不全，也难以全面履行合同；③原告称向我方发出3份通知不属实，6月21日的通知我们不知道，6月4日是双方签订的补充协议，并非单方通知；④原告未按约定竣工应承担逾期竣工的违约责任。

法院审理后认为，原、被告双方当事人的《住宅楼委托建设合同书》及补充协议都是在自愿、合法的基础上签订的，补充协议都是对《住宅楼委托建设合同书》的修订，均应当认定为有效合同。当事人订立和履行合同，应当遵循诚实信用原则。本案双方当事人在合同订立后，又先后3次对付款日期和工期进行修订，被告均未按照约定履行义务，已构成延迟履行主要债务，在原告发函催告其履行债务后，被告在2个月的时间内仍未履行其付款的义务，原告诉请解除合同，经调解无效，应当准予解除。原告主张被告支付赔偿金，但并未提供任何证据证明其由于被告违约而产生的经济损失数额，该项请求不予支持。

【法理分析】 这是一起典型的发包人未按合同约定支付工程款，在承包人催告的合理期限内仍未履行付款义务，依法解除合同的案例。《解释》第9条规定：发包人具有下列情形之一，致使承包人无法施工，且在催告的合理期限内仍未履行相应义务，承包人请求解除建设工程施工合同的，应予支持：未按约定支付工程价款的；提供的主要建筑材料、建筑构配件和设备不符合强制性标准的；不履行合同约定的协助义务的。该条规定，也对承包人解除建设工程施工合同提出了严格的前提条件：发包人的行为致使承包人无法施工；承包人催告发包人后，在合理期限内，发包人仍未履行义务。

【案例启示】 在工程实践中，承包人行使合同解除权的并不多，承包人在履行合同的过程中一定要注意收集发包人的违约证据，并妥善保管，一旦合同的履行对其没有任何意义时，则应果断依法提出解除合同的请求，防患于未然，从而最大限度地保护自身的合法利益。

本章小结

本章内容沿着合同的订立、效力、履行、违约责任主线展开。主要应掌握的内容包括：①合同订立阶段：合同订立的方式（要约、承诺）；②合同的效力；③合同的履行阶段：合同约定不明确时履行的规则，合同履行中的抗辩权、代位权、撤销权；④合同的变更、转让、法定解除条件及后果；⑤承担违约责任的方式：继续履行、补救措施、赔偿损失、违约金、定金；⑥建设工程合同的订立与履行。

复习思考题

1. 通过互联网、学校图书馆等渠道收集一些典型的在全国、本省有影响的合同法方面的案例材料，将其改写成规范的建设法规案例，应包括案情概要、法理分析（案件焦点和主要法律问题分析）、案例启示等。在条件许可的情况下，可以小组为单位共同完成案例编写工作，并向老师和其他同学汇报工作成果。

2. 某承包商与业主签订一份建设工程施工合同。合同约定工期为 12 个月，合同固定总价为 1 500 万元。2010 年 2 月 1 日开工，工程进行 3 个月，业主方当年 5 月 2 日自主决定，要求承包商于当年 11 月 1 日竣工，承包商不予理睬且未作出书面任何答复。5 月 31 日，业主以承包商的工程质量不可靠和工程不能如期竣工为由发文通知该施工企业："本公司决定解除原施工合同，望贵公司予以谅解和支持。"同时令承包商限期离场，致使承包方无法继续履行原合同义务，承包商由此损失工程款、工程器材费及其他损失费 609 万元。承包商于当年 6 月 25 日向人民法院提起诉讼，要求业主承担违约责任。（注：经法院委托专业权威单位调查鉴定，确认承包商有能力按合同的约定保证施工质量，如期竣工）

依据上述背景，请回答下列问题：

(1) 合同的有效条件为________。（多选）

A. 主体资格合格　　B. 内容合法

C. 订立合同的形式合法　　D. 订立合同的程序合法

E. 合同草案必须送建设行政主管部门或其授权机构审查

(2) 该业主可能承担违约责任的形式有________。（多选）

A. 违约金　　B. 赔偿金　　C. 继续履约　　D. 没收抵押物

E. 变卖留置物

(3) 合同当事人单方提出解除合同的法律条件是________。（多选）

A. 由于不可抗力致使合同的全部义务不能履行

B. 由于一方在合同约定的期限没有履行义务

C. 由于承包人的保证人失去民事权利能力和民事行为能力
D. 由于承包人的保证人的法人地位被取消
E. 由于承包人的法人代表已经更换

(4) 本案合同纠纷案件的当事人包括________。(多选)
A. 业主　　B. 承包商　　C. 监理工程师　　D. 建设行政主管部门

(5) 本案承包商申请仲裁或上诉的诉讼时效为________。(单选)
A. 1年　　B. 2年　　C. 3年　　D. 4年

3. 某电力局在A、B两地同时建设两个变电站,分别签订了设计合同、施工合同和设备供应合同。设计合同采用标准化范本,规定合同担保方式为定金担保。供货合同履行过程中发现由于两个变电站的规模不同,所订购的两套设备不是同一型号,供货合同中未明确约定各套设备的交货地点。依据上述背景,请回答下列问题:

(1) 设计合同采用定金担保方式,该定金合同生效必须满足的条件包括________。(多选)　(　　)
A. 建设单位与设计单位书面的定金担保
B. 设计院将定金支付给建设单位
C. 建设单位将定金支付给设计院
D. 建设单位将设计依据材料移交设计院

(2) 依据《合同法》中对一般条款的规定,各施工合同内均应明确约定的条款包括________。(多选)　(　　)
A. 工程应达到的质量标准　　B. 工程款的支付与结算
C. 合同工期　　D. 工程保险的投保责任

(3) 施工合同履行过程中,按照《合同法》有关当事人行使抗辩权的规定,下列说法中正确的包括________。(多选)　(　　)
A. 施工质量不合格工程部位的工程不予计量和支付
B. 施工质量不合格工程部位的工程量应先予计量和支付,然后再由承包商自费修复工程缺陷
C. 超出设计尺寸部分的工程量即使质量合格也不予计量和支付
D. 超出设计尺寸部分的工程量,当质量合格时应按实际完成工程量计量支付
E. 拖延支付工程进度款超过合同约定的时间,承包商预先发出通知仍未获得支付,有行使暂停施工的权力

(4) 按照《合同法》对合同内容约定不明确的处理规定,对于设备交付方式和交货地点不明确的下述说法中正确的包括________。(多选)　(　　)
A. 供货商通知电力局到供货商处提货,运输费由电力局负担
B. 供货商通知电力局到供货商处提货,运输费由供货商负担
C. 供货商用自有运输机械将设备运到电力局指定地点,运费由供货商承担
D. 供货商用自有运输机械将设备运到电力局指定地点,运费由电力局承担
E. 供货商委托运输公司,将设备运到电力局指定地点,运费由电力局承担

(5) 如果施工合同违反法律、行政法规的强制性规定,致使合同无效,则________。(多选)　(　　)

A. 合同自订立时起就不具有法律效力

B. 当事人不能通过同意或追认使其生效

C. 在诉讼中，法院可以主动审查决定该合同无效

D. 合同全部条款无效

E. 合同中独立存在的解决争议条款有效

4. 某项目经理委托李辉采购一批水泥，但是却没有说明采购水泥的标号。于是李辉就与水泥厂签订了一批早强水泥。当水泥运到施工现场时，项目经理才发现这是早强水泥，而早强水泥不适合目前要修建的工程，于是拒绝接受。请据此回答问题：

(1) 本案例代理属于________。(单选)

A. 委托代理　　B. 法定代理　　C. 指定代理　　D. 无权代理

(2) 下面说法中正确的是________。(多选)

A. 水泥厂只能要求李辉承担赔偿责任

B. 水泥厂只能要求项目经理承担赔偿责任

C. 水泥厂可以要求李辉承担赔偿责任

D. 水泥厂可以要求项目经理承担赔偿责任

E. 水泥厂不可以要求赔偿

(3) 如果在签订合同的过程中李辉与水泥厂串通，损害了项目经理的利益，则________。(多选)　　(　　)

A. 李辉要承担责任

B. 水泥厂要承担责任

C. 项目经理既可以要求李辉承担责任，也可以要求水泥厂承担责任

D. 项目经理只能由于自己委托不恰当而自己承担损失

E. 项目经理只能要求李辉承担责任，而不能要求水泥厂承担责任

(4) 如果事后查明，该合同是李辉委托王伟去水泥厂签订的，则下面说法正确的是________。(多选)　　(　　)

A. 李辉要承担责任

B. 水泥厂如果有理由相信王伟是经过项目经理授权的，则不需要承担责任

C. 李辉不需要承担责任，也无须经过项目经理同意

D. 任何情况下，委托代理人都不可以转委托

E. 任何情况下，委托代理人都可以转委托

5. 某建筑公司于2011年10月20日承揽了某住宅小区的施工任务，该公司材料采购员李某于11月1日通过传真方式向供货商王某提出订立某项合同的意思表示及合同的具体条件，并在传真中注明王某需在11月10日前答复。王某于11月15日告知李某完全同意合同条件，欲择日与其订立合同。后工程于2012年4月18日竣工，但是建设单位却没有按照合同约定及时支付工程款。根据上述背景回答下列问题：

(1) 王某同意订立合同的行为应视为________。(单选)　　(　　)

A. 承诺　　B. 新要约　　C. 要约邀请　　D. 缔约过失

(2) 承包商与建设单位的合同纠纷不可以通过________方式解决。(单选)　　(　　)

A. 和解　　B. 行政裁决、　　C. 仲裁　　D. 诉讼

(3) 如果在施工承包合同中约定了仲裁,则________。(单选)

A. 当事人可以选择仲裁,也可以选择诉讼

B. 当事人不可以选择诉讼

C. 当事人不可以选择和解

D. 当事人不可以选择调解

(4) 如果承包商选择了仲裁,则________。(单选)

A. 就没有权利选择仲裁员

B. 申请仲裁后就不可以再达成和解

C. 无正当理由不到庭,就视为撤回仲裁

D. 若对仲裁结果不服,依然可以上诉

6. 甲公司与乙公司(建筑企业)于2011年4月签订了一份买卖合同,约定2011年8月30日由甲向乙提供建筑用水泥100 t。同年6月初,甲公司所在地发生洪水灾害,甲公司未将灾情之事通知乙公司。8月底,乙公司催促交货,甲公司未交。同年9月30日,甲公司交货,同时致函乙公司,表明因受水灾而致迟延交货事实。乙公司因延期收到水泥而影响工程进度,被发包方扣罚工程款1万元。根据上述背景回答下列问题:

(1) 有关该案的正确表述是________。(单选)

A. 甲公司因不可抗力而迟延交货,对乙公司被扣罚的1万元损失不承担赔偿责任

B. 甲公司因不可抗力而迟延交货,对乙公司被扣罚的1万元只承担部分赔偿责任

C. 甲公司在取得主管机关有关灾情的证明后,免予承担赔偿乙公司1万元损失的责任

D. 由于甲公司未能及时通知乙公司不能按时交货,故应向乙公司承担1万元损失的赔偿责任

(2) ________具有对违约者实行制裁和对合同权利人给予补偿的双重属性。(单选)

A. 违约金　B. 赔偿金　C. 罚款　D. 继续履行

(3) 承担违约责任的方式有________。(单选)　(　)

A. 继续履行合同、采取补救措施、提起诉讼

D. 继续履行合同、采取补救措施、请求仲裁

C. 继续履行合同、采取补救措施、赔偿损失

D. 继续履行合同、追究对方侵权责任、赔偿损失

(4) 如果甲公司与乙公司的合同生效后,当事人却发现合同中水泥的质量、履行地点等内容约定不明确,则其法律后果是________。(单选)　(　)

A. 可以协议补充　B. 不得补充,应当按照交易习惯确定

C. 必须按国家政策标准确定　D. 合同无效

(5) 如果甲公司与乙公司的合同约定执行政府指导价,应于2011年8月30日交货,甲公司因故延期至9月30日才交货。2011年8月30日水泥政府指导价为385元/t,9月30日水泥政府指导价为425元/t,则结算时应按________计算。(单选)(　)

A. 385元/t　B. 405元/t　C. 425元/t　D. 445元/t

9 工程建设其他相关法规

教学目标

1. 掌握劳动保护与职业健康法规的相关内容。
2. 掌握施工现场环境保护法规的相关内容。
3. 熟悉工程建设领域中有关节约能源法规的知识。
4. 熟悉工程建设消防法规的相关内容。
5. 熟悉建设档案管理法规的相关内容。
6. 熟悉工程建设文物保护法规的有关内容。

9.1 劳动保护与职业健康法规

9.1.1 劳动保护

1994年7月5日,第八届全国人民代表大会第八次会议通过了《劳动法》。此后,2007年6月29日,第十届全国人民代表大会常务委员会第二十八次会议通过了《劳动合同法》,并于2008年1月1日起施行。2007年8月30日,第十届全国人民代表大会常务委员会第二十九次会议通过了《就业促进法》,自2008年1月1日起施行。2007年12月29日,第十届全国人民代表大会常务委员会第三十一次会议通过了《劳动争议调解仲裁法》,自2008年5月1日起施行。上述3部法律被称为保护劳动者利益,推动劳动保障改革和发展的三驾马车,与《劳动法》共同构建起了适应我国国情的劳动法律体系。

1)劳动保护的概念

劳动保护是国家和企业为了保护劳动者在生产劳动过程中的安全与健康,为改善劳动条件、防止伤亡事故和职业病发生而制定的各种劳动保护法规和制度,其目的是改善劳动条件和环境,保护劳动者的安全与健康,避免或降低生产劳动事故带来的经济损失,提高企业经济效益,维持社会稳定。我国劳动立法的劳动保护内容主要包括有关劳动保护的防护措施(生产安全和卫生方面的技术性措施)和有关劳动保护的行政性管理措施。劳动保护是现代社会生产发展的客观要求,是维持社会稳定的手段之一,是提高企业经济效益的途径。

2)劳动保护的主要内容

在劳动生产过程中,存在着各种不安全、不卫生因素,如不采取措施加以保护,将会发生工伤事故,这将会危害劳动者的安全健康,妨碍工作的正常进行。因此,加强劳动安全是一项重要工作。

(1) 安全与劳动卫生

安全技术规程是国家为了防止和消除在生产过程中的伤亡事故，保障劳动者安全和减轻繁重的体力劳动而规定的各种法律规范。它不仅指技术措施，还包括组织措施。不同行业的生产单位，由于生产特点、劳动条件不同，需要解决的安全技术问题也不相同。国家制定的安全技术规程，只能对一些比较突出，带有普遍性的问题，作出基本要求。

劳动卫生是劳动保护的一部分，是指在劳动过程中为了改善劳动条件，保护劳动者的健康，避免有毒、有害物质的侵害，防范不良劳动环境和有毒有害物质使劳动者身体健康受到危害或者防止职业病和职业中毒而采取的措施的总和。它包括技术、组织和医疗预防措施的规定。我国《工厂安全卫生规程》就有关安全卫生方面的问题提出了一般要求，但由于工厂安全卫生方面的问题很多，以后又针对某些特殊的工业卫生问题，陆续制定了一些专门的法规，如《关于防止沥青中毒的办法》、《工业企业噪声卫生标准》、《工业企业工人照明标准》、《工业企业设计卫生标准》、《关于加强防尘防毒工作的决定》等。

安全及劳动卫生规程主要内容如下：

① 用人单位必须建立、健全劳动安全卫生制度，严格执行国家劳动安全卫生规程和标准，对劳动者进行劳动安全卫生教育，防止劳动过程中的事故，减少职业危害。

② 劳动安全卫生设施必须符合国家规定的标准。新建、改建、扩建工程的劳动安全卫生设施必须与主体工程同时设计、同时施工、同时投入生产和使用。

③ 用人单位必须为劳动者提供符合国家规定的劳动安全卫生条件和必要的劳动防护用品，对从事职业危害作业的劳动者应当定期进行健康检查。

④ 从事特种作业的劳动者必须经过专门培训并取得特种作业资格。

⑤ 劳动者在劳动过程中必须严格遵守安全操作规程。劳动者对用人单位管理人员违章指挥、强令冒险作业，有权拒绝执行；对危害生命安全和身体健康的行为，有权提出批评、检举和控告。

⑥ 国家建立伤亡事故和职业病统计报告与处理制度。县级以上各级人民政府劳动行政部门、有关部门和用人单位应当依法对劳动者在劳动过程中发生的伤亡事故和劳动者的职业病状况，进行统计、报告和处理。

(2) 劳动安全

劳动安全是指保障劳动者在生产过程中不致产生劳动急性伤害以及防止中毒、触电、机械外伤、坠落、坍塌、火灾等危及劳动者人身安全的一切措施。

用人单位必须建立、健全劳动安全制度，严格执行国家的劳动安全规程和标准，规范化、科学化地安排生产作业。

对劳动者进行劳动安全教育和安全技能培训，积极采取切实有效的劳动安全措施，防止劳动过程中的事故。

加大安全生产监管力度。安全生产监督管理部门加大对用人单位生产经营场所的安全生产条件、设备设施安全和作业场所的职业卫生方面的监督检查，特种设备安全监督管理部门加大对涉及公众生命安全和身体健康的锅炉、压力容器、电梯、防爆电器等特种设备的安全生产的监督管理。

用人单位如果没有达到国家规定的安全技术标准要求，职工有权提出异议，并要求用人单位改正、改进。对于危害生命安全的劳动条件，劳动者有权对用人单位提出批评，并可以向有关主管部门检举和控告。

《劳动合同法》第32条规定:“劳动者拒绝用人单位管理人员违章指挥、强令冒险作业的,不视为违反劳动合同;对危害生命安全和身体健康的劳动条件,有权提出批评、检举和控告。”也就是劳动者对用人单位管理人员违章指挥、强令冒险作业有权拒绝执行,在危及生命安全时,劳动者有权紧急撤离现场。这是在劳动安全卫生权利受到侵害、生命健康权受到威胁时,法律赋予劳动者的紧急处置权。劳动者拒绝执行用人单位管理人员违章指挥、强令冒险作业的行为不构成违反劳动合同的行为。

【案例9-1】 由于试验任务繁重,某路桥公司招聘了2个15周岁的男孩帮助施工单位的实验人员做试验。你认为施工单位的行为是否合法?

【案例分析】 不合法。依据《劳动法》,施工单位可以聘用未成年工,未成年工是指年满16周岁未满18周岁的劳动者。但是却不可以聘用不足16周岁的劳动者,后者我们俗称为“童工”。

9.1.2 职业健康

2001年10月27日,第九届全国人民代表大会常务委员会第二十四次会议通过了《中华人民共和国职业病防治法》,自2002年5月1日起施行,并于2011年12月31日对该法进行了修订。该法是为了预防、控制和消除职业病危害,防治职业病,保护劳动者健康及其相关权益,促进经济发展。

1)职业病的概念

职业病是指企业、事业单位和个体经济组织等用人单位的劳动者在职业活动中,因接触粉尘、放射性物质和其他有毒、有害物质等因素而引起的疾病。职业病防治工作坚持预防为主、防治结合的方针,建立用人单位负责、行政机关监管、行业自律、职工参与和社会监督的机制,实行分类管理、综合治理。

2)前期预防

新建、扩建、改建建设项目和技术改造、技术引进项目可能产生职业病危害的,建设单位在可行性论证阶段应当向卫生行政部门提交职业病危害预评价报告。卫生行政部门应当自收到职业病危害预评价报告之日起30日内,作出审核决定并书面通知建设单位。未提交预评价报告或者预评价报告未经卫生行政部门审核同意的,有关部门不得批准该建设项目。

职业病危害预评价报告应当对建设项目可能产生的职业病危害因素及其对工作场所和劳动者健康的影响作出评价,确定危害类别和职业病防护措施。

建设项目职业病危害分类管理办法由国务院安全生产监督管理部门制定。

建设项目的职业病防护设施所需费用应当纳入建设项目工程预算,并与主体工程同时设计,同时施工,同时投入生产和使用。

职业病危害严重的建设项目的防护设施设计,应当经生产监督管理部门审查,符合国家职业卫生标准和卫生要求的,方可施工。

建设项目在竣工验收前,建设单位应当进行职业病危害控制效果评价。建设项目竣工验收时,其职业病防护设施经卫生行政部门验收合格后,方可投入正式生产和使用。

3) 劳动过程中的防护与管理

(1) 设置或者指定职业卫生管理机构或者组织,配备专职或者兼职的职业卫生专业人员,负责本单位的职业病防治工作。

(2) 制定职业病防治计划和实施方案。

(3) 建立、健全职业卫生管理制度和操作规程。

(4) 建立、健全职业卫生档案和劳动者健康监护档案。

(5) 建立、健全工作场所职业病危害因素监测及评价制度;建立、健全职业病危害事故应急救援预案。

9.2 节约能源法规

9.2.1 建设工程项目的节能管理

1997 年 11 月 1 日,第八届全国人民代表大会常务委员会第二十八次会议通过了《中华人民共和国节约能源法》。该法的目的在于推进全社会节约能源,提高能源利用效率和经济效益,保护环境。其中含有与建筑节能相关的规定,这些规定是工程建设从业人员需要熟悉的。

除法律以外,与建筑节能相关的法规、规章制度还有 2008 年 7 月 23 日国务院第二十八次常务会议通过的《民用建筑节能条例》,自 2008 年 10 月 1 日起施行。这是一部专门规范建筑节能的行政法规,从新建建筑节能、既有建筑节能、建筑用能系统节能以及法律责任等方面具体规范建筑节能的行为,是一部操作性、实用性很强的行政法规。2006 年 1 月 1 日施行的《民用建筑节能管理规定》,其中规定凡达不到现行建筑节能设计标准的民用建筑项目不准核发施工许可证,不予办理工程竣工备案手续,不得交付使用。此外,国家还制定了一系列建筑节能的技术标准,如《民用建筑节能设计标准》、《夏热冬冷地区居住建筑节能设计标准》、《公共建筑节能设计标准》等强制性条文。

节能是我国经济和社会发展的一项长远战略方针,也是当前一项极为紧迫的任务。为推动全社会开展节能降耗,促进经济社会可持续发展,国家发展和改革委员会于 2004 年 11 月发布了《节能中长期专项规划》。该《规划》规定了节能的 10 大重点工程:燃煤工业锅炉(窑炉)改造工程、区域热电联产工程、余热余压利用工程、节约和替代石油工程、电机系统节能工程、能量系统优化工程、建筑节能工程、绿色照明工程、政府机构节能工程、节能监测和技术服务体系建设工程。

1) 固定资产投资工程项目的节能要求

根据《节约能源法》第十二条,固定资产投资工程项目的可行性研究报告,应当包括合理用能的专题论证。固定资产投资工程项目的设计和建设,应当遵守合理用能标准和节能设计规范。达不到合理用能标准和节能设计规范要求的项目,依法审批的机关不得批准建设;项目建成后,达不到合理用能标准和节能设计规范要求的,不予验收。

2) 参建单位的节能责任

对于属于工程建设强制性标准中的节能标准,根据《建筑工程质量管理条例》及相关规定，建设工程项目各参建单位，包括建设单位、设计单位、施工图设计文件审查机构、监理单位以及施工单位等，均应当严格遵守。

(1) 建设单位应当按照节能政策要求和节能标准委托工程项目的设计。建设单位不得以任何理由要求设计单位、施工单位擅自修改经审查合格的节能设计文件，降低节能标准。

(2) 设计单位应当依据节能标准的要求进行设计，保证节能设计质量。

(3) 施工图设计文件审查机构在进行审查时，应当审查节能设计的内容，在审查报告中单列节能审查章节；不符合节能强制性标准的，施工图设计文件审查结论应定为不合格。

(4) 监理单位应当依照法律、法规以及节能标准、节能设计文件、建设工程承包合同及监理合同对节能工程建设实施监理。

(5) 施工单位应当按照审查合格的设计文件和节能施工标准的要求进行施工，保证工程施工质量。

以上各参建单位未遵守上述规定的，应当按照《节约能源法》、《建设工程质量管理条例》等法律、法规和规章，承担相应的法律责任。

9.2.2 建筑节能制度

根据《民用建筑节能条例》的规定，民用建筑节能，是指在保证民用建筑使用功能和室内热环境质量的前提下，降低其使用过程中能源消耗的活动。民用建筑在规划、设计、建造和使用过程中，通过采用新型墙体材料，执行建筑节能标准，加强建筑物用能设备的运行管理，合理设计建筑围护结构的热工性能，提高采暖、制冷、照明、通风、给排水和通道系统的运行效率，以及利用可再生能源，在保证建筑物使用功能和室内热环境质量的前提下，降低建筑能源消耗，合理、有效地利用能源的活动。

《民用建筑节能条例》的主要内容有：

(1) 国家推广使用民用建筑节能的新技术、新工艺、新材料和新设备，限制使用或者禁止使用能源消耗高的技术、工艺、材料和设备。国务院节能工作主管部门、建设主管部门应当制定、公布并及时更新推广使用、限制使用、禁止使用目录。

国家限制进口或者禁止进口能源消耗高的技术、材料和设备。建设单位、设计单位、施工单位不得在建筑活动中使用列入禁止使用目录的技术、工艺、材料和设备。

(2) 编制城市详细规划、镇详细规划，应当按照民用建筑节能的要求，确定建筑的布局、形状和朝向。城乡规划主管部门依法对民用建筑进行规划审查，应当就设计方案是否符合民用建筑节能强制性标准征求同级建设主管部门的意见；建设主管部门应当自收到征求意见材料之日起10日内提出意见。征求意见时间不计算在规划许可的期限内。对不符合民用建筑节能强制性标准的，不得颁发建设工程规划许可证。

(3) 施工图设计文件审查机构应当按照民用建筑节能强制性标准对施工图设计文件进行审查；经审查不符合民用建筑节能强制性标准的，县级以上地方人民政府建设主管部门不得颁发施工许可证。

(4) 建设单位不得明示或者暗示设计单位、施工单位违反民用建筑节能强制性标准进行设计、施工，不得明示或者暗示施工单位使用不符合施工图设计文件要求的墙体材料、保温材料、门窗、采暖制冷系统和照明设备。按照合同约定由建设单位采购墙体材料、保温材料、门窗、采暖制冷系统和照明设备的，建设单位应当保证其符合施工图设计文件要求。

（5）设计单位、施工单位、工程监理单位及其注册执业人员，应当按照民用建筑节能强制性标准进行设计、施工、监理。

（6）施工单位应当对进入施工现场的墙体材料、保温材料、门窗、采暖制冷系统和照明设备进行查验；不符合施工图设计文件要求的，不得使用。

工程监理单位发现施工单位不按照民用建筑节能强制性标准施工的，应当要求施工单位改正；施工单位拒不改正的，工程监理单位应当及时报告建设单位，并向有关主管部门报告。

墙体、屋面的保温工程施工时，监理工程师应当按照工程监理规范的要求，采取旁站、巡视和平行检验等形式实施监理。未经监理工程师签字，墙体材料、保温材料、门窗、采暖制冷系统和照明设备不得在建筑上使用或者安装，施工单位不得进行下一道工序的施工。

（7）建设单位组织竣工验收，应当对民用建筑是否符合民用建筑节能强制性标准进行查验；对不符合民用建筑节能强制性标准的，不得出具竣工验收合格报告。

（8）实行集中供热的建筑应当安装供热系统调控装置、用热计量装置和室内温度调控装置；公共建筑还应当安装用电分项计量装置。居住建筑安装的用热计量装置应当满足分户计量的要求。

（9）建筑的公共走廊、楼梯等部位，应当安装、使用节能灯具和电气控制装置。

（10）对具备可再生能源利用条件的建筑，建设单位应当选择合适的可再生能源，用于采暖、制冷、照明和热水供应等；设计单位应当按照有关可再生能源利用的标准进行设计。建设可再生能源利用设施，应当与建筑主体工程同步设计、同步施工、同步验收。

（11）国家机关办公建筑和大型公共建筑的所有权人应当对建筑的能源利用效率进行测评和标识，并按照国家有关规定将测评结果予以公示，接受社会监督。国家机关办公建筑应当安装、使用节能设备。

（12）房地产开发企业销售商品房，应当向购买人明示所售商品房的能源消耗指标、节能措施和保护要求、保温工程保修期等信息，并在商品房买卖合同和住宅质量保证书、住宅使用说明书中载明。

（13）在正常使用条件下，保温工程的最低保修期限为5年。保温工程的保修期，自竣工验收合格之日起计算。

保温工程在保修范围和保修期内发生质量问题的，施工单位应当履行保修义务，并对造成的损失依法承担赔偿责任。

9.3 施工现场环境保护法规

9.3.1 环境保护法规

1）环境与环境保护

环境是指影响人类生存和发展的各种天然和经过人工改造的自然因素的总体，包括大气、水、海洋、土地、矿藏、森林、草原、野生生物、自然遗迹、自然保护区、风景名胜区、城市和乡村等。由于人类活动和自然原因使环境条件发生不利于人类的变化,产生了影响人类的生产和生活,给人类带来灾害。当今世界面临严重的环境问题,也被认为是一个政治问题。环境问题的国际性日益突出,而不恰当的经济活动也是自然生态破坏和环境污染问题的主要原因。当前的环境问题主要表现在两个方面:一是大量的污染物向自然界排放,使人类生产和生活的环境严重恶化;二是对自然资源的过度消耗,使生态环境遭到严重的破坏。

环境保护是为了保证自然资源的合理开发利用,为防止环境污染和生态环境破坏,以协调人类与环境的关系,保障社会经济的持续发展为目的而采取的行政管理、经济、法律、科学技术以及宣传教育各种措施和行动的总称。

工程项目建设既要消耗大量的自然资源又要向自然界排放大量的废水、废气、废渣以及产生噪声等,是造成环境问题的主要根源之一。因此,加强工程项目建设的环境保护管理是整个环境保护工作的基础之一。

环境保护法是调整人们在开发、利用、保护、改善环境,防治环境污染和其他公害的活动中所产生的各种社会关系的法律规范的总称。环境保护法有狭义和广义之分。狭义的环境保护法是指1989年12月26日全国人大常委会第十一次会议通过的《中华人民共和国环境保护法》。而广义的环境保护法还包括与之配套的有关环境保护的法律、法规和规范性文件。与建设项目环境保护有关的主要法规有:1990年6月国家环保局颁布的《建设项目环境保护管理程序》,1998年11月29日国务院颁布的《建设项目环境保护管理条例》,2001年12月31日国家环保总局颁布的《建设项目竣工环境保护验收管理办法》,2002年10月28日第九届全国人民代表大会常务委员会第三十次会议通过的《中华人民共和国环境影响评价法》等。

目前我国制定的与环境保护有关的法律有:《中华人民共和国环境保护法》,《中华人民共和国环境影响评价法》,《中华人民共和国水污染防治法》,《中华人民共和国大气污染防治法》,《中华人民共和国环境噪声污染防治法》,《中华人民共和国固体废物污染防治法》,《建设项目环境保护管理条例》,《建设项目环境保护管理程序》,《建设项目竣工环境保护验收管理办法》等。由于工程建设与环境保护息息相关,所以,工程建设从业人员应当熟悉上述法律法规中与工程建设相关的内容。

2）环境保护的基本原则

(1) 环境保护同经济、社会协调发展原则

这是可持续发展理念、目标和追求在环境保护法领域的第一层次的体现。习惯上,人们将该原则简称为“三项建设三同步和三统一”原则,是指为了实现经济社会的可持续发展,必须使环境保护同经济建设、社会发展相协调,将经济建设、城乡建设与环境建设一道同步规划、同步实施、同步发展,达到经济效益、社会效益、环境效益的统一。

(2) 预防为主、防治结合、综合治理原则

该原则是对防治环境问题的基本方式、措施以及组合运用的概括,要求环境保护的重担是事前预防环境污染和自然破坏,在“防”的同时顾及“治”,还要统筹安排,综合运用多种方式来保护环境。

(3) 污染者负担原则

又称污染者付费原则。有利于环境开发利用者重视环境保护,积极预防和治理污染,同时,通过征收排污费、生态补偿费等有利于为环境保护筹集资金,在一定程度上减轻公众和

政府的负担。

(4) 环境保护民主原则

这一原则是公民环境权、公民参与环境保护的集中体现。首先，公民有权通过一定的城乡或途径参与一切与环境利益相关的决策活动；其次，要保证公众的知情权，有权获得各种环境资料的权利；最后，在公众的环境权受到侵害时，人民可以通过有效的法律途径得到赔偿或补偿，使环境权有切实的保障。

3) 环境保护法的基本制度

(1) 环境规划制度

环境规划制度是调整有关环境规划的编制、审批、实施等活动的实体和程序方面的法律规定的总称，是环境规划工作的制度化、法制化。

(2) 环境标准制度

是指国家为维护环境质量，控制污染，从而保护人们健康、社会财富和生态平衡。我国的环境标准分为五大类：环境质量标准、污染物排放标准、环境基础标准、环境方法标准和环境样品标准。

(3) 环境监测制度

是依法从事环境监测的机构及其工作人员，运用物理、化学、生物等科学技术手段，对反映环境质量的各种物质和现象进行监督、测定的活动。

(4) 环境影响评价制度

目的在于预防因规划和建设项目实施后对环境造成的不良影响，促进经济、社会和环境的协调发展。环境影响评价制度是国家通过法定程序，以法律或规范性文件的形式确立的对环境影响评价活动进行规范的制度。

(5) “三同时”制度

是指各种建设工程项目中对环境有影响的一切基本建设项目、技术改造项目和区域开发项目，其中的环境保护设施必须与主体工程同时设计、同时施工、同时投产的制度。它是我国环境管理的基本制度之一，也是我国所独创的一项环境法律制度，同时还是控制新污染的产生，实现预防为主原则的一条重要途径。

(6) 环境许可证制度

凡是对于环境有不良影响的各种规划、开发、建设项目、排污设施或经营活动，其建设者或经营者需要事先提出申请，经主管部门批准，颁发许可证后才能从事该项活动的制度。

(7) 排污收费制度

政府环境保护行政主管部门依法对向环境排放污染物或超过国家标准排放污染物的单位和个人，按污染物种类、数量和浓度征收一定数额费用的制度。其目的是促进排污者节约和综合利用资源，负担其因利用环境而给环境造成破坏的恢复治理费用，实现社会公平，减轻国家和社会负担。需要指出的是，排污费的性质是对因排放污染物所造成环境损失的补偿，并不因此而免除其应当承担的其他有关因污染环境造成他人人身、财产损害责任以及依法应当履行的其他有关环境保护法律规定的义务。

9.3.2 建设项目各阶段环境管理及程序

1）项目建议书阶段或预可行性研究阶段的环境管理

建设单位结合选址，对建设项目建成投产后可能造成的环境影响进行简要说明（或环境影响初步分析），环保部门参加厂址现场踏勘，省级环境保护部门签署意见，纳入项目建议书作为立项依据。

2）可行性研究（设计任务书）阶段的环境管理

国家环保局及行业主管部门根据国家计委及有关部门立项批复，督促建设单位执行环境影响报告书（表）审查制度。

建设单位征求国家环保局意见，确定作报告书或报告表。委托持甲级评价证书的单位，编制环境影响报告表或评价大纲（环境评价实施方案）。

建设单位向国家环保局申报环境影响评价大纲（环境评价实施方案），抄送行业主管部门，同时附立项文件及环境评价经费概算，国家环保局根据情况确定审查方式（组织专家评审会，专家现场考察及征求有关部门意见），提出审查意见。根据意见和要求（主要包括评价范围、选用的标准、确定的保护目标、环境要素的取舍和评价经费等）及确定的大纲内容，评价单位与建设单位签订合同，开展评价工作，编制环境影响报告书。

建设项目如有重大变动，建设单位及评价单位应及时向环保部门报告。

建设单位将编制完成的"报告书（表）"，按审批权限上报主管部门的环保机构，抄报国家环保局和项目所在地省、市环保部门。

主管部门组织报告书（表）预审，将预审意见和修改确定的两套环境评价报告书报国家环保局审批。省级环保部门应同时向国家环保局报送审查意见。国家环保局在接到预审意见之日起，2个月内批复或签署意见。逾期不批复或未签署意见，可视其上报方案已被确认。

国家环保局可委托省级环保部门审查"大纲"或审批"报告书"，国家环保局参加对环境有重大影响项目可行性研究报告评估。

3）设计阶段的环境管理

一般建设项目按初步设计和施工图设计两个阶段进行设计。对于技术复杂而又缺乏设计经验的项目，经行业主管部门确定，可以增加技术设计阶段；为解决总体开发方案和建设部署等重大问题，有些行业，可包括总体规划设计或总体设计。

（1）初步设计阶段的环境管理

建设项目初步设计必须按照（87）国环字第002号文《建设项目环境保护设计规定》编制环境保护篇章，具体落实环境影响报告书（表）及其审批意见所确定的各项环境保护措施和投资概算。建设单位在设计会审前向政府环保部门报送设计文件。特大型（重点）建设项目按审查权限由国家环保局或由国家环保局委托省级政府环保部门参加设计审查，一般建设项目由省级政府环保部门参加设计审查。必要时环保部门可单独审查环保篇章。

（2）施工图设计阶段的环境管理

根据初步设计审查的审批意见，建设单位会同设计单位，在施工图中落实有关环保工程的设计及其环保投资。环保部门组织监督检查。建设单位报批开工报告。批准后，建设项目列入年度计划，其中应包括相应环保投资。

4）施工阶段的环境管理

建设单位会同施工单位做好环保工程设施的施工建设、资金使用情况等资料、文件的整理建档工作，以季报的形式将环保工程进度情况上报政府环保部门。

环保部门检查环保报批手续是否完备，环保工作是否纳入施工计划及建设进度和资金落实情况，提出意见。

建设单位与施工单位负责落实环保部门对施工阶段的环保要求以及施工过程中的环保措施。主要是保护施工现场周围的环境，防止对自然环境造成不应有的破坏；防止和减轻粉尘、噪声、震动等对周围生活居住区的污染和危害。建设项目竣工后，施工单位应当修整和恢复在建设过程中受到破坏的环境。

5）试生产和竣工验收阶段的环境管理

建设单位向主管部门和政府环保部门提交试运转申请报告。经批准后，环保工程与主体工程同时投入试运行，做好试运转记录，并应由当地环保监测机构进行监测。

建设单位向行业主管部门和政府环保部门提交环保工程预验收申请报告，附试运转监测报告。省级政府环保部门组织环保工程的预验收。

建设单位根据环保部门在预验收中提出的要求，认真组织实施，预验收合格后，方可进行正式竣工验收。

特大型（重点）建设项目国家环保局参加或委托省级政府环保部门参加正式竣工验收并办理建设项目环保工程验收合格证。

9.3.3 施工现场噪声污染防治

《环境噪声污染防治法》规定，新建、改建、扩建的建设项目，必须遵守国家有关建设项目环境保护管理的规定。

建设项目可能产生环境噪声污染的，建设单位必须提出环境影响报告书，规定环境噪声污染的防治措施，并按照国家规定的程序报环境保护行政主管部门批准。环境影响报告书中，应当有该建设项目所在地单位和居民的意见。

建设项目的环境噪声污染防治设施必须与主体工程同时设计、同时施工、同时投产使用。

建设项目在投入生产或者使用之前，其环境噪声污染防治设施必须经原审批环境影响报告书的环境保护行政主管部门验收；达不到国家规定要求的，该建设项目不得投入生产或者使用。

要抓好施工现场环境噪声污染的防治工作：

（1）排放建筑施工噪声应当符合建筑施工场界环境噪声排放标准

《环境噪声污染防治法》规定，在城市市区范围内向周围生活环境排放建筑施工噪声的，应当符合国家规定的建筑施工场界环境噪声排放标准。

噪声排放，是指噪声源向周围生活环境辐射噪声。

按照《建筑施工场界噪声限值》(GB 12523—90)的规定，城市建筑施工期间施工场地不同施工阶段产生的作业噪声限值为：

土石方施工阶段（主要噪声源为推土机、挖掘机、装载机等），噪声限制是昼间 75 dB，夜间 55 dB。

打桩施工阶段(主要噪声源为各种打桩机等),噪声限制是昼间 85 dB,夜间禁止施工。

结构施工阶段(主要噪声源为混凝土施工、振捣棒、电锯等),噪声限制是昼间 70 dB,夜间 55 dB。

装修施工阶段(主要噪声源为吊车、升降机等),噪声限制是昼间 65 dB,夜间 55 dB。

夜间,是指晚上 22 点至早晨 6 点之间的期间。

(2) 使用机械设备可能产生环境噪声污染的申报

《环境噪声污染防治法》规定,在城市市区范围内,建筑施工过程中使用机械设备,可能产生环境噪声污染的,施工单位必须在工程开工 15 日以前向工程所在地县级以上地方人民政府环境保护行政主管部门申报该工程的项目名称、施工场所和期限、可能产生的环境噪声值以及所采取的环境噪声污染防治措施的情况。

国家对环境噪声污染严重的落后设备实行淘汰制度。国务院经济综合主管部门应当会同国务院有关部门公布限期禁止生产、禁止销售、禁止进口的环境噪声污染严重的设备名录。

(3) 禁止夜间进行产生环境噪声污染施工作业的规定

《环境噪声污染防治法》规定,在城市市区噪声敏感建筑物集中区域内,禁止夜间进行产生环境噪声污染的建筑施工作业,但抢修、抢险作业和因生产工艺上要求或者特殊需要必须连续作业的除外。

因特殊需要必须连续作业的,必须有县级以上人民政府或者其有关主管部门的证明。以上规定的夜间作业,必须公告附近居民。

噪声敏感建筑物集中区域,是指医疗区、文教科研区和以机关或者居民住宅为主的区域。噪声敏感建筑物,是指医院、学校、机关、科研单位、住宅等需要保持安静的建筑物。

(4) 政府监管部门的现场检查

《环境噪声污染防治法》规定,县级以上人民政府环境保护行政主管部门和其他环境噪声污染防治工作的监督管理部门、机构,有权依据各自的职责对管辖范围内排放环境噪声的单位进行现场检查。

被检查的单位必须如实反映情况,并提供必要的资料。检查部门和检查机构应当为被检查的单位保守技术秘密和业务秘密。检查人员进行现场检查,应当出示证件。

【案例 9-2】 2005 年 4 月 19 日夜 23 时,某市环境保护行政主管部门接到居民投诉,称某项目工地有夜间施工噪声扰民情况。执法人员立刻赶赴施工现场,并在施工场界进行了噪声测量。经现场勘查:施工噪声源主要是商品混凝土运输车、混凝土输送泵和施工电梯等设备的施工作业噪声,施工场界噪声经测试为 72.4 dB。通过调查,执法人员核实了此次夜间施工作业既不属于抢修、抢险作业,也不属于因生产工艺要求必须进行的连续作业,并且无有关主管部门出具的因特殊需要必须连续作业的证明。

(1) 本案中,施工单位的夜间施工作业行为是否合法?

(2) 对本案中施工单位的夜间施工作业行为应如何处理?

【案例分析】 (1) 本案中,施工单位的夜间施工作业行为构成了环境噪声污染违法行为。《环境噪声污染防治法》第 30 条规定:"在城市市区噪声敏感建筑物集中区域内,禁止夜间进行产生环境噪声污染的建筑施工作业,但抢修、抢险作业和因生产工艺上要求或者特殊需要必须连续作业的除外。因特殊需要必须连续作业的，必须有县级以上人民政府或者其有关主管部门的证明。以上规定的夜间作业，必须公告附近居民。”经执法人员核实，该施工单位夜间作业既不属于抢修、抢险作业，也不属于因生产工艺上要求必须进行的连续作业，并且没有有关主管部门出具的因特殊需要必须连续作业的证明。

另外，《环境噪声污染防治法》第 28 条规定：“在城市市区范围内向周围生活环境排放建筑施工噪声的，应当符合国家规定的建筑施工场界环境噪声排放标准。”经执法人员检测，施工场界噪声为 72.4 dB，超过了《建筑施工场界噪声限值》(GB 12523—90)关于夜间噪声限制 55 dB 的标准。

(2) 依据《环境噪声污染防治法》第 56 条规定：“在城市市区噪声敏感建筑物集中区域内，夜间进行禁止进行的产生环境噪声污染的建筑施工作业的，由工程所在地县级以上地方人民政府环境保护行政主管部门责令改正，可以并处罚款。”据此，对该施工单位应由该市环境保护行政主管部门依法责令改正，可以并处罚款。

9.3.4 施工现场废气污染防治

按照国际标准化组织(ISO)的定义，大气污染通常是指由于人类活动或自然过程引起某些物质进入大气中，呈现出足够的浓度，达到足够的时间，并因此危害了人体的舒适、健康和福利或环境污染的现象。如果不对大气污染物的排放总量加以控制和防治，将会严重破坏生态系统和人类生存条件。

1) 建设项目大气污染的防治

《大气污染防治法》规定，新建、扩建、改建向大气排放污染物的项目，必须遵守国家有关建设项目环境保护管理的规定。

建设项目的环境影响报告书，必须对建设项目可能产生的大气污染和对生态环境的影响作出评价，规定防治措施，并按照规定的程序报环境保护行政主管部门审查批准。

建设项目投入生产或者使用之前，其大气污染防治设施必须经过环境保护行政主管部门验收，达不到国家有关建设项目环境保护管理规定的要求的建设项目，不得投入生产或者使用。

2) 施工现场大气污染的防治

《大气污染防治法》规定，城市人民政府应当采取绿化责任制、加强建设施工管理、扩大地面铺装面积、控制渣土堆放和清洁运输等措施，提高人均占有绿地面积，减少市区裸露地面和地面尘土，防治城市扬尘污染。

在城市市区进行建设施工或者从事其他产生扬尘污染活动的单位，必须按照当地环境保护的规定，采取防治扬尘污染的措施。运输、装卸、储存能够散发有毒有害气体或者粉尘物质的，必须采取密闭措施或者其他防护措施。

在人口集中地区存放煤炭、煤矸石、煤渣、煤灰、砂石、灰土等物料，必须采取防燃、防尘措施，防止污染大气。严格限制向大气排放含有毒物质的废气和粉尘；确需排放的，必须经过净化处理，不超过规定的排放标准。

施工现场大气污染的防治，重点是防治扬尘污染。对于扬尘控制，建设部《绿色施工导则》中规定：

(1) 运送土方、垃圾、设备及建筑材料等,不污损场外道路。运输容易散落、飞扬、流漏的物料的车辆,必须采取措施封闭严密,保证车辆清洁。施工现场出口应设置洗车槽。

(2) 土方作业阶段,采取洒水、覆盖等措施,达到作业区目测扬尘高度小于 1.5 m,不扩散到场区外。

(3) 结构施工、安装装饰装修阶段,作业区目测扬尘高度小于 0.5 m。对易产生扬尘的堆放材料应采取覆盖措施;对粉末状材料应封闭存放;场区内可能引起扬尘的材料及建筑垃圾搬运应有降尘措施,如覆盖、洒水等;浇筑混凝土前清理灰尘和垃圾时尽量使用吸尘器,避免使用吹风器等易产生扬尘的设备;机械剔凿作业时可用局部遮挡、掩盖、水淋等防护措施;高层或多层建筑清理垃圾应搭设封闭性临时专用道或采用容器吊运。

(4) 施工现场非作业区达到目测无扬尘的要求。对现场易飞扬物质采取有效措施,如洒水、围挡、密网覆盖、封闭等,防止扬尘产生。

(5) 构筑物机械拆除前,做好扬尘控制计划。可采取清理积尘、拆除体洒水、设置隔挡等措施。

(6) 构筑物爆破拆除前,做好扬尘控制计划。可采用清理积尘、淋湿地面、预湿墙体、屋面敷水袋、楼面蓄水、建筑外设高压喷雾状水系统、搭设防尘排栅和直升机投水弹等综合降尘。选择风力小的天气进行爆破作业。

(7) 在场界四周隔挡高度位置测得的大气总悬浮颗粒物月平均浓度与城市背景值的差值不大于 0.08 mg/m^3。

3) 对向大气排放污染物单位的监管

《大气污染防治法》规定,向大气排放污染物的单位,必须按照国务院环境保护行政主管部门的规定向所在地的环境保护行政主管部门申报拥有的污染物排放设施、处理设施和在正常作业条件下排放污染物的种类、数量、浓度,并提供防治大气污染方面的有关技术资料。

排污单位排放大气污染物的种类、数量、浓度有重大改变的,应当及时申报;其大气污染物处理设施必须保持正常使用,拆除或者闲置大气污染物处理设施的,必须事先报经所在地的县级以上地方人民政府环境保护行政主管部门批准。

向大气排放污染物的,其污染物排放浓度不得超过国家和地方规定的排放标准。在人口集中地区和其他依法需要特殊保护的区域内,禁止焚烧沥青、油毡、橡胶、塑料、皮革、垃圾以及其他产生有毒有害烟尘和恶臭气体的物质。

9.3.5 水污染的防治

《水污染防治法》规定,水污染防治应当坚持预防为主、防治结合、综合治理的原则,优先保护饮用水水源,严格控制工业污染、城镇生活污染,防治农业面源污染,积极推进生态治理工程建设,预防、控制和减少水环境污染和生态破坏。

水污染,是指水体因某种物质的介入而导致其化学、物理、生物或者放射性等方面特性的改变,从而影响水的有效利用,危害人体健康或者破坏生态环境,造成水质恶化的现象。水污染防治包括江河、湖泊、运河、渠道、水库等地表水体以及地下水体的污染防治。

1) 建设项目水污染的防治

《水污染防治法》规定,新建、改建、扩建直接或者间接向水体排放污染物的建设项目和其他水上设施，应当依法进行环境影响评价。

建设单位在江河、湖泊新建、改建、扩建排污口的，应当取得水行政主管部门或者流域管理机构同意；涉及通航、渔业水域的，环境保护主管部门在审批环境影响评价文件时，应当征求交通、渔业主管部门的意见。

建设项目的水污染防治设施，应当与主体工程同时设计、同时施工、同时投入使用。水污染防治设施应当经过环境保护主管部门验收，验收不合格的，该建设项目不得投入生产或者使用。

禁止在饮用水水源一级保护区内新建、改建、扩建与供水设施和保护水源无关的建设项目；已建成的与供水设施和保护水源无关的建设项目，由县级以上人民政府责令拆除或者关闭。禁止在饮用水水源二级保护区内新建、改建、扩建排放污染物的建设项目；已建成的排放污染物的建设项目，由县级以上人民政府责令拆除或者关闭。

禁止在饮用水水源准保护区内新建、扩建对水体污染严重的建设项目；改建建设项目，不得增加排污量。

2）施工现场水污染的防治

《水污染防治法》规定，排放水污染物，不得超过国家或者地方规定的水污染物排放标准和重点水污染物排放总量控制指标。

直接或者间接向水体排放污染物的企业事业单位和个体工商户，应当按照国务院环境保护主管部门的规定，向县级以上地方人民政府环境保护主管部门申报登记拥有的水污染物排放设施、处理设施和在正常作业条件下排放水污染物的种类、数量和浓度，并提供防治水污染方面的有关技术资料。

禁止向水体排放油类、酸液、碱液或者剧毒废液。禁止在水体清洗装储过油类或者有毒污染物的车辆和容器。禁止向水体排放、倾倒放射性固体废物或者含有高放射性和中放射性物质的废水。向水体排放含低放射性物质的废水，应当符合国家有关放射性污染防治的规定和标准。

禁止向水体排放、倾倒工业废渣、城镇垃圾和其他废弃物。禁止将含有汞、镉、砷、铬、铅、氰化物、黄磷等的可溶性剧毒废渣向水体排放、倾倒或者直接埋入地下。存放可溶性剧毒废渣的场所，应当采取防水、防渗漏、防流失的措施。禁止在江河、湖泊、运河、渠道、水库最高水位线以下的滩地和岸坡堆放、存储固体废弃物和其他污染物。

在饮用水水源保护区内，禁止设置排污口。在风景名胜区水体、重要渔业水体和其他具有特殊经济文化价值的水体的保护区内，不得新建排污口。在保护区附近新建排污口，应当保证保护区水体不受污染。

禁止利用渗井、渗坑、裂隙和溶洞排放、倾倒含有毒污染物的废水、含病原体的污水和其他废弃物。禁止利用无防渗漏措施的沟渠、坑塘等输送或者存储含有毒污染物的废水、含病原体的污水和其他废弃物。

兴建地下工程设施或者进行地下勘探、采矿等活动，应当采取防护性措施，防止地下水污染。人工回灌补给地下水，不得恶化地下水质。

建设部《绿色施工导则》进一步规定，水污染控制：

(1) 施工现场污水排放应达到国家标准《污水综合排放标准》(GB 8978—1996)的要求。

(2) 在施工现场应针对不同的污水设置相应的处理设施，如沉淀池、隔油池、化粪池等。

(3) 污水排放应委托有资质的单位进行废水水质检测，提供相应的污水检测报告。

(4) 保护地下水环境。采用隔水性能好的边坡支护技术。在缺水地区或地下水位持续下降的地区，基坑降水尽可能少地抽取地下水；当基坑开挖抽水量大于 50 万 m^3 时应进行地下水回灌，并避免地下水被污染。

(5) 对于化学品等有毒材料、油料的储存地，应有严格的隔水层设计，做好渗漏液收集和处理。

3) 发生事故或者其他突发性事件的规定

《水污染防治法》规定，企业事业单位发生事故或者其他突发性事件，造成或者可能造成水污染事故的，应当立即启动本单位的应急方案，采取应急措施，并向事故发生地的县级以上地方人民政府或者环境保护主管部门报告。

《水污染防治法》第 33 条第 1 款规定："禁止向水体排放、倾倒工业废渣、城镇垃圾和其他废弃物。"本案中的施工单位虽然设置了沉淀池，但其向雨水井中排放的施工废水含有大量的泥沙、水泥块等废弃物。

9.3.6 施工现场固体废物污染防治

《中华人民共和国固体废物污染环境防治法》由第十届全国人大常务委员会第十三次会议于 2004 年 12 月 29 日修订通过，自 2005 年 4 月 1 日起施行。

固体废物污染环境是指固体废物在产生、收集、储存、运输、利用、处置的过程中产生的危害环境的现象。

1) 建设项目固体废物污染环境的防治

在国务院和国务院有关主管部门及省、自治区、直辖市人民政府划定的自然保护区、风景名胜区、饮用水水源保护区、基本农田保护区和其他需要特别保护的区域内，禁止建设工业固体废物集中储存、处置的设施、场所和生活垃圾填埋场。

2) 施工现场固体废物污染环境的防治

(1) 一般固体废物污染环境的防治

收集、储存、运输、利用、处置固体废物的单位和个人，必须采取防扬散、防流失、防渗漏或者其他防止污染环境的措施；不得擅自倾倒、堆放、丢弃、遗撒固体废物。禁止任何单位或者个人向江河、湖泊、运河、渠道、水库及其最高水位线以下的滩地和岸坡等法律、法规规定禁止倾倒、堆放废弃物的地点倾倒、堆放固体废物。

转移固体废物出省、自治区、直辖市行政区域储存、处置的，应当向固体废物移出地的省、自治区、直辖市人民政府环境保护行政主管部门提出申请。移出地的省、自治区、直辖市人民政府环境保护行政主管部门应当在接受地的省、自治区、直辖市人民政府环境保护行政主管部门同意后，方可批准转移该固体废物出省、自治区、直辖市行政区域。未经批准的，不得转移。

(2) 危险废物污染环境防治的特别规定

① 对危险废物的容器和包装物以及收集、储存、运输、处置危险废物的设施、场所，必须设置危险废物识别标志。以填埋方式处置危险废物不符合国务院环境保护行政主管

部门规定的，应当缴纳危险废物排污费。危险废物排污费用于污染环境的防治，不得挪作他用。

② 禁止将危险废物提供或者委托给无经营许可证的单位从事收集、储存、利用、处置的经营活动。运输危险废物，必须采取防止污染环境的措施，并遵守国家有关危险货物运输管理的规定。禁止将危险废物与旅客在同一运输工具上载运。

③ 收集、储存、运输、处置危险废物的场所、设施、设备和容器、包装物及其他物品转作他用时，必须经过消除污染的处理，方可使用。

④ 产生、收集、储存、运输、利用、处置危险废物的单位，应当制定意外事故的防范措施和应急预案，并向所在地县级以上地方人民政府环境保护行政主管部门备案；环境保护行政主管部门应当进行检查。

3）施工现场固体废物的减量化和回收再利用

加强建筑垃圾的回收再利用，力争建筑垃圾的再利用和回收率达到 30%，建筑物拆除产生的废弃物的再利用和回收率大于 40%。对于碎石类、土石方类建筑垃圾，可采用地基填埋、铺路等方式提高再利用率，力争再利用率大于 50%。

9.3.7 建设项目竣工环境保护验收

建设项目竣工环境保护验收是指建设项目竣工后，环境保护行政主管部门依据环境保护验收监测或调查结果，并通过现场检查等手段，考核该建设项目是否达到环境保护要求的活动。

1）建设项目竣工环境保护验收范围

与建设项目有关的各项环境保护设施，包括为防治污染和保护环境所建成或配备的工程、设备、装置和监测所采取的各项生态保护设施。

环境影响报告书（表）或者环境影响登记表和有关项目设计文件规定应采取的其他各项环境保护措施。

2）建设项目竣工环境保护验收分类管理

根据国家建设项目环境保护分类管理的规定，对建设项目竣工环境保护验收实施分类管理。

建设单位申请建设项目竣工环境保护验收，应当向有审批权的环境保护行政主管部门提交以下验收材料：对编制环境影响报告书的建设项目，为建设项目竣工环境保护验收审批报告，并附环境保护验收监测报告或调查报告；对编制环境影响报告表的建设项目，为建设项目竣工环境保护验收申请表，并附环境保护验收检测表或调查表；对填报环境影响登记表的建设项目，为建设项目竣工环境保护验收登记卡。

3）建设项目竣工环境保护验收程序

（1）申请

建设项目竣工后，建设单位应当向有审批权的环境保护行政主管部门申请该建设项目竣工环境保护验收。进行试生产的建设项目，建设单位应当自试生产之日起 3 个月内，向有审批权的环境保护行政主管部门申请该建设项目竣工环境保护验收。

对试生产3个月不具备环境保护验收条件的建设项目，建设单位应当在试生产的3个月内，向有审批权的环境保护行政主管部门提出该建设项目环境保护延期验收申请，说明延期验收的理由及拟进行验收的时间。经批准后建设单位方可继续进行试生产。试生产的期限最长不超过1年。核设施建设项目试生产的期限最长不超过2年。

(2) 验收

环境保护行政主管部门在进行建设项目竣工环境保护验收时，应组织建设项目所在地的环境保护行政主管部门和行业主管部门等成立验收组(或验收委员会)。验收组(或验收委员会)应对建设项目的环境保护设施及其他环境保护措施进行现场检查和审议，提出验收意见。

建设项目的建设单位、设计单位、施工单位、环境影响报告书(表)编制单位、环境保护验收监测(调查)报告(表)的编制单位应当参与验收。

(3) 批准

对符合规定验收条件的建设项目，环境保护行政主管部门批准建设项目竣工环境保护验收申请报告、建设项目竣工环境保护验收申请表或建设项目竣工环境保护验收登记卡。对填报建设项目竣工环境保护验收登记卡的建设项目，环境保护行政主管部门经过核查后，可直接在环境保护验收登记卡上签署验收意见，作出批准决定。

建设项目竣工环境保护验收申请报告、建设项目竣工环境保护验收申请表或者建设项目竣工环境保护验收登记卡未经批准的建设项目，不得投入生产或者使用。

环境保护行政主管部门应自收到建设项目竣工环境保护验收申请之日起30日内，完成验收。分期建设、分期投入生产或者使用的建设项目，按照上述程序分期进行环境保护验收。

9.4 工程建设消防法规

1998年4月29日，第九届全国人民代表大会常务委员会第二次会议通过了《中华人民共和国消防法》，该法的目的在于为了预防火灾和建设火灾危害，保护公民人身、公共财产和公民财产的安全。其中含有涉及工程建设活动的规定，工程建设从业人员应当熟悉这些相关的规定。

9.4.1 建筑工程消防设计的审核

(1) 按照国家工程建筑消防技术标准需要进行消防设计的建筑工程，设计单位应当按照国家工程建筑消防技术标准进行设计，建设单位应当将建筑工程的消防设计图纸及有关资料报送公安消防机构审核；未经审核或者经审核不合格的，建设行政主管部门不得发给施工许可证，建设单位不得施工。

(2) 经公安消防机构审核的建筑工程消防设计需要变更的，应当报经原审核的公安消防机构核准；未经核准的，任何单位和个人不得变更。

9.4.2 建筑工程消防设计的验收

（1）按照国家工程建筑消防技术标准进行消防设计的建筑工程竣工时，必须经公安消防机构进行消防验收；未经验收或者经验收不合格的，不得投入使用。

（2）建筑构件和建筑材料的防火性能必须符合国家标准或者行业标准。公共场所室内装修、装饰根据国家工程建设消防技术标准的规定，应当使用不燃、难燃材料的，必须选用依照《中华人民共和国产品质量法》等法律、法规确定的检验机构检验合格的材料。

9.4.3 工程建设中应采取的消防安全措施

（1）机关、团体、企业、事业单位应当履行下列消防安全职责：

① 制定消防安全制度、消防安全操作规程。

② 实行防火安全责任制，确定本单位和所属各部门、各岗位的消防安全责任人。

③ 针对本单位的特点对职工进行消防宣传教育。

④ 组织防火检查，及时消除火灾隐患。

⑤ 按照国家有关规定配置消防设施和器材、设置消防安全标志，并定期组织检验、维修，确保消防设施和器材完好、有效。

⑥ 保障疏散通道、安全出口畅通，并设置符合国家规定的消防安全疏散标志。

（2）在设有车间或者仓库的建筑物内，不得设置员工集体宿舍。在设有车间或者仓库的建筑物内，已经设置员工集体宿舍的，应当限期加以解决。对于暂时确有困难的，应当采取必要的消防安全措施，经公安消防机构批准后可以继续使用。

（3）生产、储存、运输、销售或者使用、销毁易燃易爆危险物品的单位、个人，必须执行国家有关消防安全的规定。

（4）禁止在具有火灾、爆炸危险的场所使用明火。因特殊情况需要使用明火作业的，应当按照规定事先办理审批手续；作业人员应当遵守消防安全规定，并采取相应的消防安全措施。进行电焊、气焊等具有火灾危险的作业人员和自动消防系统的操作人员，必须持证上岗，并严格遵守消防安全操作规程。

（5）消防产品的质量必须符合国家标准或者行业标准。禁止生产、销售或者使用未经依照《产品质量法》的规定确定的检验机构检验合格的消防产品。禁止使用不符合国家标准或者行业标准的配件或者灭火剂维修消防设施和器材。公安消防机构及其工作人员不得利用职务为用户指定消防产品的销售单位和品牌。

（6）电器产品、燃气用具的安装、使用和线路、管路的设计、敷设，必须符合国家有关消防安全技术规定。

（7）任何单位、个人不得损坏或者擅自挪用、拆除、停用消防设施、器材，不得埋压、圈占消火栓，不得占用防火间距，不得堵塞消防通道。公用和城建等单位在修建道路以及停电、停水、截断通信线路时有可能影响消防队灭火救援的，必须事先通知当地公安消防机构。

9.4.4 消防组织

各级人民政府应根据经济和社会发展的需要，建立多种形式的消防组织，加强消防组织建设，增强扑救火灾的能力。

1）专职消防队

城市人民政府应当按照国家规定的消防站建设标准建立公安消防队，承担火灾扑救工作。镇人民政府可以根据当地经济发展和消防工作需要，建立专职消防队、义务消防队承担火灾扑救工作。另外，核电厂、民用机场、大型港口、生产易燃易爆危险物品的大型企业，应当建立专职消防队。距离当地公安消防队较远的列为全国重点文物保护单位的古建筑群的管理单位也应当建立专职消防队。

专职消防队的建立，应当符合国家有关规定，并报省级人民政府公安机关消防机构验收。

2）义务消防队

机关、企事业单位以及乡村可以根据需要建立由职工或村民组成的义务消防队。公安消防机构应当对义务消防队进行业务指导。

9.4.5 火灾救援

任何人发现火灾都应当立即报警。任何单位、个人都应当无偿为报警提供便利，不得阻拦报警。严禁谎报火警。公共场所发生火灾时，该公共场所的现场工作人员有组织引导在场群众疏散的义务。发生火灾的单位必须立即组织力量扑救火灾。邻近单位应当给予支援。消防队接到火灾报警后必须立即赶赴火场，救助遇险人员，排除险情，扑灭火灾。

公安消防机构在统一组织和指挥火灾的现场扑救时，火场总指挥员有权根据扑救火灾的需要规定下列事项：使用各种水源；截断电力可燃气体和液体的输送，限制用火用电；划定警戒区，实行局部交通管制；利用邻近建筑物和有关设施；为防止火灾蔓延，排除或者破损毗邻火场的建筑物、构筑物；调动供水、供电、医疗救护、交通运输等有关单位协助灭火救助。

扑救特大火灾时，有关地方人民政府应当组织有关人员调集所需物资支援灭火。消防车、消防艇以及消防器材、装备和设施，不得用于非消防和危险救援工作有关的事项。火灾扑灭后，公安消防机构有权根据需要封闭火灾现场，认定火灾原因，核定火灾损失，查明火灾事故责任。

9.5 建设档案管理法规

《中华人民共和国档案法》于 1987 年 9 月 5 日在第六届全国人民代表大会常务委员会第二十二次会议通过，1996 年 7 月 5 日第八届全国人民代表大会常务委员会第二十次会议对其进行了修正。

依据《中华人民共和国档案法》，2001 年 3 月 5 日，建设部、国家质量监督总局联合发布了《建设工程文件归档整理规范》(GB/T50328—2001)。该规范适用于建设工程文件的归档整理以及建设工程档案的验收。

9.5.1 建设工程档案的种类

建设工程档案，是指在工程建设活动中直接形成的具有归档保存价值的文字、图表、声像等各种形式的历史记录。根据《建设工程文件归档整理规范》，应当归档的建设工程文件主要包括：

1) 工程准备阶段文件

工程准备阶段文件，指工程开工以前，在立项、审批、征地、勘察、设计、招投标等工程准备阶段形成的文件。主要包括：立项文件；建设用地、征地、拆迁文件；勘察、测绘、设计文件；招投标文件；开工审批文件；财务文件；建设、施工、监理机构及负责人名单等。

2) 监理文件

监理文件，指工程监理单位在工程监理过程中形成的文件。主要包括：监理规划；监理月报中的有关质量问题；监理会议纪要中的有关质量问题；进度控制文件；质量控制文件；造价控制文件；分包资质文件；监理通知；合同与其他事项管理文件；监理工作总结。

3) 施工文件

施工文件，指施工单位在工程施工过程中形成的文件。不同专业的工程队施工文件的要求不尽相同，一般包括：施工技术准备文件；施工现场准备文件；地基处理记录；工程图纸变更记录；施工材料、预制构件质量证明文件及复试试验报告；设备、产品质量检查、安装记录；施工试验记录、隐蔽工程检查记录；施工记录；工程质量事故处理记录；工程质量检验记录。

4) 竣工图和竣工验收文件

竣工图是指工程竣工验收后，真实反映建设工程项目施工结果的图样。竣工验收文件是指建设工程项目竣工验收活动中形成的文件。竣工验收文件主要包括：工程竣工总结；竣工验收记录；财务文件；声像、缩微、电子档案。

9.5.2 建设工程档案的移交程序

1) 工程文件的归档范围

对与工程建设有关的重要活动、记载工程建设主要过程和现状、具有保存价值的各种载体的文件，均应收集齐全，整理立卷后归档。归档的工程文件应为原件。工程文件的内容及其深度必须符合国家有关工程勘察、设计、施工、监理等方面的技术规范、标准和规程。

2) 工程文件归档的质量要求

归档文件必须完整、准确、系统，能够反映工程建设活动的全过程。归档的文件必须经过分类整理，并应组成符合要求的案卷。根据建设程序和工程特点，归档可以分阶段进行，也可以在单位或分部工程通过竣工验收后进行。勘察、设计单位应当在任务完成时，施工、监理单位应当在工程竣工验收前，将各自形成的有关工程档案向建设单位归档。凡设计、施工及监理单位需要向本单位归档的文件，应按国家有关规定单独立卷归档。

勘察、设计、施工单位在收齐工程文件并整理立卷后，建设单位、监理单位应根据城建管理机构的要求对档案文件完整、准确、系统情况和案卷质量进行审查。审查合格后向建设单位移交。工程档案一般不少于两套，一套由建设单位保管，一套(原件)移交当地城建档案馆(室)。勘察、设计、施工、监理等单位向建设单位移交档案时，应编制移交清单，双方签字、盖章后方可交接。

3) 参建单位向建设单位移交工程文件

(1)《建设工程文件归档整理规范》规定，建设、勘察、设计、施工、监理等单位应将工程文件的形成和积累纳入工程建设管理的各个环节和有关人员的职责范围。建设单位在工程招标及与勘察、设计、施工、监理等单位签订合同时，应对工程文件的套数、费用、质量、移交时间等提出明确要求。勘察、设计、施工、监理等单位应将本单位形成的工程文件立卷后向建设单位移交。

建设工程实行总承包的，总包单位负责收集、汇总各分包单位形成的工程档案，并应及时向建设单位移交；各分包单位应将本单位形成的工程文件整理、立卷后及时移交总包单位。建设工程项目由几个单位承包的，各承包单位负责收集、整理立卷其承包项目的工程文件，并应及时向建设单位移交。

(2) 建设单位应当收集和整理工程准备阶段、竣工验收阶段形成的文件，并应进行立卷归档。建设单位还应当负责组织、监督和检查勘察、设计、施工、监理等单位的工程文件的形成、积累和立卷归档工作，并收集和汇总勘察、设计、施工、监理等单位立卷归档的工程档案。

4) 建设单位向政府主管机构移交建设项目档案

《建设工程质量管理条例》第17条规定："建设单位应当严格按照国家有关档案管理的规定，及时收集、整理建设项目各环节的文件资料，建立、健全建设项目档案，并在建设工程竣工验收后，及时向建设行政主管部门或者其他有关部门移交建设项目档案。"

城建档案馆(室)档案接收范围内的工程，建设单位在组织工程竣工验收前，应提请城建档案管理机构对工程档案进行预验收。建设单位未取得城建档案管理机构出具的认可文件，不得组织工程竣工验收。

城建档案管理部门在进行工程档案验收时，应重点验收以下内容：工程档案齐全、系统、完整；工程档案的内容真实、准确地反映工程建设活动和工程实际状况；工程档案已整理立卷，立卷符合规定；竣工图绘制方法、图式及规格等符合专业技术要求，图面整洁，盖有竣工图章；文件的形成、来源符合实际，要求单位或个人签章的文件，其签章手续完备；文件材质、幅面、书写、绘图、用墨、托裱等符合要求。

列入城建档案馆(室)接收范围的工程，建设单位在工程竣工验收后3个月内，必须向城建档案馆(室)移交一套符合规定的工程档案。

停建、援建建设工程的档案，暂由建设单位保管。对改建、扩建和维修工程，建设单位应当组织设计、施工单位据实修改、补充和完善原工程档案。对改变的部件，应当重新编制工程档案，并在工程竣工验收后3个月内向城建档案馆(室)移交。

建设单位向城建档案馆(室)移交工程档案时应办理移交手续，填写移交目录，双方签字、盖章后交接。

建设工程竣工验收后,建设单位未按规定移交建设工程档案的,依据《建设工程质量管理条例》第五十九条的规定,建设单位除应被责令改正外,还应当受到罚款的行政处罚。

9.5.3 重大建设项目档案验收

为加强重大建设项目档案管理工作,确保重大建设项目档案的完整、准确、系统和安全,根据《中华人民共和国档案法》和国家有关规定,2006 年 6 月 14 日,国家档案局和国家发改委联合制定了《重大建设项目档案验收办法》,对重大建设项目档案验收的组织、验收申请、验收要求作出了具体规定。

《重大建设项目档案验收办法》规定,项目建设单位(法人)应将项目档案工作纳入项目建设管理程序,与项目建设实行同步管理,建立项目档案工作领导责任制和相关人员岗位责任制。项目档案验收是项目竣工验收的重要组成部分。未经档案验收或档案验收不合格的项目,不得进行或通过项目的竣工验收。

1) 验收组织

国家发展和改革委员会组织验收的项目,由国家档案局组织项目档案的验收。

国家发展和改革委员会委托中央主管部门(含中央管理企业,下同)、省级政府投资主管部门组织验收的项目,由中央主管部门档案机构、省级档案行政管理部门组织项目档案的验收,验收结果报国家档案局备案。

省以下各级政府投资主管部门组织验收的项目,由同级档案行政管理部门组织项目档案的验收。

国家档案局对中央主管部门档案机构、省级档案行政管理部门组织的项目档案验收进行监督、指导。项目主管部门、各级档案行政管理部门应加强项目档案验收前的指导和咨询,必要时可组织预检。

2) 项目档案验收组的组成

国家档案局组织的项目档案验收,验收组由国家档案局、中央主管部门、项目所在地省级档案行政管理部门等单位组成。

中央主管部门档案机构组织的项目档案验收,验收组由中央主管部门档案机构及项目所在地省级档案行政管理部门等单位组成。

省级及省以下各级档案行政管理部门组织的项目档案验收,由档案行政管理部门、项目主管部门等单位组成。

凡在城市规划区范围内建设的项目,项目档案验收组成员应包括项目所在地的城建档案接收单位。

项目档案验收组人数为不少于 5 人的单数,组长由验收组织单位人员担任。必要时可邀请有关专业人员参加验收组。

3) 验收申请

项目建设单位(法人)应向项目档案验收组织单位报送档案验收申请报告,并填报《重大建设项目档案验收申请表》(附件 1)。项目档案验收组织单位应在收到档案验收申请报告的 10 个工作日内作出答复。

申请项目档案验收应具备下列条件:

(1) 项目主体工程和辅助设施已按照设计建成,能满足生产或使用的需要。

(2) 项目试运行指标考核合格或者达到设计能力。

(3) 完成了项目建设全过程文件材料的收集、整理与归档工作。

(4) 基本完成了项目档案的分类、组卷、编目等整理工作。

项目档案验收前,项目建设单位(法人)应组织项目设计、施工、监理等方面负责人以及有关人员,根据档案工作的相关要求,依照《重大建设项目档案验收内容及要求》进行全面自检。

项目档案验收申请报告的主要内容包括:

(1) 项目建设及项目档案管理概况。

(2) 保证项目档案的完整、准确、系统所采取的控制措施。

(3) 项目文件材料的形成、收集、整理与归档情况,竣工图的编制情况及质量状况。

(4) 档案在项目建设、管理、试运行中的作用。

(5) 存在的问题及解决措施。

4) 验收要求

项目档案验收应在项目竣工验收 3 个月之前完成。以验收组织单位召集验收会议的形式进行。项目档案验收组全体成员参加项目档案验收会议,项目的建设单位(法人)、设计、施工、监理和生产运行管理或使用单位的有关人员列席会议。

检查项目档案,采用质询、现场查验、抽查案卷的方式。抽查档案的数量应不少于 100 卷,抽查重点为项目前期管理性文件、隐蔽工程文件、竣工文件、质检文件、重要合同、协议等。应根据《国家重大建设项目文件归档要求与档案整理规范》(DA/T 28—2002),对项目档案的完整性、准确性、系统性进行评价。

项目档案验收意见的主要内容包括:项目建设概况;项目档案管理情况,包括项目档案工作的基础管理工作,项目文件材料的形成、收集、整理与归档情况,竣工图的编制情况及质量,档案的种类、数量,档案的完整性、准确性、系统性及安全性评价,档案验收的结论性意见;存在问题、整改要求与建议。

项目档案验收结果分为合格与不合格。项目档案验收组半数以上成员同意通过验收的为合格。验收合格的项目,由项目档案验收组出具项目档案验收意见。验收不合格的项目,由项目档案验收组提出整改意见,要求项目建设单位(法人)于项目竣工验收前对存在的问题限期整改,并进行复查。复查后仍不合格的,不得进行竣工验收,并由项目档案验收组提请有关部门对项目建设单位(法人)通报批评。造成档案损失的,应依法追究有关单位及人员的责任。

9.6 工程建设文物保护法规

2002 年 10 月 28 日,第九届全国人民代表大会常务委员会第三十次会议通过了《中华人民共和国文物保护法》,于颁布之日起施行。根据《中华人民共和国文物保护法》,2003 年 5 月 13 日国务院第八次常务会议通过了《中华人民共和国文物保护法实施条例》,自 2003

年7月1日起施行。

新修订的文物保护法在1982年法律规定的基础上进一步重申，建设工程选址，应当尽可能避开不可移动文物；因特殊情况不能避开的，对文物保护单位应当尽可能实施原址保护。原址保护是不可移动文物保护工作中应当坚持的一项重要原则。

1）文物保护单位的核定

国务院文物行政部门在省、市、县级文物保护单位中，选择具有重大历史、艺术、科学价值的确定为全国重点文物保护单位，或者直接确定为全国重点文物保护单位，报国务院核定公布。

省级文物保护单位，由省、自治区、直辖市人民政府核定公布，并报国务院备案。

市级和县级文物保护单位，分别由设区的市、自治州和县级人民政府核定公布，并报省、自治区、直辖市人民政府备案。

2）历史文化名城的核定

保存文物特别丰富并且具有重大历史价值或者革命纪念意义的城市，由国务院核定公布为历史文化名城。

保存文物特别丰富并且具有重大历史价值或者革命纪念意义的城镇、街道、村庄，由省、自治区、直辖市人民政府核定公布为历史文化街区、村镇，并报国务院备案。

历史文化名城和历史文化街区、村镇所在地的县级以上地方人民政府应当组织编制专门的历史文化名城和历史文化街区、村镇保护规划，并纳入城市总体规划。

历史文化名城和历史文化街区、村镇的保护办法，由国务院制定。

3）保护范围

各级文物保护单位，分别由省、自治区、直辖市人民政府和市、县级人民政府划定必要的保护范围，作出标志说明，建立记录档案，并区别情况分别设置专门机构或者专人负责管理。全国重点文物保护单位的保护范围和记录档案，由省、自治区、直辖市人民政府文物行政部门报国务院文物行政部门备案。

县级以上地方人民政府文物行政部门应当根据不同文物的保护需要，制定文物保护单位和未核定为文物保护单位的不可移动文物的具体保护措施，并公告施行。

文物保护单位的保护范围内不得进行其他建设工程或者爆破、钻探、挖掘等作业。但是，因特殊情况需要在文物保护单位的保护范围内进行其他建设工程或者爆破、钻探、挖掘等作业的，必须保证文物保护单位的安全，并经核定公布该文物保护单位的人民政府批准，在批准前应当征得上一级人民政府文物行政部门同意；在全国重点文物保护单位的保护范围内进行其他建设工程或者爆破、钻探、挖掘等作业的，必须经省、自治区、直辖市人民政府批准，在批准前应当征得国务院文物行政部门同意。

在文物保护单位的保护范围和建设控制地带内，不得建设污染文物保护单位及其环境的设施，不得进行可能影响文物保护单位安全及其环境的活动。对已有的污染文物保护单位及其环境的设施，应当限期治理。

4）文物保护要纳入城乡规划

各级人民政府制定城乡建设规划，应当根据文物保护的需要，事先由城乡建设规划部门会同文物行政部门商定对本行政区域内各级文物保护单位的保护措施，并纳入规划。

根据保护文物的实际需要，经省、自治区、直辖市人民政府批准，可以在文物保护单位的周围划出一定的建设控制地带，并予以公布。

在文物保护单位的建设控制地带内进行建设工程，不得破坏文物保护单位的历史风貌；工程设计方案应当根据文物保护单位的级别，经相应的文物行政部门同意后，报城乡建设规划部门批准。

5）原址保护

建设工程选址，应当尽可能避开不可移动文物；因特殊情况不能避开的，对文物保护单位应当尽可能实施原址保护。

实施原址保护的，建设单位应当事先确定保护措施，根据文物保护单位的级别报相应的文物行政部门批准，并将保护措施列入可行性研究报告或者设计任务书。

无法实施原址保护，必须迁移异地保护或者拆除的，应当报省、自治区、直辖市人民政府批准；迁移或者拆除省级文物保护单位的，批准前须征得国务院文物行政部门同意。全国重点文物保护单位不得拆除；需要迁移的，须由省、自治区、直辖市人民政府报国务院批准。

依照前款规定拆除的国有不可移动文物中具有收藏价值的壁画、雕塑、建筑构件等，由文物行政部门指定的文物收藏单位收藏。

原址保护、迁移、拆除所需费用，由建设单位列入建设工程预算。

6）不可移动文物的修缮

国有不可移动文物由使用人负责修缮、保养；非国有不可移动文物由所有人负责修缮、保养。非国有不可移动文物有损毁危险，所有人不具备修缮能力的，当地人民政府应当给予帮助；所有人具备修缮能力而拒不依法履行修缮义务的，县级以上人民政府可以给予抢救修缮，所需费用由所有人负担。

对文物保护单位进行修缮，应当根据文物保护单位的级别报相应的文物行政部门批准；对未核定为文物保护单位的不可移动文物进行修缮，应当报登记的县级人民政府文物行政部门批准。文物保护单位的修缮、迁移、重建，由取得文物保护工程资质证书的单位承担。对不可移动文物进行修缮、保养、迁移，必须遵守不改变文物原状的原则。

不可移动文物已经全部毁坏的，应当实施遗址保护，不得在原址重建。但是，因特殊情况需要在原址重建的，由省、自治区、直辖市人民政府文物行政部门征得国务院文物行政部门同意后，报省、自治区、直辖市人民政府批准；全国重点文物保护单位需要在原址重建的，由省、自治区、直辖市人民政府报国务院批准。

7）国有不可移动文物的保护

核定为文物保护单位的属于国家所有的纪念建筑物或者古建筑，除可以建立博物馆、保管所或者辟为参观游览场所外，如果必须作其他用途的，应当经核定公布该文物保护单位的人民政府文物行政部门征得上一级文物行政部门同意后，报核定公布该文物保护单位的人民政府批准；全国重点文物保护单位作其他用途的，应当由省、自治区、直辖市人民政府报国务院批准。国有未核定为文物保护单位的不可移动文物作其他用途的，应当报告县级人民政府文物行政部门。

国有不可移动文物不得转让、抵押。建立博物馆、保管所或者辟为参观游览场所的国有文物保护单位，不得作为企业资产经营。

8）非国有不可移动文物的保护

非国有不可移动文物不得转让、抵押给外国人。非国有不可移动文物转让、抵押或者改变用途的，应当根据其级别报相应的文物行政部门备案；由当地人民政府出资帮助修缮的，应当报相应的文物行政部门批准。

9）建设工程中涉及的文物保护

使用不可移动文物，必须遵守不改变文物原状的原则，负责保护建筑物及其附属文物的安全，不得损毁、改建、添建或者拆除不可移动文物。对危害文物保护单位安全、破坏文物保护单位历史风貌的建筑物、构筑物，当地人民政府应当及时调查处理，必要时，对该建筑物、构筑物予以拆迁。

进行大型基本建设工程，建设单位应当事先报请省、自治区、直辖市人民政府文物行政部门组织从事考古发掘的单位在工程范围内有可能埋藏文物的地方进行考古调查、勘探。考古调查、勘探中发现文物的，由省、自治区、直辖市人民政府文物行政部门根据文物保护的要求会同建设单位共同商定保护措施；遇有重要发现的，由省、自治区、直辖市人民政府文物行政部门及时报国务院文物行政部门处理。需要配合建设工程进行的考古发掘工作，应当由省、自治区、直辖市文物行政部门在勘探工作的基础上提出发掘计划，报国务院文物行政部门批准。国务院文物行政部门在批准前，应当征求社会科学研究机构及其他科研机构和有关专家的意见。

确因建设工期紧迫或者有自然破坏危险，对古文化遗址、古墓葬亟须进行抢救发掘的，由省、自治区、直辖市人民政府文物行政部门组织发掘，并同时补办审批手续。

凡因进行基本建设和生产建设需要的考古调查、勘探、发掘，所需费用由建设单位列入建设工程预算。

在进行建设工程中，任何单位或者个人发现文物，应当保护现场，立即报告当地文物行政部门，文物行政部门接到报告后，如无特殊情况，应当在 24 小时内赶赴现场，并在 7 日内提出处理意见。文物行政部门可以报请当地人民政府通知公安机关协助保护现场；发现重要文物的，应当立即上报国务院文物行政部门，国务院文物行政部门应当在接到报告后 15 日内提出处理意见。

9.7 典型案例分析

1）案例 1

【教学目的】 掌握噪声污染相关规定。

【案情概要】 2009 年 11 月，王某与拆迁人投资公司签订拆迁安置协议，约定安置其到某小区 10 号院 7 号楼居住。2010 年 5 月，王某入住后发现该楼临近高速公路，噪声污染十分严重，日常生活和学习受到严重干扰。王某多次要求解决噪声污染问题，均没有结果。为此，王某于 2010 年 8 月向法院提出诉讼，请求判令投资公司、公路局、发展公司限期采取减轻噪声污染的措施，将住房内噪声值降低到标准值以下，赔偿从入住以来的噪声扰民补偿费每月 600 元。

2010年11月3日晚22时，小区环境保护监测站对10号院7号楼进行噪声监测，噪声值分别为78.4 dB、77.3 dB、69.2 dB。该区域适用国家《城市区域环境噪声标准》的4类标准，环境噪声最高限制昼间70 dB、夜间为55 dB。

被告投资公司辩称，10号院的规划、设计、施工均履行了法定手续。房屋竣工后，经过了区建设工程质量监督站的验收，符合交付使用条件。建设期间高速公路已通车，当时的设计已考虑了高速公路的影响。但随着发展，高速公路的车流量增加了很多，而且该市实行的交通管制又使大型载重汽车只能夜间进城，这是规划设计时无法预见的。

被告发展公司辩称，原告住房的噪声污染问题完全是由于投资公司的过错造成的。理由是：①根据收费站的统计，高速公路的现流量还远未达到设计流量，并且公路局和我公司管理高速公路时也没有由于未尽管理义务而导致交通噪声加大的情形，对噪声污染的损害结果没有任何过错。②投资公司在已有的城市交通干线的一侧过近的地方建设噪声敏感建筑物，应当预见而未能预见可能给居民带来的噪声污染，未能采取有效措施防止噪声污染，应当承担本案的全部责任。

法院审理后认为，投资公司在开发建设7号楼时，高速公路已通车数年，该公司有关建楼规划手续虽符合当时规定，但并不能免除该公司对噪声污染进行治理的责任，故投资公司在治理和改善住户居住条件的问题上应承担主要责任。发展公司是目前高速公路的经营管理人和受益人，且此次纠纷所争议的噪声污染源主要来自于高速公路，故发展公司在经营管理过程中有义务承担起治理和改善环境的责任。判决如下：

(1) 投资公司在2个月内为原告居住的住房南侧大间、门厅及阳台安装隔声窗（双层），将住房的室内噪声降到昼间60 dB以下，夜间45 dB以下。

(2) 投资公司、发展公司赔偿王某所受噪声污染损失每月600元，其中，投资公司负担500元，发展公司负担100元，自2010年5月起到住房安装隔声窗之月止。

【法理分析】 环境污染致人损害民事责任是一种特殊侵权行为的民事责任，适用无过错责任原则，即无论行为人有没有过错，只要法律规定应当承担民事责任，行为人即应对其行为造成的损害承担责任。尽管无过错责任是解决环境污染问题的一般原则，但对于错综复杂的环境污染案件来说，单一的无过错责任原则是远远不足的，因为加害主体和因果关系的复杂性使每一对法律关系各具其特殊性，这就有必要使用不同的归责原则。

第一被告投资公司。投资公司作为拆迁人，其与原告有基于拆迁安置合同为原告安排好适合居住的合格房屋义务，所以，原告可追究投资公司的违约责任或侵权责任。尽管合同条款一般不会涉及噪声指标，可基于投资公司在投资开发建设该楼房时没有做环境影响评价、没有充分考虑该楼因距离高速公路过近给住户带来的噪声污染危害、没有采取减轻和避免交通噪声影响的措施等事实，认定投资公司应为某些法律义务而不为，其主观过错是明显的。况且使用过错责任原则，还可根据其过错程度加大其应当承担的责任。

第二被告发展公司。发展公司是高速公路的经营单位。作为噪声的制造者，其应按无过错责任原则承担侵权责任，并不能以主观上无过错为由进行抗辩。

【案例启示】 施工现场噪声污染作为环境污染的一种特殊的侵权行为，行为人必须为其造成的损害承担相应的民事责任，无法推脱。

2）案例 2

【教学目的】 掌握大气污染相关规定。

2009 年 11 月 22 日，某小区居民张先生向该市环保局投诉，称小区旁的一处建筑工地正进行施工，尘土飞扬，还传来阵阵刺鼻味道，严重影响了当地居民的生活。市环保局随即对该工地进行检查，发现该工地正进行土石方回填及屋面防水施工。由于运土方的车辆没有采取进出场地清洗、密闭措施，导致运土车辆沿线漏洒了许多泥土，激起大量扬尘；屋面防水工程使用的沥青，在熬制过程中挥发出大量刺激（刺鼻）性气体，对小区居民的生活造成了严重影响。市环保局要求该施工单位进行限期整改。但是，该施工单位未采取任何整改措施，依然照常进行施工作业。

(1) 施工单位违反了哪些法律规定？

(2) 市环保局应当对其如何处罚？

【法理分析】 (1)《大气污染防治法》第 36 条规定："向大气排放粉尘的排污单位，必须采取除尘措施。严格限制向大气排放含有毒物质的废气和粉尘；确需排放的，必须经过净化处理。不得超过规定的排放标准。"本案中的施工单位违反了此项规定，没有对运土方车辆采取必要的防漏洒及清洗等除尘措施，导致产生大量粉尘污染环境。

《大气污染防治法》第 40 条规定："向大气排放恶臭气体的排污单位，必须采取措施防止周围居民区受到污染。"第 41 条规定："在人口集中地区和其他依法需要特殊保护的区域内，禁止焚烧沥青、油毡、橡胶、塑料、皮革、垃圾以及其他产生有毒有害烟尘和恶臭气体物质。"本案中的施工单位违反法律规定，导致沥青在熬制过程中挥发出大量的刺激（刺鼻）性气体，对小区居民生活造成了严重影响。

(2) 依据《大气污染防治法》第 56 条、第 57 条规定，该市环保局应当责令施工单位停止违法行为，限期改正，可以处 5 万元以下罚款。此外，依据该法第 58 条规定，对于该施工单位违反限期改正的要求，逾期仍未达到当地环境保护规定要求的违法行为，市环保局可以责令其停工整顿。

【案例启示】 施工现场大气污染作为环境污染的一种特殊的侵权行为，行为人必须为其造成的损害承担相应的民事责任，无法推脱。

本章小结

本章介绍了劳动保护与职业健康法规、施工现场环境保护法规、节约能源法规、工程建设消防法规、建设档案管理法规和工程建设文物保护法规等工程建设领域中相关的法律法规。通过本章内容的学习，有助于读者更全面地了解建设工程领域中的建设法律法规。

复习思考题

1. 通过互联网、学校图书馆等渠道收集一些典型的在全国、本省有影响的工程环境保护、劳动保护、能源节约方面的案例材料，将其改写成规范的建设法规案例，应包括案情概要、法理分析（案件焦点和主要法律问题分析）、案例启示等。在条件许可的情况下，可以小组为单位共同完成案例编写工作，并向老师和其他同学汇报工作成果。

2. 某学校附近为一大型房地产开发项目。开发商为赶工期，24 小时不间断工作，常常是各种机械声不绝于耳。据环保局监测，其噪声已达 80 dB 和 95 dB。该项目自规划以来，未履行“三同时”手续，也未考虑任何消声防震措施。环保局在调解的同时，对该开发商罚款3万元，并要求其补办“三同时”审批手续，审批通过前不得施工。

环保局的处罚有无法律依据？

3. 2010年12月7日，某市环保局执法人员巡查发现某路段有大面积的积水，便及时上报该局。不久，市政部门派人来疏通管道，从管道中清出大量的泥沙、水泥块，还发现井口内有一个非市政部门设置的排水口，其方向紧靠某工地一侧。经执法人员调查确认，该工地的排水管道于2003年1月打桩时铺设，工地内设有沉淀池，施工废水通过沉淀后排放到工地外，工地的排污口是通向该路段一侧的雨水井，但未办理任何审批手续。

本案例中涉及哪些违法行为？

10 建设工程争端解决机制

教学目标

1. 了解协商的概念、特点、原则及类型。
2. 了解调解的概念、特点、原则及种类。
3. 熟悉仲裁的概念、特点和原则；掌握仲裁协议的内容和仲裁程序。
4. 熟悉诉讼的概念、特点；掌握诉讼管辖及诉讼程序。
5. 熟悉建设工程争端非讼解决机制。

10.1 概述

在建设工程活动中，由于目前建筑市场尚不规范，建设法律、法规体系尚不完善，法律关系主体诚信履约意识薄弱，当事人对双方之间的权利和义务理解不同等主要问题的存在，因而建设工程争端的产生是不可避免的，主要表现为民事争端和行政争端。

建设工程民事争端，是指建设市场中，平等主体的工程建设当事人之间的争端。常见的民事争端有：工程价款支付主体争端、工程价款结算及审价争端、工程工期拖延争端、工程质量及保修争端、安全损害赔偿争端、合同中止及终止争端等。

《合同法》第 128 规定："当事人可以通过和解或者调解解决合同争议。当事人不愿和解、调解或者和解、调解不成的，可以根据仲裁协议向仲裁机构申请仲裁。当事人没有订立仲裁协议或仲裁协议无效的，可向人民法院起诉。当事人应当履行发生法律效力的判决、仲裁裁决、调解书；拒不履行的，对方可以请求人民法院执行。"从此规定可以看出，解决建设工程民事争端主要有 4 种途径，即协商、调解、仲裁和诉讼。

建设工程行政争端，主要发生在不平等的行政管理方与被管理方之间，指建设行政管理机关在对建设市场进行行政管理过程中，与行政相对人因行政行为产生异议而形成的争端。常见的行政争端有：行政管理机关在招投标过程中滥用职权，徇私干预招标、投标引起的争端；工程建设当事人对行政管理机关的处罚不服引起的争端等。解决行政争端的主要方式有行政复议和行政诉讼。

行政复议是指当事人不服工程建设行政管理机关的具体行政行为，认为行政管理机关的具体行政行为侵犯了其合法权益，依法向法定的行政复议机关提出复议申请，行政复议机关依法对该具体行政行为进行合法性、适当性审查，并作出复议决定的行政行为。行政复议具有行政监督性和补救性，是为了防止和纠正违法的或者不当的具体行政行为，保护当事人的合法权益，同时也是行政机关系统内部自我监督的一种重要形式。

行政诉讼是指当事人认为建设行政管理机关的具体行政行为侵犯其合法权益，依法向人民法院提起诉讼，由人民法院依法进行审理并作出判决的活动，是司法机关通过审查行政案件对行政机关行使职权活动进行监督的法律制度。

工程实践证明，建设工程争端是普遍存在的，且呈愈演愈烈的趋势。因此，为使我国建筑业能够更好地发展，当工程建设争端发生后，及时有效地解决这些争端具有积极的现实意义。

10.2 协商与调解

10.2.1 协商

1）协商的概念

协商，也称为和解，是指当事人双方在自愿友好的基础上，本着解决问题与分歧的诚意，互相沟通，互相谅解，自行解决争端的一种方式。协商是一种快速、经济、有效的争端解决方式，事实上，在工程建设过程中，双方当事人发生纠纷时，解决争端的首选方式也是协商。

2）协商的特点

(1) 这种办法简便易行，能及时解决争端，同时也节省了费用。它可以由当事人双方决定何时何地自行解决矛盾，并且不需要经过仲裁或者诉讼较为严格的法定程序，因而能够迅速解决矛盾争端。

(2) 用这种方式解决争端，主要依靠当事人的妥协与让步，有利于缓解矛盾，维护合同双方之间的友好合作关系。因为自行协商解决合同争端是当事人双方在互相谅解的基础上达成的解决矛盾争端的协议，无第三方介入，气氛比较融洽，因而当事人双方一般仍能继续合作，且能使争端较为经济和及时地得到解决。

但是，当事人双方就建设工程争端达成的和解协议不具有强制约束力，当事人较易反悔。一旦一方当事人不履行已达成的和解协议，双方关系出现僵局，争端无法得到解决，这时就不应继续坚持和解解决的办法，否则会使矛盾争端进一步扩大。因此，和解协议的执行主要依靠当事人双方的自觉履行。

3）协商的原则

(1) 合法原则

当事人双方在解决争端的过程中，应遵守国家法律、法规和有关政策的规定。在没有相应法律、法规和政策的情况下，自行协商后达成的协议不得损害国家和社会的公共利益。在解决合同争端时，如果发现有行贿受贿等行为，要积极进行揭发检举，请有关机关对其处理；对于违约责任的处理，过错方应主动承担违约责任，承担责任的方式主要有支付违约金和赔偿金等。而受害方也要积极追究过错方的责任。一经发现受害方以团结合作之名假公济私，损害国家和社会公共利益，应当依法追究当事人的法律责任。

(2) 平等、自愿原则

当事人双方要在平等、自愿的前提下自行协商解决矛盾争端。也就是说，双方当事人的法律地位是平等的，双方要互相尊重，都有权提出自己的理由和建议，都有权对对方的观点进行辩论。

同时，要采取自行协商的方式解决合同争端，必须以双方当事人都同意为前提条件。决不允许任何一方当事人凭借某种势力，以强欺弱，以大欺小，强迫对方当事人接受其提出的解决争端的方案，从而获得不平等的利益。同时，双方当事人协议的内容也必须是出于自愿，如果一方当事人强迫另一方在自己提出的解决协议上签字，则该协议无效。

(3) 互谅互让原则

在建设工程争端的协商过程中，双方当事人要互相谅解，互相谦让，勇于承担各自的责任。双方当事人在如实陈述客观事实和理由的基础上，也要多从自身找原因，认识在引起合同争端问题上自己应当承担的责任，而不能一味地推卸责任，片面强调对自己有利的事实和理由，或片面指责对方当事人，要求对方承担责任。即使自身没有过错，也要得理让人，以诚相待，这也正是合同的协作履行原则在处理建设工程争端中的具体运用。

4) 协商的类型

和解的应用很灵活，可以在多种情况下达成和解协议。

(1) 诉讼前的和解

诉讼前的和解是指发生诉讼以前，双方当事人互相协商达成协议，解决双方的争执。是当事人依法处分自己民事实体权利的表现。

和解成立后，当事人所争执的权利即归确定，当事人不得任意反悔要求撤销。但是，如果和解所依据的文件，事后发现是伪造或涂改的，和解事件已为法院判决所确定，而当事人于和解时不知情的，当事人对重要的争执有重大误解而达成协议的，当事人都可以要求撤销和解。

(2) 诉讼中的和解

诉讼中的和解是当事人在诉讼进行中互相协商，达成协议，解决双方的争执。《民事诉讼法》规定："双方当事人可以自行和解。"这种和解在法院作出判决前，当事人都可以进行。当事人可以就整个诉讼标的达成协议，也可以就诉讼的个别问题达成协议。

诉讼阶段的和解没有法律效力。当事人和解后，可以请求法院调解，制作调解书，经当事人签名盖章产生法律效力，从而结束诉讼程序的全部，视为当事人撤销诉讼。

10.2.2 调解

1) 调解的概念

调解，是指第三人应争端当事人的请求，依据法律规范或合同约定，通过查明事实、教育疏导，促使双方在平等协商的基础上互相作出适当的让步，自愿达成协议，从而解决建设工程争端的方式。

调解主要是在双方当事人以外第三人的主持、协调下，通过说服教育来解决双方的争端。第三人受理双方当事人任何一方提出的建设工程争端。

第三人调解与当事人自行协商并没有本质的区别。也就是说，这两种方式实质上都需要双方当事人协商一致。第三人调解的过程，也是双方当事人协商的过程。它们的区别主要在于：调解要有第三人主持，由第三人促使争端当事人达成解决协议；而自行协商则不需要第三人协调，仅仅由当事人双方自己协商解决。

2）调解的特点

（1）调解方式灵活

同当事人自行协商一样，调解不受时间和地域限制，且调解人的资质、资格没有限制性规定，只要是双方都信任的组织或公民均可作为调解人，如常设的调解委员会、纠纷当事人的共同上级单位、建设工程行政管理机关等。

（2）有利于避免矛盾激化

当争端出现且当事人双方意见不一致时，极有可能激化矛盾，调解有第三人介入，居中调停，可以消除当事人的对立情绪，增进感情，维护双方的长期合作关系。

（3）不具有强制执行的效力

第三人通过说服教育进行调解，调解意见对合同当事人只具有参考性作用，调解人无权强制执行调解协议。所以调解不具备法律约束力和强制执行力，调解协议的执行主要依靠当事人的自觉履行。

3）调解的原则

（1）合法原则

调解协议必须经过双方当事人协商一致，其内容必须符合有关法律、法规和政策，不得损害国家利益、社会公共利益和第三人的合法权益。这一点对当事人自行协商的要求一致。此外，第三人在进行调解活动时，也要坚持合法原则，若违反法律法规及相关政策，即使达成调解协议，结果也无任何保障性可言，且该协议无效。合同当事人只能在法律法规允许的范围内，才可以自由地处分自己的权利；超越当事人可以自由处分的权利范围，第三人就不能调解。

（2）自愿原则

当发生建设工程争端时，是否愿意采取调解的方式，取决于双方当事人的自愿。如果争议当事人双方或一方当事人不同意通过调解解决纠纷的，就不能适用这种方式。调解协议也必须由当事人双方自愿达成，调解人必须充分尊重当事人的意愿，要耐心听取双方意见，并对这些意见进行分析研究，在查明事实、分清是非的基础上，对双方当事人进行说服教育，耐心劝导，促使双方当事人互谅互让，和平解决争端。调解人不得以任何方式强迫当事人达成协议。

（3）公平、公正原则

在调解中，第三人处于中间位置，能够比较客观地看待双方当事人的分歧，容易判明是非，从而有助于促使双方当事人达成解决协议。因此，第三人应当本着公平、公正的原则进行调解，实事求是、不徇私情、不偏袒任何一方当事人，这样才能够取得双方当事人的信任，促使他们自愿地达成协议。要防止因急于求成而进行不良调解现象，如无原则调解、违法调解和强行调解，造成过分迁就无理方，从而压制有理方。这些不良做法既难以服人，又违反立法本意，难以使当事人双方解决矛盾纠纷。

4）调解的种类

（1）行政调解

行政调解，是指在发生建设工程争端后，双方当事人在有关行政主管部门的主持下，依据相关法律、行政法规、规章和政策，解决矛盾纠纷的方式。一般情况下，一方或双方当事人的业务主管部门可作为争端的行政调解人，他们能在符合国家法律政策的要求下，通过耐心的说服教育，使当事人双方互相谅解，在平等协商的基础上达成一致协议，从而有效地、彻底地解决矛盾争端。但是行政调解达成的调解协议，并不具有法律的强制力，主要依靠当事人双方自愿履行。

(2) 人民(民间)调解

人民(民间)调解，是指矛盾纠纷发生后，当事人共同协商，请有威望、受信赖的第三人，包括人民调解委员会、企事业单位或其他经济组织、一般公民以及律师、专业人士等作为中间调解人，双方合理合法地达成解决争议的协议。

人民调解委员会是群众性组织，调解委员的能动作用大，方式灵活，方便易行。它突出的特点是能把纠纷解决在基层组织，还能起到宣传法制、预防纠纷、防止矛盾扩大的作用。律师和专业人士本身具有良好的素质，具有一定的专业知识和法律水平，熟悉政策与规范，更有利于说服当事人，从而使当事人双方的争议在更加合乎法律和情理的情况下解决，这样有助于加强法律的宣传和教育作用，提高当事人的法制观念。

同行政调解一样，人民调解达成的调解协议也不具有法律的强制力。如果当事人不愿调解或调解不成，可以向仲裁机构申请仲裁或向人民法院起诉。

(3) 仲裁调解

仲裁调解，是指在争议的仲裁过程中，在仲裁庭作出裁决前，申请仲裁的当事人在仲裁机构的主持和协调下进行平等协商，自愿达成调解协议的争端解决方式。

我国《仲裁法》第 51 条规定：仲裁庭在作出裁决前，可以先行调解。当事人自愿调解的，仲裁庭应当进行调解。调解不成的，应当及时作出裁决。调解达成协议的，仲裁庭应当制作调解书或根据协议的结果制作裁决书。调解书与裁决书具有同等法律效力。调解书应当写明仲裁请求和当事人协议的结果。调解书由仲裁员签名，加盖仲裁委员会的印章，送达双方当事人。调解书经双方当事人签收后，即发生法律效力，当事人必须自觉履行，不得反悔。若在调解书签收前当事人反悔，仲裁庭应当及时作出裁决。

(4) 法院调解

法院调解，又称诉讼调解，是指在争议的诉讼过程中，人民法院审判人员对双方当事人进行说服劝导，促使其在平等自愿的基础上达成调解协议，并经法院认可从而终结诉讼程序的活动。对于法院调解的协议制成调解书的，调解书经双方当事人签收后，即发生法律效力，当事人必须自觉履行。对不需要制作调解书的协议，应当记入笔录，由双方当事人、审判人员、书记员签名并盖章后，即产生法律效力。调解未达成协议或者调解书签收前当事人一方或双方反悔的，调解即告终结，法院应当及时裁决而不得久调不决。调解书发生法律效力后，如果一方不履行，另一方当事人可以向人民法院申请强制执行。

10.3 仲裁

10.3.1 仲裁的概念

仲裁，亦称公断，是指双方当事人在争端发生之前或者争端发生之后达成协议，自愿将争端提交中立的第三方进行评判，由第三方根据事实作出对双方均有法律约束力的裁决的解决纠纷的制度和方式。仲裁方式解决矛盾纠纷，必须要有仲裁协议，且争端双方当事人都有义务执行。

仲裁在我国已成为解决争端的重要方式，根据仲裁的定义，其构成应具备以下要素：

(1) 双方当事人自愿协商通过仲裁方式解决争端。

(2) 解决争端的第三方是当事人自己选择的。

(3) 第三方为解决争端作出的裁决对双方当事人具有法律效力。

在我国的建设工程合同中，双方当事人申请仲裁解决矛盾纠纷的，适用《仲裁法》的规定。

10.3.2 仲裁的特点

仲裁作为一种解决争端的裁决方式，具有以下几个方面的特点：

1) 意思自治性

仲裁体现出当事人的高度意思自治，是否将争端提交仲裁，选取哪一个仲裁委员会进行仲裁，仲裁员如何产生，采用何种审理方式、何种程序进行仲裁，都必须以当事人双方自愿为基础。即自治性体现在仲裁的整个过程中，许多内容都可以由当事人双方自主确定。如有一方不同意，第三方就不能裁断。

2) 专业性

根据《仲裁法》的规定，仲裁机构都备有分专业的、由专家组成的仲裁员名册供当事人进行选择。由于民商事争端往往涉及复杂的技术性和专业性问题，如建设工程的争端处理不仅涉及相关的建设法律、法规，还需要用到工程造价、工程质量等方面的专业知识。因此，仲裁机构的仲裁员必须由具有一定专业水平和能力的专家担任，专家仲裁是保证裁决公正性的重要保障。

3) 灵活性

仲裁的灵活性表现在合同争议双方有许多选择的自由，例如仲裁中的诸多具体程序都是由当事人双方自行协商确定或选择的。因此，仲裁的灵活性很大，与诉讼相比，仲裁程序更加灵活，更具有弹性。

4) 保密性

保密和不公开审理是仲裁制度的重要特点，有关的仲裁法律和仲裁规则都规定了仲裁员及仲裁秘书人员的保密义务，仲裁庭和当事人不得向外界透露案件的任何实体及程序问题。除非双方当事人一致同意，仲裁案件的审理一般不公开进行，不允许旁听或者采访，所以当事人之间的商业秘密不会因仲裁活动而泄露。

5) 快捷性

由于诉讼实行两审终审制，时间花费较长，而仲裁实行一裁终局制，无需上诉，审理期限较短，效率较高。而且当事人双方可以指定熟悉专业的专家担任仲裁员，从而可以加快审理和裁决进程，使矛盾争端迅速得到解决。对于建设工程争端而言，尽快结案，可以防止或减少工程进度被拖延、建设资金长期被占压等情形的出现。

10.3.3 仲裁的原则

1）公平合理的原则

仲裁的公平合理原则，是指仲裁机构在仲裁活动中必须保持中立，平等对待双方当事人。同时，应依照法律法规，充分搜集证据，听取双方意见，根据事实公平合理地作出裁决。

为了保证仲裁的公平合理性，《仲裁法》还规定了仲裁员的回避制度以及仲裁员违反回避制度应承担的法律责任，目的就是为了避免仲裁活动中不公正现象的发生，从而维护仲裁员的公正形象。

2）独立的原则

仲裁机构是独立的组织，不隶属于任何行政机关，各仲裁机构之间也无任何隶属关系。仲裁依法独立进行，不受行政机关、社会团体和个人的干涉。仲裁委员会能够独立行使仲裁权，从仲裁机构的设置到仲裁纠纷解决的整个过程，都具有独立性原则。

3）一裁终局的原则

《仲裁法》第 9 条规定："仲裁实行一裁终局制的制度。"一裁终局，是指仲裁机构对当事人提交的争端作出裁决后即具有最终的法律效力，双方当事人应当履行仲裁裁决，一方当事人不履行的，另一方当事人可以依照民事诉讼法的有关规定向人民法院申请执行，受申请的人民法院应当执行。若当事人就同一争议再次向仲裁机构申请仲裁或者向法院起诉的，仲裁委员会或者法院应不予受理。仲裁裁决被法院裁定撤销或不予执行的除外。

10.3.4 仲裁机构

我国的仲裁机构常设有专门的仲裁委员会，并备有较为完善的仲裁员名册，负责组织和管理有关仲裁事务，有利于仲裁程序的顺利进行。

1）仲裁委员会

我国的仲裁委员会是依据《仲裁法》设立的受理民事、经济争议并依法作出仲裁裁决的机构。仲裁委员会可以在直辖市和省、自治区人民政府所在地的市设立，也可以根据需要在其他设区的市设立，不按行政区划层层设立。

《仲裁法》第 11 条规定，仲裁委员会应当具备下列条件：

(1) 有自己的名称、住所和章程。

(2) 有必要的财产。

(3) 有该委员会的组成人员。

(4) 有聘任的仲裁员。

同时，《仲裁法》第 12 条还规定，仲裁委员会由主任 1 人、副主任 2 至 4 人和委员 7 至 11 人组成。其中，仲裁委员会的主任、副主任和委员由法律、经济贸易专家和有实际工作经验的人员担任。仲裁委员会的组成人员中，法律、经济贸易专家不得少于 2/3。

2）仲裁员

仲裁员名册由仲裁委员会按不同专业设置，仲裁员应当从公道正派的人员中聘任。《仲裁法》规定，仲裁员应当符合下列条件之一：

(1) 从事仲裁工作满8年。

(2) 从事律师工作满8年。

(3) 曾任审判员满8年。

(4) 从事法律研究、教学工作并具有高级职称。

(5) 具有法律知识、从事经济贸易等专业工作并具有高级职称或者具有同等专业水平。

10.3.5 仲裁协议

1) 仲裁协议的概念及形式

仲裁协议是指当事人双方自愿将已经发生或者可能发生的争端提交仲裁机构请求裁决的书面协议。

仲裁协议是将争端提交仲裁的法律依据。它包括两种形式,即在合同中订立的仲裁条款以及在争端发生前后达成的书面仲裁协议书。只有当事人在合同内订立仲裁条款或书面仲裁协议书,仲裁委员会才会受理仲裁申请。

2) 仲裁协议的内容

《仲裁法》第16条规定,仲裁协议应当包含以下内容:

(1) 请求仲裁的意思表示。即当事人双方明确表示愿将争端提交仲裁机构,通过仲裁程序解决。

(2) 仲裁事项。即双方当事人共同协商将哪些争议提交仲裁委员会仲裁。

(3) 选定的仲裁委员会。即双方当事人应协商选定仲裁事项由哪一个仲裁机构进行仲裁。

3) 仲裁协议的无效确定

仲裁协议必须符合生效条件才具有法律效力,《仲裁法》第16条规定,仲裁协议因下列情形而失效:

(1) 约定的仲裁事项超出法律规定的范围。

(2) 无民事行为能力的人或者限制行为能力的人订立的仲裁协议。

(3) 一方采取胁迫手段,迫使对方订立仲裁协议。

此外,仲裁协议对仲裁事项约定不明确的,当事人可以补充协议;达不成补充协议的,仲裁协议无效。仲裁协议失效后,当事人不再受其约束,仲裁委员会仲裁权终止。

10.3.6 仲裁的程序

1) 申请和受理

《仲裁法》第21条规定,争端发生后,当事人申请仲裁应当符合下列条件:

(1) 有仲裁协议。

(2) 有具体的仲裁请求和事实、理由。

(3) 属于仲裁委员会的受理范围。

在申请仲裁时,申诉人应当向仲裁委员会提交仲裁协议、仲裁申请书及副本。仲裁申请书应包含下列事项:

(1) 当事人的姓名、性别、年龄、职业、工作单位和住所,法人或其他组织的名称、住所和法定代表人或者主要负责人的姓名、职务。

(2) 仲裁请求和所根据的事实、理由。

(3) 证据和证据来源,证人姓名和住所。

仲裁委员会收到仲裁申请书之日起5日内,认为符合受理条件的,应当受理,并通知当事人;认为不符合受理条件的,应当书面通知当事人不予受理,并说明理由。

仲裁委员会受理仲裁申请后,应当在仲裁规则规定的期限内将仲裁规则和仲裁员名册送达申请人,并将仲裁申请书副本和仲裁规则、仲裁员名册送达被申请人。被申请人收到仲裁申请书副本后,应当在仲裁规则规定的期限内向仲裁委员会提交答辩书。仲裁委员会收到答辩书后,应当在仲裁规则规定的期限内将答辩书副本送达申请人。被申请人未提交答辩书的,不影响仲裁程序的进行。

2) 组成仲裁庭

仲裁委员会受理仲裁申请后,应当组成仲裁庭进行仲裁活动。仲裁庭不是一种常设的机构,其组成的原则是一案一组庭。仲裁庭有以下两种组成方式:

(1) 当事人约定由3名仲裁员组成仲裁庭的,应当由当事人双方各自选定或各自委托仲裁委员会主任指定一名仲裁员,第3名仲裁员由当事人共同选定或共同委托仲裁委员会主任指定,第3名仲裁员为首席仲裁员。

(2) 当事人约定由1名仲裁员成立仲裁庭的,应当由当事人共同选定或者共同委托仲裁委员会主任指定仲裁员。

当事人没有在仲裁规则规定期限内约定仲裁庭的组成方式或选定仲裁员的,由仲裁委员会主任指定。

组成仲裁庭的仲裁员,应当公平公正地进行仲裁活动,符合《仲裁法》规定需要回避的应当回避,应当回避的情形主要有以下几种:

(1) 是本案当事人或当事人、代理人的近亲属。

(2) 与本案有利害关系。

(3) 与本案当事人、代理人有其他关系,可能影响公正仲裁的。

(4) 私自会见当事人、代理人,或接受当事人、代理人的请客送礼的。

仲裁庭组成后,仲裁委员会应当将仲裁庭的组成情况书面通知当事人。

3) 开庭和裁决

《仲裁法》第39条规定:"仲裁应当开庭进行。"即双方当事人共同到庭,由仲裁庭按照法定程序,对案件进行公正审理。同时,该条还规定:"当事人协议不开庭的,仲裁庭可以根据仲裁申请书、答辩书以及其他材料作出裁决。"

仲裁不公开进行,但当事人协议公开审理的,可以公开进行,但涉及国家秘密的除外。在开庭前,仲裁委员会应将开庭时间、地点通知双方当事人。申请人接到开庭日期通知后,无故不到庭或者未经许可中途擅自退庭的,视为撤回仲裁申请;被申请人无故不到庭或者未经许可擅自中途退庭,可作缺席裁决。

当事人应当对自己的主张提供证据。仲裁庭认为有必要收集的证据,可以自行收集。证据应当在开庭时出示。当事人可以辩论。仲裁庭应当把开庭情况记入笔录。

当事人申请仲裁后,可以自行和解。达成和解协议的,可以请求仲裁庭根据和解协议作出裁决书,也可以撤回仲裁申请。当事人达成和解协议,撤回仲裁申请后反悔的,可以根据仲裁协议申请仲裁。

仲裁庭在作出裁决前,可以先行调解。调解达成协议,仲裁庭应当制作调解书或根据双方协议的结果,制作裁决书。调解未达成协议的,仲裁裁决应当按照多数仲裁员的意见作出,少数仲裁员的不同意见可以记入笔录;仲裁庭不能形成多数意见时,裁决按首席仲裁员的意见作出,裁决书自作出之日起发生法律效力。裁决书与调解书具有同等法律效力。

4) 执行

仲裁委员会的裁决作出后,当事人应当履行。一方当事人不履行仲裁裁决时,另一方当事人可依照《民事诉讼法》有关规定向人民法院申请执行。

10.3.7 法院对仲裁的监督

根据《仲裁法》与《民事诉讼法》的有关规定,人民法院可以对仲裁实施必要的监督,监督的实现方式主要是允许当事人向法院申请撤销仲裁裁决和不予执行仲裁裁决。

1) 撤销裁决

当事人提出证据证明裁决有下列情形之一的,可以在自收到仲裁裁决书之日起 6 个月内向仲裁委员会所在地的中级人民法院申请撤销仲裁裁决:

(1) 没有仲裁协议的。

(2) 裁决的事项不属于仲裁协议的范围或仲裁委员会无权仲裁的。

(3) 仲裁庭的组成或者仲裁的程序违反法定程序的。

(4) 裁决所根据的证据是伪造的。

(5) 对方当事人隐瞒了足以影响公正裁决的证据的。

(6) 仲裁员在仲裁该案时有索贿受贿、徇私舞弊、枉法裁决行为的。

人民法院认定仲裁裁决违反社会公共利益的,应当裁定撤销。法院应当在受理撤销裁决申请之日起 2 个月内作出撤销裁决或者驳回申请的裁定,法院裁定撤销裁决的,应当裁定终止执行;撤销裁决的申请被裁定驳回的,法院应当裁定恢复执行。

2) 不予执行裁决

一方当事人申请人民法院强制执行裁决,被申请人提出证据证明裁决有下列情形之一的,经人民法院组成合议庭进行审核,裁定不予执行:

(1) 当事人在合同中没有订立仲裁条款或事后没有达成书面仲裁协议的。

(2) 裁决的事项不属于仲裁协议的范围或者仲裁机构无权仲裁的。

(3) 仲裁庭的组成或仲裁程序违反法定程序的。

(4) 认定事实的主要证据不足的。

(5) 适用法律有错误的。

(6) 仲裁员在仲裁该案时有贪污受贿、徇私舞弊、枉法裁决行为的。

法院裁定仲裁裁决不予执行的,双方当事人可重新达成仲裁协议,向仲裁机构申请仲裁,也可以向人民法院起诉。

10.4 诉讼

10.4.1 诉讼的概念

诉讼，是指当事人将双方之间发生的争端提交法院，人民法院在所有诉讼参与人的参加下，依照法定程序对当事人之间的纠纷进行审理和判定，从而解决争端的审判活动。

若建设工程当事人对双方之间发生的争端未通过自行协商、调解或仲裁的途径解决，可以依法请求人民法院行使审判权。双方当事人如果未约定仲裁协议，则只能以诉讼作为解决争端的最终方式。诉讼不仅能够彻底解决纠纷，还有利于增强当事人的法制观念，保护当事人的合法权益。

10.4.2 诉讼的特点

1）当事人地位的平等性

诉讼关系中原告、被告诉讼权利平等，任何一方当事人都有权起诉，请求司法保护。且原告行使诉权后，被告可以反诉；原告提出诉讼请求，被告可以反驳诉讼请求。

2）严格的诉讼程序

与其他解决纠纷的方式相比，诉讼的程序和实体判决都应当严格依法进行。而以其他方式解决纠纷，则没有如此严格的程序，即使是在有明确的程序规定的仲裁活动中，仲裁参加者的自主程度要较诉讼高得多，行为的选择余地也较诉讼大。

3）应遵循管辖原则

当事人向法院提起诉讼，应当遵循地域管辖、级别管辖和专属管辖的原则。在不违反级别管辖和专属管辖原则的前提下，可以依法选择管辖法院。

4）实行二审终审制度

法院审理建设工程争端案件，实行二审终审制度。一审法院作出一审判决后，如当事人对一审判决、裁定不服，可以按照法定程序上诉至第二审人民法院。第二审法院对案件再次审理，并作出二审判决，二审判决为终审判决。纠纷经过两级人民法院审理，即告终结。

5）具有强制性

这一特点有两方面的表现：一是是否以该种方式来解决争端，不以双方合意为前提条件，只要争议一方的起诉符合条件，另一方即使不愿意参加诉讼，也得被强制参加；二是法院所作出的诉讼判决，具有强制执行的法律效力。若法律责任承担者不履行法律判决，则法院可根据法律规定强制执行。

10.4.3 诉讼管辖

1）诉讼管辖的概念

诉讼管辖，是指各级人民法院之间和同级人民法院之间受理第一审案件的分工和权限。

正确地确定各级法院和各地法院的管辖权，有利于当事人依法行使其诉讼权利，有利于法院正确及时地行使审判权。根据《民事诉讼法》的规定，诉讼管辖主要有级别管辖、地域管辖、移送管辖和指定管辖等。

2）级别管辖

级别管辖，是指根据案件的性质、影响的范围，划分上下级人民法院之间受理第一审案件的分工和权限。

我国人民法院设置四级，即基层人民法院、中级人民法院、高级人民法院、最高人民法院。四级人民法院由于职能分工不同，受理第一审民事案件的权限范围也不同。按照《民事诉讼法》的规定，除法律规定由上级人民法院管辖的第一审案件外，其他第一审案件均由基层人民法院审理。中级人民法院管辖的第一审案件主要有：①重大涉外案件；②在本辖区有重大影响的案件；③最高人民法院确定由中级人民法院管辖的案件。高级人民法院管辖在本辖区有重大影响的第一审案件。最高人民法院审理在全国有重大影响的案件和应当由其审理的一审案件。

确定不同级别的人民法院管辖第一审案件的主要依据是：案件的性质、案件影响的大小、诉讼标的的金额大小等。在实践中，建设工程争端案件的标的金额的大小，往往是确定级别管辖的重要依据。

以北京、上海、江苏、浙江为例，根据《全国各省、自治区、直辖市最高人民法院和中级人民法院管辖第一审民商事案件标准》，高级人民法院可管辖诉讼标的额在2亿元以上的第一审民商事案件，以及诉讼标的额在1亿元以上且当事人一方住所地不在本辖区或者涉外、涉港澳台的第一审民商事案件。

3）地域管辖

地域管辖，是指同级人民法院之间受理第一审案件的分工和权限。地域管辖的确定主要根据当事人住所地、诉讼标的或者法律事实的发生地、结果地在哪个法院辖区，案件就由该地人民法院管辖。根据《民事诉讼法》的规定，地域管辖可以分为以下几种类型：

（1）一般地域管辖

一般地域管辖以当事人住所地与法院辖区的关系来确定管辖法院，通常实行"原告就被告"的原则，即以被告住所地作为确定管辖的标准。《民事诉讼法》第22条规定，案件应由被告住所地人民法院管辖。被告为公民的，住所地为公民的户籍所在地，住所地与经常居住地不一致时，由经常居住地人民法院管辖。对法人或其他组织提起的诉讼，由被告住所地人民法院管辖。公民住所地是指公民的户籍所在地，经常居住地是指公民离开住所至起诉时已连续居住满1年的地方，但公民住院就医的地方除外。被告住所地是指法人或者其他组织的主要办事机构所在地或者主要营业地。

（2）特殊地域管辖

特殊地域管辖是指根据诉讼标的所在地或者引起法律关系发生、变更或消灭的法律事实所在地为标准所确定的管辖。根据《民事诉讼法》的规定，有9种类型的特殊地域管辖。其中与工程建设活动有关的案件类型是因合同纠纷提起的诉讼。

因合同纠纷提起的诉讼，由被告住所地或者合同履行地人民法院管辖。所谓被告住所地包括被告住所地或者经常居住地；合同履行地，是指合同规定履行义务和接受义务的地点，主要是合同标的物交接的地点。合同的双方当事人可以在书面合同中协议选择被告所在地、合同履行地、合同签订地、原告住所地、标的物所在地人民法院管辖,但不得违反级别管辖和专属管辖的规定。合同的双方当事人在书面合同中约定的履行地与实际履行地不一致的,根据实际发行地确定管辖。

建设工程施工合同属于承揽合同的一种,对于建设工程施工合同争端,《最高人民法院关于审理建设工程施工合同纠纷案件适用法律问题的解释》第 24 条规定:建设工程施工合同纠纷以施工行为地为合同履行地。

(3) 专属管辖

专属管辖是指某些诉讼标的特殊的案件,法律规定必须由特定的人民法院行使管辖权的一种诉讼管辖。

专属管辖具有排他性。除上级人民法院指定管辖外,凡是法律明确规定专属管辖的案件,不能适用一般地域管辖和特殊地域管辖的原则确定管辖的法院,排除了一般地域管辖和特殊地域管辖的适用。此外,排除了当事人以协议的方式选择其他法院管辖的可能性。

我国《民事诉讼法》规定了 3 种适用专属管辖的案件类型。其中与工程建设活动有关的是因不动产纠纷提起的诉讼,主要有土地使用权纠纷、房地产交易纠纷、建设工程质量纠纷等。此类诉讼案件,由不动产所在地人民法院管辖。

【案例 10-1】 甲市的王先生购买了位于乙市的一套商品房,该住房的开发商为丙市的某房地产开发公司,工程由丁市的某建筑企业施工建设。王先生入住不到 1 年,发现该房屋的承重墙出现严重开裂。王先生欲对此提起诉讼。本案应由哪个城市的人民法院管辖?

【案例分析】 本案应由乙市人民法院管辖。《民事诉讼法》中规定因不动产纠纷提起的诉讼,由不动产所在地人民法院管辖。本案不动产所在地为乙市,所以应由乙市人民法院管辖。

4) 移送管辖和指定管辖

移送管辖,是指人民法院受理案件后,发现自己对该案件没有管辖权,将案件移送给有管辖权的人民法院,受移送的人民法院应当受理。受移送的人民法院认为受移送的案件依照规定不属于本院管辖的,应当报请上级人民法院指定管辖,不得再自行移送。

【案例 10-2】 李某在某市 A 区新购一套住房,并请位于该市 B 区的装修公司对其新房进行装修。在装修过程中,装修工人不慎将水管弄破,导致该楼下住户的家具被淹毁。李某与该装修公司就赔偿问题交涉未果,遂向该市 B 区法院起诉。B 区法院认为该案应由 A 区法院审理,于是裁定将该案移送至 A 区法院。A 区法院认为该案应由 B 区法院审理,不接受移送,又将案件退回 B 区法院。

(1) B 区法院的移送管辖是否正确?

(2) A 区法院不接受移送,将案件退回 B 区法院的做法是否正确?

【案例分析】 (1)《民事诉讼法》第 36 条规定,人民法院发现受理的案件不属于本院管辖的,应当移送有管辖权的人民法院,受移送的人民法院应当受理。受移送的人民法院认为受移送的案件依照规定不属于本院管辖的,应当报请上级人民法院指定管辖,不得再自行移送。该市 B 区法院对本案有管辖权,所以其移送管辖是错误的。

(2) A 区法院不接受移送,将案件退回 B 区法院的做法错误。A 区法院如认为受移送的案件不属于本院管辖的,应当报请上级人民法院指定管辖,不得再自行移送。

指定管辖,是指有管辖权的人民法院由于特殊原因,不能行使管辖权的,由上级人民法院依照法律规定,指定其辖区内的下级法院对案件行使管辖权。人民法院之间因管辖权发生争议,由争议双方协商解决;协商解决不了的,报请双方共同的上级人民法院指定管辖。

10.4.4 诉讼参加人

诉讼参加人是指因权利和义务发生争议,以自己的名义进行诉讼,并受法律判决约束的公民、法人或其他组织。诉讼参加人包括原告与被告、共同诉讼人、第三人、诉讼代理人。

1) 原告与被告

原告是指认为自己权利受到侵犯,为维护自身合法权益,而以自己的名义向人民法院提出诉讼请求的当事人;被告是指受到原告指控侵犯其合法权益,而被人民法院通知应诉的当事人。当事人可以是公民、法人、组织和国家机关。

《最高人民法院关于审理建设工程施工合同纠纷案件适用法律问题的解释》对建设工程纠纷中的诉讼当事人进行了专门解释:因建设工程质量发生争议的,发包人可以以总承包人、分包人和实际施工人为共同被告提起诉讼。实际施工人以转包人、违法分包人为被告起诉的,人民法院应当依法受理。实际施工人以发包人为被告主张权利的,人民法院可以追加转包人或者违法分包人为本案当事人。

被告是与原告利益相对立,因原告的起诉而由人民法院通知应诉的人。

2) 共同诉讼人

共同诉讼是指当事人一方或双方为 2 人以上的诉讼。2 人以上的一方或双方当事人称为共同诉讼人。共同诉讼分必要的共同诉讼和普通的共同诉讼两种。必要的共同诉讼是指一方或双方为 2 人以上,有共同的诉讼标的,共同诉讼人共享权利或共同承担义务。普通的共同诉讼是指当事人一方或双方为 2 人以上,诉讼标的属于同一种类,人民法院认为可以合并审理的诉讼。

3) 第三人

第三人是指对他人之间的诉讼标的享有独立的请求权或者虽无独立请求权,但案件处理结果与其有法律上的利害关系,因而参加到已开始的诉讼中,以维护自己的合法权益的人。

根据第三人对已进行诉讼的诉讼标的有无独立请求权,可将第三人分为有独立请求权的第三人和无独立请求权的第三人。

有独立请求权的第三人享有原告的一切诉讼权利,无独立请求权的第三人不享有原告、被告的诉讼权利,只享有维护自己权益所必需的诉讼权利。

第三人参加诉讼,经本人申请,或原诉讼当事人一方提出或人民法院依职权通知其参加均可成立。

4) 诉讼代理人

诉讼代理人是指在诉讼中,根据法律规定或受当事人的委托,以当事人名义在其授予的代理权限内实施诉讼行为的自然人。在工程建设活动中,最常见的代理人形式是委托诉讼代理人,诉讼代理人的代理权大多数是由委托授权而产生的。

委托他人代为诉讼的,必须向人民法院提交委托人签名或盖章的授权委托书,授权委托书必须记明委托事项和权限。诉讼代理人代为承认、放弃、变更诉讼请求,进行和解,提起反诉或者上诉，必须有委托人的特别授权。最高人民法院规定，若委托授权书仅写“全权代理”而无具体授权的情形，则不能认定为诉讼代理人已获得特别授权，即诉讼代理人无权以当事人的名义实施诉讼行为。

10.4.5 诉讼程序

1）第一审程序

第一审程序是人民法院审理第一审民事案件的诉讼程序。根据《民事诉讼法》的规定，第一审程序主要包括以下阶段：

(1) 起诉与受理

起诉是指因原告权益受到侵害或发生争议，请求法院行使审判权从而保护自己合法权益的行为。起诉必须符合下列法定条件：原告是与案件有直接利害关系的公民、法人和其他组织；有明确的被告；有具体的诉讼请求和事实、理由；请求的事由属于法院的收案范围和受诉法院管辖。

起诉应向人民法院递交起诉状，起诉状中应写明以下事项：当事人的基本情况、诉讼请求和所根据的事实与理由、证据和证据来源、证人姓名和住处。此外，原告起诉时，应按被告人数提出副本。

受理是指法院对符合法律条件的起诉决定立案审理的诉讼行为。法院接到起诉状后，经审查认为符合起诉条件的，应当在 7 日内立案，并通知当事人；认为不符合起诉条件的，应当在 7 日内裁定不予受理。原告对裁定不服的，可以向上一级人民法院提起上诉。

(2) 审理前的准备

法院应当在立案后 5 日内将起诉状副本送达被告，被告在收到之日起 15 日内提出答辩状。法院在收到被告答辩状之日起 5 日内将答辩状副本送达原告。被告提出答辩状的，人民法院应当在收到之日起 5 日内将答辩状副本发送原告。被告不提出答辩状的，不影响审判程序的进行。被告如对管辖权有异议的，也应当在提交答辩状期间提出，逾期未提出的，视为被告接受受诉法院管辖。

法院受理案件后应当组成合议庭，合议庭至少由 3 名审判员或至少由 1 名审判员和 2 名陪审员组成。审判人员要认真审核诉讼材料，通过法定程序收集必要的证据。

(3) 开庭审理

开庭审理是指在审判人员的主持下，在当事人和其他诉讼参与人的参加下，法院依照法定程序对案件进行审理的诉讼活动。除涉及国家秘密或当事人商业秘密外，均应公开开庭审理。

原告经传票传唤，无正当理出拒不到庭的，或未经法庭许可中途退庭的，按撤诉处理，被告反诉的可以缺席判决。被告经传票传唤，无正当理由拒不到庭的，或未经法庭许可中途退庭的，可以缺席判决。

开庭审理主要的程序为：宣布开庭、法庭调查、法庭辩论、评议宣判。

在开庭前，由书记员查明当事人和其他诉讼参与人是否到庭，同时宣布法庭纪律。由审判长宣布庭审开始并公布法庭组成人员，同时核对当事人并告知当事人诉讼权利和义务。

法庭调查是开庭审理的核心阶段，由当事人出示与案件有关的证据，法庭对案件事实进行审查，核对各种证据材料，以查清案情，认定事实。法庭调查的顺序为：当事人陈述；证人作证；出示书证、物证和视听资料；宣读鉴定结论；宣读勘验笔录。当事人可以在法庭上提供新的证据，也可以要求重新调查、鉴定或勘验。

法庭辩论是当事人在法庭上行使辩论权，由当事人陈述自己的意见，对所争议的法律问题进行辩论，通过双方的辩论，使法院进一步查明事实，分清是非。法庭辩论的顺序是：原告及其诉讼代理人发言；被告及其诉讼代理人答辩；第三人及其诉讼代理人发言或者答辩；互相辩论。

法庭辩论结束后，由合议庭成员退庭评议，按照少数服从多数原则作出判决。当事人愿意调解的，可以当庭进行调解；当事人不愿调解或调解不成的，由法院依法作出裁决。可当庭宣判，也可定期宣判。定期宣判的，审判长可当庭告知双方当事人定期宣判的时间和地点，也可以另行通知。定期宣判后，立即发给判决书。宣判时还应当告知当事人上诉权利、上诉期限和上诉法院。

《民事诉讼法》规定，第一审普通程序审理的案件应在立案之日起6个月内审结；有特殊情况需要延长的，由本院院长批准，可以延长6个月；还需要延长的，报请上级法院批准。

2）第二审程序

第二审程序，又称上诉审程序或终审程序。是指诉讼当事人不服地方各级人民法院尚未生效的判决、裁定，依法向上一级法院提起上诉，由上一级法院对案件重新进行审理的程序。

当事人不服地方人民法院第一审判决或裁定的，有权在收到判决书之日起15日内向上一级人民法院提起上诉；当事人不服地方人民法院第一审裁定的，有权在收到判决书之日起10日内向上一级人民法院提起上诉。逾期不上诉的，原判决、裁定即发生法律效力。当事人提起上诉后至第二审法院审结前，原审法院的判决或裁定不发生法律效力。

当事人提起上诉，应递交上诉状。内容包括：当事人的姓名；法人名称及法定代表人姓名；原审法院名称，案件的编号和案由；上诉的理由和请求。上诉状应当通过原审人民法院提出，并按照对方当事人的人数提出副本。

第二审法院对上诉的案件，经审理后依不同情况分别处理：

（1）原判决认定事实清楚、适用法律正确的，判决驳回上诉，维持原判决。

（2）原判决适用法律错误的，依法改判。

（3）原判决认定事实错误，或者原判决认定事实不清、证据不足，裁定撤销原判决，发回原审法院重审，或者查清事实后改判。

（4）原判决违反法定程序，可能影响案件正确判决的，裁定撤销原判决，发回原审法院重审。

第二审法院作出的判决、裁定是终审判决、裁定，当事人没有上诉权。第二审法院对判决、裁定的上诉案件，应当分别在案件立案之日起3个月内和1个月内审结。

3）审判监督程序

审判监督程序，也叫再审程序。是指法院对已经发生法律效力的判决、裁定，发现确有错误需要纠正，依法对发生法律效力的判决、裁定、调解书再次审理的程序。审判监督程序是加强法律监督，维护当事人合法权益，保障法院裁判的公正而设立的一项重要补救程序。

人民法院提起再审，有下列3种情形：

(1) 各级法院院长对本院已经发生法律效力的判决、裁定，发现确有错误，认为需要提起再审的，应当提交审判委员会讨论决定。

(2) 最高法院对地方各级法院已经发生法律效力的判决、裁定，发现确有错误的，有权提审或指令下级法院再审。

(3) 上级法院对下级法院已经发生法律效力的判决、裁定，发现确有错误的，有权提审或指令下级法院再审。

当事人对已经生效的判决、裁定认为有错误，可以向原审法院或上级法院申诉，要求再审，但不停止原判决、裁定的执行。当事人的申请符合下列情形之一的，人民法院应当再审：

(1) 有新的证据，足以推翻原判决、裁定的。

(2) 原判决、裁定认定事实的主要证据不足的。

(3) 原判决、裁定适用法律确有错误的。

(4) 人民法院违反法定程序，可能影响案件公正判决、裁定的。

(5) 审判人员在审理案件时有贪污受贿、徇私舞弊、枉法裁判行为的。

当事人申请再审的，应当在判决、裁定发生法律效力后 2 年内提出。法院审理再审案件，应当另行组成合议庭。若发生法律效力的判决、裁定是由第一审法院作出的，再审按第一审程序进行，所作出的判决、裁定，当事人可以上诉；若发生法律效力的判决、裁定是由第二审法院作出的，再审按第二审程序进行，所作出的判决、裁定，为发生法律效力的判决、裁定，当事人没有上诉权。

4) 督促程序

督促程序，是指法院根据债权人的请求，向债务人发出支付令，催促债务人履行债务的程序。

债权人请求人民法院发出支付令，必须具备以下 4 个条件：

(1) 请求给付金钱、有价证券。

(2) 请求给付的金钱或有价证券已经到期且数额确定。

(3) 债权人与债务人没有其他债务纠纷。

(4) 支付令能够送达债务人。

法院自接到申请后 5 日内作出是否受理的决定。有管辖权的人民法院受理申请后，经审查，如认定该案债权债务关系明确、合法的，应当在受理之日起 15 日内向债务人发出支付令；认定申请不成立的，应裁定驳回。

债务人应当在收到支付令之日起 15 日内清偿债务。如果债务人在法定期限内既不提出异议又不履行支付令的，债权人可向人民法院申请强制执行。如果债务人在收到支付令 15 日内提出书面异议的，法院应裁定终结督促程序，支付令因债务人依法提出异议而自行失效，债权人可向人民法院起诉。

5) 公示催告程序

按规定可以背书转让的票据持有人，因票据被盗、遗失或灭失，可以书面形式向法院提出公示催告申请。

人民法院经审查认为符合条件的决定受理的，应当通知支付人停止支付，并在 3 日内发出公告。公示催告的利害关系人应当在公示催告期间向人民法院申报。人民法院收到申报应通知利害关系人出示票据，裁定终结公示催告程序，申请人或申报人可以向法院起诉。

6）执行程序

执行是指人民法院依照法定的程序，以国家强制力作为保证，强制当事人履行已经生效的判决和其他法律文书所规定的义务的行为。

执行程序是指保证具有执行效力的法律文书得以实施的程序。是诉讼程序的一个重要阶段，它对保证人民法院判决、裁定的执行，维护法律的尊严，有着重要意义。

对于已经发生法律效力的判决、裁定、调解书等，当事人应当履行。一方当事人拒绝履行的，对方当事人有权在法定期限内向人民法院申请强制执行，也可以由审判员移送执行员执行。发生法律效力的判决、裁定，由第一审法院执行。其他法律文书由被执行人住所地或被执行的财产所在地人民法院执行。

申请执行，必须遵守法律规定的申请执行期限。《民事诉讼法》规定，双方或一方当事人是公民的为1年，双方是法人或其他组织的为6个月，从法律文书规定履行期限的最后一日起计算。如果是分期履行的，从规定的每次履行期限的最后一日起计算本次应履行的义务的申请执行期限。

依照《民事诉讼法》规定，强制执行措施主要包含以下内容：

(1) 查询、冻结、划拨被执行人的存款。

(2) 扣留、提取被执行人的收入。

(3) 查封、扣押、拍卖、变卖被执行人的财产。

(4) 搜查被执行人隐匿的财产。

(5) 强制被执行人交付法律文书指定的财产或票证。

(6) 强制被执行人迁出房屋或退出土地。

(7) 强制被执行人履行法律文书指定的行为。

(8) 强制被执行人支付迟延履行期间的债务利息或迟延履行金。

人民法院必须依法进行强制执行，执行时应出示证件，将执行情况制作成笔录，由在场的有关人员签名或盖章。

10.5 建设工程争端非讼解决机制

目前，我国的建设工程争端解决机制主要是协商、调解、仲裁和诉讼，此外在采用监理制度时，监理工程师也会充当争端裁决人的角色，但是其决定的不公正性经常受到当事人尤其是承包商的广泛质疑，在工程实践中大部分争端还是通过仲裁或诉讼解决。这样，一方面建设工程争端日益增多，另一方面制度上缺乏更实用的诉讼外争端解决方式。这就需要寻找一种有效的争端解决机制，来缓解现实强烈需求和制度供给不足之间的矛盾，使建设工程项目能够顺利完成，使我国建筑业能够更好地发展。国际上针对诉讼处理争端存在的缺点，提出新的争端解决方式ADR。

10.5.1　ADR的概念及特点

1) 概念

所谓ADR(Alternative Dispute Resolution),是可替代的争端解决方式,是替代仲裁和诉讼的所有争端解决方式的总称,包括友好协商、调停调解、世界银行的争端评审委员会(DRB)和FIDIC合同条件的争端裁决委员会(DAB)等。

2) 特点

(1) 灵活性。ADR充分尊重当事人的意愿,允许当事人自主选择解决争端所适用的法律和程序,不断通过自己的完善和发展为当事人提供更多更有效的争端解决途径。

(2) 经济性。ADR方式耗费时间少、费用低,所以易为争端当事人所接受。

(3) 非对抗性。ADR强调当事人的和解,主张双方在互谅互让的基础上达成一致,有利于当事人保持友好关系,便于今后继续合作。

(4) 时效性。由于ADR不采用固定的程序,因此能够快速解决建设工程争端,使其具有时效性的特点。

(5) 非强制性。ADR解决争端不是通过强制实现的,而是当事人自愿的选择,是当事人自愿达成的一致结果。

10.5.2　国际工程中的ADR方式

1) 调解

双方当事人可选择一个双方都同意认可的中间人作为调解人,但是调解人的调解并不具有法律效力,它的主要职责是将争端当事人拉到谈判桌前,由自己根据掌握的材料提出公正合理的处理方案,供双方选择,直到达到双方都满意的结果。调解的实质是借助于外界的第三方力量来解决争端问题。

2) 世界银行争端评审委员会(DRB)

争端评审委员会(Dispute Review Board),简称DRB。这个概念源自于美国,1975年,美国土木工程协会率先在产生合同争端较多的隧道工程中引入了DRB,作为对美国标准施工合同的补充,以取代监理工程师对合同争端作出裁决。有鉴于此,世界银行在其出版的《工程采购标准招标文件》中借鉴了美国的经验,提出用争端评审委员会(DRB)来替代监理工程师解决争端。随后,亚洲开发银行、欧洲开发银行以及一些多边金融机构也要求在其大型项目中采用DRB方法解决合同争端,并在实践中取得了成功。这样,在世界银行的合同文本中,DRB替代了工程师来解决争端。

3) FIDIC争端裁决委员会(DAB)

为了顺应近年来出现的将解决争端的职能从传统的工程师职责中分离出来的趋势,FIDIC在1995年出版的《设计—建造与交钥匙工程合同条件》中,首次采用“争端裁决委员会”,简称DAB,来替代监理工程师对业主与承包商的争端作出决定。作为将争端提交仲裁的条件,1999年FIDIC制定的4种新合同条件的通用条件中,均规定采用DAB方式解决合同争端。

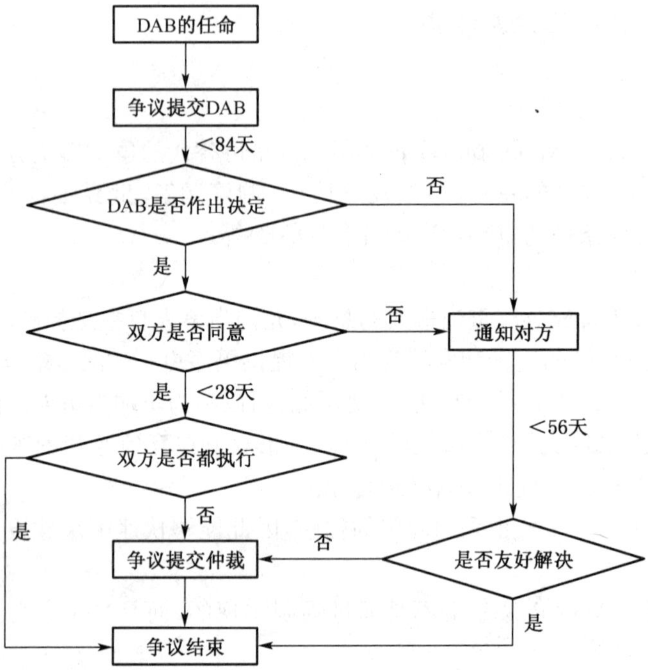

图 10-1　DAB 争端解决程序

10.5.3　DRB 与 DAB 的比较

世界银行的 DRB 与 FIDIC 的 DAB 是借鉴美国国内行之有效的解决争端的经验，二者的区别主要体现在以下几个方面：

1）关于委员的选定

DRB 与 DAB 均是在规定时间内由合同双方各推举一个人，并经对方批准。DRB 是由被批准的 2 位委员推选第三人，经合同双方批准；而 DAB 则是由合同双方和这 2 位委员共同推选第三位委员作为主席。

2）关于委员会成员任期的终止

DRB 规定在最后一个区段的缺陷责任期期满或承包商被逐出现场时，委员会的工作就宣告结束；DAB 则是规定在结清单生效或双方商定的时间终止任期。

3）关于工作程序

在合同任一方就工程师未能解决的争端提出书面报告后，DRB 要求在 56 天内提出解决争端的建议书，而 DAB 要求应在 84 天内作出书面决定。双方收到建议书或决定后，如在一定时间（DRB 为 14 天，DAB 为 28 天）内未提出异议，即应遵守执行。如某一方既未表示反对，而事后又不执行，则另一方可直接申请仲裁；如收到委员会的决定或建议后任一方表示不满，或委员会在一定时间（DRB 为 56 天，DAB 为 84 天）要求仲裁，但 FIDIC 规定在要求仲裁后必须经过一个 56 天的友好解决期，而世行并无此要求。由以上对比可看出 DAB 规定的处理问题时限较 DRB 长一些。

10.5.4 完善我国建设工程争端解决机制

我国现在采用的《施工合同示范文本》中提出的争议解决方式是协商、调解、仲裁和诉讼等传统方式，国内大部分部委的示范文本也是照此执行，只有水利部和国家电力公司参照国际经验，设立了“争议调解组”。合同双方当事人的争议如未能在监理人的协调下取得一致意见而形成的工程争议，任何一方均可以书面形式提请争议调解组解决。并规定了较为详细的争议调解的具体操作程序，具有一定的可操作性。如果争议调解组调解未果，双方可提起仲裁或诉讼。

2008 年 5 月 1 日开始推行的九部委“标准施工招标文件”中规定了当合同双方产生争议时，可以友好解决或提请“争议评审组”评审。如合同当事人双方均同意“争议评审组”的评审意见则应遵照执行。如任何一方不同意，则可将争议提交仲裁或诉讼。合同双方也可约定不设“争议评审组”，直接将争议提交仲裁或诉讼。我国的争议评审制度是在参照国外的 DRB 和 DAB 争议解决方式，特别是 DRB 的基础上提出的，相较于传统的争议解决方式，可以从以下几个方面大大降低争议解决的交易成本：

1）可以节约时间成本

“争议评审组”可以从项目开始就介入项目，也可以在争议产生后再组建介入，从工程实践情况来看，第一种方式实际效果更佳。因为工程争议是不可避免的，因此“争议评审组”也是不可避免的，只是时间早晚的问题。而从开始就介入到工程中来，“争议评审组”成员会比较熟悉工程的实际状况和存在的问题，对于争议产生的原因和可能引起的后果比较了解，可以在很快的时间内作出相对公正的决策。相对于协商和调解更为有效，相对于仲裁和诉讼则可以省去大量繁琐的法律程序，避免了工程结束后若干年仍不能解决争议的状况出现，大大节省了时间成本。

2）可以节省费用成本

与仲裁或诉讼的费用相比，“争议评审组”可以大大节省费用开支。从国际上采用 DRB 进行争议解决的工程统计数字来看，其仅占合同总价的 5‰。如洪都拉斯的埃尔·嘎洪（EL·CAJON）水电站工程，采用 DRB 方式，共处理了 5 次争议，总争议金额为 2 030 万美元，DRB 所做的处理决议最终都被承包商和业主接受并执行，工程按期完成而没有发生仲裁和诉讼，5 次争议的 DRB 总费用仅为 30 万美元。而国际仲裁，标的额为 100 万美元的案件，仲裁费用可能高达标的额的 4.45%，标的额为 500 万美元的案件仲裁费用可能达到标的额的 1.77%，而实际上业主和承包商除仲裁费外还要支付其他费用。虽然我国九部委联合制定的《标准施工招标文件》中关于“争议评审组”的取费标准和费用分担并没有作出明确的规定，但是相较于仲裁和诉讼而言，其费用必将大大节省。

3）有利于维系双方的友好合作关系，降低长期交易成本

相较于工程师在争议解决中的尴尬地位，“争议评审组”更能从中立公正的立场去处理问题，而不会像监理工程师一样总是受“受雇于业主”这一事实行为的牵绊。另一方面，与仲裁和诉讼，特别是诉讼比较，争议评审组的成员都是由专业素质较高、经验丰富的工程建设领域的专家组成，所以“争议评审组”作出的决定往往是比较公正的，比较容易为业主和承包商双方所接受，避免了双方撕破脸皮、对簿公堂的情况出现，有利于未履行合同的顺利履行，

达到降低长期交易成本的目的。

4）可以降低争议再次发生的可能性

事实证明，绝大多数的争议都可以在此阶段解决。从DRB在美国工程实践中的应用显示，通过DRB方式解决争议的成功率极高，从1975年至1998年底，DRB在477项施工项目中得到应用，解决了596件争议事项，仅有17件争议提交仲裁或诉讼解决。争议评审机制可以大大降低争议再次发生的可能性，降低交易成本。

虽然引入争议评审制度是我国争议解决机制上的一次重大飞跃，但与国际上相对成熟的制度相比仍存在部分缺陷，主要体现在对评议组成员的人数、资格等没有作出具体规定，如何计费及费用的分担方式未明确，评审组的评审意见法律约束力不强等。针对以上问题可从下列方面着手解决：

(1) 明确评审组成员的人数和资格，提高评审的效率和意见的公正性

我国的"标准施工招标文件"中提出的争议评审制度并未明确评议组成员的人数。而一旦出现偶数的情况，在最终表决时往往会出现双方势均力敌，僵持不下，争议迟迟不能解决的情况，影响评审工作的速度；另外人数如果太多不但会增加成本，还会影响评审的效率。故可参照DAB方式中的1人或3人为宜。

(2) 明确评审组成员的资格，保证评审意见的公正性

如果想保证评审意见的公正性，使双方都可友好的接受，降低长期交易的成本，要求评审组的专家要有较高的理论和实践水平。我国的"标准施工招标文件"中对于专家的资格规定仅仅是合同管理和工程实践方面的专家，太过空泛。建议对专家的资格进行细化，保证能进入评审组的专家货真价实，杜绝滥竽充数。

(3) 增强评审意见的法律效力，减少再次发生争议的可能性

DAB方式中任何一方在收到决定后28天内没有发出不满的通知，则该决定成为最终决定，具有最终约束力。所谓最终约束力是指如果一方对此决定不执行，则另一方可将未执行决定的事项提交仲裁。因此具有准仲裁的性质。而我国的"标准施工招标文件"对于评审组意见的法律效力的规定是仅作为合同的组成部分，不具有最终的约束力。此规定从根本上削弱了评审意见的法律效力，可能导致争议的再次出现，不但不能降低争议解决的交易成本，反而可能使其增加。故建议增强争议评审意见的法律效力，以减少再次发生争议的可能性。

(4) 明确取费标准和费用的分担方式

"标准施工招标文件"中并未对争议评审组专家的报酬标准和分担形式作出规定。如果专家报酬过高会增加交易成本，费用如果由一方承担又将面临和监理工程师同样的尴尬。故建议将评审组的报酬标准尽量细化，使其既能降低交易成本，又能保证评审组专家的工作积极性；确定费用由双方对半承担的原则，保持评审组的中立立场，保证评审的公正性。

(5) 进一步明确解决程序，在保证调查充分的基础上尽快提高效率，节省时间

"标准施工招标文件"中并没有明确争议评审制度的解决程序，可操作性不强。建议在既要考虑到专家有时间进行充分的调查，保证决定的公正性，又不能拖得太久，导致时间成本的浪费。

10.6 典型案例分析

1）案例 1

【教学目的】 理解分包、转包的含义，掌握人民法院涉及转包、违法分包案件的受理范围。

【案情概要】 甲公司开发某商业地产项目，乙建筑公司（以下简称乙公司）经过邀请招标程序中标并签订了施工总承包合同。施工中，乙公司将水电安装工程分包给丙水电设备建筑安装公司（以下简称丙公司）。丙公司又将部分水电安装的施工劳务作业违法分包给包工头蔡某。施工中，因甲公司拖欠乙公司工程款，继而乙公司拖欠丙公司工程款，丙公司拖欠蔡某的劳务费。当蔡某知道这个情况后，在起诉丙公司的同时将甲公司也起诉到法院，要求支付被拖欠的劳务费。甲公司认为自己与蔡某没有合同关系，遂提出诉讼主体异议；丙公司认为蔡某没有劳务施工资质，不具备签约能力，合同无效，也不能成为原告。

蔡某可否在起诉丙公司的同时，也起诉甲公司即发包方？

【法理分析】 本案中，蔡某作为实际施工人，不仅可以起诉违法分包的丙公司，也可以起诉作为发包人的甲公司。但甲公司只在欠付工程价款范围内对实际施工人蔡某承担责任。

【案例启示】 施工总承包单位可以将承包工程中的部分非主体、非关键性工作分包给具有相应资质条件的分包单位；分包单位应当具备相应的资格条件，并不得再次分包。根据《最高人民法院关于审理建设工程施工合同纠纷案件适用法律问题的解释》第 26 条规定："实际施工人以转包人、违法分包人为被告起诉的，人民法院应当依法受理。实际施工人以发包人为被告主张权利的，人民法院可以追加转包人或者违法分包人为本案当事人。发包人只在欠付工程价款范围内对实际施工人承担责任。"

2）案例 2

【教学目的】 理解诉讼中和解的含义及诉讼中和解具有的法律效力。

【案情概要】 某施工企业承接某开发商的住宅工程项目，在工程竣工后双方因结算款发生纠纷。施工企业按照合同的约定提起诉讼，索要其认为尚欠的结算款。开发商在法院作出判决之前，与施工企业就其起诉的所有事宜达成一致。

(1) 当事人能否在诉讼期间自行和解？

(2) 诉讼阶段的和解如何才能产生法律效力？

(3) 当事人就诉讼的所有事宜均已达成和解，诉讼程序该如何继续？

【法理分析】 (1)《民事诉讼法》第 51 条规定："双方当事人可以自行和解。"这种和解在法院作出判决前，当事人都可以进行。

(2) 诉讼阶段的和解没有法律效力。本案中的开发商与施工企业和解后，可以请求法院调解。《民事诉讼法》第 89 条规定："调解达成协议，人民法院应当制作调解书。""调解书经双方当事人签收后，即具有法律效力。"

(3) 本案中，开发商与施工企业就诉讼的全部事宜达成和解并经法院制作调解书，经当事人签名盖章后产生法律效力，即结束诉讼程序的全部，视为当事人撤销诉讼。

【案例启示】 诉讼中的和解是当事人在诉讼进行中互相协商，达成协议，解决双方的争执。这种和解在法院作出判决前，当事人都可以进行。当事人可以就整个诉讼标的达成协议，也可以就诉讼的个别问题达成协议。

本章小结

在工程建设过程中，由于工程项目本身具有规模大、周期长、干扰因素多、涉及金额大等特征，建设工程争端始终伴随着工程项目的实施过程中。因此，建设工程争端是国际和国内工程领域经常面对的合同内容之一，争端解决机制也是所有施工合同重点规定的条款内容。当发生建设工程争端后，合同双方当事人应及时以最小的代价合理处理，以减少损失，保障当事人的合法权益，促进建筑业持续健康发展，维护社会经济秩序。本章主要介绍解决建设工程争端的4种途径，即协商、调解、仲裁和诉讼。并针对诉讼处理争端存在的缺点，提出发展和应用新的争端解决方式ADR。ADR丰富了争端解决方式，弥补了仲裁在解决建设工程争端中的不足，从而使争端能够快速有效地得以解决。

复习思考题

1. 通过互联网、学校图书馆等渠道收集一些典型的在全国、本省有影响的建设工程争端解决方面的案例材料，将其改写成规范的建设法规案例，应包括案情概要、法理分析(案件焦点和主要法律问题分析)、案例启示等。在条件许可的情况下，可以小组为单位共同完成案例编写工作，并向老师和其他同学汇报工作成果。

2. 某施工企业承接某高校实验楼的改造工程，后因工程款发生纠纷。施工企业按照合同的约定提起仲裁，索要其认为的尚欠工程款。由于期间实验楼因实施规划要求已被拆除，很难通过造价鉴定对工程款数额作出认定。仲裁庭在审理期间主持调解。双方均接受调解结果，并当庭签署调解协议。

请分析下列问题：

(1) 当事人不愿调解的，仲裁庭可否强制调解？

(2) 仲裁庭调解不成的应该怎么办？

(3) 调解书的法律效力如何？

(4) 调解书何时发生法律效力？

3. 上海某公司和张家港某公司于2003年8月4日签订的《设备购销合同》(下称《合同》)中有关仲裁条款为："在本合同下或与本合同相关的任何以及所有无法友好解决的争议应通过仲裁解决。仲裁应根据中国国际经济贸易仲裁委员会调解和仲裁规则进行。仲裁应在北京进行。仲裁结果应为终局性的，对双方均有约束力。"在《合同》履行期间，双方就有关事项发生争议。上海某公司(下称申请人)向中国国际经济贸易仲裁委员会(下称仲裁委员会)申请仲裁。

仲裁委员会受理本案后，向双方当事人发出仲裁通知。张家港某公司(下称被申请人)收到仲裁通知后，向仲裁委员会提出管辖异议，申请人和被申请人签订的本案合同中虽然涉及了仲裁约定，但对具体仲裁机构的约定不明确。本案合同中只是约定了争议可以通过仲裁解决及仲裁适用的规则，并且明确了"仲裁应在北京进行"，却没有明确具体的仲裁机构。

根据相关法律的规定,如果要仲裁的话,必须双方明确约定并选择特定的仲裁机构,但本案合同双方却未能予以明确。因此,该纠纷应当移送被告所在地或合同履行地法院管辖。

申请人认为被申请人的抗辩理由不能成立。因为,根据合同中的仲裁条款,申请人和被申请人均明确表达了其通过仲裁的方式解决双方争议的意愿。本案合同项下的争议应当提交中国国际经济贸易仲裁委员会仲裁解决,被申请人所谓的双方就仲裁机构约定不明确的主张缺乏合同和法律依据。

本案中的中国国际经济贸易仲裁委员会对此案是否具有管辖权?

参考答案

第2章

2. (1) 应当由园林局向当地城市规划行政主管部门办理建设用地规划许可和建设工程规划许可相关手续。

(2) 园林局和A酒店在进行改建工程时未经规划部门批准，擅自扩大建设规模，侵占公园绿地，属于违反《城市规划法》的行为。

(3) 根据《城乡规划法》的规定，在城市规划区内未取得建设工程规划许可证或者违反建设工程规划许可规定进行建设，严重影响城市规划的，由县级以上人民政府规划行政主管部门责令停止建设，限期拆除或没收违法建筑物、构筑物或其他设施。可见，规划部门对园林局违法事实的认定准确，处罚有法律依据。

建设单位如不服处罚，可在规定的期限内申请行政复议，或向人民法院提起诉讼，请求法院撤销行政处罚决定。

3. ① 王某应前往当地规划局，反映韩某非法加盖二层楼房问题，并要求当地规划局依法处理，要求韩某拆除二层楼房。

② 若韩某收到当地规划局的处罚决定后并未自动履行，规划局应在法定期限3个月内申请人民法院强制执行。

③ 若规划局未在法定期限内申请人民法院强制执行，而导致韩某的二层楼房未拆除，那么王某可以规划局不履行规划管理职责为由向当地人民法院提出行政诉讼，请求人民法院判决当地规划局履行法定职责，作出具体行政行为，对韩某的违法建筑予以拆除，以保护自身的合法权利。

第3章

2. (1)该项目的承包不可行，因为该企业资质不符合规定。

根据规定，29～40层的高层建筑应该有一级企业承包。一级企业的标准是：

① 企业近5年承担过下列6项中的4项以上工程的施工总承包或主体工程承包，工程质量合格。A. 25层以上的房屋建筑工程；B. 高度100 m以上的构筑物或建筑物；C. 单体建筑面积30 000 m^2 以上的房屋建筑工程；D. 单跨跨度30 m以上的房屋建筑工程；E. 建筑面积100 000 m^2 以上的住宅小区或建筑群体；F. 单项建安合同额1亿元以上的房屋建筑工程。

② 企业经理具有10年以上从事工程管理工作经历或具有高级职称；总工程师具有10年以上从事建筑技术管理工作经历并具有本专业高级职称；总会计师具有高级会计职称；总经济师具有高级职称。

3. (1) 受诉法院审理认为：工商企业法人应在工商行政管理机关核准的经营范围内进行经营活动，超范围经营的民事行为无效。本案被告乙方承包建筑厂房，超越了自己的技术等级范围，故原、被告所订立的建筑工程承包合同无效。

(2) 被告返还原告多付的工程款14.4万元；被告偿付因工程质量不合格所需的返工费5.6万元。

建筑企业在进行承建活动时，必须严格遵守核准登记的建筑工程承建技术资质等级范围，禁止超资质等级承建工程。本案被告的经营范围仅能承建小型非生产性建筑工程和维修项目，其技术等级不能承建与原告所订合同规定的生产性厂房。因此被告对合同无效及工程质量问题应负全部责任，承担工程质量的返工费，并偿还给原告多收的工程款。

4. (1)《建设工程勘察设计资质管理规定》规定，未经注册的人员，不得以注册执业人员的名义从事建设工程勘察、设计活动。未受聘于建设工程勘察、设计单位的，不得从事建设工程的勘察、设计活动。

(2)《招标投标法》规定，发包单位不得将工程发包给资质不符或无资质单位。本案中，开发单位在未验明设计单位资质的情况下，将工程设计发包给无证人员宋某，导致工程出现质量问题。因此，建设行政主管部门依法对该工程的开发单位作出了“责令改正，并处 3 万元罚款”等的行政处罚。

(3) 在本案中，乙建筑设计院也存在违法行为，《建设工程勘察设计资质管理规定》规定，不得涂改、倒卖、出租、出借或者以其他形式非法转让资质证书。

第 4 章　部分参考答案

2.(1) 事件 1：投标人 D 的投标文件应按废标处理，投标人 H 的投标为有效投标。根据《评标委员会和评标方法暂行规定》规定，投标人 D 的投标文件没有投标人授权代表签字的应按废标处理；根据招标文件规定，投标人 H 的单价与总价不一致不属于重大偏差，故应为有效投标。

事件 2：投标人 G 修改调整其投标报价的行为不合法。根据《招标投标法》第 39 条规定，评标过程中，投标人可以对其投标文件中含义不明确的内容进行必要的澄清或者说明，但是不得改变投标文件的实质内容。本例中投标人 G 大幅度调整其报价属于改变投标文件的实质内容，故其行为不合法。

事件 3：投标人 A 勘误施工组织设计笔误的做法合法，但是其调整投标文件中的工期的做法不合法。根据《招标投标法》第 39 条规定，评标过程中，投标人可以对其投标文件中含义不明确的内容进行必要的澄清或者说明，但是不得超出投标文件的范围或者改变投标文件的实质内容。本例中，投标人 A 调整投标工期并提出提前竣工的新的优惠条件，超出了原投标文件的范围并改变了投标文件的实质内容，故其行为不合法。

事件 4：根据《评标委员会和评标办法暂行规定》第 43 条规定，评标委员会成员拒绝在评标报告上签字且不陈述不同意见和理由的，视为同意评标意见。本案中，有评标委员对此结果有异议，拒绝在评标报告上签字，但又不提出书面意见，应视为同意评标意见。

事件 5：根据《招标投标法》及其配套法规规定，招标人应当与中标人按照招标文件和投标文件订立书面合同，不得另行订立背离合同实质内容的其他协议。本案中，在确定中标人后，招标人和中标人另行调整合同，招标人同时要求中标人报价在中标价基础上降低 10%，招标人和中标人的行为违背了上述法律规定，应为不合法。

(2) 评标委员会应当推荐排名前 3 位的 H、E、G 作为中标候选人。

3. (1) 本案中，如果采用邀请招标不合理，因为不符合邀请招标的条件。

(2) 事件 2：根据《工程建设项目货物招标投标办法》，资格预审合格的潜在投标人不足 3 人的，应当重新进行资格预审。本案中，R_3 合同段仅有 2 家单位通过资格预审，应当重新进行资格预审，故招标人向 R_3 合同段的潜在投标人发出投标邀请书的做法不合理。

事件 3：根据《工程建设项目货物招标投标办法》，投标保证金最高不得超过 80 万元人民币。本案中，招标文件规定每个合同段投标保证金数额为人民币 100 万元，不符合规定。

事件 4：根据《工程建设项目货物招标投标办法》，逾期送达的投标文件，招标人应当拒绝接受。本案中，招标人接受一名外地投标人逾期送达的投标文件的做法不合理。

事件 5：根据《招标投标法》第 46 条规定，招标人和中标人应当自中标通知书发出之日起 30 日内签订正式的书面合同。本案中，招标人与中标人自中标通知书发出之日后 35 日签订书面合同，不符合法律规定。

事件 6：根据《招标投标法》第 46 条规定，招标人与中标人应当根据招标文件和投标文件订立书面合同，并不得另行订立背离合同实质性内容的其他协议。本案中，招标人要求中标人在中标价基础上降价 10%，并与之签订合同，不符合法律规定。

4. (1) 根据《招标投标法》及其配套法规的规定，依法必须进行施工招标项目的招标公告，应当在国家指定的报刊和信息网络上发布，并不得以不合理的条件限制或者排斥潜在投标人，不得对潜在投标人实行歧视性待遇。本案中，招标公告仅在当地政府指定的招标信息网上发布，并对省内外潜在投标人设置不同条件，违反了法律规定。

(2) 根据《招标投标法》及其配套法规规定，资格审查的内容应当包括潜在投标人的缔约资格、履约能力、有无违法记录和重大工程质量问题等方面。本案中，招标代理公司仅根据资格条件和业绩对潜在投标人进行资格预审的做法不恰当。

(3) A的投标为有效投标；B在开标后另行提出降价5%的优惠条件，为不合法的无效投标；C的投标为废标，因为其提交的银行投标保函有效期短于投标有效期，投标保函不符合要求，应作为废标处理；D的投标为有效投标；E的投标为无效投标，因为E与其他投标人组成投标联合体，没有联合体共同投标协议，应按废标处理；F的投标为有效投标。

(4) 根据《工程建设项目施工招标投标办法》第40条规定，在提交投标文件截止时间后到投标有效期终止之前，投标人不得撤回投标文件。投标人撤回投标文件的，招标人可以没收其投标保证金。本案中，F在开标后撤回投标文件的行为不合法，其投标保证金将被没收。

(5) 根据《招标投标法》和《工程建设项目施工招标投标办法》的规定，招标人与中标人应当按照招标文件和投标文件订立书面合同，不得另行订立背离合同实质性内容的其他协议。本案中，招标人要求中标人A将中标价降低4%，并与A签订合同的行为不妥当，合同价应为中标价。

第5章

2. 结合本章内容和工程勘察设计相关法律法规，该案例中，工程建设的勘察设计应按标准、规范进行设计，出具的工程设计文件应严格按照相关程序进行审批，审批合格后方可用于指导施工，施工过程中应严格按照施工设计文件及成果施工。同时，该工程在施工管理方面也存在如工程开工后才补办《施工许可证》等诸多问题。

3. (1) 工程勘察设计可将整个工程建设勘察设计发包给一家勘察设计单位，也可分别发包给几个勘察设计单位，还可以经发包方书面同意，将除建设工程主体部分外的其他部分的勘察、设计分包给具有相应资质等级的其他勘察、设计单位。但是，工程建设勘察设计单位不得将承包的建设工程勘察设计进行转包。

建设工程勘察设计单位将所承揽的工程进行转包的，责令改正，没收其违法所得，处合同约定勘察费、设计费25%以上50%以下的罚款，还可责令其停业整顿、降低资质等级，情节严重的，吊销其资质证书。

(2)《建设工程施工图设计文件审查暂行办法》规定，凡属建筑工程设计等级分级标准的各类新建、改建、扩建的建设工程项目均须进行施工图审查。

《建设工程质量管理条例》中规定："建设单位应当将施工图设计文件报县级以上人民政府建设行政主管部门或其他有关部门审查。""县级以上人民政府建设行政主管部门或交通、水利等有关部门应对施工图设计文件中涉及公共利益、公共安全、工程建设强制性标准的内容进行审查。未经审查批准的施工图设计文件，不得使用。"

建设单位在施工图设计文件未经审查或审查不合格的情况下擅自施工的，将处20万元以上50万元以下的罚款。

第6章

2. 该项目在实施过程中存在以下问题：

(1) 施工单位未取得施工许可证。《建筑工程施工许可证管理办法》规定，必须申请领取施工许可证的工程未取得施工许可证的，一律不得开工。

(2) 把工程肢解发包给各个不同的单位。禁止承包单位将其承包的全部建筑工程转包给他人，禁止承包单位将其承包的全部建筑工程肢解以后以分包的名义分别转包给他人。

(3) 监理单位没有履行监理义务。工程监理单位不按照委托监理合同的约定履行监理义务，对应当监督检查的项目不检查或者不按照规定检查，给建设单位造成损失的，应当承担相应的赔偿责任。

(4) 安全工作仅仅只有4个施工人员负责。《安全生产法》第19条在建立安全生产保障体系上进一步作出了规定：矿山、建筑施工单位和危险物品的生产、经营、储存单位，应当设置安全生产管理机构或者配备专职安全生产管理人员。

(5) 请求赔偿后未得到施工单位回复。《安全生产法》第48条规定："因生产安全事故受到损害的从业人员，除依法享有工伤社会保险外，依照有关民事法律上有获得赔偿的权利的，有权向本单位提出赔偿要求。"

(6) 报告安全生产监督管理部门时隐瞒了伤亡人数。施工单位发生生产安全事故，应按国家有关伤亡事故报告和调查处理的规定，及时、如实的向负责安全生产的监督管理部门报告。

(7) 在三类人员缺乏安全生产考核合格证书的情况下仍担任公司各部门职务。建筑施工企业管理人员必须经建设行政主管部门或者其他有关部门安全生产考核，考核合格取得安全生产考核合格证书后方可担任相应职务。

(8) 未向施工单位提供现场及相邻地区内供水、排水的情况，没有保证资料的真实完整。建设单位应当向施工单位提供现场及毗邻区域内供水、排水、供电、供气、供热、通信、广播电视等地下管线资料，气象和水文观测资料，相邻建筑物和构筑物、地下工程的有关资料，并保证资料的真实、准确、完整。

(9) 分包单位没有服从管理制度导致生产安全损失后，拒绝承担责任。分包单位应当服从总承包单位的安全生产管理，分包单位不服从管理导致生产安全事故的，由分包单位承担主要责任。

(10) 施工单位在采用新设备时没有对施工人员进行培训。施工单位在采用新技术、新工艺、新设备、新材料时，应当对作业人员进行相应的安全生产教育培训。

(11) 设计图纸在未经过有关部门核查的情况下交给施工单位进行施工。施工图设计文件未经审查批准的，不得使用。

(12) 施工单位以合同中该项工程预定的保修期为2年而拒绝保修。屋面防水工程、有防水要求的卫生间、房间和外墙面的防渗漏，保修期为5年。

3.《中华人民共和国合同法》第279条规定："建筑工程竣工经验收合格后，方可交付使用；未经验收或者验收不合格的，不得交付使用。"《最高人民法院关于审理建设工程施工合同纠纷案件适用法律问题的解释》第13条规定："建设工程未经竣工验收，发包人擅自使用后，又以使用部分质量不符合约定为由主张权利的，不予支持；但是承包人应当在建设工程的合理使用寿命内对地基基础工程和主体结构质量承担民事责任。"该建设工程竣工未经验收发包人就擅自使用，之后又以使用部分质量不符合合约规定为由主张权利，且该工程出现的质量问题不属于地基基础工程和主体结构质量问题，根据上述法律的规定，本案的发包人甲单位应对该工程的质量承担责任。甲单位为此拒付5万元剩余工程款不合法。

第7章

2. (1) 经有关部门调查核实，该建安公司没有建筑施工安全生产许可证，而是从2003年开始就与某机械施工公司达成协议，由该公司提供建筑施工安全生产许可证。据此，市建设工程安全质量监督总站在事故通报中确认，该塔吊由建安公司自行完成安装，建安公司对随机作业人员安全教育不力、管理不严，建安公司对事故负主要责任；机械施工公司转让安全生产许可证等也应对事故承担责任。

(2) 根据《安全生产许可证条例》第19条规定："未取得安全生产许可证擅自进行生产的，责令停止生产，没收违法所得，并处10万元以上50万元以下的罚款；造成重大事故或者其他严重后果，构成犯罪的，依法追究刑事责任。"第21条规定："转让安全生产许可证的，没收违法所得，处10万元以上50万元以下的罚款，并吊销其安全生产许可证；构成犯罪的，依法追究刑事责任。"市政府主管部门分别对建安公司、机械施工公司作出了相应的处罚。

经法院委托资产评估公司对该塔吊在2008年6月的价值进行了评估，结论是以重置成本法估算的价值为人民币约17万元。法院经审理后认为，建安公司、租赁公司之间所签订的租赁合同合法有效；建安公司借用他人安全生产许可证从事建筑起重机设备安装作业，且对随机作业人员安全教育不力、管理不严，致使违章作业情况发生，从而导致租赁物毁损报废，应当承担损害赔偿责任(即按塔吊折余价值约17万元来确定)；顾某和唐某擅自纠偏的行为属于违章装拆，不属于塔吊司机的本职操作范围，应由建安公司负责。此外，建安公司应当按照约定的期限支付租金。原审判决后，建安公司不服，提起上诉。

二审法院认为：建安公司、租赁公司所签租赁合同合法有效；在合同履行过程中，建安公司因借用某机械施工公司提供的安全生产许可证，并实际控制使用该设备，因对随机作业人员安全教育不力、管理不严，致使随机驾驶员顾某、唐某在无塔吊安拆资格的情况下擅自对塔吊进行纠偏作业，导致事故发生，故建安公司应对此承担主要赔偿责任(赔偿14万元)。同时，事故直接原因系司机顾某、唐某擅自进行塔吊纠偏作业所造成的，顾某是租赁公司所派司机刘某离开工地时推荐至工地接替其工作，故租赁公司对此也应酌情承担相应责任(自担3万元)。

3. ① 专项施工方案审批程序错误。《建设工程安全生产管理条例》第26条规定，施工单位对达到一定规模的危险性较大的分部分项工程编制专项施工方案后，须经施工单位技术负责人、总监理工程师签字后实施。而本案中的基坑支护和降水工程专项施工方案仅由项目经理签字后即组织施工，是违法的。

② 安全生产管理环节严重缺失。《建设工程安全生产管理条例》第23条规定："施工单位应当设立安全生产管理机构，配备专职安全生产管理人员。"第26条还规定，对分部分项工程专项施工方案的实施，"由专职安全生产管理人员进行现场监督"。本案中，项目经理部安排质量检查人员兼任安全管理人员，明显违反了上述规定。

③ 施工作业人员安全生产自我保护意识不强。《建设工程安全生产管理条例》第32条规定："作业人员有权对施工现场的作业条件、作业程序和作业方式中存在的安全问题提出批评、检举和控告，有权拒绝违章指挥和强令冒险作业。在施工中发生危及人身安全的紧急情况时，作业人员有权立即停止作业或者采取必要的应急措施后撤离危险区域。"本案中，施工作业人员迫于施工进度压力冒险作业，也是造成安全事故的重要原因。

④ 施工单位未办理意外伤害保险。《建设工程安全生产管理条例》第38条规定："施工单位应当为施工现场从事危险作业的人员办理意外伤害保险。意外伤害保险费由施工单位支付。"意外伤害保险属于强制性保险，必须依法办理。

4. (1) 应定为较大事故。《生产安全事故报告和调查处理条例》第3条规定："较大事故，是指造成3人以上10人以下死亡，或者10人以上50人以下重伤，或者1 000万元以上5 000万元以下直接经济损失的事故。"

(2) 事故发生后，依据《生产安全事故报告和调查处理条例》第9条、第14条、第16条的规定，施工单位应采取下列措施：①报告事故。事故发生后，事故现场有关人员应当立即向本单位负责人报告；单位负责人接到报告后，应当于1小时内向事故发生地县级以上人民政府安全生产监督管理部门和负有安全生产监督管理职责的有关部门报告。情况紧急时，事故现场有关人员可以直接向事故发生地县级以上人民政府安全生产监督管理部门和负有安全生产监督管理职责的有关部门报告。②启动事故应急预案，组织抢救。事故发生单位负责人接到事故报告后，应当立即启动事故相应应急预案，或者采取有效措施组织抢救，防止事故扩大，减少人员伤亡和财产损失。③事故现场保护。有关单位和人员应当妥善保护事故现场以及相关证据，任何单位和个人不得破坏事故现场、毁灭相关证据。因抢救人员、防止事故扩大以及疏通交通等原因，需要移动事故现场物件的，应当作出标志，绘制现场简图并写出书面记录，妥善保存现场重要痕迹、物证。

第8章

2. (1) ABCD (2) AB (3) AB (4) AB (5) B

3. (1) ACD (2) ABC (3) AE (4) ADE (5) ABCD

4. (1) A (2) CD (3) ABC (4) AB

5.（1）B （2）B （3）B （4）C

6.（1）D （2）A （3）C （4）A （5）A

第9章

2. 建设项目的环境噪声污染防治设施必须与主体工程同时设计、同时施工、同时投产使用。建设项目在投入生产或者使用之前，其环境噪声污染防治设施必须经原审批环境影响报告书的环境保护行政主管部门验收；达不到国家规定要求的，该建设项目不得投入生产或者使用。

在城市市区范围内向周围生活环境排放建筑施工噪声的，应当符合国家规定的建筑施工场界环境噪声排放标准。

在城市市区范围内，建筑施工过程中使用机械设备，可能产生环境噪声污染的，施工单位必须在工程开工15日以前向工程所在地县级以上地方人民政府环境保护行政主管部门申报该工程的项目名称、施工场所和期限、可能产生的环境噪声值以及所采取的环境噪声污染防治措施的情况。

在已有的城市交通干线的两侧建设，有噪声敏感建筑物的，建设单位应当按照国家规定间隔一定距离，并采取减轻、避免交通噪声影响的措施。

3. 施工单位向道路雨水井排放施工废水的行为构成了水污染违法行为。《水污染防治法》第21条规定："直接或者间接向水体排放污染物的企业事业单位和个体工商户，应当按照国务院环境保护主管部门的规定，向县级以上地方人民政府环境保护主管部门申报。登记拥有的水污染物排放设施、处理设施和在正常作业条件下排放水污染物的种类、数量和浓度，并提供防治水污染方面的有关技术资料。企业事业单位和个体工商户排放水污染物的种类、数量和浓度有重大改变的，应当及时申报登记；其水污染物处理设施应当保持正常使用；拆除或者闲置水污染物处理设施的，应当事先报县级以上地方人民政府环境保护主管部门批准。"本案中的施工单位，没有依法申报登记水污染物的情况和提供防治水污染方面的有关技术资料。

《水污染防治法》第22条规定："向水体排放污染物的企业事业单位和个体工商户，应当按照法律、行政法规和国务院环境保护主管部门的规定设置排污口；在江河、湖泊设置排污口的，还应当遵守国务院水行政主管部门的规定。禁止私设暗管或者采取其他规避监管的方式排放水污染物。"本案中的施工单位私自设置排水口排放水污染物，没有办理相应的审批手续。

第10章

2.（1）按照《仲裁法》第51条第1款规定："仲裁庭在作出裁决前，可以先行调解。当事人自愿调解的，仲裁庭应当调解。"但是，仲裁庭不能强行调解。

（2）按照《仲裁法》的规定，调解不成的，应当及时作出裁决。

（3）按照《仲裁法》第51条第2款规定："调解达成协议的，仲裁庭应当制作调解书或者根据协议的结果制作调解书。调解书与裁决书具有同等法律效力。"

（4）按照《仲裁法》的规定，调解书经双方当事人签收后，即发生法律效力。

3.《仲裁法》第16条规定，当事人在仲裁协议中应当具有选定的仲裁委员会。在该合同中，虽没有写明具体的仲裁机构，但是根据该合同第9章第2款的约定："仲裁应根据中国国际经济贸易仲裁委员会调解和仲裁规则进行。"双方约定了仲裁适用的仲裁规则。根据《仲裁法》司法解释第4条的规定："仲裁协议仅约定纠纷适用的仲裁规则的，视为未约定仲裁机构，但当事人达成补充协议或者按照约定的仲裁规则能够确定仲裁机构的除外。"中国国际经济贸易仲裁委员会2005年5月1日施行的《仲裁规则》第4条第3款规定："凡当事人约定按照本规则进行仲裁但未约定仲裁机构的，均视为同意将争议提交仲裁委员会仲裁。"

综上所述，本案中能够根据该合同约定的仲裁规则确定仲裁机构。因此，中国国际经济贸易仲裁委员会对本案具有管辖权。

参考文献

[1] 朱宏亮.建设法规教程.北京:中国建筑工业出版社,2010

[2] 何佰洲.工程建设法规教程.北京:中国建筑工业出版社,2010

[3] 何佰洲.工程建设法规与案例(第二版).北京:中国建筑工业出版社,2010

[4] 建设部人事司,政策法规司.建设法规教程.北京:中国建筑工业出版社,2008

[5] 杨伟军,夏栋舟.工程建设法规.北京:中国建材工业出版社,2012

[6] 朱宏亮.建设法规.武汉:武汉理工大学出版社,2011

[7] 胡向真,肖铭.建设法规.北京:北京大学出版社,2006

[8] 吕颖,付英涛.工程建设法规.武汉:武汉理工大学出版社,2011

[9] 黄安永.建设法规.南京:东南大学出版社,2002

[10] 王小莉.土地法.北京:法律出版社,2003

[11] 何佰洲.工程建设合同与合同管理(第二版).大连:东北财经大学出版社,2008

[12] 臧漫丹.工程合同法律制度.上海:同济大学出版社,2005

[13] 冯小川.建筑安全生产法律法规知识.北京:中国环境科学出版社,2004

[14] 陈东佐.建筑法规概论.北京:中国建筑工业出版社,2008

[15] 李启明.土木工程合同管理.南京:东南大学出版社,2008

[16] 吕成,王薇.建设法规.北京:中国水利水电出版社,2011

[17] 胡成建.建设工程法规教程.北京:中国建筑工业出版社,2008

[18] 刘文锋.建设法规概论.北京:高等教育出版社,2007

[19] 住房和城乡建设部高等学校土建学科教学指导委员会.建设法规教程.北京:中国建筑工业出版社,2011

[20] 李长燕.工程建设法律实务.北京:化学工业出版社,2009

[21] 马楠.建设法规与典型案例分析.北京:机械工业出版社,2011

[22] 全国一级建造师执业资格考试用书编写委员会.建设工程法律法规选编.北京:中国建筑工业出版社,2010

[23] 全国一级建造师执业资格考试用书编写委员会.建设工程法规及相关知识(第三版).北京:中国建筑工业出版社,2011

[24] 孙杰,何佰洲,黄金芳,赵雪凌.解读《最高人民法院关于审理建设工程施工合同纠纷案件适用法律问题的解释》第21条规定——兼议建筑工程"阴阳合同".建筑经济,2009(9)

[25] 胡文发.工程招标投标与案例.北京:化学工业出版社,2008

[26] 全国招标师职业水平考试辅导教材指导委员会.招标采购法规与政策.北京:中国计

划出版社,2009
[27] 金国辉,赵根田.新编建设法规教程与案例.北京:机械工业出版社,2010
[28] 刘仁辉.建设法规.北京:科学出版社,2011
[29] 李水福,史伟利.建设法规(第二版).北京:中国电力出版社,2009
[30] 徐占发.建设法规与案例分析.北京:机械工业出版社,2011